인구 감소 시대
지역·도시 정책

인구 감소 시대
지역·도시
정책

한국지역학회 기획

박인권·박윤미·이삼수·허동숙·권규상·조재범·조성철·박정일·김동현·
전희정·이수기·윤동근·박유진·도수관·홍준현·장인수·우명제 지음

마강래 감수

한울
아카데미

차 례

프롤로그

1장 인구 감소 시대의 새로운 상상력을 위하여_박인권 · 10

1. 인구 감소가 지역·도시에 던지는 과제 · 10
2. 지방소멸의 위기, 현실인가? · 13
3. 오래된 문제, 새로운 대응이 필요한 때 · 15
4. 지방소멸에 대응하는 지역·도시 정책 · 17
5. 생산적 논쟁을 위하여 · 24

1부 인구 감소 문제의 이해

2장 지방소멸에 대한 이론적 토대_박윤미 · 26

1. 지방소멸? 지역소멸? 쇠퇴도시? 이름은 달라도, 결국 '쪼그라'드는 도시 · 26
2. 도시 쇠퇴를 설명하는 이론적 토대 · 33
3. 지속적 도시 쇠퇴의 메커니즘: 원인, 징후 그리고 결과 · 38
4. 지속적 도시 쇠퇴에 우리는 어떻게 대응해야 하나 · 44

3장 인구 데이터로 본 다차원적 지방소멸 현상_이삼수 · 51

1. 지방소멸을 바라보는 시각 · 51
2. 인구 관점에서 지방소멸 현상 진단 · 53
3. 지방소멸의 인구학적 특성 · 84

4장 인구와 균형발전의 방정식: 한국의 정책 여정_허동숙·권규상 · 87

1. 균형발전, 지속 가능한 미래를 위한 필수 전략 · 87
2. 산업화 시대, 균형발전의 모색: 2000년대 이전 정책의 시도와 한계 · 89
3. 글로벌 경쟁 시대, 균형발전의 재구성: 2000년대 이후 정책의 전환 · 95
4. 인구 감소 시대, 균형발전의 재설계: 새로운 전략의 모색 · 106
5. 지속 가능한 지역 발전을 위한 균형발전의 방향 · 111

5장 OECD 국가 속 한국의 인구 감소 현실과 미래_조재범 · 114

1. 인구 감소의 불가피한 현실과 마주하기 · 114
2. OECD 데이터로 보는 인구 감소 및 지방소멸 현황 · 116
3. 사라지는 지방: 인구 감소가 몰고 오는 위기 · 122
4. 인구 감소 시대, 지방 살리기의 필수 과제들 · 130

2부 부문별 문제와 대안

6장 지방소멸에 대응한 지역산업 정책 방향_조성철 · 138

1. 지역산업 정책의 개념과 흐름 · 138
2. 지역산업의 현실과 인구 감소 · 141
3. 지역산업의 기회와 정책 방향 · 151

7장 디지털 기술의 발전과 인구 감소 지역의 영향_박정일 · 160

1. 인구 감소와 지역소멸, 디지털 기술에 대한 희망 · 160
2. 디지털 기술의 발전과 지방 인구 감소 지역의 기대 · 161
3. 디지털 기술의 발전과 지방 인구 감소 지역의 미래 현실 · 167
4. 무엇을 해야 하나 · 172

8장 지방소멸에 대응한 도시 공공서비스 방향_김동현 · 174

1. 도시 공공서비스 변화의 필요성 · 174
2. 도시 공공서비스의 유형과 이론 · 175
3. 인구 감소에 따른 도시 공공서비스의 변화 · 182
4. 인구 감소 시대의 도시 공공서비스 방향 · 190

9장 주택정책으로 바라본 인구 감소의 이해_전희정 · 193

1. 인구 감소 시대의 주택 · 193
2. 인구 감소와 관련한 주택 문제는 어떠한 것들이 있는가 · 195
3. 현재 우리는 인구 감소에 어떻게 대응하고 있는가 · 203
4. 앞으로 나아갈 길: 인구 감소 시대 주택정책의 방향 · 209

10장 지방소멸에 대응한 교통정책 방향_이수기 · 217

1. 서론 · 217
2. 인구 감소와 지역 교통 문제 · 218
3. 모빌리티 혁신 기술의 부상과 적용 · 226
4. 인구 감소 지역 교통 문제 대응 사례 · 229
5. 인구 감소 지역 교통정책 방향과 정책적 시사점 · 237

11장 인구 감소와 재난관리_윤동근 · 245

1. 기후변화와 재난 피해 · 245
2. 재난 피해의 지역 간 불균형 · 247
3. 인구 감소와 재난 피해 · 250
4. 인구 규모와 재난 피해와의 관계 분석 · 253
5. 인구 감소 중소 도시의 재난관리 대책 · 255
6. 결론 · 260

12장 지방소멸에 대응한 환경정책 방향_박유진 · 262

1. 인구 감소가 불러올 환경적 변화 · 262
2. 인구 감소 지역, 자연과 환경은 어떻게 변할까 · 265
3. 인구 감소 지역의 환경정책이 나아가야 할 방향 · 279

13장 지방소멸에 대응한 행정체제 방향_도수관·홍준현 · 284

1. 우리나라 행정체제와 기본 현황 · 284
2. 인구 감소와 행정체제 · 288
3. 주민과 지역공동체 측면에서의 변화 방향 · 289
4. 자치권과 지방자치단체 측면에서의 변화 방향 · 293
5. 구역과 계층 측면에서의 변화 방향 · 297

14장 지방소멸에 대응한 지방재정 방향_장인수 · 303

1. 지방재정 주요 현황 및 현안 검토와 향후 개선 방향 모색 · 303
2. 지방재정 체계 검토 및 주요 지표 현황 · 304
3. 주요 지방재정 제도 검토: 지방교부세와 국고보조금 · 311
4. 지역 인구 감소에 따른 지방재정 관련 주요 현안 진단 · 313
5. 지방재정 개선 방향 · 319

에필로그

15장 인구 감소 시대 지역·도시 정책의 대전환 방향_박인권·우명제 · 326

1. 인구 감소와 지방소멸, 정책 전환이 필요한 시기 · 326
2. 대전환을 요구하는 지방소멸의 현실 · 328
3. 현실이 던져주는 과제 · 334
4. 대전환을 위한 축소 지향 지역·도시 정책의 방향 · 341
5. 지역·도시 정책의 대전환을 위하여 · 349

찾아보기 · 353

프롤로그

1장

인구 감소 시대의 새로운 상상력을 위하여

박인권

1. 인구 감소가 지역·도시에 던지는 과제

한 사람의 인생에서 청년기와 장년기를 지나 노년에 이르면 몸과 마음이 이전과는 다른 상태가 된다. 무엇이든 할 수 있다는 자신감은 사라지고, 내일은 오늘보다 더 나빠질 것이라는 생각에 의기소침해진다. 새로운 일을 시작하기보다는 하던 일을 정리해야 할 때라고 여기게 되며, 확장보다는 현상유지에 매달리게 된다. 몸에 이상 징후가 나타나기 시작하고, 순조롭게 돌아가던 것들이 하나둘 어긋나기 시작한다. 그러다 보면 우울해지고 자신감도 떨어진다. 이것이 바로 노화현상이다.

지역이나 도시도 이와 마찬가지로 노화를 겪으면 모든 것이 변한다. 경제활동이 위축되고, 인구가 줄며, 소비와 생산이 감소한다. 일자리가 줄어들고 사람들의 활력이 떨어진다. 제대로 작동하던 인프라도 노후화되어 삐걱거리기 시작한다. 이를 보수하려면 비용이 필요하지만, 인구 감소와 경제 위축으로 세수마저 줄어든다. 결국 노후화된 인프라와 시설들을 제때 관리할 수 없게 된다. 이렇게 방치된 인프라는 위험하고 보기 흉한 모습으로 지역에 부정적 영향을 미친다. 이로 인해 사람들은 그 지역을 떠나게 되고, 이는 다시 모든 것의 축소로 이어져 부정적 현상들이 연쇄적으로 발생한다. 이것이 바로 지역 쇠퇴의 악순환이다.

과거에는 우리 사회가 전반적으로 성장과 팽창을 경험했다. 어떤 지역의 인구가 줄어들어도 전체 사회의 인구는 감소하지 않았다. 하지만 이제 상황이 달라졌다. 우리 사회의 모든 부문에서 축소가 나타나기 시작했다. 2020년부터는 우리나라 전체 인구가 감소하기 시작했으며, 출생아 수보다 사망자 수가 많은 이른바 '데드크로스' 현상이 전국 226개 지방자치단체 중 208개에서 나타나고 있다. 90%가 넘는 지자체가 인구 감소를 경험하고 있는 것이다. 과거에도 인구가 감소한 지자체는 많았으나, 이제는 인구 감소가 국가적 차원의 문제가 되었다.

인구 감소는 주민 활동의 총규모와 범위가 줄어듦을 의미한다. 물론 오늘날에는 개인당 활동이 더 활발하고 광범위해져서, 인구 감소가 반드시 주민 활동 총량의 축소로 이어지지는 않을 수 있다. 하지만 이는 인구 감소 폭과 개인당 활동 증가 폭의 상대적 크기에 달려 있다. 5000만 명이었던 인구가 4000만 명, 다시 3000만 명으로 줄어든다면, 개인당 활동이 증가해도 활동 총량은 줄어들 수밖에 없다. 인구가 30~40% 감소하는 상황에서는, 아무리 개인당 활동의 규모와 범위가 확대되어도 절대적 인구 감소의 충격을 극복하기 어렵다. 즉, 인구가 5000만 명 아래로 떨어진다는 것은 생산 인구와 소비 인구가 줄어들어 경제 규모와 지방재정이 위축되고, 결국 도로, 철도, 대중교통, 공원, 병원, 학교 등 도시 인프라와 서비스 유지에 어려움이 생길 것임을 의미한다. 이러한 현실은 도시 및 지역 정책의 패러다임 전환을 요구한다. 성장관리를 넘어 축소도시 계획으로, 신규 개발에서 재생과 구조조정으로 정책의 방향을 전환해야 한다. 우리는 이미 이러한 인구 감소 시대에 살고 있으며, 모든 것이 축소하는 세계에 놓여 있다.

팽창하는 세계에서는 가만히 있어도 모든 것이 함께 성장하고 팽창한다. 이는 자연스러운 결과다. 하지만 그 흐름이 반대로 가면 그 반대의 사실도 마찬가지로 진실이 된다. 축소하는 세계에서는 가만히 있으면 모든 것이 작아지고 쪼그라든다. 아무리 몸부림치고 버텨도 일시적으로 나아질 뿐, 그 성과는 오래가지 못한다. 단순한 제로섬 게임이 아닌, 전체적 축소가 더 심각한 네거티브섬 게임이기 때문이다. 우리는 이제 수축하는 세계에 살게 되었다. 이러한 상황에서 도시와 지역의 정책은 기존 인프라의 효율적 활용과 재구조화, 압축적 토지이용, 그리고 지역 간 연계와 협력을 통한 자원의 효율적 배분에 초점을 맞추어야 한다.

물론 축소하는 세계의 모든 부분이 똑같이 축소되는 것은 아니다. 그 안에서도 새로운 질서가 만들어지며, 어떤 지역은 심각한 타격을 받는 반면, 다른 지역은 여전히 번영을 누린다. 이는 본질적으로 분배의 문제다. 특히 주목할 점은 팽창하는 세계와 축소하는 세계에서 법칙이 다르게 작동한다는 것이다. 팽창기에는 자연스럽게 모든 것이 빠르게 성장하여 과거의 격차를 극복하는 데 오랜 시간이 걸리지 않는다. 하지만 축소기에는 성장이 멈추어 한 번 벌어진 격차는 좀처럼 줄어들기 어렵다. 그리고 적응 능력의 차이 때문에 전반적인 축소 속에서도 강자는 살아남는 반면, 약자는 더욱 빠르게 쇠퇴한다. 이처럼 빈익빈 부익부 현상이 심화·고착되는 것이 가장 큰 문제다. 이러한 현상이 지역 문제로 이어지면, 인구 감소 시대에 지역 간 격차는 더욱 벌어질 수 있다. 따라서 도시 및 지역 정책은 지역 간 형평성을 고려한 자원 배분과 협력적 거버넌스 구축에 더욱 중점을 두어야 한다.

2. 지방소멸의 위기, 현실인가?

이런 배경에서 2015~2016년 무렵 이른바 '지방소멸'이라는 담론이 제기되었다. 원래 이 개념은 일본의 총무대신을 역임한 사회학자 마쓰다 히로야가 일본 지방 도시의 인구 감소로 지방자치단체들이 소멸할 수도 있음을 경고하기 위해 쓴 책의 제목이다. 우리보다 일찍 인구 감소를 경험한 일본은 저출산과 고령화로 인해 많은 도시들이 인구 감소를 경험하고 있다. 마쓰다는 특히 지방의 중소 도시들은 인구 감소로 인해 연쇄 붕괴하여 궁극적으로는 소멸해 버릴 수도 있다고 경고했다. 그가 제시한 지방소멸지수는 매우 단순하다. 만 20~39세 사이의 가임여성 인구를 65세 이상 고령자 인구로 나눈 수를 인구소멸지수로 정의했다. 그 지수가 0.2~0.5 사이면 위험 지역, 0.2 미만은 고위험 지역으로 분류했다. 즉 0.5 미만이면 소멸 위험 지역이라고 정의했고, 이 수치가 낮을수록 소멸될 위험이 크다고 주장했다. 이러한 지수 정의는 너무나도 단순하지만 매우 직관적이어서 사람들에게 큰 영향을 주었다. 우리나라도 즉각 이 지수를 도입하여 지방자치단체의 소멸 가능성을 평가하기 시작했다. 그리고 2021년에는 행정안전부가 우리나라 89개 지자체를 인구 감소 지역으로 지정하고 지방소멸대응기금을 마련하여 이에 대응하는 사업까지 추진하게 되었다.

많은 국책 연구 기관들과 지방 연구소들은 유사한 연구를 수행하고 지방소멸의 위기가 임박했음을 경고하기 시작했다. 언론에서도 이를 대대적으로 보도하면서 이 개념은 어느덧 학술적 차원을 넘어 행정적·정책적 담론이 되었을 뿐만 아니라 대중들 사이에서도 회자되기 시작했다. 특히 비수도권 지역의 지방자치단체와 지역 전문가들 사이에서 이에 대한 활발한 논의가 이루어졌다. 물론 그 전에도 지역 쇠퇴와 지역 격차에 대한 논의가 없지 않았지만, 지방소멸이라는 자극적 개념의 도입으로 인해 사람들은 문제의 심각성을 절감하기 시작했다. 생각해 보면, 우리가 살고 있는 지역에 사람이 살지 않게 된다는 것은 우리에게 많은 것을 의미한다. 그곳에 고향을 둔 사람은 고향을 잃는다는 것을 의미하고, 그 지방자치단체에서 일하는 공무원들은 자신의 일자리를 잃는다는 것을 의미하기도 한다. 그곳에서 일상생활을 살아가는 사람들에게는 살아갈 수 없는 열악한 환경에 남겨진다는 것을 의미하고, 떠나는 사람들은 그곳에 대한 부정적 인식을 갖고 새로운 터전을 찾아 필사적으로 이동할 것이다.

이런 면에서 분명 지방소멸이라는 개념과 이에 따르는 논쟁은 우리 지역의 현실을 극명하게 드러내는 데 많은 역할을 했다고 할 수 있다. 그러나 때로는 그 개념이 현재의 문제를 과장하거나 지나치게 정치화하는 부작용도 없지 않았다. 때로는 개념과 이론이 자기강화적 작용을 통해 자기실현을 하는 효과를 갖기도 한다. 이 개념은 그렇지 않아도 좋지 않던 지역에 대한 이미지를 더욱 나쁘게 만드는 계기가 될 수도 있다. 해당 지역에 거주하는 사람들은 '어차피 소멸할 지역이라면 최대한 빨리 떠나는 것이 상책일지도 모른다'라고 생각할 수도 있다. 남아 있는 사람들은 소멸할지도 모르는 지역에 살고 있다는 패배자의 감정을 느낄 수도 있다. 이런 심리가 확산되면 지역 쇠퇴의 속도는 더욱 빨라질 수밖에 없을 것이다.

이런 점을 고려한다면 우리는 지역 문제를 다룰 때 현실을 있는 그대로 과장 없이 기술하고 분석하는 것이 중요하다는 사실을 깨닫게 된다. 열악한 현실을 외면하거나 미화할 필요도 없지만, 그렇다고 문제를 지나치게 과장하여 공포와 두려움을 확산시킬 필요도 없다. 문제를 있는 그대로 받아들이고 그 원인을 정확하게 파악하는 것이 문제 해결을 위한 첫걸음일 것이다.

그러나 지금 우리 앞에 놓인 지방소멸의 위기는 결코 과장이라고만 할 수 없는 것도 사실이다. 앞서 언급한 바와 같이 전반적으로 인구가 감소하고 우리 경제의 활력이 떨어지기 시작하면 양극화가 더 심화하고, 작은 지역은 여러 가지 여건이 더 나빠지는 상황에 봉착할 수 있다. 지방자치단체 하나가 통째로 사라지는 일은 결코 일어나지 않을 것이지만, 그 안에 있는 작은 농촌 부락이나 마을은 얼마든지 없어질 수 있다. 한때 거주 가구 수가 100~200호를 넘었던 시골 마을들도 이제는 그 수가 열 가구 밑으로 떨어진 곳이 많다. 즉, 부분적인 소멸을 경험하는 지자체가 상당수 있을 수 있다는 것이다. 따라서 이런 문제에 대응하기 위해서 우리는 좀 더 과감하고 창의적이며 혁신적인 변화를 모색해야 한다. 지금까지 했던 것과는 정반대의 해법이 필요할 수도 있다. 지금은 좀 더 과감하고 담대한 시도와 상상력이 필요한 때다.

3. 오래된 문제, 새로운 대응이 필요한 때

사실 지금 소멸 위기를 겪고 있는 비수도권 지역의 인구 감소는 어제오늘의 일이 아니다. 이미 1970년대부터 시작해 지금까지 줄곧 진행되어 온 문제다. 인구 5만 명 이하의 소규모 지자체들은 그때부터 이미 인구 감소를 겪기 시작했다. 따라서 지방소멸은 새로운 문제가 아닌 오래된 과제이며, 이에 대한 해법도 오래전부터 추진되어 왔으나 실효성 있는 정책으로 이어지지 못했다. 지역균형발전이라는 이름으로 추진된 많은 정책들은 인구 감소를 겪어온 지역의 부활이나 재생을 위해 시행되었다. 지금도 우리는 이러한 정책들을 지속적으로 추진하거나 개선하는 방안을 제시할 수도 있다. 그렇다면 '왜 이렇게 호들갑인가'라고 반문할 수도 있을 것이다.

지방의 인구 감소는 오래된 문제이지만, 앞으로의 대응은 완전히 새로워야 한다. 그 이유는 인구 감소가 일부 비수도권 지역만의 문제가 아닌 전 국가적 문제가 되었기 때문이다. 전반적인 국가 활력이 증가하는 추세 속에서 일부 지역이 쇠퇴하는 상황과, 전반적으로 쇠퇴하면서 일부 지역이 더 큰 위기에 빠지는 것은 다른 차원의 문제다.

국가 전반의 활력이 유지되었던 시기에는 풍부한 지역에서 쇠퇴하는 지역으로 자원과 재원을 이전함으로써 문제를 어느 정도 완화할 수 있었다. 일례로, 2003년 출범한 노무현 정부는 국가균형발전을 가장 중요한 국정 과제로 삼고, 국가적 차원에서 자원을 균형발전에 집중 배분했다. 지금은 행정중심복합도시 또는 세종시로 알려져 있지만, 당시에는 '신행정수도'라는 이름으로 사실상 수도이전에 가까운 조치를 추진했다. 또한 서울과 수도권에 집중된 공공기관을 비수도권으로 대대적으로 이전했으며, 이를 효과적으로 추진하기 위해 해당 기관이 새로 입지할 지역을 개발하는 혁신도시 사업도 함께 진행했다. 아울러 저개발 지역이나 낙후 지역을 육성하고자 해당 지역 입주 기업들에 많은 혜택을 부여하고, 지자체에도 많은 지원금과 교부금을 제공했다. 그 결과 수도권으로 집중되던 인구와 경제활동이 지방으로 분산되기 시작했다. 2000년대 초반 이후부터 수도권으로의 인구 전입률은 꾸준히 감소하여 2011년에는 처음으로 마이너스로 돌아서기도 했다. 수도권 집중이 줄어들고 지방분산이 나타나면서 국가균형발전에 청신호가 보였다.

하지만 이러한 흐름은 오래가지 못했다. 2008년 세계 금융위기 이후 경제가 어려워지면서 노무현 정부 시기의 공격적인 균형발전 정책은 주춤할 수밖에 없었다. 이후 이명박, 박근혜, 문재인, 윤석열 정부도 국가균형발전을 중요 정책으로 내세웠으나, 이전만큼 공격적으로 추진하지는 못했다. 수도권과 서울의 경쟁력도 예전 같지 않았기에, 치열한 국제 경쟁 속에서 수도권 규제를 풀고 효율성을 중시해야 한다는 논리가 서서히 부상하기 시작했다. 그 결과 2015년 이후에는 수도권으로의 인구 유입이 다시 증가하기 시작하였다.

앞으로의 상황은 더욱 녹록지 않다. 이미 대도시들도 인구가 감소하기 시작했고, 지역 경제의 어려움을 호소하는 목소리가 곳곳에서 들린다. 이런 상황에서 과거처럼 비수도권에 집중 투자하는 것은 불가능할 수 있다. 1기 수도권 신도시들은 조성된 지 30년이 넘어 기반 시설이 노후화되고, 주택이 낡아 도시 쇠퇴 현상이 나타나고 있다. 이들 지역에 대한 특별 관리와 투자가 필요하다는 논의가 공공연히 이루어지고 있다. 서울의 일부 지자체도 이미 인구가 감소하고 있으며, 도심의 초등학교가 폐교되기도 했다. 많은 인구가 거주하는 이들 지역에 대한 투자와 자원 배분을 무시할 수 없는 실정이다. 이것이 우리가 직면한 현실이다. 전국적인 인구 감소와 국토 노후화 속에서 특히 비수도권의 작은 지역들이 소멸 위기에 처해 있다는 것, 이것이 우리의 현실이다. 따라서 이러한 문제에 대응하기 위해 과거의 해법이나 정책을 반복하는 것은 실효성이 없을 뿐 아니라 실행도 어려운 상황이다.

4. 지방소멸에 대응하는 지역·도시 정책

이런 변화된 현실에서 우리의 지역·도시 정책은 어떤 방향으로 나아가야 할까? 우리는 지금까지 당연하게 여겨온 것들에 의문을 던져볼 필요가 있다. 인구가 계속 증가한다는 가정, 그에 따라 수요와 공급이 항상 증가해야 한다는 전제, 이러한 것들에 기반을 둔 정책들을 다시 검토해야 한다. 이 책은 그러한 시도의 일환으로 준비되었다.

한국의 지역 및 도시 정책 전문가들이 모여 인구 감소와 지방소멸의 현황, 원인, 지역에 미치는 영향, 그리고 이에 대응하는 지역정책의 방향에 대한 연구 성과를 집약했다. 이 책은 크게 2부로 구성된다. 1부는 지방소멸의 실태와 원인, 그리고 이를 둘러싼 일반적 논의를 다룬다. 구체적으로 지방소멸에 대한 이론, 한국 지방소멸의 실태와 지역균형발전 정책의 역사, OECD 국가들의 지방소멸 실태와 대응 전략 등을 살펴본다. 2부는 지역 및 도시 정책의 각 분야별로 지방소멸 시대에 적합한 정책 과제와 방향을 논의한다. 지역산업 정책, 기술 발전과 지역 발전의 관계, 도시 공공서비스, 재난관리, 환경·주택 정책, 교통, 지방행정, 지방재정 등의 분야에서 예상되는 문제들과 그 대안을 제시한다. 이 책의 결론이자 에필로그에서는, 앞서 논의한 내용을 바탕으로 지방소멸 시대의 지역·도시 정책의 대전환 방향을 제시한다. 각 장의 세부 내용은 다음과 같다.

우선 2장에서는 인구 감소와 지방소멸 문제의 원인과 내용에 대한 이론적 검토를 비판적으로 수행한다. 지방소멸이라는 개념이 도입되어 학술적·정책적 관심을 받고 많은 대응이 이루어졌으나, 이러한 해결책들이 대부분 성공적이지 못했음을 지적한다. 그 이유는 대부분의 해결책들이 성장 중심적 접근을 추구해 왔기 때문이다. 성장 지향적 도시관리 전략은 오히려 도시 자원을 고갈시키고 재정 부담을 가중시킨다. 연구자들은 인구 감소에 맞추어 도시 기능을 효율적으로 축소하면서 주민의 삶의 질 개선을 추구하는 스마트 쇠퇴, 스마트 축소, 적정 규모 조정 등의 새로운 접근법을 제시하고 있으나, 실제 지역정책에는 이러한 전략이 충분히 반영되지 않고 있다. 이에 2장은 인구 감소 현실을 인정하고 이에 맞는 새로운 지역·도시 정책의 패러다임으로의 전환이 필요함을 강조한다.

3장에서는 지방소멸 현상을 데이터에 기반하여 분석한다. 1970년대부터 2023년까지의 인구변화를 다각도로 검토한 결과, 전국적으로는 2020년부터 시작된 인구 감소가 비수도권 지방에서는 이미 1970년대 중반부터 진행되어 왔음을 볼 수 있다. 특히 인구 5만 이하 소규모 지자체에서 시작된 인구 감소는 점차 대도시로 확산되었으며, 2019년에는 수도권 인구가 비수도권 인구를 추월했다. 2020년 이후에는 출생아 수보다 사망자 수가 많은 데드크로스 현상이 전국적으로 발생하고 있다. 2117년에는 전국 시군구의 96.5%가 소멸위험지역이 될 것으로 전망되며, 이는 지방소멸 문제가 단순한 지역 문제를 넘어 국가적 위기로 심화하고 있음을 보여준다.

4장에서는 이러한 인구 감소와 지방소멸 현상에 대응하기 위한 한국의 균형발전 정책의 역사적 전개와 현재 상황을 분석한다. 비수도권 지역의 인구 감소는 오래된 문제로, 이를 해결하기 위한 정책 또한 오래전부터 추진되어 왔다. 따라서 4장에서는 1960년대부터 현재까지 각 정부가 추진한 균형발전 정책을 검토하고, 특히 2000년대를 기점으로 정책 패러다임에 큰 변화가 있었음을 설명한다. 2000년대 이전에는 주로 수도권 규제와 산업 거점개발에 초점을 맞추었다면, 그 이후에는 지방분권과 지역혁신을 통한 자립적 성장을 강조했다. 최근에는 초광역권 육성과 인구 감소 지역 지원이라는 두 가지 방향으로 정책이 전개되고 있으나, 수도권 집중 현상과 지방소멸 위기는 여전히 심화하고 있다. 결론적으로 인구 감소 시대에 맞는 새로운 균형발전 전략의 수립과 지속적인 추진이 필요함을 강조한다.

5장에서는 OECD 국가들의 지방소멸 현상과 그에 따른 주요 과제 및 전략들을 분석한다. 인구 감소와 지방소멸 문제는 한국만의 문제가 아니라 많은 선진국들에서도 공통적으로 나타나는 현상이다. OECD 국가들은 심각한 인구 감소와 고령화에 직면해 있으며, 특히 지방에서 이런 현상이 두드러진다. 이러한 인구 감소와 고령화는 지방재정의 악화, 공공서비스 제공의 어려움, 행정 체계의 비효율성 등 다양한 문제를 야기한다. 이런 상황에 대응하기 위해 5장에서는 세 가지 주요 전략을 제시한다. 첫째, 인구 감소를 불가피한 현실로 인정하고 이에 맞는 스마트 축소 전략을 채택할 것, 둘째, 토지이용의 효율성을 높이고 중심지 지역의 밀도를 제고할 것, 셋째, 중앙정부와 지방정부 간의 수직적 협력 및 지방정부 간 수평적 협력 체계를 구축할 것이다.

2부에서는 현실 인식을 바탕으로 각 부문별 문제와 지역정책의 전환 방향을 제시한다. 6장에서는 먼저 인구 감소 시대의 지역산업 정책을 다룬다. 지역산업 정책은 산업의 효율성과 지역의 형평성이라는 두 가치를 동시에 추구해 왔다. 참여정부 이후 지역혁신체계를 통한 자립적 지방화를 목표로 다양한 정책이 추진되었으나, 고숙련 일자리의 수도권 집중은 더욱 심화하고 있다. 특히 대졸 이상 엔지니어 일자리는 서울과 경기 남부에 집중되어 있으며, 전통 산업도시들은 후발 산업국과의 경쟁, 자동화 기술 발전, 노사관계 문제로 고용 기반이 약화되고 있다. 정규직 생산직은 감소하고 비정규직 하청기업의 저숙련 일자리가 증가하는 추세이며, 주요 기술개발(R&D) 센터의 수도권 이전으로 지역산업의 혁신역량도 약화되고 있다. 이에 대응하기 위해 6장은 기후 위기를 지역산업 혁신의 기회로 삼아 탄소중립 경제로의 산업구조 개편이 필요하며, 지역 주력산업의 디지털 전환을 위한 다각적 지원 체계 마련이 시급하다고 강조한다.

7장은 디지털 기술의 발전이 인구 감소와 지방소멸 문제의 해결책이 될 수 있는지를 검토한다. 비수도권은 청년인구의 지속적 유출과 고령화로 심각한 지방소멸 위기에 처해 있다. 최근 정부와 학계는 인공지능, IoT, 빅데이터, 로봇 등 디지털 기술이 지역의 노동력 부족과 서비스 격차 문제를 해결할 것으로 기대하고 있다. 특히 코로나19 펜데믹 이후 재택근무와 원격교육의 가능성이 확인되면서 이러한 기대가 커지고 있다. 7장은 이러한 기술 발전이 실제로 인구 감소와 지방소멸 문제의 대안이 될 수 있는지를 역사적 경험과 사례를 통해 분석한다.

8장은 인구 감소 시대의 도시 공공서비스 변화와 대응 방안을 다룬다. 도시 공공서비스는 상하수도, 폐기물 처리, 치안, 소방, 교통, 교육, 복지, 의료 등 시민을 위한 필수 서비스를 포함한다. 인구 감소는 이러한 서비스의 효율성과 형평성 간 충돌을 야기한다. 효율성을 강조하면 서비스 축소로 지역 쇠퇴가 가속화하고, 형평성을 강조하면 재정 부담이 가중되는 딜레마가 있다. 8장은 이에 대한 세 가지 전략으로 첫째, 정부 주도의 일괄 공급에서 벗어나 사회적경제 조직 등 새로운 공급 주체의 활용, 둘째, 과잉투자 방지를 위한 적정 비용 부담 원칙 적용, 셋째, 투자보다 소비 영역 중심의 공공서비스 제공을 제시한다.

9장에서는 인구 감소 시대의 주택정책을 분석한다. 우리나라의 주택정책은 2000년대부터 인구 및 가구 증가에 대응하는 공급 위주의 정책이 주를 이루었으나, 현재는 인구구조 변화와 함께 새로운 전환기를 맞았다. 특히 1인 가구 증가, 고령화, 저출산 등의 인구 문제가 주택정책의 방향 전환을 요구한다. 기존 정책은 1인 가구의 급증에도 불구하고 여전히 4인 가구 중심의 전통적 접근을 유지하고 있으며, 고령자들의 지역사회 계속거주(aging in place) 수요 증가에도 적절히 대응하지 못하고 있다. 또한 높은 주거비 부담이 저출산 문제를 심화시키고, 인구 감소 지역의 빈집과 노후주택 증가로 주거 환경이 악화되고 있다. 이러한 문제들에 대응하기 위해 정부는 청년 임대주택 공급, 고령자 맞춤형 주택 설계, 양육 친화적 주거정책 확대, 빈집 정비사업 등을 추진한다. 향후에는 최저주거기준 개선, 커뮤니티 중심의 주거 환경 조성, 지역 특성을 고려한 차별화된 정책 수립, 그리고 증가하는 외국인 인구에 대응하는 주택정책이 필요할 것으로 전망한다.

10장에서는 인구 감소 및 지역 쇠퇴 시대의 교통정책을 다룬다. 먼저, 지방 중소 도시와 농촌지역에서 인구 유출로 인한 지역 경제 위축과 이동 인프라 붕괴, 고령화로 인한 이동성 취약계층 증가 등의 문제를 살펴본다. 이러한 문제들은 대중교통 서비스 축소와 주민 이동권 제한으로 이어져 지역 이탈을 가속화하는 악순환을 초래한다. 10장은 이에 대한 해결책으로 수요응답형 교통(DRT), 디지털 기술 기반의 대중교통 서비스 최적화, 고령자 맞춤형 이동 수단 제공, 친환경 교통수단 활성화 등 다양한 접근 방식을 제시하며, 지역 특성을 고려한 맞춤형 교통정책의 방향과 시사점을 도출한다.

11장은 인구 감소 지역의 재난관리 취약성과 대응 방안을 분석한다. 인구가 적고 인구밀도가 낮은 지역일수록 자연 재난으로 인한 피해가 더욱 심각하다. 특히 인구 감소 지역의 공공시설 피해액은 비감소 지역보다 높은데, 이는 기반 시설 노후화와 유지·보수 부실로 인한 재난 예방 및 복구 역량 부족을 보여준다. 이에 대한 세 가지 대책으로 11장은 첫째, IoT 기술을 활용한 스마트 인프라 관리 시스템 도입, 둘째, AI 기반 재난관리 시스템 구축을 통한 인력 부족 문제 해결, 셋째, 드론과 재난 구조 로봇을 활용한 광역 모니터링 및 구조 작업 효율화를 제시한다.

12장은 인구 감소 지역의 환경 변화와 이에 대한 정책적 대응 방안을 다룬다. 인구 감소는 환경에 상반된 영향을 미칠 수 있다. 한편으로는 개발 압력 감소로 인한 자연환경 회복의 기회가 될 수 있지만, 다른 한편으로는 환경 관리 인력과 재원 부족으로 인한 환경악화의 위험도 존재한다. 특히 쓰레기 처리, 수질관리, 생태계 보전 등의 분야에서 관리 공백이 발생할 수 있어 이에 대한 체계적인 대응이 필요하다. 12장에서는 재자연화, 생태계 회복, 탄소 배출, 잠재적 취약성 등 환경·생태적 변화 가능성과 잠재력을 살펴보고, 인구 감소 지역의 환경·생태적 전환을 위한 필요조건과 향후 정책 방향을 제시한다.

13장에서는 인구 감소에 대응하기 위한 도시·지방 행정 체제의 변화 방안을 제시한다. 효율적이고 지속 가능한 지방행정 체계를 구축하기 위해 세 가지 측면에서 변화 방향을 제시한다. 먼저 주민과 지역공동체 측면에서는 생활 인구(거주 여부와 상관없이 지역에서 생활하거나 경제활동을 하는 인구까지 포괄하는 인구 개념) 개념에 따른 주민 개념의 재정의, 주민자치회 제도화, 읍면동 단위 거버넌스 체계 구축을 제안한다. 자치권과 지방자치단체 측면에서는 인구 규모에 따른 차등적 자치권 배분과 맞춤형 분권 강화를 제시한다.

행정구역과 계층 측면에서는 단층제 지방자치와 2층제 계층 구조의 혼합, 인구 감소 지역 행정구역 통폐합, 비수도권 지역 성장거점 강화를 위한 대도시권 연합체 육성을 제안한다.

14장에서는 지역 인구 감소에 따른 지방재정의 변화를 분석하고 전망과 정책 방안을 제시한다. 한국의 지방재정은 최근 지역 인구 감소로 통합 재정자립도와 통합 재정자주도가 모두 감소하는 추세이며, 통합 재정수지는 지속적인 적자를 기록하고 있다. 이로 인해 여러 문제가 제기되고 있다. 지방세입 감소와 수도권-비수도권 간 격차가 심화하고, 보조금 증가로 자체 사업 추진이 어려워지며, 고령화로 인한 사회복지 지출 비중이 증가하고 있다. 특히 인구 감소 지역은 세수 부족과 높은 복지 수요가 동시에 발생하여 재정 여건이 더욱 악화될 전망이다. 이러한 문제 인식과 전망을 바탕으로 14장에서는 감세정책에 대한 신중한 검토와 지역 특성을 고려한 국고보조금 차등 적용 등을 제안한다.

에필로그에서는 지방소멸 시대 지역정책의 대전환 방향을 제시한다. 인구 감소와 고령화로 인한 사회 변화가 지역 및 도시 정책에 던지는 과제는 매우 다양하다. 용도별 공간 수요의 변화에 대응하고, 지역별 서비스 수급 불균형을 해소하며, 노후화된 도시 인프라 문제를 해결해야 한다. 또한 지역과 계층 간 삶의 질 격차 심화를 방지해야 한다. 이러한 과제에 대응하기 위해 노후 인프라의 축소나 폐쇄, 불필요한 시설의 용도 전환, 대체 서비스 제공, 취약계층 맞춤형 지원 등을 제안한다. 특히 광역 서비스의 거점화와 지역 간 협력 체계 구축을 통해 효율적이고 지속 가능한 도시를 만들어야 한다고 결론짓는다.

5. 생산적 논쟁을 위하여

이 책에서 제시하는 많은 정책 방안과 제안들은 아직 무르익지 않았거나 깊은 논쟁이 필요한 것들이다. 엄밀한 학술적 논증을 거친 것이라기보다는 아직은 날것에 가깝다. 지금 우리에게 필요한 것은 기존과는 다른 방식으로 문제를 바라보고 새로운 방식으로 문제를 풀어가는 상상력이다. 이는 물론 근거 없는 주장을 허용한다는 뜻이 아니다. 과학적 분석을 바탕으로 하되, 그 해법을 모색할 때는 새롭고 아직 검증되지 않은 아이디어도 자유롭게 이야기할 수 있어야 한다. 이런 맥락에서 이 책은 인구 감소와 지방소멸에 관한 현상과 문제들, 그리고 정책 대안들에 대해 생각해 볼 만한 쟁점들을 제기하고 논의를 이끌기 위한 화두를 제시한다. 이제 올바른 방향을 찾아가는 방법은 이 화두를 바탕으로 생산적 논쟁을 이어가는 것이다. 이 책의 집필에 참여한 17명의 연구자는 지금까지 학계와 연구소에서 그러한 논의를 이끌어 왔고 앞으로도 계속 적극적으로 참여할 것이다. 이 책은 그러한 논의의 중간 점검이자 더 큰 도약을 위한 새로운 출발이다.

1부

인구 감소 문제의 이해

2장

지방소멸에 대한 이론적 토대

박윤미

1. 지방소멸? 지역소멸? 쇠퇴도시? 이름은 달라도, 결국 '쪼그라'드는 도시

1) 도시 쇠퇴에 대한 대중과 학계의 관심 증가

10년 전만 하더라도 '지방소멸', '지역소멸', '인구 감소', '쇠퇴도시', '축소도시' 같은 단어들은 우리에게 생소했다. 그런데 최근 들어 신문, 뉴스, 다큐멘터리 등 다양한 미디어를 통해 이러한 용어들이 자주 등장하기 시작했다. 뉴스 검색 플랫폼인 빅카인즈를 활용해 2013년부터 2023년까지 12개 주요 전국 일간지의 기사를 분석한 결과도 이러한 흐름과 유사하다. **그림 2-1**에서 보는 바와 같이, 2020년을 기점으로 관련 용어의 사용 빈도가 급격히 증가한 것을 확인할 수 있다. 특히 2022년 이후로 '지방소멸'이 가장 많이 언급되었으며, 다음으로 '인구 감소'와 '지역소멸'도 자주 등장하였다. 여기서 '지

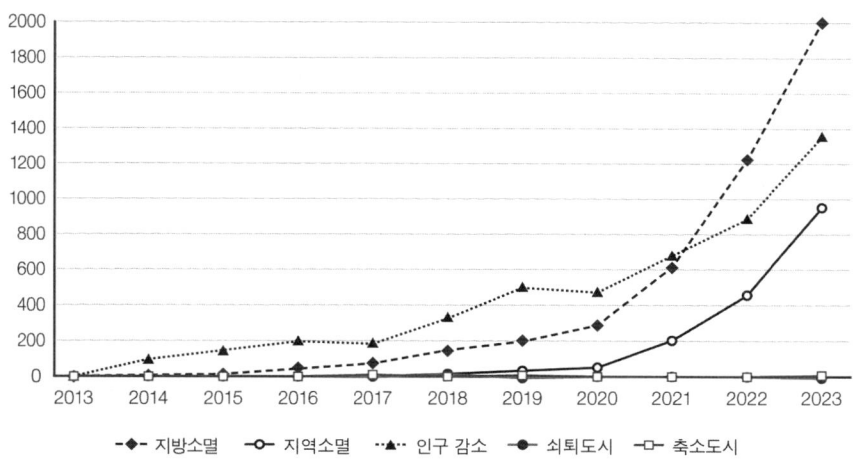

[그림 2-1] 전국 일간지 관련 뉴스 건수(2013~2023; 단위: 건)
자료: 빅카인즈(www.bigkinds.co.kr) 자료를 바탕으로 저자 작성

역소멸'의 '지역'은 수도권과 비수도권의 대립 구도에서 자주 사용되는 '지방'을 대체하여, 보다 중립적인 의미를 강조할 때 활용된다. 이를 고려하면, 지역 또는 지방의 쇠퇴와 그로 인한 미래 소멸에 대한 우려를 담고 있는 '지방소멸'이 훨씬 더 많이 언급된다는 것을 알 수 있다. 반면, '쇠퇴도시'와 '축소도시'는 연평균 10건 이하로, 상대적으로 적게 언급되었다.

도시 쇠퇴 현상에 관한 관심은 언론뿐 아니라 학계에서도 급속히 확산하고 있다. 2018년부터 2023년까지 한국에서 발표된 '도시 쇠퇴' 관련 논문 125편을 분석한 이정은 외(2023)는, 특히 2021년에서 2023년 사이에 발표된 논문이 전체의 절반 이상을 차지하고 있음을 보고하였다. 한국어 학술 저널 검색 사이트인 DBpia(www.dbpia.co.kr)에서 이정은 외(2023)와 같은 키워드를 설정하여 해당 분석 이후인 2024년부터 현재(2025년 5월)까지의 논문을 추가 검색한 결과, 총 83편의 논문이 새롭게 등재된 것으로 나타나 도시 쇠퇴 관련 연구의 증가 추세는 지속하고 있음을 확인할 수 있다.

연구 분야 또한 도시계획, 지리학, 사회학 등 전통적인 사회과학 분야를 넘어 공학, 자연과학, 의약학 등으로 점차 확대되면서 도시 쇠퇴 연구가 다학제적 성격을 띠고 있음을 볼 수 있다. 흥미로운 점은 도시 쇠퇴 현상을 기술하는 용어 선택에서 언론과 학계 간 차이가 존재한다는 것이다. 언론에서는 주로 '지방소멸'이라는 용어를 사용하여 지역 단위의 위기를 강조하는 반면, 학계에서는 '쇠퇴도시(declining city)', '축소도시(shrinking city)' 같은 개념을 더 자주 사용하고 있다. 이 외에도 '소멸 위험 지역', '인구 감소 지역', '노후도시(old city)', '약소도시(weak market city)', '유산도시(legacy city)', '낙후마을(지역)', '과소화 마을', '축소 스프롤(shrinking sprawl)' 등 다양한 용어를 활용하여 도시 쇠퇴로 인해 나타나는 도시의 문제와 현상 등을 포착하고자 하는 경향이 나타난다.

해외 연구에서도 유사한 흐름이 나타난다. 이 외(Lee et al., 2023)는 최근 20년(2003~2023) 동안 발표된 영어 논문 333편에 대한 네트워크 분석을 통해, 2016년 이후 축소도시 관련 연구가 급격히 증가했음을 보고하였다. 해당 연구는 해외 학계에서는 도시 쇠퇴를 둘러싼 핵심 주제로 도시계획과 거버넌스(planning & governance), 쇠퇴(decline), 인구 감소(depopulation), 정책(policy), 재생(regeneration), 유휴 부지(vacant land), 그린인프라(green infrastructure) 등을 주목하고 있고, 특히 미국 디트로이트(Detroit)를 중심으로 한 사례연구가 두드러지고 있음을 확인하였다. 현재까지는 쇠퇴의 원인과 그에 따른 결과(빈집, 공터, 범죄 등), 그리고 이에 대응하기 위한 각 도시의 접근 방식(예: 거버넌스, 도시계획 패러다임의 전환, 도시재생)에 관한 연구가 주를 이루고 있다. 그러나 앞으로는 쇠퇴 완화 및 문제 대응을 위한 정책의 실질적 효과를 검증하는 연구가 증가할 것으로 예상된다.

이러한 국내 및 해외 학계의 활발한 연구는 도시 쇠퇴 현상이 한국에 국한된 문제가 아니라 전 세계적으로 공통된 도시 문제로 부상하고 있으며, 앞으로는 이와 관련된 개념과 용어, 그리고 연구 주제들이 다양해지고 그 수 또한 증가할 것임을 반증한다.

2) 도시 쇠퇴를 지칭하는 다양한 용어들

앞서 언급한 다양한 용어들은 법적 기준, 진단 방식, 인구 및 도시 활력 감소의 원인, 국가적 맥락 등에 따라 선택적으로 사용되는데, 각각 약간의 차이가 있다. 그중에서 가장 자주 언급되는 '지방소멸', '쇠퇴도시', '축소도시'에 대해 좀 더 깊이 살펴보자.

먼저, '지방소멸'은 인구 감소 현상에 초점을 맞추어 지역, 특히 비수도권의 쇠퇴를 설명하는 데 자주 활용되는 개념이다. 저출산과 고령화로 인해 젊은 인구가 유출되면서 생활 기반 시설 유지와 지역공동체의 지속이 어려워지고, 결국 해당 지역이 사라지는 현상을 강조하고자 할 때 사용되는 경우가 많다. 예를 들어, '국가균형발전 특별법'(이하 국가균형발전법)에 근거해 행정안전부는 5년 단위로 '인구 감소 지역'을 지정하고, 해당 지역에 지방소멸 대응기금을 지원하고 있다. 이때 인구 감소 지역은 연평균인구증감률, 인구밀도, 청년순이동률, 주간인구, 고령화비율, 유소년비율, 조출생률, 재정자립도와 같은 여덟 가지 지표를 종합한 값을 기반으로 지정된다(행정안전부, 2024). 또한, 2015년에 처음 개발되어 매년 한국고용정보원을 통해 발표되는 '지방소멸위험지수'도 균형발전종합정보시스템에서 앞서 언급한 인구 감소 지역과 함께 소개되고 있다. 지방소멸위험지수는 20~39세 여성 인구수를 65세 이상 인구수로 나눈 값으로 산출되며, 이 지수가 0.5 이하일 경우 소멸 위험, 0.2 이하일 경우 고위험으로 분류한다(지방시대위원회, 2022). 인구 감소 지역의 선정과 지방소멸대응기금의 도입은 인구 감소와 인구구조 변화가 지방소멸의 핵심 요인임을 짐작케 한다. 이에 더해, '지방'이라는 단어가 시사하듯 '지방소멸'은 균형발전의 관점에서 수도권과 대비되는 비수도권의 농촌, 어촌, 산촌 지역에서 인구 감소와 소멸 위험이 커지고 있음을 강조하고 있다.

'쇠퇴도시'는 인구 감소뿐만 아니라, 도시 전체 또는 특정 지역의 경제적·사회적·물리적 낙후와 상태 악화에 초점을 맞출 때 주로 사용된다. 쇠퇴도시 혹은 지역의 쇠퇴도를 판단하기 위해 다양한 지표들이 사용되나, 가장 빈번히 활용되는 정량적 기준은 '도시재생 활성화 및 지원에 관한 특별법'(이하 도시재생법)에서 제안하는 인구 감소, 산업 쇠퇴, 건축물 노후화이다. 도시재생법에서는 인구 감소, 산업 쇠퇴, 건축물 노후화 중 두 개 이상의 조건(예: ① 30년간 인구가 가장 많았던 시기와 비교하여 20% 인구 감소 혹은 최근 5년간 3년 이상 연속으로 인구가 감소한 경우, ② 최근 10년간 총사업체 수가 가장 많았던 시기와 비교하여 5% 이상 총사업체 수가 감소한 지역 혹은 최근 5년간 3년 이상 연속으로 총사업체 수가 감소한 지역, ③ 전체 건축물 중 준공된 후 20년 이상 지난 건축물이 차지하는 비율이 50% 이상인 지역)을 만족하는 경우 해당 지역을 쇠퇴하였다 혹은 쇠퇴하고 있다고 판단한다(이정은·박윤미, 2021). 국토교통부와 주택도시보증공사는 매년 도시재생종합정보체계를 통해 이러한 기준에 부합하는 쇠퇴지역지도를 제공하고 있으며(국토교통부·주택도시보증공사, 2023), 해당하는 지역을 재생하여 경제적·사회적·환경적 활력을 회복하기 위해 도시재생활성화지역으로 지정하고, 지방 및 중앙정부의 정책적 지원을 받을 수 있도록 하고 있다. 물론 인구 지표 또한 쇠퇴도시를 판단하는 중요한 기준으로 활용되지만, '지방소멸'과 비교하면 경제 및 건축물 노후도까지 포함한다는 점에서 상대적으로 포괄적인 개념이라고 볼 수 있다. 또한, 이 경우 수도권과 비수도권의 차이에 특별한 초점을 두지는 않는다. 이 때문에 도시재생사업은 대도시와 중소 도시 모두에서 다양한 형태로 정부의 지원을 받아 진행되고 있다.

해외에서도 한국과 마찬가지로 인구 감소(depopulation), 쇠퇴도시·도시쇠퇴(declining city·urban decline), 축소도시(shrinking city) 등의 용어를 사용하여 인구 감소에 따른 지역 활력 저하 문제를 둘러싼 다양한 논의와 더불어 관련 정책을 마련하고 있다. 다만, 한국과는 조금 다르게 2015~2024년까지 SCOPUS 데이터베이스에 등록된 영문 논문을 분석한 결과를 살펴보면, 제목, 초록, 키워드에 이 세 단어를 사용한 논문 중 '쇠퇴도시(declining city·urban decline)'가 가장 많았으며(2367편), 그다음으로 '축소도시(shrinking city)'(1296편), '인구감소도시(depopulation city)'(61편) 순서로 나타났다. 연구가 가장 활발하게 이루어진 국가는 중국, 미국, 독일(구동독), 영국, 일본 등이었다. 한국에서는 '축소도시'라는 단어의 사용이 비교적 제한적이지만, 해외에서는 '축소도시(shrinking city)'라는 용어가 더 자주 사용되는 경향을 보인다.

'축소도시'는 '인구감소도시'나 '쇠퇴도시'와 완전히 구분되는 개념은 아니지만, 인구 감소와 경제 규모 축소, 공가(vacant housing) 및 유휴 부지(vacant land) 증가, 공공서비스 제공의 불평등 등 물리적 공간 변화와 이에 따른 사회적 불평등까지 포괄하는 보다 넓은 개념으로 이해된다. 이 용어는 베를린 장벽 붕괴 이후 동독 지역이 그 절정기(peak)와 비교하여 경제·사회·문화적으로 쭈그러들고 있는 상황, 다시 말해 '축소(shrinking)'하고 있음을 설명하기 위해 1990년대 독일에서 처음 사용되었다고 한다(Wolff et al., 2017). 따라서, 일반적인 농산어촌 지역보다는 한때 번성했던 산업도시들이 탈산업화(deindustrialization) 이후 인구 감소와 사회·경제적 문제에 직면했을 때에 특히 빈번하게 거론되는 개념으로 볼 수 있다. 대표적인 예로 미국의 디트로이트(Detroit), 영국의 맨체스터(Manchester), 글래스고(Glasgow) 등이 있는데, 이들을 '유산도시(legacy city)'라고 표현하기도 한다(Lee et al., 2023). 이들은 과거 산업화와 경제적 번영을 누렸지만, 인구 및 산업 구조 변화로 인해 쇠퇴의 길을 걷고 있는 도시들이다. 동시에 '축소도시'라는 단어를 사용하는 것은 상대적으로 중립적이고 현상학적인 용어인 '축소'를 강조함으로써, '쇠퇴(decline)'나 '소멸(extinction)'과 같은 부정적인 표현을 피하려는 의도가 있다(이정은 외, 2023). 이를 통해 시민들이 도시 규모의 감소를 자연스러운 현상으로 인식하고, 보다 수용적으로 받아들이도록 유도할 수 있기 때문이다. 이와 유사하게 1980년대 후반 프랭크 팝퍼(Frank Popper)와 데버라 팝퍼(Deborah Popper)가 기존의 성장 중심적 도시정책이 더 이상 현실적이지 않으므로, 오히려 쇠퇴를 인정하고 이에 맞추어 도시를 효율적으로 축소하는 전략이 필요하다는 주장을 담아 '스마트 쇠퇴(smart decline)'라는 용어를 제안했다. 이 개념은 이후 '스마트 축소(smart shrinkage)', '도시 다이어트(city-diet)', '규모 적정화(right-sizing)' 정책 등 보다 중립적인 표현으로 변화하며 사용되고 있다(이숙진 외, 2023). 이는 쇠퇴하는 도시들의 미래 관리 전략에 대한 혁신적 전환을 촉구함과 동시에 시민들이 거부감 없이 이러한 패러다임 변화를 받아들일 수 있도록 인식 변화를 유도하려는 목적이 크다. 실제로 지역 및 도시 계획의 패러다임 전환은 단순 용어의 등장에 그치지 않고 실제 정책으로도 나타나고 있다. 구체적인 대응책들은 책 전반에서 다룰 것이다.

이처럼 국가 및 부처별로 사용하는 용어에는 다소 차이가 있고 미묘한 의미 차이도 존재하지만, 일반적으로 '쇠퇴도시' 또는 '도시 쇠퇴'(관련 유사 용어 포함)는 인구 감소와 경제활력 저하로 인해 도시의 물리적 환경이 점차 붕괴하고, 고령인구의 비중이 높아지며 다른 지역으로의 이동성이 낮아져 지역 내 생산성이 지속적으로 약화하는 도시나 커뮤니티를 지칭한다. 이러한 구조적 악순환은 도시의 자생적 회복을 어렵게 만들며, 궁극적으로는 소멸 위기에 처하게 한다는 공통된 인식을 바탕으로 한다. 이에 이 장에서는 해당 현상을 지칭하는 다양한 용어들을 포괄하는 개념어로 '쇠퇴' 또는 '도시 쇠퇴'라는 용어를 사용한다.

2. 도시 쇠퇴를 설명하는 이론적 토대

1) 도시의 성장과 쇠퇴를 바라보는 전통적 관점: 주거지(도시) 생애주기이론

도시의 성장과 쇠퇴를 설명하는 데 가장 자주 언급되는 모델은 1920년대 시카고학파의 도시 사회학자들에게서 시작된 '침입-계승(Invasion-Succession) 모델'과 이를 기반으로 후버와 버논(Hoover and Vernon, 1959)이 발전시킨 '주거지 생애주기이론(neighborhood life cycle)'이다.

침입-계승 모델은 사회·경제적 상황 또는 인종적으로 서로 다른 사람들이 한 마을에 새롭게 이주하게 되고, 이들이 서로 화합할 수 없는 갈등을 겪을 때 기존 주민들이 떠나거나 이주자들이 정착하면서 마을의 성격이 변화하는 과정을 설명한다. 기존 주민들과 이질적 특성(연령, 인종, 경제력 등)을 보이는 이주민들의 유입이 멈추면 마을은 '침입(invasion)' 상태에서 벗어나게 되고, 반대로 이주민들의 지속적인 유입으로 인해 기존 주민들이 떠나게 되면 마을은 새로운 이주민들에게 '계승(succession)'된 상태가 되는 것으로 본다. '침입-계승 모델'을 기반으로 던컨(Duncan, 1957)은 한 마을이 완전히 다른 성격으로 변화하는 과정을 '침투(penetration)-침입(invasion)-통합(consolidation)-축적(piling up)'이라는 네 단계로 세분화하여 설명하기도 하였다. 이주민들이 점진적으로 들어와 마을에서 존재감을 드러내기 시작하다가(침투) 새로운 주민들의 수가 점차 증가하여 기존 주민들의 생활 방식과 공간에 영향을 미치게 된다(침입). 이후 기존 마을의 특성이 이주민들을 중심으로 변화하면서 원주민들의 퇴출이 가속화한다(통합). 동시에 동질적인 배경을 가진 이주민들이 대거 유입되고 마을의 문화적·사회적·경제적 특성이 과거와 비교하여 완전히 새롭게 변하게 된다(축적). 후속 연구들은 한 마을 안에서 인구구성 변화의 과정을 관찰하는 데 그치지 않고, 흑인이나 소수 인종이 도심지역으로 유입되면서 상대적으로 부유한 백인들이 더 나은 주거 환경을 찾기 위해 교외 지역으로 이주하는 현상(white flight)과 이에 따른 도심(inner city) 쇠퇴 현상을 설명하는 데 이 이론을 활용하였다(Galster, 1996).

주거지 생애주기이론은 앞에서 설명한 침입-계승의 주기가 여러 번 반복되면서 마을 혹은 도시가 마치 하나의 생명체처럼 생애주기(life cycle)를 거친다고 본다. 이전 침입-계승 모델과의 가장 큰 차별점은 '쇠퇴' 현상을 한 지역의 변화 과정을 설명하는 중요한 요소로 포함했다는 것이다. 주거지 생애주기이론을 가장 먼저 주창한 후버와 버논(Hoover and Vernon, 1959)은 마을의 변화 과정을 '개발(development)-전환(transition)-격하(downgrad-ing)-인구 감소(thinning out)-갱신(renewal)'의 5단계로 설명하였다. 이때, '전환-격하-인구 감소'의 단계에서 마을의 쇠퇴가 일어난다. 물론, 그들은 모든 마을이 이 5단계를 차례로 거치는 것은 아니며, 2단계와 3단계를 계속 반복하거나 혹은 한 단계에서 머무를 수도 있다고 설명하였다.

단계별로 살펴보면, 개발 단계에서 새로운 주거지가 조성되고 비교적 양호한 상태를 유지한다. 전환의 시기에는 해당 주거지의 노후화가 시작되고 원주민은 떠나고 새로운 주민들이 유입된다. 격하의 시기에 다다르면 주택과 기반 시설의 노후화가 심화하고 해당 지역에 저소득층이나 이주민이 밀집하게 됨에 따라 각종 사회 문제 등이 발생할 수 있다. 이후 주거지의 매력이 낮아지면 주민이 이탈하고 빈집이 증가하여 쇠퇴가 가속화되는 단계가 인구 감소 단계이다. 마지막으로 정부나 민간이 개입하여 도시재생이 이루어지는 단계인 갱신의 단계가 올 수 있다.

주거지 생애이론 역시 연구자들의 관심 주제와 시대 상황에 따라 변화·발전하고 있다. 버치(Birch, 1971)는 '농촌(rural)-첫 번째 개발 물결(first wave of development)-완전 개발(fully developed)-고품질 주거지(high-quality residential)-밀집화(packing)-인구 감소(thinning)-탈환(recapture)'의 7단계로 도시의 성장과 쇠퇴를 설명하였다. 버치의 모델은 도시화의 시작을 농촌이라는 더 이른 시점에서부터 다루고 있고, 마을 하나의 생에 집중하기보다는 도시 전체의 변화와 거주지 분화에 초점을 맞추고 있다는 점에서 이전의 모델과는 차별화된다. 반덴 버그 외(Van den Berg et al., 1982)는 도시개발단계(stages of urban development)를 도시 전체의 공간적 구조와 인구 변동에 초점을 맞추어 '도시화(urbanization)-교외화(suburbanization)-역도시화(disurbanization)-재도시화(reurbanization)'의 4단계로 설명한다. 도시지역의 산업화와 경제 발전으로 농촌지역에서 도시로 인구가 이동하는 도시화 단계를 거치면 도시 내부의 과밀과 혼잡을 피하고자 도심을 떠나 쾌적한 교외 지역으로 이동하게 된다(교외화)는 것이다. 도로나 철도의 건설과 같은 교외 지역으로의 교통 인프라 발달은 교외화를 가속하는 촉진제가 되며, 이에 따라 기존 도시는 경제적 쇠퇴와 생활환경의 악화로 인구와 경제활동이 줄어들게 되는 역도시화의 과정을 거치게 되는데, 이때 도시재생이나 재활성화의 노력을 통해 다시 인구가 유입되어 활기를 되찾는 시기가 재도시화의 단계이다.

학자에 따라 도시/주거지의 생애주기에 대한 설명은 다르지만, 쇠퇴 과정이 필연적이라는 점과 재활성화의 노력을 통해 쇠퇴 상황을 극복하면 여러 번의 생애주기가 반복될 수 있다는 점은 공통적으로 나타난다. 다시 말해, 도시/주거지의 생애는 성장과 쇠퇴가 순환적으로 반복되는 주기적인 변화를 겪으며, 이 과정에서 나타나는 '쇠퇴'는 불가피하고 자연스러운 현상이다. 하지만 이러한 쇠퇴를 바라만 볼 게 아니라 쇠퇴를 멈추고 도시를 이전의 상태로 되돌리려는 일종의 '탈환' 노력이 필요하다는 점도 강조된다. 이를 통해 쇠퇴한 도시가 재활성화될 수 있으며, 지속적인 개입과 조정이 이루어질 경우 도시의 회복과 새로운 성장을 가능하게 한다고 본다. 이 때문에 '갱신(renewal)', '탈환(recapture)', '재도시화(reurbanization)'를 위한 성장 회복 전략들은 주로 정부의 든든한 지원을 받아 추진되었으며, 기업 유치·창업 지원과 같은 경제·산업 활성화 방안을 비롯해 기반 시설 개선, 도심 재개발 사업 등이 핵심적인 정책 수단으로 활용되었다. 그러나 정부의 적극적인 개입이 공공의 이익(public interest)을 추구하는 방향으로 이루어지고 있는지에 대한 논쟁은 여전하다. 재개발 과정에서 원래 거주하던 세입자들이 다시 돌아오지 못한다는 점, 주거 약자층을 위한 저렴 주택(affordable housing)의 재고가 감소하는 점, 재도시화 과정에서 젊은 층이나 고학력 인구가 도심으로 유입되는 경향이 강하며, 이로 인해 젠트리피케이션(gentrification) 현상이 자주 발생한다는 점이 대표적인 문제로 지적된다.

2) 장기적이고 고착화되어 가는 도시 쇠퇴를 설명하는 관점: 지속적 도시쇠퇴론

도시의 쇠퇴를 설명하는 전통적 관점에 오랜 시간 동안 큰 변화가 없었으므로, 이에 대한 정책의 대응 방식도 크게 변하지 않았다. 오랜 시간 동안 정책결정자들은 적절한 정부 정책과 계획, 그리고 전략을 통해 인구 감소 추세를 반전시킬 수 있다는 믿음 아래, 많은 재정과 노력을 투입하여 쇠퇴 이전의 상태로 되돌리기 위한 다양한 시도를 해왔다. 일례로, 도시재생사업을 추진하고 축제를 개최하여 관광산업을 부흥시키고 세수를 늘리려 하거나, 산업단지를 개발하여 인구 유입과 세수 확대를 기대하는 방식이 자주 활용

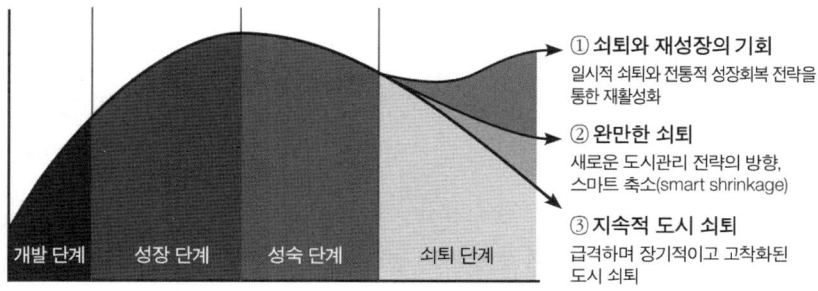

① 쇠퇴와 재성장의 기회
일시적 쇠퇴와 전통적 성장회복 전략을
통한 재활성화

② 완만한 쇠퇴
새로운 도시관리 전략의 방향,
스마트 축소(smart shrinkage)

③ 지속적 도시 쇠퇴
급격하며 장기적이고 고착화된
도시 쇠퇴

개발 단계　　성장 단계　　성숙 단계　　쇠퇴 단계

[그림 2-2] 주거지 생애주기 이론(①)과 지속적 도시 쇠퇴 양상(③) 및 새로운 대응 전략(②)
자료: City of Edmonton(2025)을 기반으로 저자가 재구성함

되었다. 하지만 이러한 시도 대부분은 성공적이지 못했으며, 한 번 쇠퇴 국
면에 접어든 도시는 기존의 정책을 활용해서는 재성장이 현실적으로 어려운
경우가 많았다. 또한, 기존의 주거지 생애이론이 대체로 50년에서 100년에
걸쳐 인구밀도, 경제적 기능, 사회계층 구성, 주택 형태, 민족적 구성이 서서
히 변화한다고 설명한 것과는 달리, 일부 도시에서는 이보다 훨씬 빠른 속도
로 쇠퇴가 진행되며 굳어지기도 하였다.

　이러한 현상을 설명하기 위해 주거지 생애이론을 기반으로 하면서도, 쇠
퇴를 일시적인 현상이 아니라 지속적인 과정일 수도 있음을 인정하는 '지속
적 쇠퇴'라는 개념이 등장하였다. '지속적 쇠퇴'는 특정 연구자에 의해 명확
하게 정립된 개념은 아니지만, 여러 학자가 최근 도시 쇠퇴의 특성을 분석하
는 과정에서 이러한 현상이 나타나는 도시를 관찰하며 이를 설명하기 위해
자주 활용하고 있다. 지속적 쇠퇴 모델은 도시의 쇠퇴가 매우 빠르게 진행
되며 장기적으로 지속된다고 본다(그림 2-2의 ③). 또한, 산업단지 조성, 신
도시 개발, 관광산업 육성 등 전통적 재활성화 전략(그림 2-2의 ①)이 그다지
효과적이지 않다고 여긴다. 이는 최근 도시 쇠퇴의 원인이 세계경제의 재편,
기술혁신, 기후 위기, 고령화와 같은 초지역적이고 구조적이며 장기적인 사

회 변화에서 비롯되고 있기 때문에 지역이나 도시 단위의 독립적인 노력만으로는 극복하기 어려운 복합적 특성을 갖기 때문이다. 이에 따라 도시의 쇠퇴를 극복해야 한다는 기존의 시각과는 달리, 이를 받아들여야 할 상황으로 인지하고 이에 따라 차별화된 도시계획적 대응 전략의 필요성을 동시에 강조한다. 즉, 남아 있는 자원을 효율적으로 활용하여 현상 유지를 도모하거나 쇠퇴 속도를 완만하게 조절하는 것이 중요하다고 본다(그림 2-2의 ②). 이를 '스마트 축소 정책'이라고 하며, 도시 규모를 무리하게 유지하려 하기보다 남아 있는 인구와 자원을 고려하여 적정한 크기로 조정할 것을 장려한다. 또한, 거주지 밀도를 조정해 공공서비스의 적정 수준을 유지하고, 도시 기능과 자원을 보다 효율적으로 관리하는 현실적인 방향을 제시한다.

3. 지속적 도시 쇠퇴의 메커니즘
원인, 징후 그리고 결과

1) 지속적 도시 쇠퇴의 주요 원인

전통적 주거지 생애이론 및 도시개발 단계론과 지속적 도시쇠퇴론의 가장 큰 차이는 쇠퇴를 순환적이고 일시적인 현상으로 보느냐, 아니면 지속적이고 구조적인 문제로 보느냐에 있다. 또한, 재성장의 가능성에 대한 낙관적 태도와 회의적 태도의 차이도 이 두 관점을 구분하는 핵심 요소이다. 또한 전자는 도시 쇠퇴를 도심과 교외 간, 혹은 국가 내 도시 간의 경쟁과 상호작용으로 발생하는 국소적이고 독립적인 현상을 통해 설명하였다. 다만 기존의 전통적 주거지 생애이론은 글로벌 경제 재편, 기술혁신, 기후변화와 같은 초국가적이며 구조적인 사회 변화를 충분히 반영하지 못하며, 장기적이고 고착화되는 최근의 도시 쇠퇴 경향을 설명하는 데 한계가 있다는 약점이 있다. 많은 학자들은 지속적 도시 쇠퇴의 원인으로 다음과 같은 요인들을 언급한다(Park et. al., 2021; Lee et al., 2023; 포퍼·박윤미, 2017; LaFrombois et al., 2023).

첫 번째 요인으로, 탈산업화(deindustrialization)를 필두로 하는 산업구조 변화는 가장 많이 언급되는 지속적 도시 쇠퇴의 원인이다. 디트로이트, 맨체스터(Manchester), 리버풀(Liverpool)과 같이 제2차 산업혁명 이후 번영했던 제조업 중심의 서구권 대도시들은, 21세기 들어 기술혁신, 세계화, 그리고 제조업에서 고부가가치 산업으로의 산업구조 변화에 따라 실업이 증가했고, 이로 인한 지역 인구의 유출로 도시 쇠퇴를 겪게 되었다. 쇠퇴도시의 대표 사례로 자주 언급되는 디트로이트는, 한때 '모터시티(Motor City)'로 불리며 미국 자동차 산업의 중심지였으나, 공장의 해외 이전, 한국, 일본의 자동차 산업 성장과 국제 경쟁 심화, 그리고 2008년 금융위기로 인한 GM과 크라이슬러의 파산으로 대량 실업 사태를 맞게 되었다. 한때 미국은 세계에서 가장 많은 자동차를 생산하는 국가였으나, 2006년부터 일본이, 2009년부터 중국이 이를 넘어섰다. 2022년 기준 중국은 2700만 대의 자동차를 생산하여, 100만 대를 생산한 미국보다 약 27배 더 많은 생산량을 기록했다. 한국에서도 산업구조 변화에 따른 지역 쇠퇴는 유사한 양상으로 나타났다. 조선(造船) 산업의 침체로 인해 거제, 울산, 통영 등의 지역이 쇠퇴하고, 신발·섬유 산업의 해외 이전으로 부산, 대구 지역의 경제활력이 저하된 것 역시 같은 맥락에서 이해할 수 있다. 특히, 한국에서는 1980년대 후반부터 시작된 농수산물 시장 개방으로 인해 농촌지역 경제가 악화했고, 보유 자원의 고갈과 경제성 상실(석탄, 석회석 등)로 인한 탄광도시의 쇠퇴, 그리고 어획량 감소로 인한 어촌지역의 위기 등이 농어촌 소도시의 장기적인 쇠퇴를 초래하는 주요 원인으로 지목된다.

두 번째 요인은 재난으로 인한 주민 전출이다. 예를 들어, 2005년 허리케인 카트리나가 미국 뉴올리언스(New Orleans)를 강타하여 도시의 약 80%가 침수되었고, 많은 주민이 타 주(state)나 다른 지역으로 이주했다. 카트리나 발생 후 15년이 지난 2020년까지도 뉴올리언스의 인구는 2005년 수준의 약 87%에 머물러 있는 실정이다. 이와 유사하게 2011년 일본 후쿠시마 원전 사고 이후 10년이 지난 2020년 기준 이타테(Iitatemura; 飯舘村) 지역으로 귀향한 인구는 사고 이전의 약 19%에 불과했다. 이 두 사례는 대규모 재난이 발생한 지역의 회복과 인구 감소의 문제를 단적으로 보여준다. 기후변화로 인한 대규모 자연 재난이 앞으로 더욱 빈번해질 것으로 예상되는 만큼, 재난으로 인한 도시 쇠퇴는 점점 더 중요한 과제가 될 것으로 보인다.

다음으로 자주 언급되는 요인은 베를린 장벽 붕괴(1989), 구소련의 해체(1991), 그리고 동유럽 공산국가들의 시장경제로의 체제 전환에 따른 지속적 도시 쇠퇴이다. 동유럽 공산국가들이 시장경제 체제로 전환하면서 국가 주도의 산업이 붕괴하고 경제적 불안정이 심화하였으며, 그 결과 더 나은 생활과 일자리를 찾아 많은 사람이 서유럽의 도시나 해외로 이주하게 되었다. 이는 공산주의 체제하에서 도시 간 및 국가 간 이동이 엄격히 통제되었던 것과 달리, 체제 붕괴 이후 이동의 자유가 확대된 영향으로 볼 수 있다. 동시에, 일부 동유럽 도시에서는 급격한 도시화가 진행되며 과밀화와 교외화 현상이 가속화하였고, 반대로 농촌지역과 소도시에서는 인구 감소와 경제 침체가 심화하는 경향을 보이고 있다.

마지막으로, 교외화(suburbanization)의 가속화 역시 지속적 도시 쇠퇴, 특히 도심(inner city) 쇠퇴에 영향을 미치는 중요한 요소로 언급된다. 이는 주거지 생애이론 및 도시개발 단계에서도 도시 쇠퇴의 원인으로 지적된 바 있다. 쾌적한 주거 환경과 저렴한 토지를 찾아 도시 외곽으로 이동하는 인구와 경제활동 기관들로 인해, 도심에 빈곤층과 소수민족이 집중되는 슬럼화 현상은 서구 사회에서 오랫동안 관찰되어 온 문제이다. 이러한 현상은 도시의 사회적·경제적 불균형을 심화시키고, 범죄율 상승, 공공서비스 질 저하, 빈집 증가 등 다양한 문제를 초래한다. 이를 개선하기 위해 도심 재개발, 공공주택 공급, 인프라 개선 등의 필요성이 자주 언급되고 있다. 서구 사회의 교외화와 달리, 한국에서는 도심 외곽을 중심으로 공동주택 위주의 신도시와 신시가지 개발이 활발하게 진행되고 있다. 이는 도심 내 대규모 용지 확보의 어려움, 인구 과밀 억제를 위한 정부의 신도시 및 신시가지 개발 정책, 시민들의 아파트 주거 선호, 그리고 도심 재개발의 어려움 등 다양한 요인이 복합적으로 얽힌 결과로 볼 수 있다. 이러한 이유로 한국의 교외화 현상은 대도시와 중소 도시를 가리지 않고, 인구 규모와 상관없이 나타나고 있다. 다만, 서구 사회와는 달리 아직 한국의 쇠퇴도시에서는 범죄, 마약, 사회적 배제, 빈곤층 집중과 같은 문제가 두드러지게 나타나지는 않는다. 그럼에도 불구하고 도심 공동화, 토지의 비효율적 이용, 지역 경제 침체, 그리고 신도시 건설로 인한 기반 시설 확충에 따른 재정 부담 문제가 발생하고 있다. 특히, 교외 신도시 및 신시가지 개발로 새로운 광역 교통 기반 시설 확충이 요구되면서, 기존 시가지 및 도심 쇠퇴가 더욱 가속하는 요인으로 지목되고 있다.

앞서 제시한 네 가지 도시 쇠퇴 요인들은 주로 지역 간 인구이동(migration)을 중심으로, 도시 인구와 경제활동의 공간적 불균형을 설명하는 데 활용되어 왔다. 그러나 최근 가속화되고 있는 인구 고령화와 초저출산, 그리고 이로 인한 절대적 인구 감소는 기존과는 다른 차원에서 접근해야 하는 현상이다. 인구 유입을 유도하는 전략이나 외부 인구를 유치하는 프로젝트와 같은 기존의 대응 방식은 점차 한계를 드러낼 가능성이 높아지고 있다. 이는 도시 쇠퇴가 단순히 인구의 지역 간 재배치 문제가 아니라, 전국적으로 확보 가능한 인구 자체가 줄어드는 구조적 위기에서 비롯되고 있기 때문이다. 한 세대의 인구를 유지하기 위한 대체출산율(replacement fertility rate) 2.0이 붕괴된 시점은 일본이 1975년, 한국이 1984년, 미국이 2010년이었다(Khalaf, 2024). 2023년 기준 출산율은 미국 1.62명, 일본 1.21명, 한국 0.72명으로, 한국은 일본보다 대체출산율 2.0의 붕괴 시점이 13년 뒤임에도 불구하고 감소율은 훨씬 가파르다(통계청, 2024). 특히, 2021년 한국의 총인구가 인구통계 작성 이래 처음으로 0.18% 줄어든 것은, 한국 사회가 본격적인 인구 감소 시대에 진입했음을 보여주는 상징적인 사건이다(*The Korea Times*, 2021). 현재 한국의 저출산·고령화 추세를 고려할 때, 인구가 다시 반등할 가능성은 매우 낮다.

2) 지속적 쇠퇴의 메커니즘: 원인-징후-결과의 고리

쇠퇴를 겪는 지역에서는 필연적으로 인구 유출과 생산인구의 감소, 그리고 고령화 현상이 나타난다. 산업체 수의 감소와 도시 인프라의 노후화 역시 도시 쇠퇴의 중요한 징후이지만, 가장 쉽게 관찰되는 현상은 인구와 생산인구의 감소이다. 인구가 줄어드는 도시의 부동산 시장은 과거와 비교하면 약세를 보일 것이며, 인구 감소와 부동산 가치 하락으로 인해 지방 세수 역시 감소하게 된다. 세수의 감소로 인해 지역 정부는 공공서비스를 줄이거나, 기반 시설 유지 및 관리에 어려움을 겪게 된다. 인구가 감소한다고 해도 한 번 설치된 기반 시설을 신속하게 철거하기는 어렵기 때문에, 유지·관리 비용은 지속적으로 발생하며, 1인당 부담해야 하는 비용은 점점 증가한다(마강래, 2017). 도심에서 인구 유출이 가속화하면, 도심 공동화가 심화하고 지역공동체는 약화되거나 심한 경우 해체될 수도 있다. 빈집 증가로 인해 '거리의 눈(eyes on the street)'이 사라지면서 무단침입, 불법행위, 노숙 등의 영향으로 지역 주민들의 불안이 커질 수 있다. 또한, 빈집이 장기간 방치되

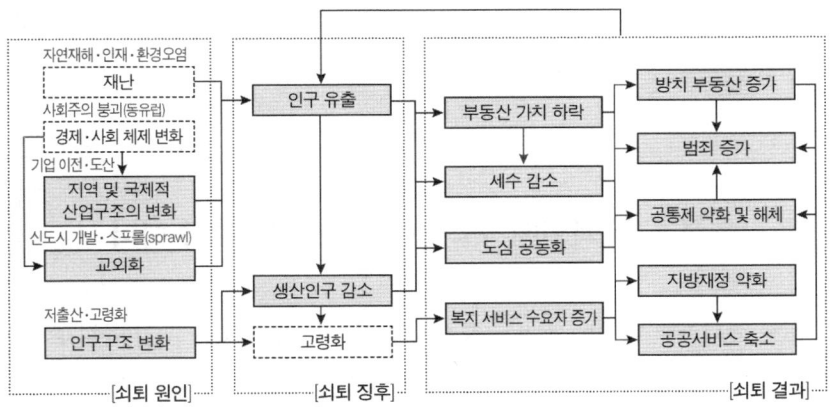

[그림 2-3] 쇠퇴 메커니즘: 원인-징후-결과
자료: 저자 작성

면 주변 부동산 가치를 추가로 하락시키고, 지역에 대한 새로운 투자와 개발이 위축되는 악순환을 초래하게 된다(Park et al., 2021). 지방정부 역시 빈집 유지·관리·철거 등에 관련된 비용을 감당해야 하므로 지방재정에 부담을 주게 된다. 방치된 빈집이 늘어나면 도시 미관이 악화되고, 쓰레기나 폐기물이 쌓이는 장소가 되거나, 손상된 구조물이 주변 환경에 위험을 초래한다. 이는 지역의 생활환경을 더욱 악화시키고, 쇠퇴를 가속하는 요인이 될 수 있다. 또한, 쇠퇴 지역에서는 인구 감소로 인해 복지 서비스의 수요는 증가하는데 동시에 세수는 감소하여 공공서비스가 축소되는 모순적인 상황이 발생한다. 공공서비스에 대한 지출 감소로 해당 지역의 의료, 대중교통, 교육 인프라로의 접근성이 떨어지게 되고, 악화된 정주 여건 때문에 더 많은 인구가 유출된다. 특히, 취업, 교육, 문화와 관련된 활동과 기회를 중요하게 생각하는 젊은 세대의 이탈을 촉진한다. 이와 함께, 소매업과 서비스업이 위축되고 쪼그라든 지역 상권에 줄어든 소비 인구는 새로운 창업에 걸림돌이 되기도 한다. 결국, 쇠퇴가 한 번 시작되면, 지역 내 경제활동이 위축되고, 부

동산 시장이 붕괴하며, 지역 정부의 재정이 악화하는 등 도시 쇠퇴의 악순환
이 반복되는 구조가 만들어진다.

4. 지속적 도시 쇠퇴에 우리는 어떻게 대응해야 하나

도시 쇠퇴 메커니즘에서 가장 중요하게 생각해 볼 문제는 재정 악화로 인
해 축소될 수밖에 없는 공공서비스의 불이익을 누가 더 많이 받는가이다.
도시가 쇠퇴할 때 유출되는 인구는 상대적으로 이동이 자유로운 젊은 층과
사회·경제적으로 안정된 사람들일 확률이 높다. 이에 반해, 남겨진 이들은
증가한 세수 부담과 축소된 공공서비스의 영향을 받게 된다. 또한, 사회적
약자 계층이 밀집한 지역부터 공공서비스와 인프라 관리에 투입되는 재정
이 먼저 줄어들 가능성이 크다. 예를 들자면, 대중교통 노선 축소, 응급의료
서비스 접근성 저하, 공공시설 유지·보수 지연 등이다. 결국, 쇠퇴한 지역에
남겨진 주민들은 세금을 더 내지만 과거에 비해 더 열악한 환경에서 살아갈
수밖에 없으며, 이러한 불균형이 지속되면 도시 내·외 계층 간 격차는 더욱
심화할 수도 있다. 이러한 문제를 대표적으로 보여주는 사례를 디트로이트
에서 찾을 수 있다. 디트로이트는 자동차 산업의 붕괴에서 시발된 인구 감
소로 큰 타격을 입었으며, 2010년에는 전성기 대비 인구의 40%가 감소했
다. 세수 기반은 급격히 약화되었고, 180억 달러에 달하는 막대한 부채를 떠
안게 되자, 결국 2013년 디트로이트는 공식적으로 파산을 선고하였다. 이는
미국 역사상 가장 큰 규모의 지방정부 파산 사례로 기록되었다. 2015년에는
가로등의 40%가 작동하지 않을 정도로 도시의 기반 시설이 낙후되었으며,
낡은 전기 시설의 관리 미비로 정전이 빈번하게 발생했다. 그러나 정전 방
지를 위한 인프라 개선이나 전봇대 주변 나무 정리와 같은 작업은 부유한 동

네를 중심으로 이루어졌고, 전기 시설 개선의 혜택을 받지 못한 주민들 중 38%가 빈곤층이고, 90%가 소수인종이라는 보고가 있다(Detroit Reparations Task Force and University of Michigan, 2024). 이는 인구 감소에 기인한 재정난을 겪는 도시에서 나타날 수 있는 부정의(injustice)의 대표적인 사례로, 도시가 쇠퇴할 때 사회적 약자 계층이 짊어져야 할 불평등한 부담이 커질 수 있음을 명확하게 보여주고 있다. 물론 한국의 재정 및 세수 체계는 미국과 다르며, 인프라 또한 공기업을 통해 제공되는 경우가 많아 디트로이트와 같은 극단적인 사례가 나타나지는 않을 것이다. 그러나 2024년 현재, 교통, 의료, 문화, 여가 등 일상생활에 필수적인 공공서비스의 종류, 접근성, 서비스 수준, 그리고 편의성이 쇠퇴하는 중소 도시에서 점차 악화하고 있으며, 이에 따른 지역 간 불평등이 심화하고 있음을 확인할 수 있다. 특히, 인구 감소와 함께 공공시설 폐쇄, 대중교통 감축, 의료 인프라 축소 등의 현상이 가속화하면서, 도시 쇠퇴가 단순한 인구 문제를 넘어 주민들의 삶의 질을 직접적으로 저하시키고 있다. 그렇다면, 도시가 쇠퇴하는 것을 자연스러운 과정으로 간주하고, '재활성화'가 성공하기 어려운 만큼 필요에 따라 '죽음을 맞이하도록' 그대로 내버려둘 것인가?

앞서 간략히 설명했지만, 지속적 도시쇠퇴론을 지지하는 연구자들은 도시를 '적정 규모(Right-sizing)'로 재조정하는 전략에 대해 더욱 세심한 접근이 필요하다고 주장한다. 이는 기존의 도시 재개발 및 재생 전략이 도시의 전성기로의 회귀를 목표로 하고, 성장 위주의 도시계획 패러다임과 도구들을 활용하는 것과 차별화된다. 축소 지향 정책들은 미래의 성장을 전제한 장밋빛 전망보다는, 쇠퇴의 속도를 조절하고 현상을 유지하거나 완만한 쇠퇴를 유도하는 방안을 고민하는 데 초점을 맞춘다. 이는 단순한 인구 증가나 경제회복을 목표로 하기보다는, 현재 남아 있는 주민들의 삶의 질 향상에 중점을 두며, 도시 기능과 공공서비스를 집중화하고, 양호한 주거 환경과 교류 공간을 조성하는 전략을 포함한다. 관련 정책들에 대한 자세한 내용은 이후 여러 장에서 다루겠지만, 간략히 살펴보면, 빈집을 적극적으로 관리하고, 필요하면 행정구역 및 용도 지역·지구를 조정하여 공공서비스 제공의 효율성을 높이며, 기반 시설을 선택적으로 유지·축소하는 방식으로 지속 가능한 도시 운영을 도모하는 정책들이 포함된다. 많은 도시와 정책가들은 이러한 문제 인식을 바탕으로, 도시 쇠퇴를 단순한 위기가 아닌, 새로운 형태의 도시 운영 전략이 필요한 시점으로 보고 이를 해결하기 위한 정책 수립에도 힘쓸 것을 주장하고 있다. 하지만 이를 정책에 반영하여 실현하는 것이 과연 쉬운 일일까? 반드시 그렇지는 않다.

　문헌 고찰을 통해 파악한 39개의 축소 지향 전략 중 몇 개가 실제 한국의 55개 인구 감소 도시들의 도시기본계획에 반영되었는지를 조사한 이숙진 외(2023)의 연구에 따르면, 도시들의 쇠퇴 전략 반영 점수의 평균은 100점 만점에 29.5점으로 나타났다. 오랜 기간 쇠퇴를 겪은 도시일수록 도시 쇠퇴에 대한 정책적 준비나 인프라 관리 방식에 대한 대비책이 더욱 체계화되어 있을 것으로 예상하였으나, 실제 결과는 그렇지 않았다. 20년 이상 장기적으로 인구가 감소한 지역과 중기적으로 감소한 지역 간에도 축소 지향 전략의 반영 수준에는 큰 차이가 없었다. 이는 도시 쇠퇴가 장기적으로 지속되었음에도 불구하고, 정책은 그에 미치지 못하고 있으며 동시에 기존의 성장 중심적 계획 방식에서 벗어나지 못하고 있음을 시사한다. 다만, 최근에 수립된 시·군 단위 도시기본계획의 경우, 과거와 비교하여 상대적으로 축소 지향 전략들을 수용하려는 경향이 높은 것으로 나타났다. 도시 쇠퇴를 공식적으로 인정하고 이에 대응하는 전략이 여전히 제한적이지만, 최근 계획에서는 축소 지향적인 요소들이 과거보다 더 많이 반영되기 시작했다는 점에서 변화의 흐름이 감지된다. 이러한 경향은 비단 한국뿐만 아니라 미국에서도 유사하게 나타난다. 라프롬부아 외(LaFrombois et al., 2023)의 연구에서도 많은 미국의 인구 감소 도시들이 인구 감소 추세에 대한 인지(awareness) 혹은 인정(acknowledgement) 정도와는 상관없이 축소 지향에서부터 성장 중심 전략에 이르기까지 다양한 도시계획 전략을 혼합하여 활용하고 있는 것으로 나타났다. 앞에서 언급한 두 연구는, 쇠퇴하는 도시의 위정자들과 시민들이 인구 감소와 인구구조 변화를 인정하고 이러한 새로운 현실에 맞추어 도시계획 전략을 조정해야 함에도 불구하고, 아직까지는 이에 대해 적극적으로 대응하지 않고 있음을 보여준다. 이는 인구 감소와 그에 따른 세수 감소가 도시를 '건강하지 않은 상태'로 만든다는 인식에서 기인하는 것으로 생각된다. 특히, 지방자치제도 아래에서는 선출직 공무원들이 인구 감소 추세에 맞추어 도시를 '축소'하거나 '조정'하는 계획을 선거공약으로 내세우기 어려운 정치적 현실도 중요한 영향을 미친다. 그 결과, 공무원들과 도시계획 담당자들은 인구 감소를 공개적으로 인정하고 이에 맞추어 도시계획 전략을 수정하는 것을 주저하게 되고, 오히려 비현실적인 긍정적 시나리오에 근거한 낙관적인 인구 예측(forecast)에 의존하여 희망적 청사진을 제시하는 경향을 보인다. 이는 쇠퇴를 공식적으로 인정하는 것이 곧 행정 실패로 인식될 수 있기 때문에 정책결정자들이 기존의 성장 프레임을 유지하려는 태도와 입장을 고수하는 것과도 연결된다. 그러나 인구 감소 도시에서 성장 지향적인 도시 관리 전략을 고수하는 것은 남아 있는 도시 자원을 더욱 고갈시킬 뿐만 아니라 떠나지 못한(않은) 주민들의 삶의 질 개선에도 전혀 기여하지 못한다. 오히려 이러한 접근법은 지방정부뿐만 아니라 중앙정부에도 재정 부담을 전가하며, 극단적으로 말해서 전국의 시민들에게 특정 지역의 전략 실패로 인한 문제를 떠넘기게 되는 꼴이 된다. 때문에, 정책결정자를 포함하여 정책 수립과 실행에 관여하는 모든 사람들은 인구 감소의 현실을 충분히 인지하면서도 적절한 대응 전략을 제시하지 않으려 하는 태도가 행정적 비효율을 넘어 '윤리적'으로도 책임을 회피하는 태도임을 명확히 인식할 필요가 있다.

성장 중심의 도시가 지금의 모습을 갖추는 데 수백 년이 걸렸듯, 축소 지향적 도시계획 역시 그만큼의 시간을 요구할 것이며, 그 과정에서의 시행착오 또한 불가피할 것이다. 새로운 지역 및 도시 관리 전략을 실행해 나가는 과정에서 끈기가 필요한 이유다. 또한, 다양한 세부 분야에서의 체계적인 논의와 실험을 병행하여 한국적 도시 쇠퇴 현실에 부합하는 대응 전략에 대한 고민을 시작해야 할 때다.

참고문헌

구형수. 2023. 「무엇이 도시의 생존을 위협하는가?: 도시축소에 대한 구조적 이해」. ≪국토연구≫, 통권 119호, 31~50쪽.
국토교통부·주택도시보증공사. 2023. "도시재생종합정보체계: 쇠퇴지역지도". https://www.city.go.kr/portal/policyInfo/urban/contents11/link.do (검색일: 2025. 5. 11)
그린피스. 2021. "2011-2021 후쿠시마 방사선 오염의 현실: 제염 신화와 10년간의 인권 침해". https://www.greenpeace.org/korea/report/16755/report-after-10years-the-reality-of-fukushima/ (검색일: 2025. 2. 5)
마강래. 2017. 『지방도시 살생부: '압축도시'만이 살길이다』. 서울: 알키.
이상호. 2016. 「한국의 '지방소멸'에 관한 7가지 분석」. 충북: 한국고용정보원.
이숙진·임영빈·안지현·박윤미. 2023. "Comprehensive Plan Assessment of Korean Shrinking Cities Toward Smart Decline". ≪도시설계≫, 제24권 6호, 127~146쪽.
이정은·박윤미. 2021. 「도시재생계획 수립을 위한 도시쇠퇴진단 고찰: 정책 및 학술연구와 도시재생전략계획의 비교·분석을 중심으로」. ≪도시설계≫, 제22권 4호, 35~54쪽.
이정은·박윤미·김민주. 2023. 「한국형 축소도시의 정의와 진단: 축소도시, 쇠퇴도시, 지방소멸 관련 문헌 고찰을 중심으로」. ≪국토연구≫, 통권 119호, 3~29쪽.
지방시대위원회. 2022. "지방소멸위험지수". https://www.nabis.go.kr/contentsDetailView.do?menucd=258&menuFlag=Y&menuFlag=Y (검색일: 2025. 5. 11)
통계청. 2022. "자동차생산". https://kosis.kr/statHtml/statHtml.do?orgId=101&tblId=DT_2KAA511 (검색일: 2024. 9. 15)
_____. 2024. "2022년 기준 장래인구추계를 반영한 세계와 한국의 인구현황 및 전망[보도자료]". https://kostat.go.kr
포퍼, 프랑크·박윤미. 2017. 「스마트 디클라인: 작은 것도 아름다울 수 있다」. ≪국토≫, 제423호, 53~61쪽.

행정안전부. 2024. "인구감소지역지정". https://www.mois.go.kr/frt/sub/a06/b06/populati onDecline/screen.do (검색일: 2024.9.15)

Alves, D., Barreira, A.P., Guimarães, M.H., Panagopoulos, T. 2016. "Historical trajectories of currently shrinking Portuguese cities: A typology of urban shrinkage." *Cities*, No.52, pp.20~29.

Birch, D.L. 1971. "Toward a stage theory of urban growth." *Journal of the American Institute of Planners*, Vol.37, No.2, pp.78~87.

City of Edmonton. 2025. "What is a neighbourhood life cycle? Growth Analysis." https:// www.edmonton.ca/city_government/urban_planning_and_design/growth-analysis (검색일: 2025.5.11)

Detroit Reparations Task Force and University of Michigan. 2024. "Harms report for the Detroit Reparations Task Force. University of Michigan." Retrieved from https:// lsa.umich.edu/social-solutions/history-and-slavery/craftingdemocraticfutures/detr oit-reparations-task-force-harms-report.html (검색일: 2025.5.11)

Duncan, O.D. 1957. "The measurement of population distribution." *Population Studies*, Vol.11, No.1, pp.27~45.

Galster, G. 1996. "William Grigsby and the analysis of housing sub-markets and filtering." *Urban Studies*, Vol.33, No.10, pp.1797~1805.

Grish, Anney. 2020. "The inequality of privatized public services in Detroit." Medium. https://anneygrish.medium.com/the-inequality-of-privatized-public-ervices-in-de troit-efd3fe896744 (검색일: 2024.9.16)

Hoover, E.M. and Vernon, R. 1959. *Anatomy of a Metropolis: The Changing Distribution of People and Jobs within the New York Metropolitan Region*. Cambridge, MA: Harvard University Press.

Khalaf, R. 2024. "Birth rates in rich countries halve to hit record low." *Financial Times*. Available at: https://www.ft.com/content/f0d2a5a7-e5ef-4044-8380-ff690b609a5a (검색일: 2025.5.11)

LaFrombois, Heim, M.E., Park, Y. and Yurcaba, D. 2023. "How US shrinking cities plan for change: Comparing population projections and planning strategies in depopulating US cities." *Journal of Planning Education and Research*, Vol.43, No.1, pp.81~ 93.

Lee, J.-E., Park, Y. and Newman, G.D. 2023. "Twenty years of research on shrinking cities: A focus on keywords and authors." *Landscape Research*, Vol.48, No.7, pp.884~899.

Park, Y., Newman, G. D., Lee, J.-E., and Lee, S. 2021. "Identifying and comparing vacant housing determinants across South Korean cities." *Applied Geography*, No.136, 102566. https://doi.org/10.1016/j.apgeog.2021.102566

Perkins, Tom. 2022. "Utility redlining: Detroit power outages disproportionately hit minority and low-income areas." *The Guardian*. https://www.theguardian.com/inequality/2022/oct/06/detroit-power-outages-impact-minority-low-income-neighborhoods (검색일: 2024.9.16)

Schwirian, K.P. 1983. "Models of neighborhood change." *Annual Review of Sociology*, Vol.9, No.1, pp.83~102.

The Korea Times. 2021. "Korea's total population falls for the first time in 2021." https://www.koreatimes.co.kr/southkorea/society/20220728/koreas-total-population-falls-for-the-first-time-in-2021 (검색일: 2025.5.11)

Weinstein, R.M. 2007. "Succession and renewal in urban neighborhoods: The case of Coney Island." *Sociation Today*, Vol.5, No.2.

Wolff, M., Fol, S., Roth, H., and Cunningham-Sabot, E. 2017. *Shrinking cities: measuring the phenomenon in France*. Cybergeo: European Journal of Geography.

3장

인구 데이터로 본 다차원적 지방소멸 현상

이삼수

1. 지방소멸을 바라보는 시각

지방 중소 도시의 지방소멸 대응은 국가적 차원 및 특정 지역 차원에서 접근하는 투 트랙 전략이 필요하다. 즉, 지방소멸을 바라보는 시각은 국가적 차원의 저출생 및 인구 감소가 아닌 인구 감소로 인하여 지방소멸의 문제가 발생하고 있는 특정 지역을 중심으로 원인을 진단하고 대응 방안을 제시해야 한다.

지방소멸 문제를 해결하기 위해서는 특정 지역의 인구 감소 문제의 원인 및 현상, 발생 지역 등에 대한 심층적인 분석에 기반한 대응 방향 및 정책을 제시해야 한다. 예를 들어 지방 중소 도시의 인구 감소 및 지방소멸에 대응하기 위한 공간정책인 「도시·군기본계획 수립 지침」에서는 콤팩트-네트워크 도시전략을 제시하고 있다. 즉 지방소멸에 대응한 새로운 공간계획으로서 도시 규모 적정화를 실현하기 위한 수단으로서 콤팩트-네트워크 도시로

[표 3-1] 인구 감소를 바라보는 두 가지 차원

국가적 인구 감소 문제(종적 측면)	구분	특정 지역 인구 감소 문제(횡적 측면)
낮은 출산율	주요 원인	인구의 사회적 이동(전입 ‹ 전출)
국가 전체의 인구 감소(고령화)	인구 현상	특정 지역(지방소멸지역)의 인구 감소
국가 성장 동력 약화, 국가 인구 위기	발생 문제	지역공동체 붕괴, 지역 경제 위기
서울, 부산 등 대도시 포함 전국 지역	대상 지역	지방소멸위험지역(인구감소지역)
출산율 향상 정책 (지역 간 횡적 인구이동에는 관심 없음)	대응 방향	인구(청년 등) 정착 관련 지역 매력 창출 (국가의 종적 인구 증감에는 관심 없음)
저출산·고령화 대응	대응 정책	취업, 일자리, 교육 등 인구 유치를 위한 지역 매력 창출 시책 (생활인구 활성화 방안)
메가시티 전략	공간정책	콤팩트-네트워크 도시 전략 (축소도시 또는 도시 규모 적정화)

자료: 김현호(2021)를 토대로 저자 작성

전환하기 위한 정책을 우선적으로 고려할 수 있다.

하지만 지방소멸은 단순히 지역 도시들의 인구가 감소하는 현상뿐만 아니라 지역 내 사회, 경제, 문화, 복지, 교육 등과 연계되어 있다. 이러한 측면에서 인구 데이터의 다차원적인 분석을 통해 지방소멸의 실태를 명확히 분석할 필요가 있으며, 분석 결과를 토대로 공간정책과 지원정책의 연계를 통한 지방소멸 대응 방안을 모색해야 한다.

따라서 이 장에서는 지방소멸을 인구 데이터 관점에서 바라보고자 한다. 인구 데이터의 시간적 범위(1년, 5년, 10년, 20년, 30년, 40년, 50년) 및 공간적 범위[전국, 수도권 및 비수도권, 광역권(메가시티), 광역 시·도, 기초지자체 등] 등에 어떻게 접근하느냐에 따라 지방소멸의 실태를 다르게 파악할 수 있을 것이다. 이러한 측면에서 지방소멸을 다양한 인구 데이터(인구 추이, 인구이동, 인구동향 등)를 약 50년의 장기적인 시간 관점에서 다양한 공간적 범위를 설정하여 다각적으로 분석하고자 하였다.

2. 인구 관점에서 지방소멸 현상 진단

1) 전국의 인구변화 추이

(1) 수도권 및 비수도권 인구 추이

전국의 인구는 1975년부터 2023년까지 대략 50년의 변화 추이를 분석하였다. 우리나라의 전국 인구는 1975년 3470만 명에서 급격하게 증가하여 2020년 5183만 명(인구의 최고 피크는 2019년 5185만 명)으로 정점에 도달하였다. 이후 전국 인구가 감소하기 시작하여 2023년에는 5133만 명 수준이며, 인구 피크 대비 대략 52만 명(피크 대비 약 1.0%)이 감소하였다. 전국 단위의 인구변화는 인구 감소 또는 지방소멸을 논하기에는 한계가 있다.

또한 수도권 및 비수도권의 인구 또한 2016년까지 지속적으로 증가하였다. 특히 수도권의 인구는 1975년 1093만 명에서 2023년에 2601만 명으로 1509만 명(138%)이 급격하게 증가하였다. 비수도권의 경우 1975년 2378만 명에서 2023년에 2531만 명으로 154만 명(6.5%)이 증가하였으나, 그 증가 폭은 수도권에 비해 매우 낮은 수준이다. 또한 비수도권의 경우 2017년부터 인구가 지속적으로 감소하기 시작하였다.

1975년에는 수도권과 비수도권의 인구 비율이 31.5% : 68.5%로, 비수도권이 수도권의 두 배 이상을 차지하고 있었다. 하지만 2019년에 수도권과 비수도권의 인구가 역전하였으며, 2023년에는 수도권과 비수도권의 인구 비율은 50.7% : 49.3%로, 인구 역전이 지속되고 있다. 이러한 수도권과 비수도권의 인구변화는 비수도권에서 수도권으로의 인구이동 및 자연 증가가 중요한 원인으로 파악되고 있다. 구체적인 내용은 다음 절에서 소개할 것이다.

[표 3-2] 전국 및 수도권, 비수도권의 인구변화 추이(1975~2023; 단위: 명, %)

구분		1975	1980	1985	1990	1995	2000	2005	2010	2015	2020	2023
전국		34,704,286	37,436,315	40,448,486	43,410,899	44,608,726	46,136,101	47,278,951	48,580,293	51,069,375	51,829,023	51,325,329
수도권		10,928,413	13,298,241	15,820,156	18,586,128	20,189,146	21,354,490	22,766,850	23,836,272	25,273,824	26,038,307	26,014,265
		31.49	35.52	39.11	42.81	45.26	46.29	48.15	49.07	49.49	50.24	50.69
비수도권		23,775,873	24,138,074	24,628,330	24,824,771	24,419,580	24,781,611	24,512,101	24,744,021	25,795,551	25,790,716	25,311,064
		68.51	64.48	60.89	57.19	54.74	53.71	51.85	50.93	50.51	49.76	49.31

자료: 국가통계포털(kosis.kr)

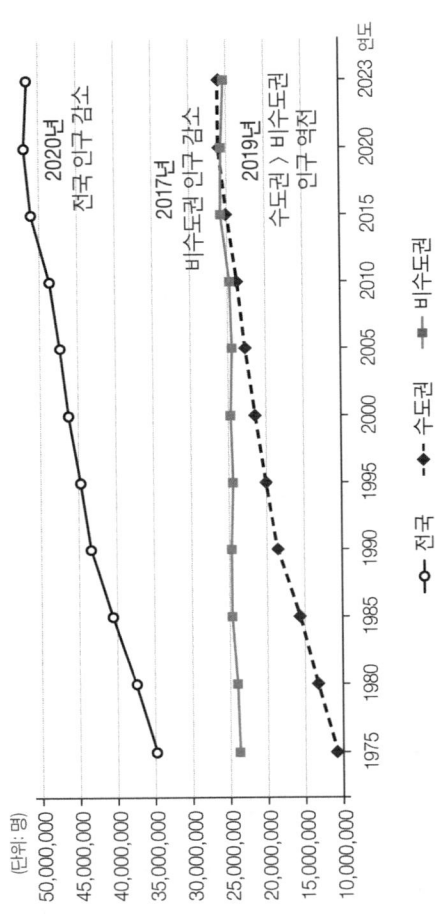

[그림 3-1] 수도권 및 비수도권 인구변화 분석(1975~2023)
자료: 국가통계포털(kosis.kr) 자료를 토대로 저자 작성

(2) 광역권 및 광역 시·도별 인구 추이

7개 광역권별 인구변화(1975년~2023년)를 살펴보면, 수도권(138.0%), 제주권(64.0%), 부산·울산·경남권(33.4%), 대전·세종·충청권(24.2%), 대구·경북권(1.5%)은 인구가 증가하였으나, 강원권(-17.9%) 및 광주·전라권(-22.7%)은 감소하였다. 즉, 강원권과 광주·전라권만 인구가 감소하였으며, 나머지 광역권은 모두 인구가 증가하였다. 강원도를 제외하면 실질적인 인구 감소가 일어난 광역권은 광주·전라권뿐이라 할 수 있다. 1975년의 광역권별 인구는 수도권 1093만 명 다음으로 광주·전라권 644만 명, 부산·울산·경남권이 573만 명, 대구·경북권 486만 명, 그리고 대전·세종·충청권이 447만 명 순서였으나, 2023년에는 수도권이 2601만 명, 부산·울산·경남권이 765만 명, 대전·세종·충청권이 555만 명, 광주·전라권이 498만 명, 그리고 대구·경북권이 493만으로 수도권, 부산·울산·경남권, 그리고 대전·세종·충청권의 인구 증가가 두드러지게 나타났다. 따라서 광역권 단위에서는 인구 감소 및 지방소멸의 위험성이 높은 권역은 강원권 및 광주·전라권을 들 수 있다.

17개 광역 시·도별 인구변화를 살펴보면, 강원도, 충청남도, 경상북도, 전라북도, 전라남도 등 다섯 개 광역지자체의 인구가 감소하였으나, 충청남도의 경우 세종시가 분리된 점을 감안하면 실질적인 인구 감소는 없다고 볼 수 있다. 특히 전라남도(-44.4%), 전라북도(-28.6%), 경상북도(-23.5%)는 인구가 20% 이상 감소하는 등 인구 감소가 가장 큰 광역지자체이다. 이에 비해 경기도(343%), 세종특별자치시(267.2%), 인천광역시(211%), 울산광역시(192%), 대전광역시(126%)와 같이 100% 이상 증가한 광역지자체도 있다. 광역 시·도 차원에서는 전라남도, 전라북도, 경상북도가 지방소멸 위험이 큰 것으로 나타났다.

[표 3-3] 광역 시·도별 인구변화(1975~2023; 단위: 천 명, %)

구분	1975	1985	1995	2005	2015	2023	1975~2023		1985~2023		1995~2023		2005~2023		2015~2023	
전국	34,704.29	40,448.49	44,608.73	47,278.95	51,069.38	51,325.33	16,621.04	47.9	10,877	26.9	6,717	15.1	4,046	8.6	256	0.5
수도권	10,928.41	15,820.16	20,189.15	22,766.85	25,273.82	26,014.27	15,085.85	138.0	10,194	64.4	5,825	28.9	3,247	14.3	740	2.9
	31.49	39.11	45.26	48.15	49.49	50.69	90.76		93.72		86.73		80.25		289.29	
서울특별시	6,889.44	9,639.11	10,231.22	9,820.17	9,904.31	9,386.03	2,496.59	36.2	-253	-2.6	-845	-8.3	-434	-4.4	-518	-5.2
인천광역시	965.09	1,527.06	2,308.19	2,531.28	2,890.45	2,997.41	2,032.32	210.6	1,470	96.3	689	29.9	466	18.4	107	3.7
경기도	3,073.88	4,653.99	7,649.74	10,415.40	12,479.06	13,630.82	10,556.94	343.4	8,977	192.9	5,981	78.2	3,215	30.9	1,152	9.2
비수도권	23,775.87	24,628.33	24,419.58	24,512.10	25,795.55	25,311.06	1,535.19	6.5	683	2.8	891	3.7	799	3.3	-484	-1.9
	68.51	60.89	54.74	51.85	50.51	49.31	9.24		6.28		13.27		19.75		-189.29	
강원도	1,861.55	1,724.81	1,466.24	1,464.56	1,518.04	1,527.81	-333.74	-17.9	-197	-11.4	62	4.2	63	4.3	10	0.6
대전·세종·충청권	4,470.61	4,392.18	4,435.70	4,792.80	5,439.63	5,552.33	1,081.72	24.2	1,160	26.4	1,117	25.2	760	15.8	113	2.1
대전광역시	639.59	943.01	1,272.12	1,442.86	1,538.39	1,442.22	802.63	125.5	499	52.9	170	13.4	-1	-0.0	-96	-6.3
충청북도	1,522.11	1,391.00	1,396.73	1,460.45	1,589.35	1,593.47	71.36	4.7	202	14.6	197	14.1	133	9.1	4	0.3
충청남도	2,203.65	1,965.53	1,686.01	1,808.68	2,107.80	2,130.12	-73.54	-3.3	165	8.4	444	26.3	321	17.8	22	1.1
세종특별자치시	105.26	92.64	80.84	80.82	204.09	386.53	281.26	267.2	294	317.3	306	378.1	306	378.3	182	89.4
부산·울산·경남권	5,733.15	7,031.46	7,659.95	7,629.12	7,949.88	7,648.18	1,915.03	33.4	617	8.8	-12	-0.2	19	0.2	-302	-3.8
부산광역시	2,580.47	3,595.41	3,814.33	3,523.58	3,448.74	3,293.36	712.89	27.6	-302	-8.4	-521	-13.7	-230	-6.5	-155	-4.5
울산광역시	377.62	669.71	967.43	1,049.18	1,166.62	1,103.66	726.04	192.3	434	64.8	136	14.1	54	5.2	-63	-5.4
경상남도	2,775.06	2,766.34	2,878.19	3,056.36	3,334.52	3,251.16	476.10	17.2	485	17.5	373	13.0	195	6.4	-83	-2.5
대구·경북권	4,858.41	5,040.80	5,125.73	5,072.19	5,146.35	4,929.28	70.88	1.5	-112	-2.2	-196	-3.8	-143	-2.8	-217	-4.2
대구광역시	1,517.43	2,110.17	2,449.42	2,464.55	2,466.05	2,374.96	857.53	56.5	265	12.5	-74	-3.0	-90	-3.6	-91	-3.7
경상북도	3,340.98	2,930.63	2,676.31	2,607.64	2,680.29	2,554.32	-786.65	-23.5	-376	-12.8	-122	-4.6	-53	-2.0	-126	-4.7
광주·전라권	6,440.42	5,950.51	5,226.52	5,021.55	5,136.04	4,978.21	-1,462.21	-22.7	-972	-16.3	-248	-4.8	-43	-0.9	-158	-3.1
광주광역시	737.28	1,042.51	1,257.64	1,417.72	1,502.88	1,419.24	681.95	92.5	377	36.1	162	12.8	2	0.1	-84	-5.6
전라북도	2,456.38	2,202.08	1,902.04	1,784.01	1,834.11	1,754.76	-701.62	-28.6	-447	-20.3	-147	-7.7	-29	-1.6	-79	-4.3
전라남도	3,246.76	2,705.92	2,066.84	1,819.82	1,799.04	1,804.22	-1,442.55	-44.4	-902	-33.3	-263	-12.7	-16	-0.9	5	0.3
제주특별자치도	411.73	488.58	505.44	531.89	605.62	675.25	263.53	64.0	187	38.2	170	33.6	143	27.0	70	11.5

자료: 국가통계포털(kosis.kr)

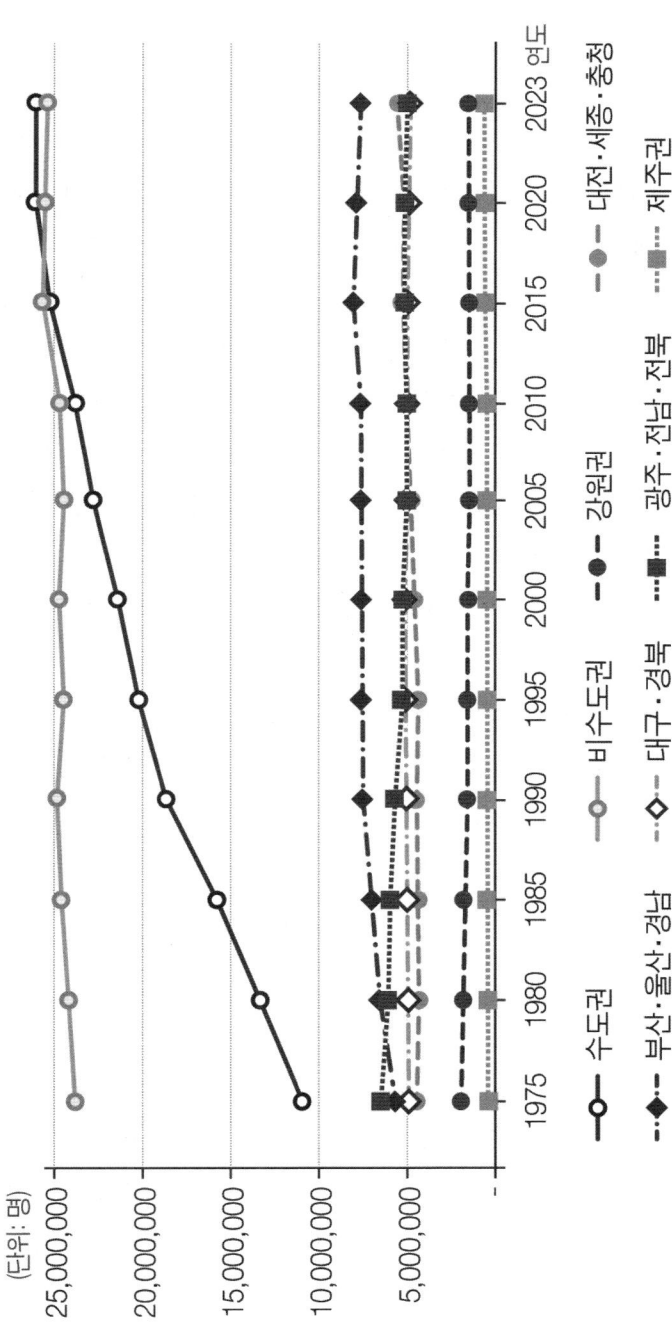

[그림 3-2] 광역권별 인구변화 분석(1975~2023)

자료: 국가통계포털(kosis.kr) 자료를 토대로 저자 작성

(3) 전국 시군구 인구 추이

전국 시군구별 인구변화는 2023년 인구 규모[5만 이하, 5만~10만, 10~20만, 20~30만, 30~50만, 대도시(50만 이상), 특·광역시 기준으로 인구변화를 살펴보았다. 앞서 설명한 바와 같이 전국의 인구는 2020년부터 감소하기 시작한 반면, 기초지자체의 인구 규모에 따라 인구 감소의 시기는 상당히 다른 양상을 보이고 있다.

인구 5만 이하 및 5만~10만 지자체의 경우, 1975년 이전부터 2010년까지 지속적으로 감소했으며, 인구 10만~20만의 경우에는 2000년대 초반까지 감소하고 있다. 또한 인구 20만~30만 및 특·광역시 지자체의 경우는 2015년 이후 인구가 감소하고 있다. 하지만 인구 30만~50만 및 인구 50만 이상의 대도시의 경우에는 1975년 이후 2023년까지 인구 감소가 나타나지 않고 있다. 또한 특·광역시의 경우에는 1970년대 및 1980년대에 폭발적인 인구 증가를 보이다가 1990년대 이후 대도시 외곽 지역의 대규모 택지개발 등으로 인하여 지속적인 인구 감소가 나타나고 있다.

특히, 인구 5만 이하 지자체의 경우, 2010년 이후 인구가 조금 증가하는 경향을 보이다가 전국적인 인구 감소의 영향으로 2020년 이후 다시 인구가 감소하기 시작하였다.

전국 229개 지자체의 인구 감소 시기를 살펴보면, 인구 5만 이하의 54개 시군구 중 1975~1980년에 53개 시군구에서 인구 감소가 나타났으며, 지속적으로 인구가 감소하고 있다. 5만~10만의 경우 32개 중 29개, 10~20만의 경우 23개 중 20개가 1975~1980년부터 인구 감소가 나타나기 시작하였다. 또한 특·광역시의 기초지자체 76개 중 20개 이상은 1975~1980년부터 인구 감소가 나타나기 시작하였으며, 1990년 이후 인구가 감소하는 지역이 확대되었다. 특·광역시의 경우 교외 신시가지 개발 등으로 인한 도심 인구의 감소에 따른 영향으로 분석된다.

[표 3-4] 전국 시군구의 인구 규모별 인구변화(1975~2023; 단위: 명)

구분	1975	1980	1985	1990	1995	2000	2005	2010	2015	2020	2023
전국	34,704,286	37,436,315	40,448,486	43,410,899	44,608,726	46,136,101	47,278,951	48,580,293	51,069,375	51,829,023	51,325,329
5만 이하	5,158,808	4,333,499	3,786,890	3,092,351	2,441,909	2,228,471	1,941,890	1,835,130	1,930,158	1,946,068	1,864,513
5~10만	4,344,311	3,828,524	3,504,273	3,058,385	2,578,214	2,466,659	2,244,717	2,190,987	2,321,248	2,322,357	2,288,060
10~20만	3,504,543	3,269,509	3,141,738	3,105,787	2,870,915	2,923,900	2,895,655	2,910,805	3,102,697	3,143,955	3,097,372
20~30만	2,759,928	2,917,935	3,131,858	3,358,633	3,562,034	3,777,385	3,800,229	3,960,920	4,119,073	4,056,728	4,006,586
30~50만	1,842,188	2,069,752	2,264,345	2,576,202	2,802,135	3,135,973	3,478,099	3,833,183	4,337,463	4,859,343	4,963,064
대도시	3,215,038	3,966,279	4,955,075	6,385,245	7,942,644	9,245,685	10,563,662	11,369,476	12,115,194	12,649,939	12,702,329
특광역시	13,879,470	17,050,817	19,664,307	21,834,296	22,410,875	22,358,028	22,354,699	22,479,792	23,143,542	22,850,633	22,403,405

자료: 국가통계포털(kosis.kr)

[표 3-5] 전국 시군구의 인구 규모별 인구변화율(1975~2023: 단위: %)

구분	1975-1980	1980-1985	1985-1990	1990-1995	1995-2000	2000-2005	2005-2010	2010-2015	2015-2020	2020-2023
전국	7.87	8.05	7.32	2.76	3.42	2.48	2.75	5.12	1.49	-0.97
5만 이하	-16.00	-12.61	-18.34	-21.03	-8.74	-12.86	-5.50	5.18	0.82	-4.19
5~10만	-11.87	-8.47	-12.72	-15.70	-4.33	-9.00	-2.39	5.95	0.05	-1.48
10~20만	-6.71	-3.91	-1.14	-7.56	1.85	-0.97	0.52	6.59	1.33	-1.48
20~30만	5.73	7.33	7.24	6.06	6.05	0.60	4.23	3.99	-1.51	-1.24
30~50만	12.35	9.40	13.77	8.77	11.91	10.91	10.21	13.16	12.03	2.13
대도시	23.37	24.93	28.86	24.39	16.41	14.26	7.63	6.56	4.41	0.41
특광역시	22.85	15.33	11.04	2.64	-0.24	-0.01	0.56	2.95	-1.27	-1.96

자료: 국가통계포털(kosis.kr)

[표 3-6] 전국 시군구의 인구 규모별 인구 감소 지자체 현황(1975~2023; 10년 단위; 단위: 개)

구분	지자체 수	1975~2023(48년)	1985~2023(40년)	1995~2023(30년)	2005~2023(20년)	2015~2023(10년)
전국	229	123	134	145	127	148
5만 이하	54	52	53	51	33	39
5~10만	32	28	26	24	20	21
10~20만	23	12	12	11	10	13
20~30만	16	5	6	7	7	11
30~50만	12	0	0	1	0	3
대도시	16	0	0	2	5	7
특광역시	76	26	37	49	52	54

자료: 저자 작성

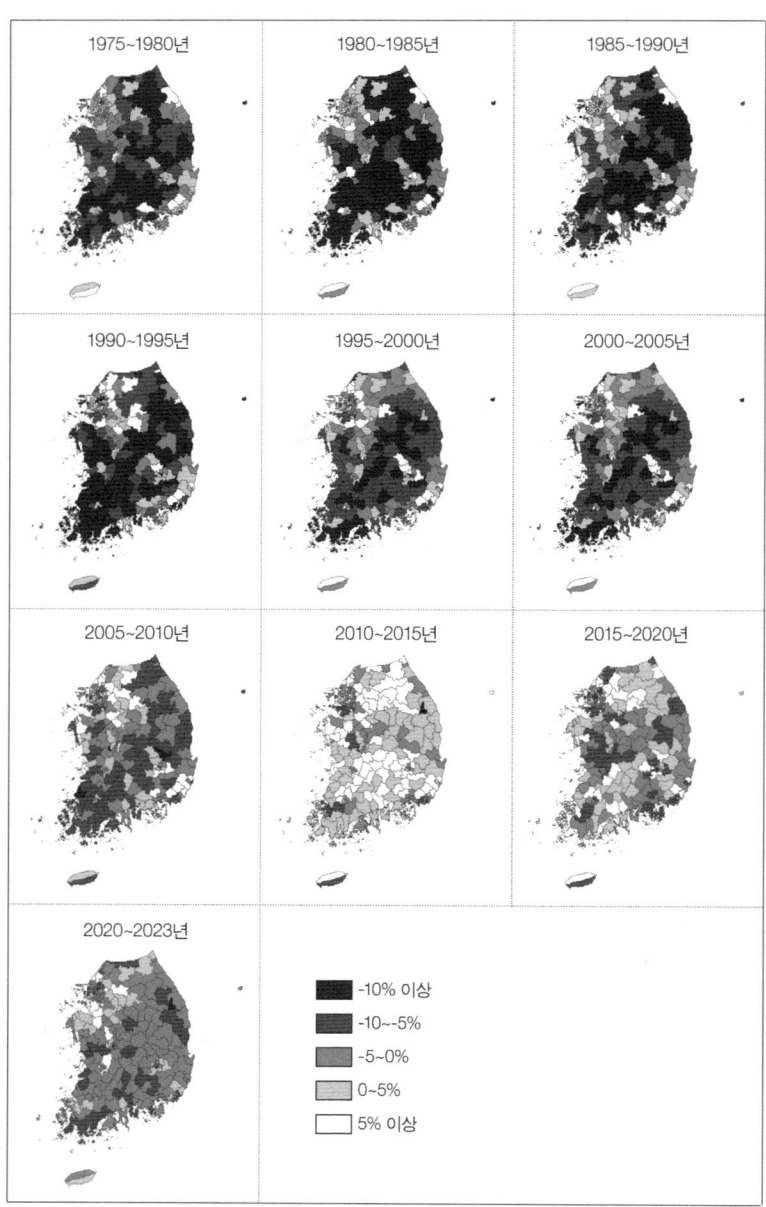

[그림 3-3] 전국 시군구별 5년 단위 인구변화(1975~2023)
자료: 저자 작성

특히 인구 규모가 큰 30만~50만, 대도시의 경우에는 2000년 이후부터 인구가 감소하기 시작하는 지자체가 나타나기 시작하였다.

2) 인구이동

(1) 광역권별 순인구이동 추이

1970년 이후 순인구이동 추이를 살펴보면, 1970년부터 1985년까지는 수도권으로 연간 35만 명 정도가 순유입되었으며, 이후 1990년까지는 30만 명, 그리고 IMF 이후에는 수도권으로의 순유입이 급감하였다. 이후 2005년까지는 15만 명 수준을 유지하다가 2016년 이후에는 5만 명 이후로 줄어들었다.

또한 2011년부터 2015년까지는 수도권으로의 순인구이동이 마이너스(-)를 기록하였다. 이는 비수도권의 지속적인 인구 감소로 인하여 수도권으로의 순인구이동 자체가 감소하였거나, 세종시 및 혁신도시 건설로 인하여 수도권에 있던 중앙정부 및 공공기관의 지방 이전으로 인한 영향으로 해석할 수 있다.

인구이동 추이를 살펴볼 때 과거와 같이 수도권으로의 급격한 인구이동은 발생하지 않을 것으로 판단되나, 이러한 요인은 비수도권, 특히 지방 중소 도시의 정주 여건이나 일자리 등의 영향보다는 인구이동이 가능한 젊은 연령층의 인구 감소로 인한 인구이동의 감소가 더 큰 영향으로 분석된다. 따라서 지방소멸 대응 측면에서는 기존의 비수도권에서 수도권으로, 중소도시에서 대도시로의 인구이동의 방향을 조금씩 변화시켜야 한다.

[표 3-7] 전국 광역권별 순인구이동 추이(1970~2023; 단위: 명)

구분	1971~1975	1976~1980	1981~1985	1986~1990	1991~1995	1996~2000	2001~2005	2006~2010	2011~2015	2016~2020	2021~2023
수도권	1,786,686	1,822,374	1,724,523	1,520,296	733,091	370,599	751,755	321,673	-59,995	245,456	139,209
서울	1,266,354	1,068,143	585,183	285,784	-882,790	-651,630	-387,549	-314,715	-542,342	-463,411	-172,833
인천	-	-	161,865	306,226	234,859	75,164	-5,194	47,468	97,500	-14,045	73,031
경기	520,332	754,231	977,475	928,286	1,381,022	947,065	1,144,498	588,920	384,847	722,912	239,011
비수도권	-1,634,015	-1,685,416	-1,649,623	-1,511,502	-733,091	-370,599	-751,755	-321,673	59,995	-245,456	-139,209
강원권	-211,040	-213,162	-167,573	-236,683	-115,282	-14,834	-58,172	-12,023	15,209	7,191	12,778
충청권	-465,290	-501,579	-451,088	-315,517	21,087	90,025	11,122	75,934	168,974	126,881	62,714
경상권	-159,082	-114,269	-342,922	-262,387	-276,718	-296,481	-378,275	-258,251	-130,810	-311,678	-175,532
전라권	-776,947	-825,132	-673,919	-691,659	-361,959	-147,975	-324,003	-119,689	-33,789	-111,654	-44,547
제주권	-21,656	-31,274	-14,121	-5,256	-219	-1,334	-2,427	-7,644	40,411	43,804	5,378

자료: 국가통계포털(kosis.kr)

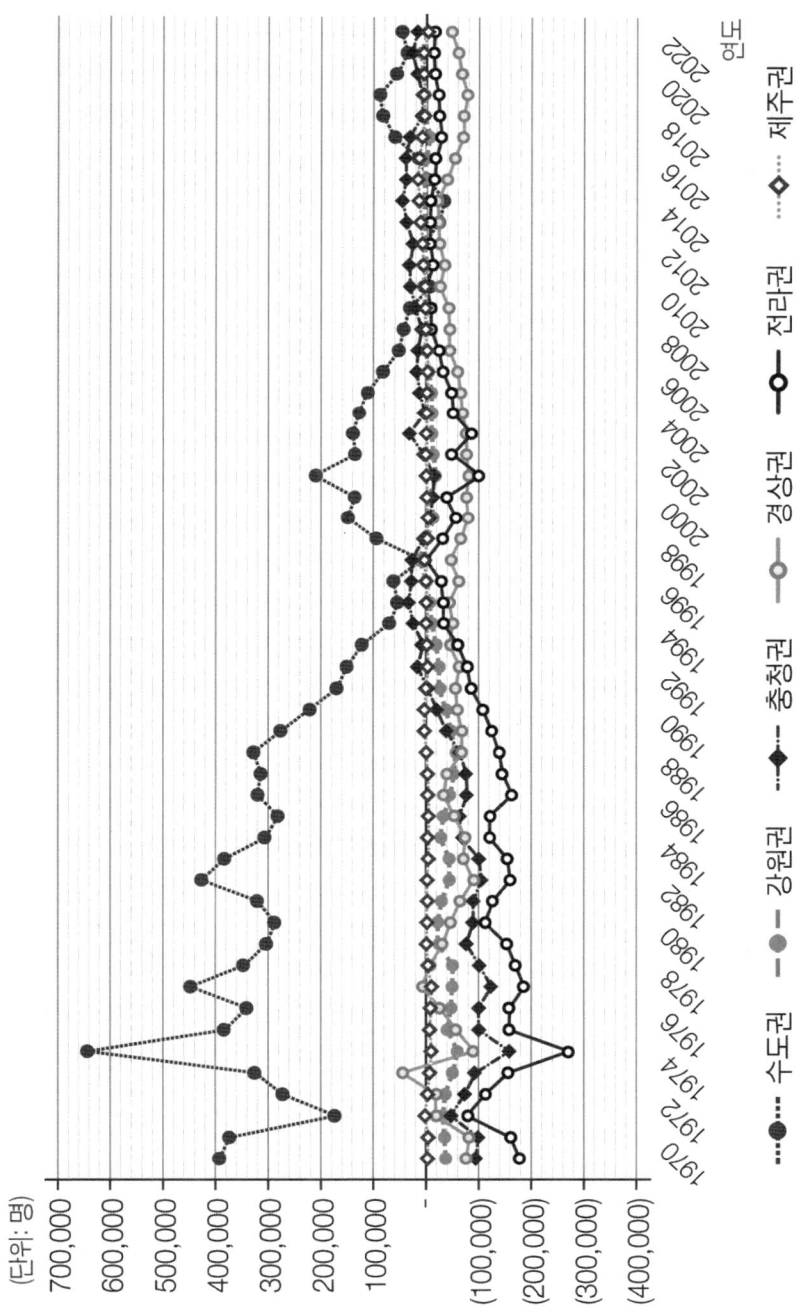

[그림 3-4] 전국 광역권별 순인구이동 추이(1970~2022)

자료: 국가통계포털(kosis.kr)

(2) 연령대별 수도권 및 비수도권 인구이동 추이

1995년부터 수도권 및 비수도권으로의 연령별 인구이동을 살펴보면, 전체 인구이동 비율이 높은 연령대는 25~29세, 30~34세, 20~24세, 35~39세 순서로 나타났다. 이는 대학 졸업 및 취업 등의 영향으로 인한 인구이동으로 분석된다.

연령대별 인구이동의 특성을 보면, 10대 이하의 인구이동은 줄어들고 있으며, 직장에서 은퇴 시기를 맞이한 50대 이상의 인구이동이 크게 늘어나고 있다. 특히 1995년에는 10대 이하 및 65세 이상의 경우 비수도권으로의 인구이동이 많았으나, 2005년에는 70대 이상만 비수도권으로의 인구이동이 많았다. 그리고 2015년에는 5~9세, 2023년에는 60~64세만 비수도권으로의 인구이동이 많았으나, 다른 연령대에서는 수도권으로 인구이동이 많았다.

전체 인구이동 중 수도권 및 비수도권으로의 이동 비율은, 전체 인구이동 대비 수도권으로 인구이동의 절대량은 2005년 920만 명에서 2023년에 662만 명으로, 급격하게 줄어들고 있다. 하지만 수도권으로의 인구이동 비율은 점점 증가하는 것으로 나타나 수도권 집중이 더 심해지는 것을 알 수 있다.

(3) 광역권 및 광역 시·도별 수도권 순인구이동 추이(1971~2023)

1971년부터 2023년까지 전국에서 수도권으로의 순인구이동은 약 936만 명이며, 이는 연간 18만 명 수준이다. 광역권별로는 광주·전라권에서 346만 명, 부산·울산·경남권에서 175만 명, 대전·세종·충청권에서 163만 명, 그리고 대구·경북권에서 158만 명이 이동한 것으로 분석되었다. 광역 시·도별로는 전남 171만 명, 전북 150만 명, 경북 117만 명으로, 100만 명 이상이 수도권으로 유입되었다. 그다음으로는 충남 95만 명, 경남 85만 명, 강원 83만 명 등의 순서로 나타났다. 특히, 광주·전라권의 인구 감소에서 가장 두드러지는 이유로 수도권으로의 인구이동의 영향을 고려할 수 있다.

[표 3-8] 연령대별 수도권 및 비수도권 인구이동 추이(1995~2023: 단위: 명)

구분	1995			2005			2015			2023		
	전국	수도권	비수도권	전국	수도권	비수도권	전국	수도권	비수도권	전국	수도권	비수도권
전체	18,146,138	9,198,472	8,947,666	17,590,794	9,380,476	8,210,318	15,510,572	8,111,468	7,399,104	12,257,476	6,624,546	5,632,930
0~4세	1,825,592	893,178	932,414	1,206,230	626,916	579,314	902,688	459,438	443,250	463,456	258,554	204,902
5~9세	1,351,634	654,626	697,008	1,226,208	618,102	608,106	697,408	342,688	354,720	454,124	235,912	218,212
10~14세	1,160,228	549,056	611,172	1,047,250	545,566	501,684	615,394	315,102	300,292	392,510	205,180	187,330
15~19세	1,039,828	511,128	528,700	881,940	463,654	418,286	847,450	440,078	407,372	504,902	267,358	237,544
20~24세	1,900,692	981,364	919,328	1,590,176	837,724	752,452	1,296,542	668,900	627,642	1,156,528	597,036	559,492
25~29세	3,143,726	1,640,074	1,503,652	2,382,912	1,300,834	1,082,078	1,628,050	869,844	758,206	1,708,772	945,792	762,980
30~34세	2,473,932	1,280,614	1,193,318	2,359,504	1,322,276	1,037,228	1,934,076	1,045,404	888,672	1,555,056	905,218	649,838
35~39세	1,750,122	895,062	855,060	1,759,462	956,660	802,802	1,496,944	798,556	698,388	1,083,216	624,252	458,964
40~44세	1,007,798	514,630	493,168	1,416,132	759,214	656,918	1,327,780	698,678	629,102	973,856	533,916	439,940
45~49세	642,658	336,056	306,602	1,132,668	608,424	524,244	1,161,894	604,502	557,392	776,466	411,028	365,438
50~54세	474,454	252,968	221,486	713,594	381,402	332,192	1,046,434	540,612	505,822	816,402	426,948	389,454
55~59세	390,776	202,380	188,396	514,838	275,048	239,790	875,284	450,712	424,572	669,974	338,130	331,844
60~64세	320,124	160,890	159,234	437,084	229,146	207,938	571,302	292,944	278,358	632,848	315,488	317,360
65~69세	252,444	124,952	127,492	350,268	177,666	172,602	378,930	201,680	177,250	418,490	217,078	201,412
70~74세	190,208	93,112	97,096	248,762	121,128	127,634	281,280	150,432	130,848	235,606	123,164	112,442
75~79세	120,768	59,226	61,542	165,090	79,766	85,324	206,342	108,154	98,188	156,236	84,784	71,452
80세 이상	101,154	49,156	51,998	158,676	76,950	81,726	242,774	123,744	119,030	259,034	134,708	124,326

자료: 국가통계포털(kosis.kr)

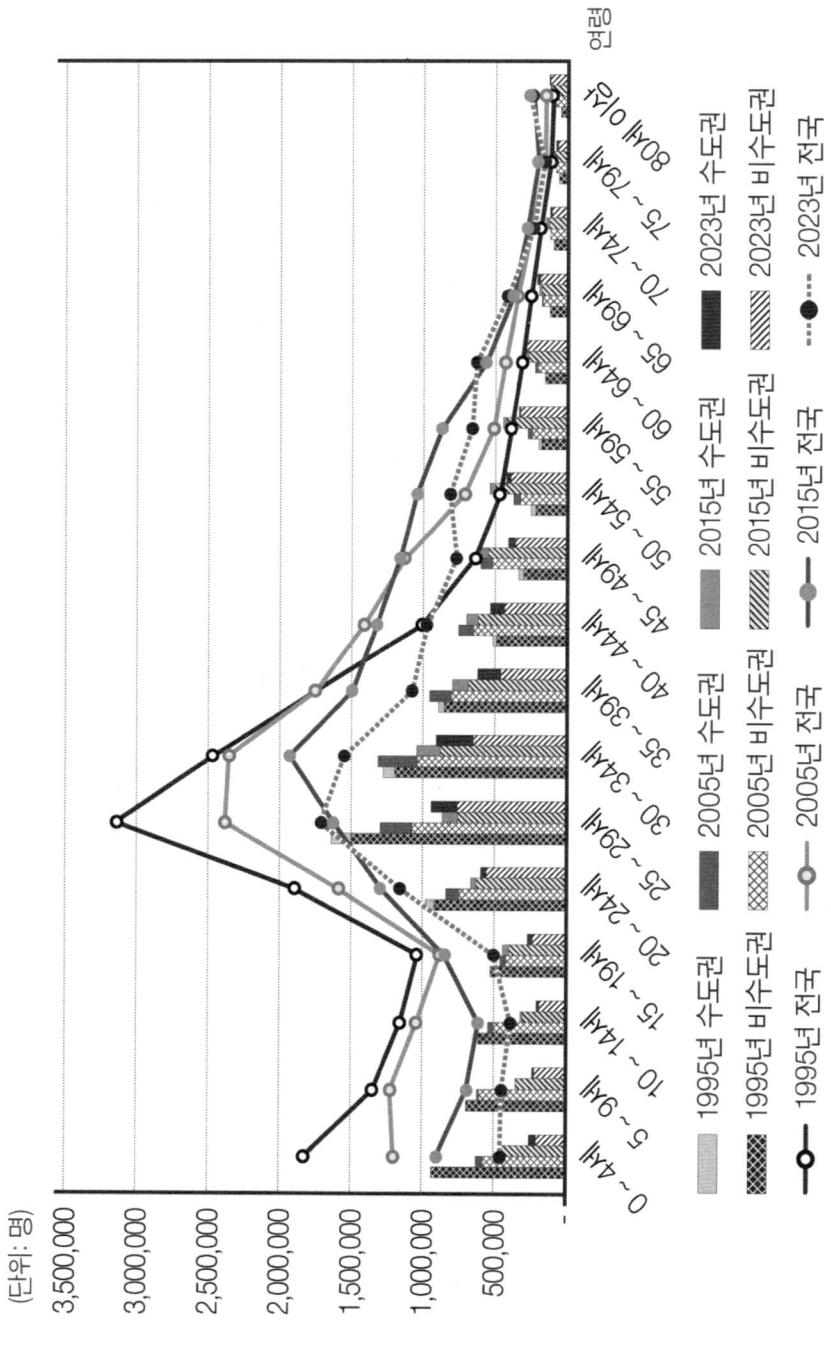

[그림 3-5] 연령대별 수도권 및 비수도권 인구이동 추이(1995, 2005, 2015, 2023)
자료: 국가통계포털(kosis.kr)

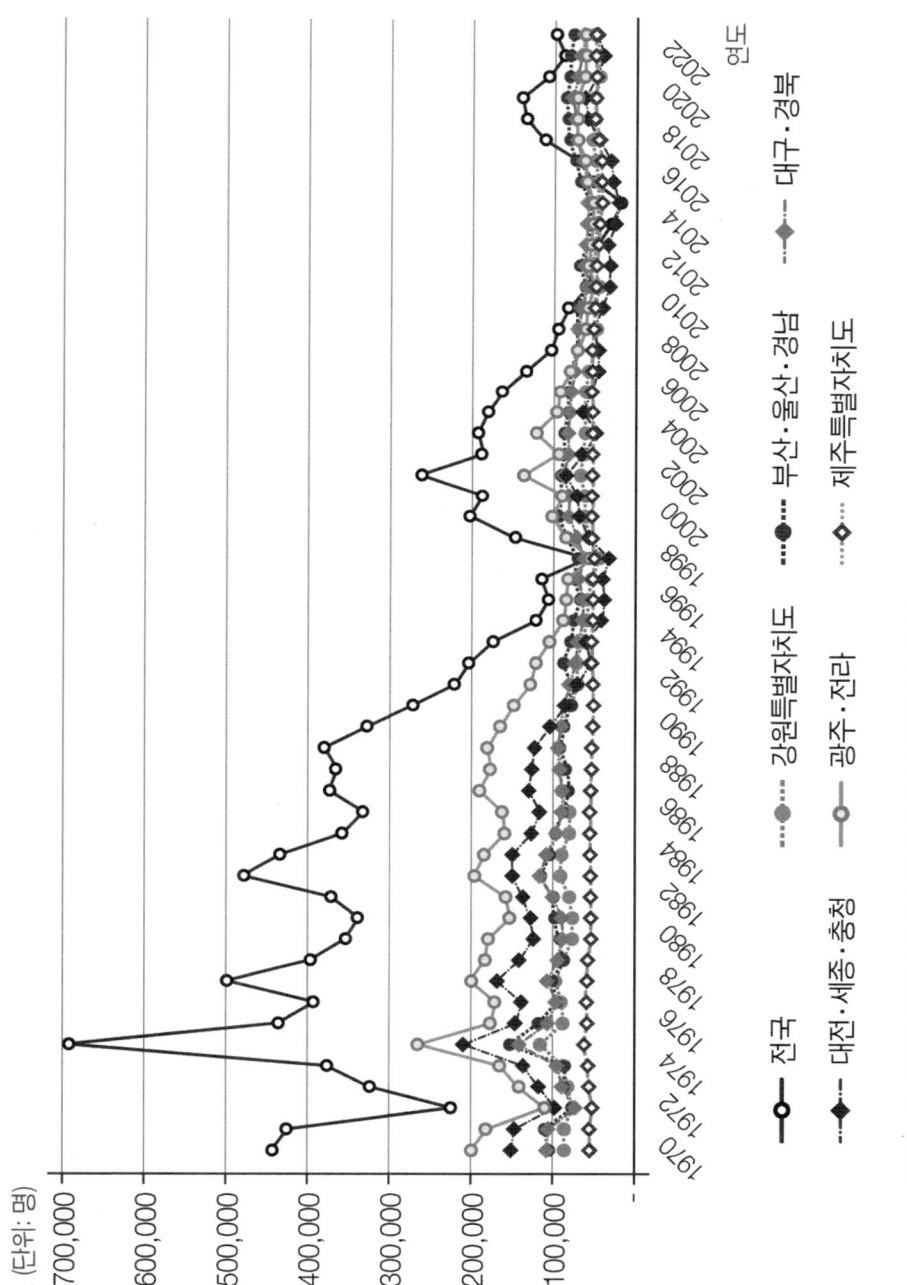

[그림 3-6] 전국 광역권별 수도권으로의 순인구이동 추이(1970~2022)
자료: 국가통계포털(kosis.kr)

[표 3-9] 수도권 및 비수도권 연령대별 인구이동 비율(1995~2023: 단위: 명)

구분	1995 전국	1995 수도권	1995 비수도권	2005 전국	2005 수도권	2005 비수도권	2015 전국	2015 수도권	2015 비수도권	2023 전국	2023 수도권	2023 비수도권
전국	100.0	100.0	100.0	100.0	100.0	100.0	100.0	100.0	100.0	100.0	100.0	100.0
0~4세	10.1	9.7	10.4	6.9	6.7	7.1	5.8	5.7	6.0	3.8	3.9	3.6
5~9세	7.4	7.1	7.8	7.0	6.6	7.4	4.5	4.2	4.8	3.7	3.6	3.9
10~14세	6.4	6.0	6.8	6.0	5.8	6.1	4.0	3.9	4.1	3.2	3.1	3.3
15~19세	5.7	5.6	5.9	5.0	4.9	5.1	5.5	5.4	5.5	4.1	4.0	4.2
20~24세	10.5	10.7	10.3	9.0	8.9	9.2	8.4	8.2	8.5	9.4	9.0	9.9
25~29세	17.3	17.8	16.8	13.5	13.9	13.2	10.5	10.7	10.2	13.9	14.3	13.5
30~34세	13.6	13.9	13.3	13.4	14.1	12.6	12.5	12.9	12.0	12.7	13.7	11.5
35~39세	9.6	9.7	9.6	10.0	10.2	9.8	9.7	9.8	9.4	8.8	9.4	8.1
40~44세	5.6	5.6	5.5	8.1	8.1	8.0	8.6	8.6	8.5	7.9	8.1	7.8
45~49세	3.5	3.7	3.4	6.4	6.5	6.4	7.5	7.5	7.5	6.3	6.2	6.5
50~54세	2.6	2.8	2.5	4.1	4.1	4.0	6.7	6.7	6.8	6.7	6.4	6.9
55~59세	2.2	2.2	2.1	2.9	2.9	2.9	5.6	5.6	5.7	5.5	5.1	5.9
60~64세	1.8	1.7	1.8	2.5	2.4	2.5	3.7	3.6	3.8	5.2	4.8	5.6
65~69세	1.4	1.4	1.4	2.0	1.9	2.1	2.4	2.5	2.4	3.4	3.3	3.6
70~74세	1.0	1.0	1.1	1.4	1.3	1.6	1.8	1.9	1.8	1.9	1.9	2.0
75~79세	0.7	0.6	0.7	0.9	0.9	1.0	1.3	1.3	1.3	1.3	1.3	1.3
80세 이상	0.6	0.5	0.6	0.9	0.8	1.0	1.6	1.5	1.6	2.1	2.0	2.2

자료: 국가통계포털(kosis.kr)

[표 3-10] 전국 광역권별 수도권으로의 순인구이동 추이(1970~2023; 단위: 명)

전출지별	전체	1971~1975	1976~1980	1981~1985	1986~1990	1991~1995	1996~2000	2001~2005	2006~2010	2011~2015	2016~2020	2021~2023
전국	9,355,667	1,786,686	1,822,374	1,724,523	1,520,296	733,091	370,599	751,755	321,673	-59,995	245,456	139,209
수도권												
서울	6,784,843	181,401	360,477	688,115	656,257	1,296,176	874,992	748,592	522,607	569,166	614,361	272,699
인천	-650,748			-55,760	-171,995	-165,398	-68,983	42,409	-49,835	-117,595	8,184	-71,775
경기	-6,134,095	-181,401	-360,477	-632,355	-484,262	-1,130,778	-806,009	-791,001	-472,772	-451,571	-622,545	-200,924
강원권	829,163	188,847	177,291	158,671	179,889	84,174	14,690	55,548	9,632	-21,922	-6,700	-10,957
부울경권	1,746,154	249,759	235,979	254,208	174,878	141,325	130,938	176,657	117,632	46,249	133,819	84,710
부산	801,781	76,451	82,753	114,201	81,064	84,562	75,086	95,198	70,047	29,721	55,597	37,101
울산	89,985					11,527	20,702	12,732	3,263	26,519	15,242	
경남	854,388	173,308	153,226	140,007	93,814	56,763	44,325	60,757	34,853	13,265	51,703	32,367
대구·경북권	1,577,645	244,711	230,983	250,190	198,751	116,159	90,817	156,835	100,660	43,387	95,223	49,929
대구	406,294			63,943	49,800	30,746	37,481	65,336	49,873	29,347	49,713	30,055
경북	1,171,351	244,711	230,983	186,247	148,951	85,413	53,336	91,499	50,787	14,040	45,510	19,874
대전·세종·충청	1,626,207	449,439	460,442	434,304	341,013	54,812	-20,140	75,261	-16,025	-108,542	-30,682	-13,675
대전	37,705				-4,494	-39,486	-12,017	26,580	27,418	1,644	24,998	13,062
세종	-63,195									-35,433	-24,121	-3,641
충북	704,822	194,588	219,471	169,615	124,122	17,450	-2,247	35,332	-10,876	-26,301	-10,267	-6,065
충남	946,875	254,851	240,971	264,689	221,385	76,848	-5,876	13,349	-32,567	-48,452	-21,292	-17,031
광주·전라권	3,459,645	606,070	651,564	592,487	615,965	332,849	150,586	280,386	104,791	9,777	80,751	34,419
광주	249,207				49,058	22,133	20,663	61,867	31,135	13,806	31,776	18,769
전북	1,500,285	297,447	315,772	267,666	253,574	118,421	58,947	112,220	38,353	-982	28,831	10,036
전남	1,710,153	308,623	335,792	324,821	313,333	192,295	70,976	106,299	35,303	-3,047	20,144	5,614
제주	34,783	26,961	28,386	13,126	7,895	3,772	3,708	7,068	4,983	-28,944	-26,955	-5,217

자료: 국가통계포털(kosis.kr)

이에 반해 최근에는 수도권에서의 인구이동이 많은 곳으로 강원권, 대전·세종·충청권, 그리고 제주권을 들 수 있다. 강원권은 2011년 이후, 대전·세종·충청권은 1996년 이후, 그리고 제주권은 2011년 이후 지속적으로 수도권에서 인구가 유입되고 있다. 특히 대전·세종·충청권의 경우에는 2000년대 이후 수도권으로 유출보다 수도권에서 유입되는 인구가 더 많은 것으로 나타났으나, 광역 시·도별로는 차이가 있다. 대전의 경우, 대덕연구특구가 개발된 1990년대에는 유입이 많았으나, 2000년대부터는 유출이 더 많아지고 있다. 충북 및 충남의 경우 수도권 규제 등의 영향으로 상대적으로 수도권과 가까운 입지 특성으로 인하여 수도권으로부터 지속적인 인구 유입이 더 많은 것으로 나타났다. 그리고 세종시의 경우에는 행복도시 조성에 따른 중앙부처 이전 등의 영향으로 유입이 더 많은 것으로 나타났다.

(4) 전국 시군구별 순인구이동 현황 분석

전국 시군구별 순인구이동이 마이너스(-), 즉 인구 유입보다 인구 유출이 많은 시군구를 분석하였다. 1995년에는 229개 시군구 중 147개, 2000년 169개, 2005년 164개, 2010년 149개, 2015년 120개, 2020년 153개, 그리고 2023년에는 135개로, 지자체 수에는 큰 변화가 없는 것으로 나타났다.

인구 규모별로 인구 유출이 많은 지자체의 경우, 인구 규모가 20만 미만인 경우에는 변화가 많지 않으나, 20만 이상의 경우 인구 유입보다 인구 유출이 많은 지자체 수가 증가하는 것으로 나타나고 있다. 특히 인구 50만 이상 대도시의 경우에는 1995년 16곳 중 1곳이 인구 유출이 많았으나, 2023년에는 10곳으로 나타나, 인구가 증가할수록 인구 유출 효과가 큰 것으로 분석된다.

즉, 인구 규모가 작은 기초지자체의 경우에는 인구 유출의 한계가 발생하고 있으며, 상대적으로 대도시 및 특·광역시의 경우 급격한 인구 증가 이후

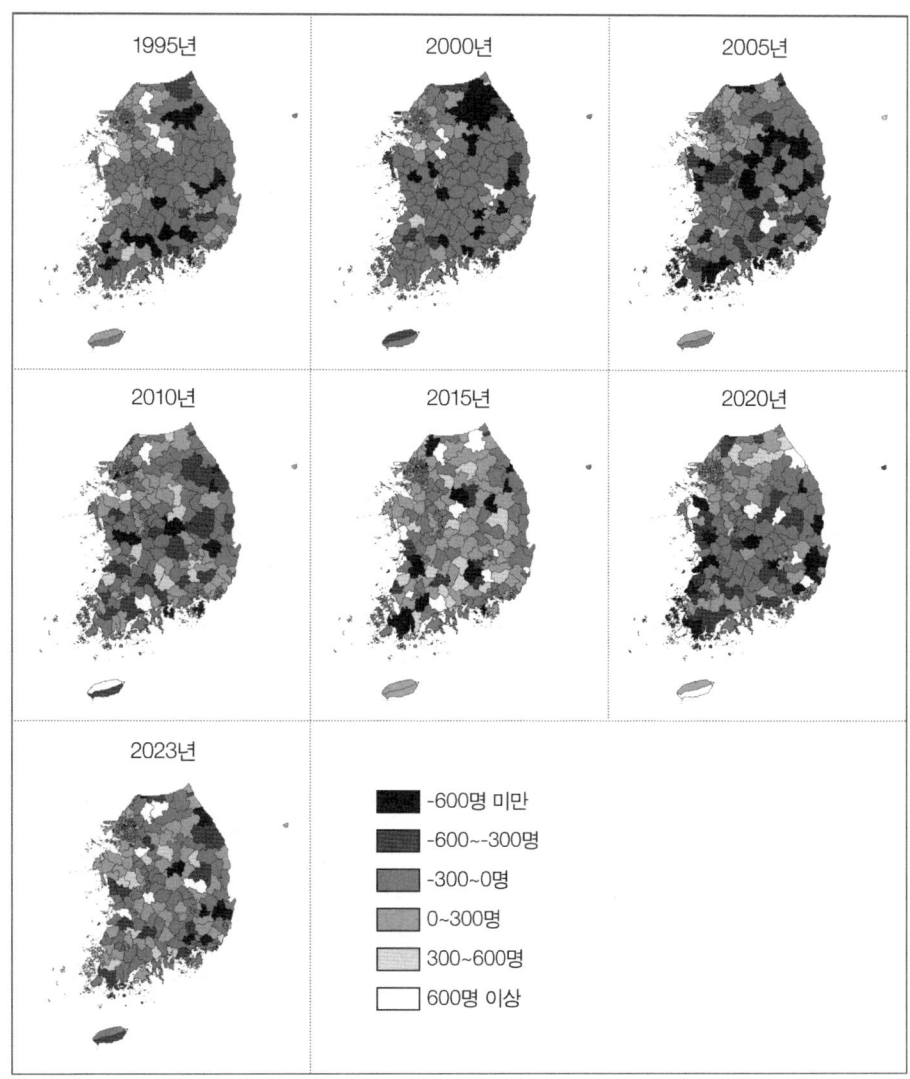

[그림 3-7] 전국 시군구 순인구이동 현황
자료: 저자 작성

주변 지역의 대규모 택지개발 등으로 인한 주택공급으로 인구 유출이 발생
하고 있는 영향으로 분석된다.

[표 3-11] 전국 시군구별 인구 유입 < 인구 유출(1995~2023: 단위: 명)

구분	시군구	1995	2000	2005	2010	2015	2020	2023
전국	229	147	169	164	149	120	153	135
5만 이하	54	48	51	47	39	22	46	31
5~10만	32	26	30	28	24	14	23	13
10~20만	23	14	16	18	13	10	13	12
20~30만	16	3	11	9	6	11	9	15
30~50만	12	3	6	4	4	3	2	5
대도시	16	1	5	7	7	8	6	10
특광역시	76	52	50	54	56	52	54	49

자료: 국가통계포털(kosis.kr)

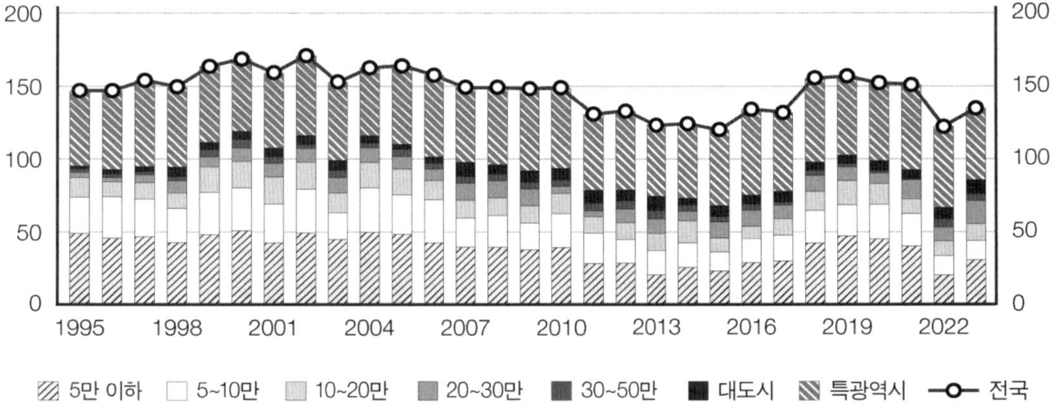

[그림 3-8] 전국 시군구별 인구 유입 < 인구 유출(1995~2022)
자료: 국가통계포털(kosis.kr)

3) 인구동향

(1) 출생아 수 및 사망자 수 추이

우리나라의 출생아 수 및 사망자 수, 합계출산율 추이를 살펴보면, 출생아 수는 1970년대 초반에는 100만 명이 넘었다. 하지만, 2000년에 들어서면서 50만 명 이하로 줄어들기 시작하여 2020년대 들어서서는 20만 명대로 급격하게 감소하고 있다.

반면, 사망자 수는 1970년대에 25만~27만 명 수준에서 감소하다가, 2010년에 25만 명으로 다시 증가하였으며, 2020년대에 30만 명을 넘어서면서 차차 증가하고 있다. 또한 제1차 베이비붐 세대의 고령화에 따른 사망 시기 도래 시에는 급격한 사망자 증가를 예상할 수 있다.

합계출산율의 경우, 1970년대 4.5에서 1975년 3.4, 1980년 2.8, 그리고 1985년에 1.7로 급격하게 감소하였으며, 2020년 이후 1.0 이하로 감소하는 등 합계출산율의 급격한 하락을 경험하고 있다. 또한 2023년에는 0.7로 큰 폭으로 하락하는 등 인구동향 측면에서 보면 향후 지속적인 인구 감소가 예상된다. 출생아 수를 사망자 수가 넘어서기 시작하면 이를 인구의 '데드크로스'라고 한다. 2020년에 우리나라에서 인구의 데드크로스가 처음으로 발생하였으며, 2022년에는 출생아 수보다 사망자 수가 12.4만 명 더 많은 것으로 나타났다.

(2) 기초지자체별 데드크로스 현황

우리나라의 인구 데드크로스는 2020년 이후에 발생했지만, 전국 229개 기초지자체마다 발생 시점은 다르다. 그 수는 2000년에 57개, 2005년 89개, 2010년 87개, 2015년 100개, 2015년 171개, 그리고 2022년에는 203개로 급격하게 증가하고 있다.

[표 3-12] 전국 출생아 수 및 사망자 수, 합계출산율(1970~2023; 단위: 명)

구분	1970	1975	1980	1985	1990	1995	2000	2005	2010	2015	2020	2023
출생아 수	1,006,645	874,030	862,835	655,489	649,738	715,020	640,089	438,707	470,171	438,420	272,337	230,000
사망자 수	258,589	270,657	277,284	240,418	241,616	242,838	248,740	246,220	255,405	275,895	304,948	352,700
자연 증가 건수	748,056	603,373	585,551	415,071	408,122	472,182	391,349	192,833	214,766	162,525	-32,611	-122,800
합계출산율	4.530	3.430	2.820	1.660	1.570	1.634	1.480	1.085	1.226	1.239	0.837	0.720

자료: 국가통계포털(kosis.kr)

[표 3-13] 전국, 수도권 및 비수도권의 출생아 수 및 사망자 수 추이(2000~2022; 단위: 명)

구분	2000	2005	2010	2015	2020	2022
전국(a-b)	391,349	192,833	214,766	162,525	-32,611	-123,753
출생아 수(a)	640,089	438,707	470,171	438,420	272,337	249,186
사망자 수(b)	248,740	245,874	255,405	275,895	304,948	372,939
수도권(a-b)	220,252	130,141	140,867	112,481	17,217	-20,874
출생아 수(a)	309,291	223,027	240,771	221,991	141,222	132,389
사망자 수(b)	89,039	92,886	99,904	109,510	124,005	153,263
비수도권(a-b)	171,097	62,692	73,899	50,044	-49,828	-102,879
출생아 수(a)	330,798	215,680	229,400	216,429	131,115	116,797
사망자 수(b)	159,701	152,988	155,501	166,385	180,943	219,676

자료: 국가통계포털(kosis.kr)

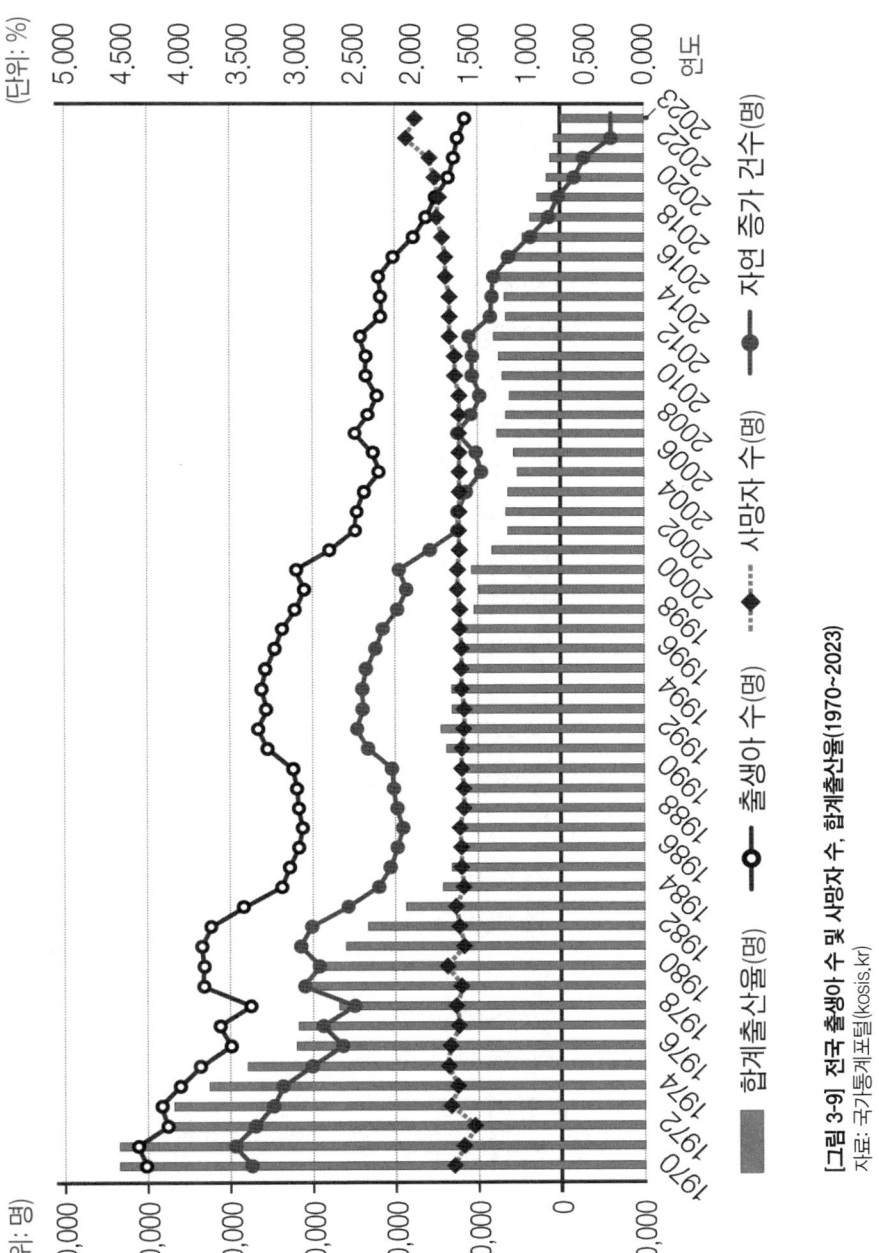

(단위: 명)   (단위: %)

[그림 3-9] 전국 출생아 수 및 사망자 수, 합계출산율(1970~2023)
자료: 국가통계포털(kosis.kr)

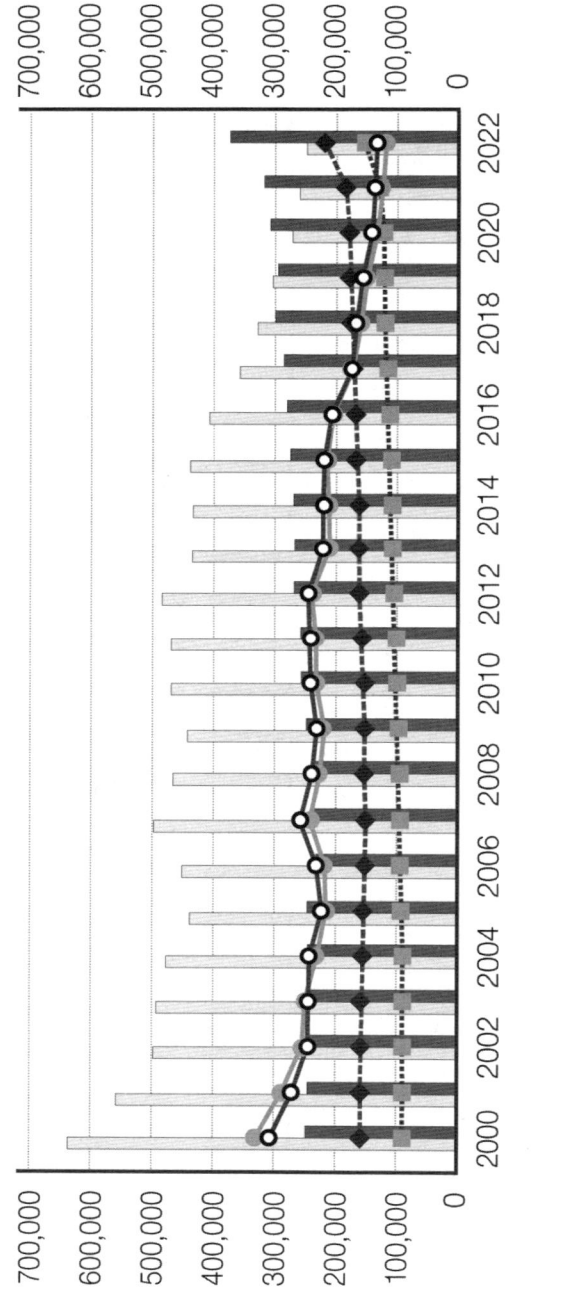

[그림 3-10] 전국, 수도권 및 비수도권의 출생아 수 및 사망자 수 추이(2000~2022: 단위: 명)
자료: 국가통계포털(kosis.kr)

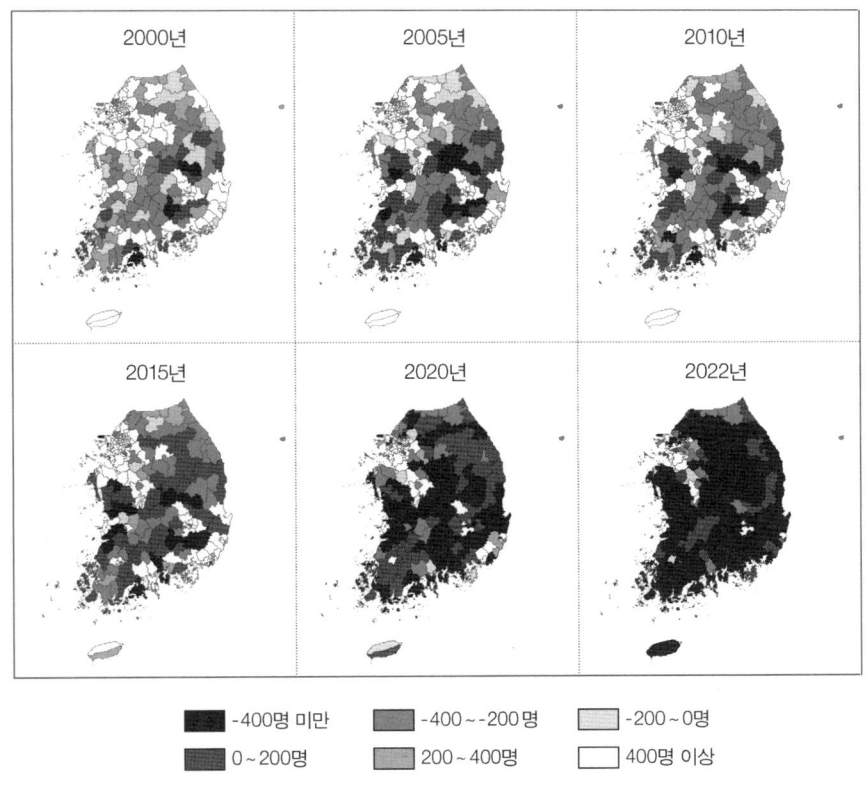

| ■ -400명 미만 | ■ -400 ~ -200명 | ▨ -200 ~ 0명 |
| ■ 0 ~ 200명 | ▨ 200 ~ 400명 | □ 400명 이상 |

[그림 3-11] 인구의 데드크로스 시군구 현황(2000~2022)
자료: 이삼수 외(2024)

　　인구 규모별로는 인구 5만 이하인 54개 시군구 중에서 2000년에는 40개, 2010년에 47개, 그리고 2020년 이후에는 모든 지자체에서 인구의 데드크로스가 발생했다. 2022년에는 인구 5만~10만은 32개 중 31개 지자체, 10만~20만은 23개 중 22개, 20만~30만은 16개 중 15개로 인구 규모가 작은 지자체의 경우 인구 데드크로스가 심각한 실정이다.

　　2022년 기준으로 보면, 전국의 229개 기초지자체의 약 90%(203개)가 인구의 데드크로스를 경험하고 있다. 이와 같은 저출생에 따른 출생아 수의

[표 3-14] 인구의 데드크로스 시군구 현황(2000~2022; 단위: 개)

구분	2000	2005	2010	2015	2020	2022
전국	229	57	89	87	100	171	203
5만 이하	54	40	47	47	48	54	54
5~10만	32	13	22	22	26	31	31
10~20만	23	1	10	9	13	20	22
20~30만	16	0	0	0	3	11	15
30~50만	12	0	0	0	0	4	9
대도시	16	0	0	0	0	2	9
특·광역시	76	3	10	9	10	49	63

자료: 국가통계포털(kosis.kr)

감소와 더불어 인구 고령화의 영향으로 인한 사망자 수의 증가는 향후 저출생 및 고령화가 심각한 지방 중소 도시를 중심으로 지방소멸을 더욱 가속화시키는 하나의 요인으로 볼 수 있다.

4) 인구추계

(1) 전국 장래인구 추계

전국의 총인구는 2020년 말 현재 5184만 명에서 향후 10년간 연평균 6만 명 내외로 감소해 2030년 5120만 명 수준으로 감소하고, 2070년에 3766만 명(1979년 수준)으로 전망된다(통계청, 2021). 또한 저위 추계 가정 시에는 2070년 인구는 3153만 명(1969년 수준), 고위 추계 가정 시에는 2070년에 4438만 명(1993년 수준)에 이를 전망이다. 또한 인구성장률은 2021년에서 2035년까지는 -0.1% 정도 수준이나, 이 이후에는 감소 속도가 더욱 빨라져 2070년에는 -1.24% 수준으로 전망된다(통계청, 2021).

인구의 자연 감소(출생아 수-사망자 수) 규모는 2020년에는 -3만 명에서 2030년에는 -10만 명, 그리고 2070년에는 -51만 명 수준으로 감소 폭이 계

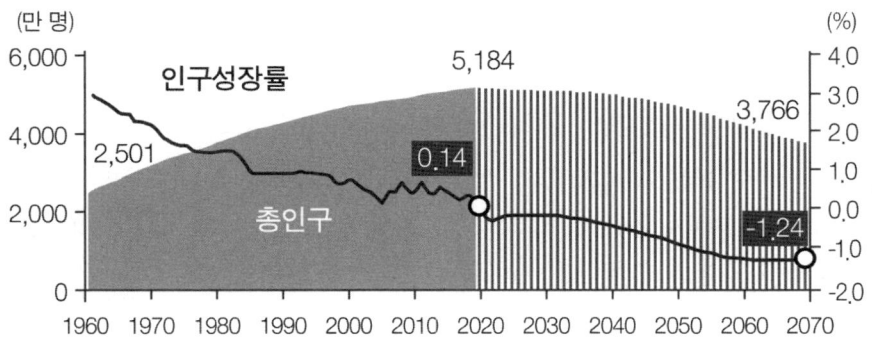

[그림 3-12] 총인구 및 인구성장률(1960~2070)
자료: 통계청(2021)

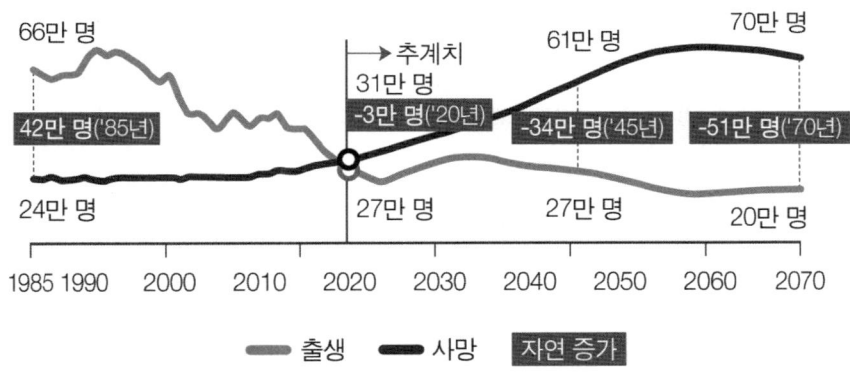

[그림 3-13] 출생아 수 및 사망자 수(1985~2070)
자료: 통계청(2021)

속 커질 전망이다(통계청, 2021). 출생아는 2020년 27만 명에서 2070년 20만 명(2020년의 71.5% 수준)으로 감소하고, 사망자는 2020년 31만 명에서 2070년 70만 명(2020년의 2.3배 수준)으로 증가할 전망이다.

(2) 광역별 인구 전망

전국 시·도의 총인구를 보면, 2020년 대비 2050년 시·도별 인구는 4개 시·도(경기, 세종, 제주, 충남)에서 증가하고, 13개 시·도는 감소할 것으로 전망되며, 인구성장률은 2020년 12개 시·도(서울, 부산, 울산, 대전, 광주 등)에서 마이너스 인구성장, 2040년 이후는 세종을 제외한 16개 시·도에서 마이너스 인구성장을 예측하였다(통계청, 2022).

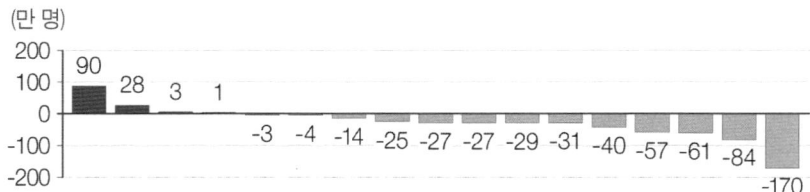

[그림 3-14] 시·도별 총인구 증감(2020년 대비 2050년)
자료: 통계청(2022)

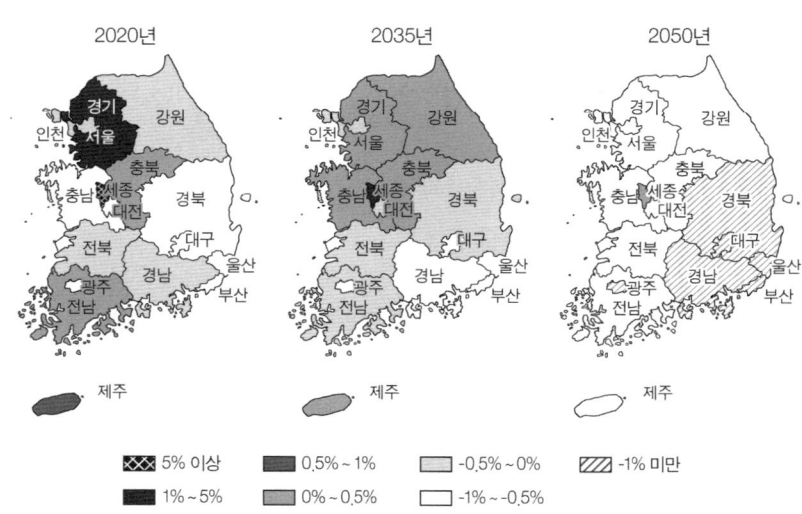

[그림 3-15] 시·도별 인구성장률(2020년, 2035년, 2050년)
자료: 통계청(2022)

[표 3-15] 광역 시·도별 2117년 인구변화 예측(단위: 만 명, %)

구분	2017년	2047년	2067년	2117년	총인구					
					2017년 대비 2047년		2017년 대비 2067년		2017년 대비 2117년	
					증감	증감률	증감	증감률	증감	증감률
전국	5,136	4,771	3,689	1,510	-366	-7.1	-1,447	-28.2	-3,627	-70.6
서울	977	813	629	262	-164	-16.8	-348	-35.6	-715	-73.2
부산	342	263	191	73	-79	-23.2	-152	-44.4	-269	-78.6
대구	246	196	142	54	-50	-20.2	-104	-42.3	-191	-77.9
인천	292	288	228	95	-4	-1.4	-65	-22.2	-198	-67.6
광주	150	123	91	35	-27	-17.8	-59	-39.4	-114	-76.3
대전	153	129	99	41	-24	-15.7	-53	-34.9	-112	-73.1
울산	116	94	68	26	-22	-18.8	-48	-41.5	-90	-77.4
세종	27	58	54	24	31	118.4	27	102.5	-3	-10.3
경기	1,279	1,358	1,065	441	80	6.2	-214	-16.7	-837	-65.5
강원	152	144	114	48	-8	-5.2	-38	-24.8	-105	-68.8
충북	161	160	127	53	-1	-0.6	-34	-20.9	-108	-66.8
충남	215	226	183	78	11	4.9	-32	-15.0	-138	-64.0
전북	183	154	118	48	-29	-15.7	-65	-35.4	-135	-73.7
전남	180	158	122	49	-22	-12.1	-57	-31.9	-130	-72.5
경북	268	234	176	70	-34	-12.6	-91	-34.1	-198	-73.8
경남	334	296	219	85	-38	-11.4	-115	-34.3	-249	-74.5
제주	63	77	63	27	13	20.7	0	-0.7	-37	-58.2
수도권	2,548	2,460	1,921	798	-88	-3.5	-626	-24.6	-1,750	-68.7
중부권	708	717	578	243	9	1.3	-130	-18.3	-464	-65.6
호남권	575	511	394	160	-64	-11.1	-181	-31.5	-416	-72.3
영남권	1,306	1,083	796	309	-223	-17.0	-510	-39.0	-996	-76.3

자료: 김서원(2021)

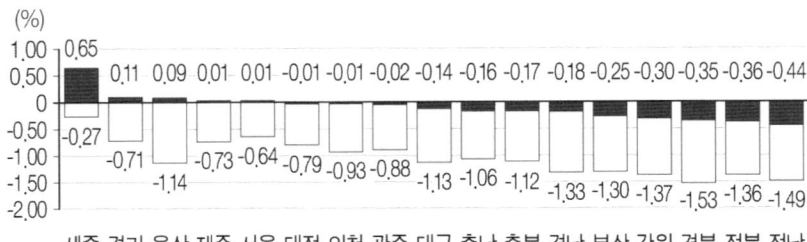

[그림 3-16] 시·도별 자연 증가율(2020년 및 2050년)
자료: 통계청(2022)

2020년 12개 시·도(전남, 강원, 전북, 경북 등)에서 출생아 수보다 사망자 수가 많은 인구의 자연 감소가 발생하고, 2045년 이후에는 모든 시도에서 인구가 자연 감소할 전망이다(통계청, 2022).

4) 지방소멸지수 변화

감사원(2021)은 「인구구조 변화 대응실태1(지역) 감사보고서」에서 2017년부터 2117년까지 광역 시·도의 인구변화를 예측하였다. 2017년 5136만 명, 2047년 4771만 명, 2067년에 3689만 명, 그리고 2117년에 1510만 명으로 예측되었다. 이는 2017년 대비 2047년에는 366만 명(-7.1%), 2067년에는 1447만 명(-28.2%), 그리고 2117년에는 3627만 명(-70.6%)이 감소할 것으로 예측되는 등 인구 감소가 아닌 국가 소멸의 위기에 직면해 있다.

지방 중소 도시의 지방소멸 원인 및 실체를 다양한 지표와 기준을 통하여 다각적으로 진단하였다. 지방소멸의 위기는 현재 진행형이며, 저출산·고령화로 더욱 가속화하고 있는 양상이다. 감사원(2021)에 따르면, 2017년 83곳, 2047년 157곳, 2067년 216곳, 그리고 2117년에는 221곳으로 전체 시군구

구분		소멸위험지수		2017년	2047년	2067년	2117년
소멸 위험 낮음(저위험 지역)		1.5 이상		16(7.0)	0(0.0)	0(0.0)	0(0.0)
소멸 위험 보통(정상 지역)		1.0 이상~1.5 미만		62(27.1)	0(0.0)	0(0.0)	0(0.0)
① 주의 단계		0.5 이상~1.0 미만		68(29.7)	0(0.0)	0(0.0)	0(0.0)
② 소멸 위험 단계	소멸 위험 진입 단계	0.2 이상~0.5 미만		71(31.0)	72(31.4)	13(5.7)	8(3.5)
	소멸 고위험 단계	0.2 미만		12(5.2)	157(68.6)	216(94.3)	221(96.5)
	소계			83(36.2)	229(100)	229(100)	229(100)
합계				229(100.0)	229(100.0)	229(100.0)	229(100.0)

① 2017년	② 2047년	③ 2067년	④ 2117년

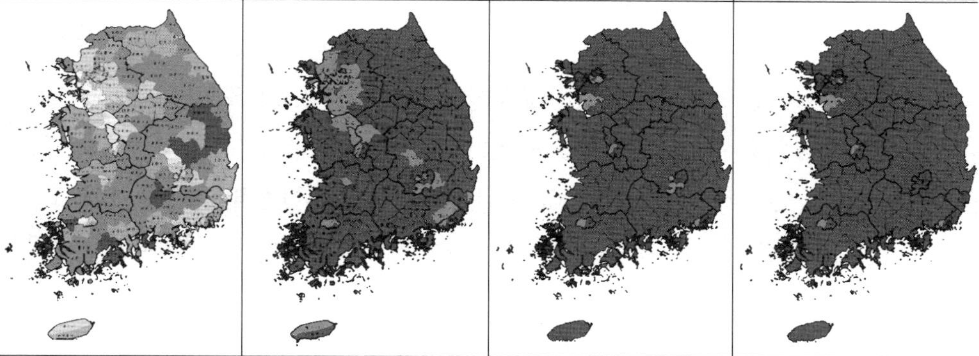

【소멸고위험지역(12곳)】
- 전남(4): 고흥군, 보성군, 함평군, 신안군
- 경북(6): 군위군, 의성군, 청송군, 영양군, 영덕군, 봉화군
- 경남(2): 남해군, 합천군

【소멸위험지역(72곳)】
- 서울(23): 종로구, 성동구, 중랑구, 은평구, 서초구, 강서구, 송파구 등
- 부산(3): 부산진구, 강서구, 연제구
- 광주(3): 북구, 서구, 광산구
- 인천(5): 중구, 연수구, 남동구, 부평구, 서구
- 대전(2): 서구, 유성구 등
- 대도시 자치구가 소멸위험진입단계 진입

【소멸고위험지역(157곳)】
- 서울(2): 강북구, 도봉구
- 부산(13): 해운대구, 동래구 등
- 광주(2): 동구, 남구
- 대전(3): 동구, 중구, 대덕구
- 인천(5): 동구, 강화군 등
- 대구(5): 수성구, 남구 등 일부 자치구가 고위험단계 진입

【소멸위험진입→고위험지역(59곳)】
- 서울(15): 노원구, 금천구, 종로구 등
- 부산(2): 연제구, 부산 진구
- 광주(2): 북구, 서구
- 인천(5): 남동구, 부평구 등
- 대전(1): 서구
- 대구(2): 북구, 중구
- 대도시 자치구가 소멸위험진입단계→고위험단계로 진입

【8개를 제외한 221개 시군구가 고위험 단계】
- 서울(4): 강남구, 광진구, 관악구, 마포구
- 부산(1): 강서구
- 광주(1): 광산구
- 대전(1): 유성구
- 경기(1): 화성시

[그림 3-17] 전국 시군구 지방소멸위험지역 변화
자료: 감사원(2021)

의 96.5%를 소멸위험지역으로 예상하고 있다. 지방소멸의 원인에 기반한 지방소멸의 실태를 합리적으로 분석하고 이에 대한 해결 방안을 모색해야 한다.

3. 지방소멸의 인구학적 특성

이 장에서는 인구 데이터 관점에서 인구 감소 및 지방소멸을 공간 단위별, 시기별로 심층적으로 분석하였다. 먼저, 공간 단위별 분석과 관련하여 7개 광역권별로는 강원권과 광주·전라권만 인구가 감소하였으며, 나머지 광역권은 모두 인구가 증가하였다. 강원을 제외하면 실질적으로 광역권에서는 광주·전라권에서만 인구가 감소했다고 볼 수 있다. 17개 시·도별 인구변화를 살펴보면, 강원도, 충청남도, 경상북도, 전라북도, 전라남도의 인구가 감소하였으나, 충청남도의 경우 세종시가 분리된 점을 감안하면 실질적인 인구 감소는 없다고 볼 수 있다. 따라서 강원도, 경상북도, 전라북도, 전라남도 등 네 개 광역 시·도에서 인구 감소가 있었다. 이에 비해 229개 시군구별 인구변화를 살펴보면, 지난 50년간 123개 시군구에서 인구가 감소하였으며, 인구 규모가 작은 5만 이하의 경우, 54개 중 52개, 5만~10만은 32개 중 28개의 시군구에서 인구가 감소하였다. 특·광역시의 경우에도 76개 지자체 중에서 원도심을 중심으로 26개가 감소하였으며, 특히, 특·광역시를 포함한 인구 30만~50만, 대도시의 경우 최근에 인구가 감소하는 지자체가 확대되고 있다.

전국, 광역권(메가시티), 광역 시·도(광역권), 기초지자체(시군구), 읍면동 차원에서 느끼는 지방소멸의 체감도는 다르다. 지방소멸 체감도는 국가 < 광역권 < 광역 시·도 < 시군구 등 행정구역의 범위가 작을수록 더 높게 나타

나고 있다. 이러한 관점에서 최근의 지방소멸에 대응하기 위한 메가시티 전략은 지방소멸의 원인을 파악하기에는 한계가 있으나, 메가시티를 통한 경제권 설정 및 인구 댐 정책 등 지방소멸 대응 전략으로서의 역할은 기대할 수 있을 것이다.

인구 감소와 관련하여 시기별로 어떤 지역들이 지방소멸의 체감도가 높은지 분석이 필요하다. 먼저 전국 229개 지자체의 인구 감소 시기를 살펴보면, 인구 5만 이하의 54개 시군구 중에서 1975년~1980년까지 53개에서 인구 감소가 나타났으며, 지속적으로 인구가 감소하고 있다. 5만~10만의 경우 32개 중 29개, 10만~20만의 경우 23개 중 20개가 가 1975~1980년부터 인구 감소가 나타나기 시작하였다. 또한 특·광역시의 기초지자체 76개 중 20개 이상은 1975~1980년부터 인구 감소가 나타나기 시작했으며, 1990년 이후 인구 감소 지역이 확대되었다. 특히 인구 규모가 큰 30만~50만, 대도시의 경우에는 2000년 이후 인구 감소가 나타나기 시작하였다.

이와 관련하여 우리나라 인구의 주요 변곡점을 정리하면 먼저, 전국 시군구에서 인구 증가보다 인구 감소가 많아지기 시작한 시점은 1970년대 중반부터이며, 실제 인구 감소 및 지방소멸은 50년 전부터 일어나고 있었다는 것을 알 수 있다. 전국 인구의 지속적인 증가에도 불구하고 2017년에는 비수도권의 인구가 감소하기 시작하였으며, 이러한 영향으로 2019년에는 처음으로 수도권의 인구가 비수도권의 인구를 추월하는 등 수도권과 비수도권의 인구 불균형이 더욱 심화하였다.

특히 2015년에서 2020년 사이에는 출생아 수보다 사망자 수가 많아지는 인구의 데드크로스가 일어나는 지자체 수가 절반 이상이 되었다. 또한 수도권 집중과 비수도권의 인구 감소는 결국 2020년부터 전국의 인구가 감소하기 시작하였으며, 더욱 심각한 상황은 2021년부터 수도권의 인구도 감소하기 시작하였다는 점이다.

전국의 인구 감소 및 수도권의 인구 감소가 도래하였으며, 또한 지속적인 수도권으로의 인구 유입 감소는 수도권에서의 대규모 주택 및 교통 인프라 공급이 진행되고 있는 상황에서 향후 지방소멸 문제뿐만 아니라 수도권의 위기로 이어질 수 있다. 한국은행(2023)은 초저출산의 영향을 과도한 경쟁 압력 및 고용·주거 불안 등으로 분석하고 있으며, 이 원인을 완화할 수 있는 구조정책 중 하나로 수도권의 집중 완화를 들고 있다. 따라서 지방소멸로 인한 수도권으로의 집중은 곧 수도권의 위기로 이어질 수 있으며, 수도권의 집중은 장기적으로 대한민국의 소멸 위기로까지 전개될 수 있음을 경고하고 있다.

참고문헌

감사원. 2021. 「인구구조변화 대응실태 1(지역) 감사보고서」.
국가통계포털. kosis.kr
김현호 외. 2021. 「국가 위기 대응을 위한 지방소멸 방지 전략의 개발」. 한국지방행정연구원.
이삼수 외. 2024. 「지방소멸 위기에 대응한 공간정책 및 사업모델 개발」. LH 토지주택연구원.
통계청. 2021. 「장래인구추계: 2020~2070년」.
_____. 2022. 「시도 장래인구 추계: 2020~2050년」.
한국은행. 2023. 「초저출산 및 초고령사회: 극단적 인구구조의 원인, 영향, 대책」.

4장

인구와 균형발전의 방정식

한국의 정책 여정

허동숙 · 권규상

1. 균형발전, 지속 가능한 미래를 위한 필수 전략

한국의 경제 발전 과정에서 수도권 집중과 지방 소외, 이로 인한 지역 불균형은 지속적인 문제로 자리 잡아왔다. 수도권은 자본과 인재가 집중되며 산업, 교육, 문화의 중심지로 발전했지만, 그와 반대로 지방은 산업의 쇠퇴와 인구 유출, 경제 침체로 인해 활력을 잃어갔다. 이러한 지역 불균형 문제는 단순히 지역 간 격차를 넘어 국가경제와 사회 전반에 걸친 장기적인 성장 잠재력을 약화시키는 중요한 문제로 인식되었다. 이에 따라 균형발전 정책은 한국 사회의 지속 가능한 성장을 위한 필수적인 국가전략으로 대두되었다.

한국의 균형발전 정책은 2000년대를 기점으로 뚜렷한 패러다임 전환을 맞이하게 된다. 2000년대 이전, 박정희 정부를 시작으로 각 정부는 산업화와 경제성장 과정에서 지역 불균형을 인식하고 수도권 규제와 지방 거점개발에 초점을 맞춘 다양한 시도를 했지만, 이는 개별 부처 중심의 소극적 접근에 머물러 수도권 집중과 지방 소외 문제를 해소하는 데 근본적인 한계를 드러냈다. 반면, 2003년 참여정부(2003~2008) 출범 이후에는 균형발전이 핵심 국정 과제로 격상되며 체계적인 법적·제도적 기반을 갖추게 되었다. 특히 국가균형발전특별법 제정, 국가균형발전위원회 구성, 국가균형발전 5개년 계획 수립, 국가균형발전 특별회계 설치 등은 균형발전을 위한 안정적이고 체계적인 제도 구축의 토대가 되었다. 이러한 변화는 단순한 정책 내용의 변화를 넘어 균형발전을 바라보는 국가적 시각과 위상의 근본적 전환을 의미한다.

2000년대 이후 각 정부는 균형발전을 국가적 핵심 과제로 삼고, 지역 간 격차 해소와 지방의 자립적 성장을 목표로 한 다양한 정책을 도입해 왔다. 이는 경제성장과 사회적 형평성을 동시에 달성하려는 노력으로 볼 수 있다. 이후 정부들도 세부 전략의 변화는 있었으나 참여정부가 구축한 제도적 틀을 유지하며 지역 균형발전을 국가 발전의 핵심 축으로 인식해 왔다는 점에서 2000년대는 한국 균형발전 정책의 중요한 분수령이라 할 수 있다. 그러나 정권교체와 더불어 정책기조가 변화하면서 일관성 있는 추진이 부족했고, 수도권 중심의 경제 구조가 지속됨에 따라 지역 간 격차는 완전히 해소되지 못했다. 이로 인해, 각 정부가 추진한 균형발전 정책들은 때로는 단기적 성과에 머물거나 지역 불균형 해소에 실패하는 모습을 보이기도 했다.

그럼에도 불구하고 균형발전은 국가경쟁력을 강화하고 지역 간 상생을 이루기 위한 중요한 정책 수단으로 자리매김하고 있다. 각 정부가 내세운 주요 정책들은 시대적 요구에 따라 그 초점과 방식에 변화를 겪었지만, 지방의 경제적 자립과 균형 있는 발전을 위한 노력은 지속되고 있다. 이 장에서는 한국의 균형발전 정책이 어떻게 발전해 왔고, 그 과정에서 정책적 성과와 한계가 무엇이었는지 분석하고자 한다. 이를 토대로 균형발전이 단순한 지역 문제를 넘어 국가 전체의 지속 가능한 성장을 위한 필수 과제임을 제시하며, 인구 감소 시대의 균형발전 정책이 앞으로 나아가야 할 방향을 모색할 것이다.

2. 산업화 시대, 균형발전의 모색
2000년대 이전 정책의 시도와 한계

2000년대 이전까지 한국의 균형발전 정책은 수도권 과밀화와 비수도권의 낙후 문제를 해결하고, 국가 전체의 균형 있는 성장을 촉진하는 데 중점을 두었다. 이를 위해 중앙정부는 수도권 인구와 경제활동의 과도한 집중을 억제하고, 지방의 일부 거점을 개발하는 방식을 채택했다. 참여정부 이전의 역대 정부들은 국토 공간의 효율적인 활용과 발전을 추구했다는 점에서는 공통점이 있지만, 정책 수단과 내용, 그리고 공간 권역 구상 등에서는 시기별로 차이가 있다. 특히 경제성장과 산업화가 국가의 최우선 과제였던 시기에는 경제적 효율성이 정책 결정의 주요 기준으로 작용하면서, 균형발전은 종종 후순위로 밀렸다. 또한 균형발전 정책을 위한 법적·제도적 기반 역시 다소 미흡했다. 각 정부가 추진한 주요 균형발전 정책들은 **표 4-1**과 같다.

박정희 정부는 1960~1970년대 산업화와 경제성장을 최우선 목표로 삼고 서울과 수도권, 지방의 일부 거점을 중심으로 집중적인 투자를 단행하였다. 1962년 제1차 경제개발 5개년 계획을 시작하면서, 정부는 수출 주도형 경제성장을 이루기 위해 기간산업을 확충하고 대형 사회간접자본(SOC) 투자와 산업구조 근대화를 추진하여 고도성장의 기반을 다졌다. 박정희 정부의 균형발전 정책은 국토건설종합계획법(1963) 제정과 제1차 국토종합개발계획(1972~1981)에 반영되었으며, 자원을 여러 곳에 분산시키기보다는 몇 개의

[표 4-1] 2000년대 이전 역대 정부별 균형발전 정책과 주요 내용

시기(정부)	균형발전 정책(연도)	주요 내용	평가
1960~ 1970년대 (박정희 정부)	• 국토건설종합계획법(1963) • 대도시인구집중방지책(1964) • 대국토건설계획(1967) • 국토계획기본구상(1968) • 수도권인구집중억제방안(1969) • 제1차 국토종합개발계획(1972~1981) • 서울시 인구분산계획(1975) • 수도권인구재배치계획(1977)	• 태백산, 울산, 경인, 아산만, 영산강 등 특정 지역을 종합건설계획 대상지로 선정 • (권역 설정) 중부·남부 경제권, 4대권, 8중권, 17소권 그린벨트 지정 • 성장거점 개발 • 산업단지 건설	대통령의 강력한 의지를 토대로 규제적 수단 중심으로 추진
1980~ 1987년 (전두환 정부)	• 제2차 국토종합개발계획(1982~1991) • 수도권정비계획법 제정(1982) • 제1차 수도권정비기본계획(1984) • 제2차 국토종합개발계획 수정계획 (1987~1991)	• 생활중심지를 거점성장지로 지정. 지역생활권 설정: 대도시(5개), 지방도시(17개), 농촌도시(6개) • 수도권 규제범위를 인천, 경기까지 확대	• 수도권 억제정책의 법적 기반 마련 • 서울올림픽 유치 이후 수도권 억제정책 완화
1988~ 1993년 (노태우 정부)	• 지방자치제 시행 공약(1987) • 지역균형개발기획단(1989) • 제3차 국토종합개발계획(1992~2001) • 주택가격안정화 및 수도권 5개 신도시 건설(1989) • 지방이양합동심의회 구성(1991)	• 4+2 지역경제권(수도권, 중부권, 동남권, 서남권) 육성 • 지방자치 및 지방분권 시도	신도시 건설 및 주택 200만 호 건설로 인한 수도권 비대화 현상 심화
1993~ 1998년 (김영삼 정부)	• 신경제 5개년 계획 수립(1993) • 수도권 규제 및 토지이용 규제 완화 (1993) • 지역균형개발 및 지방 중소기업 육성에 관한 법률 제정(1994) • 지방자치단체장 직선제 실시(1995)	• 지방자치제 본격 실시 • 수도권 공장총량제 도입 • 과밀부담금제 도입 • 광역권 개발 및 낙후된 지역의 개발 촉진지구 지정, 준농림지 개발 허용 • 수도권 대학 정원 규제 완화, 편입학 허용(1994)	• 세계화로 인한 경쟁력 강화 차원의 규제 완화 정책으로 수도권 집중 초래 • 준농림지 개발 등으로 수도권 내 공장·주택 건설 가속화 및 난개발 초래
1998~ 2003년 (김대중 정부)	• 지역산업 육성 정책(1998) • 중앙행정기관의 지방이양촉진 등에 관한 법률 제정(1999) • 지방이양추진위원회 구성(1999) • 제4차 국토종합계획(2000~2020)*	• 4대 지역 전략산업(경남 기계, 부산 신발, 대구 섬유, 광주 광산업) 육성 • 외국인투자에 대한 수도권 입지 규제 완화 • 그린벨트 규제 완화	외환위기 극복과 구조조정 과정에서 수도권 집중 가속화

자료: 권영섭 외(2020); 산업연구원(2004)을 참고하여 저자가 수정·보완함

주: * 국토종합개발계획은 2003년 '국토건설종합계획법'이 '국토기본법'으로 개편되면서 그 명칭이 '국토종합계획'으로 변경됨. 계획 수립 기간도 기존 10년에서 20년으로 변경되어 매 5년마다 그 시대의 상황과 여건을 고려하여 수정함

거점에 집중 투자하는 방식을 취했다. 국토종합개발계획(현 국토종합계획)은 10년 주기로 수립되는 계획으로, 우리나라의 공간구조 형성과 산업 지형에

상당한 영향을 끼쳤다. 박정희 정부는 제1차 국토종합개발계획을 통해 전국을 4대강 유역(한강, 금강, 영산강, 낙동강)으로 구분해 개발하고, 경부축 중심 생산 기반을 육성하여 수도권과 남동임해공업벨트의 성장을 이끌었다. 또한 경부고속도로 건설(1970년 개통) 등의 대형 국책사업도 추진되었다.

이러한 정책기조는 앨버트 허시먼(Albert O. Hirschman)의 불균형 성장 이론에 근거한 것으로, 한정된 자원을 먼저 주요 거점과 공업 부문에 집중 투입하여 해당 지역과 산업을 발전시키고, 이후 그 발전이 주변 지역으로 확산되며 낙수효과(trickle-down effect)를 통해 지역 전체의 경제발전을 도모하려는 의도가 담겨 있다(차재권, 2017). 그러나 박정희 정부의 이러한 정책적 시도에는 여러 한계가 있다는 평가를 받는다. 특히, 수도권 집중 심화, 대도시의 과밀화, 도시 기반 시설 부족, 국토의 양극화 문제, 그리고 환경공해 문제 등이 발생하며 정책적 한계를 드러냈다.

전두환 정부는 1980년대에 접어들면서 산업화 성과가 어느 정도 축적되자, 1970년대 개발 성과의 문제점을 되짚으며 국토이용의 효율화와 수도권 집중 문제 해결을 위한 다양한 정책을 도입했다. 정부는 제2차 국토종합개발계획(1982~1991)을 바탕으로 국토의 균형발전과 국민복지 향상을 도모하고자 했으며, 지방 교통망 개선과 성장거점도시 육성을 통해 지역 경제권을 형성하고자 지역생활권 중심 개발(대도시생활권, 지방도시생활권, 농촌도시생활권)을 추진했다. 지역 간 균형을 맞추기 위해 지방산업 거점을 육성하는 데 초점을 두었으며, 지방의 고용기회 증대와 인구의 지방 정착을 유도하고자 했다. 또한 대덕연구단지를 추가 확충하여 과학기술 중심의 균형발전을 시도했다. 전두환 정부가 수도권정비계획법(1982)을 제정하여 수도권의 인구 과밀과 산업 집중을 억제하는 법적 기반을 마련한 점도 주목할 만하다.

전두환 정부의 균형발전 정책은 수도권 과밀 완화와 낙후 지역 개발, 국토의 다핵구조 형성, 그리고 지역생활권 조성 등을 목표로 했으며, 이는 균형성장을 위한 이론적 기반을 갖춘 정책이라고 평가할 수 있다(차재권, 2017: 146). 그러나 이 정책의 실효성은 제한적이었다. 수도권과 남동임해공업지역으로의 쏠림현상이 오히려 심화하였고, 수도권 규제는 소극적인 처방에 그쳤다. 또한, 서울올림픽 개최와 같은 국가적 행사를 계기로 수도권 규제를 완화하는 등 정책의 비일관성이 문제로 지적되었다(권영섭 외, 2020).

노태우 정부 역시 수도권과 비수도권 간 격차를 줄이기 위한 정책을 지속적으로 추진했다. 제2차 국토종합개발계획 수정계획(1987~1991)을 바탕으로 수도권 과밀화 억제, 지방 대도시 육성, 그리고 지역 경제권 형성을 목표로 삼았다. 전국을 4+2 지역경제권(수도권, 중부권, 동남권, 서남권)으로 구분하여 각 권역별 특화 개발 전략을 모색하고, 지방 주요 도시에 중추 관리 기능을 부여함으로써 수도권의 기능을 분담하려는 시도를 지속했다. 그러나 이 정책의 효과는 다소 제한적이었다. 정책 집행 과정에서 중앙정부의 재정 지원 부족과 지방 경제 기반의 한계로 인해 목표한 성과를 충분히 달성하지 못했다.

한편, 노태우 정부는 지방자치와 분권으로의 점진적 이행을 시작했다는 점에서 의미가 있다. 1987년 지방자치제 시행을 공약으로 내걸었고, 집권 후 1991년 지방의원 선거를 실시함으로써 기존의 중앙 집권적 지방행정 체계를 개편하는 작업에 착수했다. 초기에는 지방정부의 재정적 자립이 제한적이었고, 중앙정부의 감독하에 놓여 있어 실질적인 분권이 이루어지지 못했다. 그러나 이 과정은 점진적인 변화를 이끌어 내는 중요한 계기가 되었다는 점에서 긍정적으로 평가할 수 있다.

김영삼 정부는 지방자치제의 전면 시행과 함께 다양한 지역 균형발전 정책을 국가의 주요 의제로 내세워 국토의 불균형 발전과 지역 격차를 해결하고, 지방의 자율성을 강화하고자 했다. 지방자치제는 지방정부가 자율적으로 정책을 수립하고 실행할 수 있는 기반을 제공했으며, 이는 지방의 자율적

성장과 균형발전의 토대를 마련했다. 또한 1994년부터 수도권 공장총량제와 과밀부담금제를 본격적으로 도입함으로써, 이전 정부와 비교해 더욱 강력한 수도권 집중 억제책을 시행했다. 국토의 균형발전과 지역 발전을 위한 다양한 정책은 제3차 국토종합개발계획(1992~2001)을 토대로 추진되었는데, 이 계획은 1970~1980년대 실시된 개발계획의 문제점을 보완하고 수도권 집중 완화와 지방 거점개발을 주요 목표로 삼았다. 부산 해양산업 중심지 육성과 같은 지방 도시의 자립적 성장을 촉진하기 위해 지역 간 연결성을 강화하고, 경제적 성장을 지방으로 확산하려는 노력을 포함하고 있다.

김영삼 정부는 지방자치제 도입과 교통 인프라 확충을 통해 장기적인 성장 기반을 마련하는 데 기여했으나, 수도권 집중을 완전히 억제하는 데에는 한계가 있었고, 지방 경제 활성화의 실질적 성과도 제한적이었다. 지방자치제가 시행되었음에도 불구하고, 지방정부의 재정적·행정적 자율성은 여전히 제한적이었으며, 지방 대도시를 제외한 중소 도시들은 여전히 발전이 더딘 상태였고, 수도권에 비해 경제적 자립이 어려운 상황이었다. 더 나아가 정부는 경제의 세계화·개방화 흐름에 따라 지역 균형발전보다는 경쟁력을 갖춘 지역 기반 구축으로 정책 우선순위를 변경하였고, 이로 인해 수도권 규제를 완화하는 기조를 보이기도 했다(권영섭 외, 2020).

김대중 정부의 균형발전 정책은 IMF 외환위기를 극복하고 지역 간 격차 해소, 그리고 국가경제의 균형적 성장을 목표로 추진되었다. 당시 경제위기 상황에서 정부는 경제회복을 촉진하고 지방 경제의 자립을 강화하기 위해 다양한 산업 개발 프로젝트를 진행했다. 산업 차원에서는 정보기술(IT) 및 첨단산업 중심의 산업 육성을, 공간 차원에서는 광양만권 개발과 남해안 산업벨트 조성을 통해 산업 고도화와 물류거점 조성 계획을 추진했다. 또한 지역 전략산업 육성을 중요 과제로 제시하였는데, 이는 지역별 특화산업을 중심으로 산업 클러스터를 구축하여 수도권 의존도를 낮추고 지역 특성을 살린 발전 전략을 추진하는 것을 목표로 했다. 경남(기계산업), 부산(신발산업), 대구(섬유산업), 광주(광산업)의 첨단화와 클러스터 육성은 대표적인 사례로 꼽힌다.

한편, 정부는 '중앙행정기관의 지방이양 촉진 등에 관한 법률'(1999)을 제정하여 지방자치와 균형발전 정책을 연계시켰다. 이를 통해 지방자치단체의 역할을 강화하고 자율적인 지역 발전을 촉진하기 위한 법적 기반을 마련했다. 그럼에도 불구하고 정부의 지방 경제 활성화 노력은 수도권 집중 완화와 지역 간 불균형 해소에 있어 다소 제한적인 효과를 보였다. 당시 외환위기 극복을 위해 긴축재정과 구조조정이 단행되면서, 지역 균형발전을 위한 충분한 재원 확보가 어려웠을 뿐 아니라, 지방정부의 권한이양 범위가 제한적이었고, 재정 자립에 있어서도 중앙정부에 의존하는 구조적 한계가 있었다. 또한 지역 특화산업 육성이 일부 지역에는 긍정적인 영향을 미쳤으나, 중소 도시와 농촌지역은 상대적으로 소외되어 지역 불균형은 여전히 지속되었다. 이와 더불어 수도권으로의 인구 및 경제력 집중은 오히려 심화하는 결과를 낳았다.

2000년대 이전의 균형발전 정책은 경제적 효율성을 우선시한 성장 중심의 접근이 주를 이루었으며, 주로 수도권 규제라는 소극적인 처방에 치중된 측면이 컸다. 당시 균형발전의 중요성은 인식되었으나, 이를 실현하기 위한 구체적인 정책 수단은 부족했고, 투자 역시 경제성장 가능성이 높은 일부 지역에 편중되었다. 그 결과, 지역 간 불균형과 지방 소외 문제가 심화하였으며, 수도권 집중 현상은 더욱 악화하였다. 이러한 상황은 2000년대 이후 균형발전 정책을 보다 강화해야 할 필요성을 크게 부각시켰다.

3. 글로벌 경쟁 시대, 균형발전의 재구성

2000년대 이후 정책의 전환

2000년대 이후 글로벌 경쟁의 심화, 산업 패러다임의 변화, 사회·인구 구조의 변화로 인해 수도권과 지방 간의 경제적 격차는 더욱 확대되었다. 수도권은 첨단산업과 글로벌 경제의 중심지로 자리 잡으며 자본과 인재가 집중되었지만, 지방은 전통 제조업의 쇠퇴, 산업구조 전환의 어려움, 인구 감소 및 고령화로 인해 경제활력을 잃어갔다. 이러한 상황에서 지방 경제의 활성화와 인구 유입을 촉진하기 위해 지역 특성에 맞는 산업 육성과 산업 및 생활 환경 인프라 개선이 필수적으로 요구되었다.

균형발전은 단순히 지역 경제 문제를 넘어, 국가 전체의 지속가능성을 확보하기 위한 필수 과제로 인식되었다. 이에 따라 노무현 정부(참여정부)는 균형발전 정책의 실효성 있는 목표 달성을 위해 기존의 패러다임을 전환하고 보다 강력한 법적·제도적 기반을 마련하고자 했다(표 4-2 참고). 이후 정부들 또한 각기 다른 목표를 추구했지만, 수도권 일극 중심의 발전을 지양하고, 국가 전체의 발전과 국민 삶의 질 향상을 위해 다양한 시도를 이어갔다.

[표 4-2] 국가균형발전 패러다임의 변화

	기존 패러다임	참여정부의 패러다임
발전 목표	총량적 성장	균형적 성장
추진 주체	중앙정부 주도	지방정부 주도
추진 전략	수도권 규제 강화 (zero-sum strategy)	수도권-지방의 상생 발전 (win-win strategy)
주요 정책	SOC 등 물리적 인프라 확충	지역혁신체계 구축을 통한 지방의 자생력 강화
추진 방식	단편적·분산적 추진 (법적·제도적 기반 미비)	종합적이고 일관된 추진 (특별법·특별회계 신설)

자료: 산업자원부 보도자료(2003.10.16); 국가균형발전특별법 설명 자료

[표 4-3] 2000년대 이후 역대 정부별 균형발전 정책과 주요 내용

시기(정부)	균형발전 정책(연도)	주요 내용	평가
2003~ 2008년 (노무현 정부)	• 국가균형발전특별법 제정(2003) • 제1차 국가균형발전 5개년 계획(2004~2008) • 제4차 국토종합계획 수정계획(2006~2020) • 혁신정책(RIS사업) • 균형정책(신활력사업) • 산업정책(시도전략산업) • 공간정책(혁신도시, 행정중심복합도시)	• 국가균형발전위원회, 국가균형발전특별회계 설치 등 국가균형발전을 위한 체계 정비 • 지역특화발전특구 설치	• 균형발전의 제도적 기반 및 추진체계 구축 • 수도권 집중의 지속 • 중장기 전략, 계획 부재
2008~ 2013년 (이명박 정부)	• 국가균형발전특별법 개정(2009) • 광역선도사업(2009) • 제2차 지역발전 5개년 계획(2009~2013) • 제4차 국토종합계획 수정계획(2011~2020)	• 지역발전위원회 국가균형발전특별회계 → 광역·지역 발전 특별회계로 개편 • 지역 발전 전략 체계 구성: 기초생활권, 5+2 광역경제권, 초광역벨트 • 행정·재정 권한 지방이양	• 지역 간 상생 발전과 지방재정 확충 및 자율성 제고 • 광역위원회 역할 제약 • 행정구역 개편 미추진
2013년~ 2017년 (박근혜 정부)	• 국가균형발전특별법 개정(2014) • 지역행복생활권 정책 • 제3차 지역발전 5개년 계획(2014~2018)	• 지역행복생활권 중심의 지역희망(HOPE) 프로젝트 추진 • 지역발전위원회 광역·지역발전특별회계 → 지역발전특별회계로 변경	• 주민 중심(삶의 질, 행복)으로 정책 방향 전환 • 정책 공감대 미약 • 성과 측정 및 평가 한계
2017~ 2022년 (문재인 정부)	• 혁신도시특별법(2017) • 국가균형발전특별법 개정(2018) • 지역발전위원회를 국가균형발전위원회로 명칭 복원, 위상과 역할 강화 • 제4차 국가균형발전 5개년 계획(2018~2022) • 제5차 국토종합계획(2020~2040) • 제4차 수도권정비계획(2020) • 초광역협력 지원전략 마련(2021)	• 혁신도시특별법 개정 • 지역 인재 채용 의무화 • 분권, 포용, 혁신 가치를 기반으로 지속 가능한 국가균형발전 패러다임 전환	• 자치 분권 강화 시도 • 균형발전 정책의 핵심 브랜드 부재

자료: 권영섭 외(2020); 허문구 외(2023); 행정안전부 국가기록원(https://www.archives.go.kr/)을 참고하여 저자가 수정·보완함

2000년대 이후 각 정부가 추진한 주요 균형발전 정책들은 **표 4-3**과 같다.

노무현 정부는 국가균형발전정책을 국정의 최우선 과제로 삼고, 수도권 집중 완화와 지방의 자립적 발전을 촉진하기 위한 종합적이고 다각적인 접근을 시도했다. 강력한 분산·분권·분업 정책을 통해 지역 경제가 자립할 수 있는 기반을 마련함으로써, 장기적으로 국가 전반의 균형적 성장을 도모하

는 것을 목표로 했다. 분산정책은 공공기관의 지방 이전과 더불어 혁신도시와 기업도시 건설을 통해 수도권의 자원을 지방으로 분산하는 데 중점을 두었다. 분권정책은 중앙정부의 권한을 지방으로 이양해 각 지역이 자율적으로 발전 계획을 수립하고 집행할 수 있도록 했으며, 분업정책은 각 지역이 고유한 산업적 강점을 기반으로 특화된 산업을 육성하고, 지역 간 상호 보완적인 산업구조를 형성하는 데 중점을 두었다(권영섭 외, 2020).

균형발전 정책의 추진 기반으로서 국가균형발전특별법을 2003년에 제정한 것은 노무현 정부의 중요한 시도이자 성과였다. 그동안 균형발전이 개별법으로 추진되었던 방식을 통합적으로 추진하기 위한 제도 정비가 이루어졌다는 점에서 의의가 있다. 이에 따라 국가균형발전위원회 설치, 국가균형발전 5개년 계획 수립, 국가균형발전특별회계 운용 등 지역 발전 정책을 범부처 차원에서 통합적으로 추진할 수 있는 기반을 마련하였다. 대통령 자문 기구인 국가균형발전위원회는 국정 과제를 총괄하고 조정하는 핵심 기구로서, 국가균형발전 정책의 기획 및 조정, 전략 수립, 평가 및 지원에 이르는 역할을 담당했다. 또한 국가균형발전특별회계는 균형발전이 단순한 정책 목표를 넘어 국가적 책무임을 상징적으로 보여주며, 지방의 자율적 발전을 촉진하기 위해서는 자치와 분권 강화가 필수적인데, 이를 위한 재정 자립을 지원한다는 점에서 중요한 의미를 갖는다. 또한 이 법에 근거해 5년 주기로 국가균형발전 5개년 계획이 수립·추진되면서, 균형발전을 위한 중장기적 계획이 마련되었다.

노무현 정부는 공공기관의 지방 이전을 비롯한 대규모 분산정책, R&D 지방 지원 비율 확대, 지역혁신체계 시범 사업 등의 지역혁신을 통해 지역의 자립 기반을 확충하는 역동적 균형정책과 더불어 지역특화발전특구 설치 및 낙후 지역 대책 등 형평성 차원의 통합적 균형정책을 실천 과제로 제시했다(김병준 외, 2008: 38). 정책을 보다 세분화하면, 혁신정책은 지역혁신체계

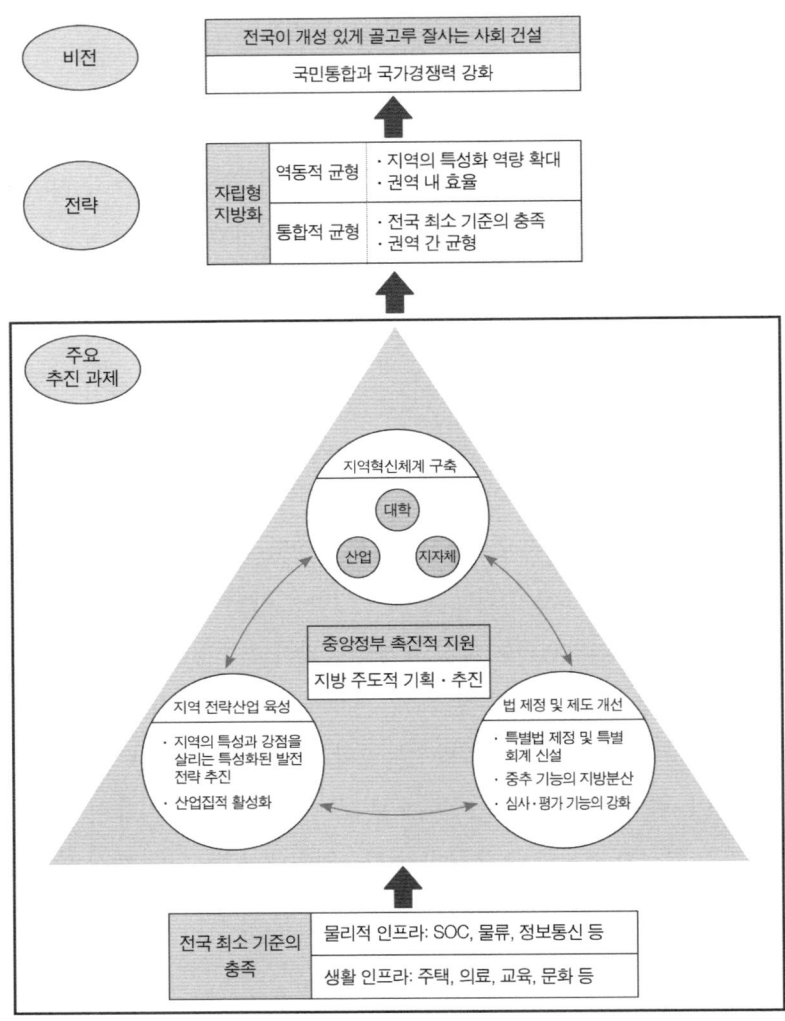

[그림 4-1] 노무현 정부의 국가균형발전 정책: 국가균형발전의 비전과 전략
자료: 국토교통부 국토지리정보원(2019: 100)

(RIS)를 구축하고 R&D와 지방대학 혁신역량 강화를 통해 내생적 발전의 거
버넌스 주체를 육성하는 데 중점을 두었으며, 균형정책은 신활력사업 등을
통한 낙후된 지역의 격차 해소 및 지역 맞춤형 발전을 목표로 했다. 산업정

책은 지역 전략산업 육성과 혁신 클러스터 조성을 통해 지역 경제의 경쟁력을 강화하는 데 중점을 두었고, 공간정책은 전국에 다수의 새로운 발전 거점을 조성하여 수도권 과밀을 완화하고 다핵 연계형 국토 공간구조를 구축하고자 했다.

주요 사업 중 일부를 살펴보면 다음과 같다. 우선, 수도권의 과도한 인구 및 자원 집중을 분산시키기 위한 대규모 프로젝트로 행정중심복합도시, 혁신도시, 기업도시 건설이 추진되었다. 행정중심복합도시는 중앙 부처와 공공기관의 일부를 이전해 중앙 행정기능을 분산하고, 한곳에 집중시켜 중앙 행정의 효율성을 높이려는 목표로 추진되었다. 전국 10개 지역에 지정된 혁신도시[1]로 공공기관을 이전하여 해당 지역이 산업, 연구, 교육의 거점으로 성장할 수 있도록 유도했으며, 기업도시는 민간 주도의 산업 및 지역 경제 발전을 목표로 건설을 추진하였다.[2] 정부는 또한 낙후 지역의 개발 촉진과 지역별 특화 발전을 강조했는데, 그 대표적인 사업이 신활력사업과 지역특화발전특구사업이다. 신활력사업은 농촌과 중소 도시의 쇠퇴를 막고 농업과 연계된 산업 개발에 중점을 두었고, 지역특화발전특구사업은 지역별로 특화된 산업을 집중 육성할 수 있도록 규제 특례를 제공하여 지방의 경쟁력을 강화하는 데 기여했다. 이와 함께 정부는 혁신 클러스터를 육성하여 산·학·연·관 연계를 통해 혁신역량을 결집하고, 지역 내 주체의 역량을 강화하며 산업 기반을 확충하기 위해 노력했다. 대덕연구개발특구와 산업단지 혁신 클러스터화 사업이 대표적인 사례다.

노무현 정부는 제1차 국가균형발전 5개년 계획(2004~2008)과 더불어 장기적인 국토개발 전략으로서 제4차 국토종합계획 수정계획(2006~2020)[3]을

---

1   충남 혁신도시(내포신도시)는 2020년 지정되어 2024년 현재 총 11개 혁신도시가 있다.
2   기업도시 정책은 당초 6개 시범도시가 선정되었으나 무주와 무안은 지정 해제되어, 충주, 원주, 태안, 영암·해남 4개 도시에서 추진되었다.

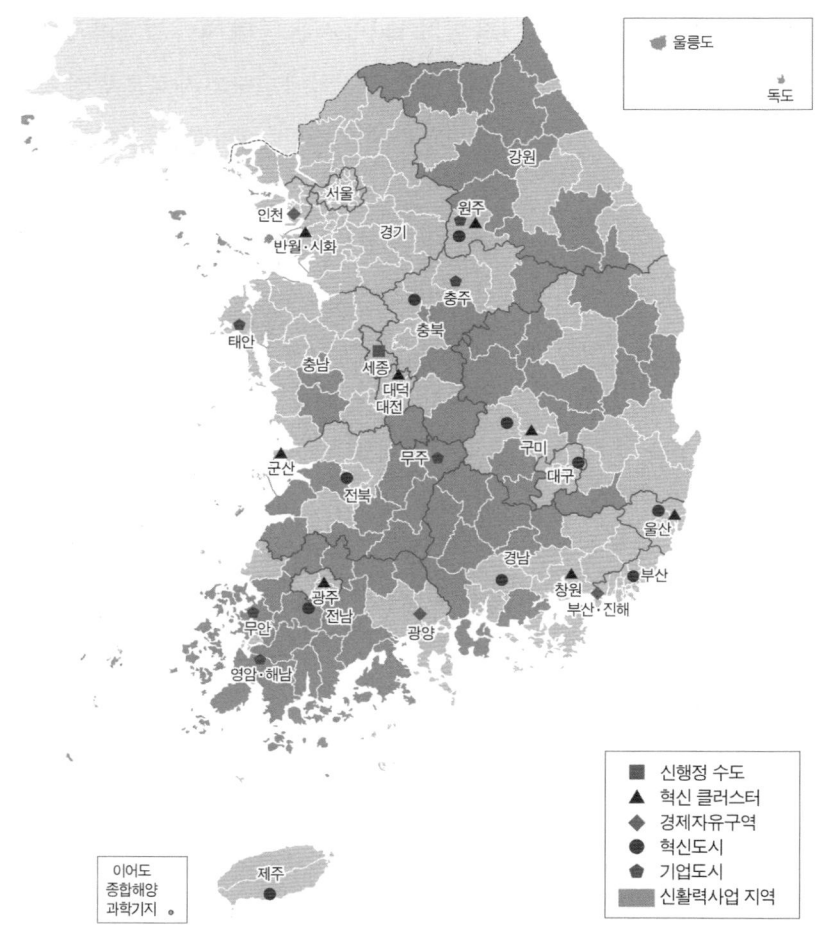

울릉도

독도

강원

서울
인천
반월·시화
경기
원주

충주
충북
태안
충남
세종
대덕
대전
무주
구미
대구
군산
전북
울산
경남
부산
광주
전남
창원
부산·진해
무안
광양
영암·해남

이어도
종합해양
과학기지

제주

■ 신행정 수도
▲ 혁신 클러스터
◆ 경제자유구역
● 혁신도시
⬟ 기업도시
▨ 신활력사업 지역

[그림 4-2] 노무현 정부의 국가균형발전 정책: 주요 정책사업
자료: 김병준 외(2008: 42)

수립했다. 두 계획 모두 지역 격차 해소와 국가의 지속 가능한 발전을 도모

하기 위한 중장기 계획으로, 제1차 국가균형발전 5개년 계획은 공공기관 지

---

3   제4차 국토종합계획(2000~2020) 수립 이후 새로운 국내외 여건 변화에 대응하기 위해 주요 내
     용과 새로운 과제를 반영한 두 차례 수정계획(2006년, 2011년)이 수립되었다.

방 이전, 혁신도시 조성, 지역 특화산업 육성 등을 통해 지방의 경제 자립과 균형발전을 촉진했다. 제4차 국토종합계획 수정계획은 국토의 효율적 이용, 권역별 발전 전략, 친환경 개발을 중심으로 장기적인 국토 발전 방향을 제시했다.

노무현 정부의 국가균형발전정책은 이전 정부에 비교해 법적·제도적 기반을 확립하고, 공공기관 지방 이전, 행정중심복합도시 및 혁신도시 조성과 같은 강력하고 구체적인 정책과 더불어 대규모 재원 투입을 통해 수도권 집중 완화를 추구했다는 점에서 큰 의미를 갖는다. 특히 국가균형발전특별법 제정과 균형발전특별회계 도입을 통해 지방의 자립적 성장을 촉진하기 위한 체계를 마련하고, 각 지역의 특화산업을 육성하여 지방 경제 활성화에 기여했다는 점에서, 주로 수도권 규제에 의존했던 이전 정부들과 차별화된다고 할 수 있다.

그러나 수도권 집중 문제를 근본적으로 해결하는 데에는 한계가 있었으며, 일부 대도시와 혁신도시 중심의 발전이 두드러졌고, 중소 도시와 농촌 지역의 발전은 상대적으로 미흡했다. 또한 사업 간 연계성 부족, 추진 과정에서의 갈등, 성과 배분 시 이해관계 상충 등의 한계점이 지적되었다(권영섭 외, 2020). 더 나아가 균형발전 정책이 중장기적 관점에서 추진되어야 함에도 불구하고, 정권의 변화에 따라 정책 목표와 과제가 달라지고 정책이 단절되는 경향이 나타났다.

이명박 정부는 노무현 정부와 달리 성장 중심 전략을 강조했다. 정부는 "일자리와 삶의 질이 보장되는 경쟁력 있는 지역 창조"를 정책목표로 설정하고, '선택과 집중' 전략을 통해 효율적인 자원배분을 추구하며, 특정 지역의 성장잠재력을 극대화하고 지역 간 상생 협력을 추진함으로써 지역 균형발전을 유도하고자 했다. 이를 실현하기 위해 광역경제권 구축, 지역 특성을 살린 특화 발전, 지방분권과 자율에 기반한 지역 주도 발전, 지역 간 협력과 동반 발전을 하위 목표로 제시하였다.

이명박 정부의 균형발전 정책은 제4차 국토종합계획 수정계획(2011~2020)에 반영되었으며, 광역경제권 중심의 선택과 집중, 지역 특화 발전, 지속 가능한 녹색 성장, 지방자치 강화, 민간투자 유도 등의 핵심 전략을 제시했다. 이에 따라 정부의 정책 추진 기반도 달라졌는데, 기존의 국가균형발전위원회는 지역발전위원회로 개편되었고, 국가균형발전특별회계는 광역·지역발전특별회계로 재편되었다. 지역발전위원회는 광역경제권 전략과 지역 발전 정책을 총괄하고 기획·조정하는 역할을 담당하며, 특히 광역경제권 사업을 중점적으로 추진하고 재정 운용의 효율성을 높이는 동시에 성장잠재력이 큰 지역에 자원의 집중 투자를 도모했다. 이 과정에서 광역·지역발전특별회계의 재정 규모는 일부 축소되었으나, 포괄 보조 형태의 자율편성사업을 도입하여 지자체가 자체적으로 지역 특성에 맞는 발전계획을 수립하고 예산을 편성할 수 있도록 함으로써 지방정부의 자율성과 책임성을 높이려는 시도가 이루어졌다.

이명박 정부의 대표적인 균형발전 정책은 5+2 광역경제권 정책이다. 전국을 인구 500만 명 이상의 5대 광역경제권(수도권, 충청권, 호남권, 동남권, 대경권)과 500만 명 미만의 2대 특별경제권(강원권, 제주권)으로 나누어 각 권역별 협력을 강화하고, 글로벌 경쟁력을 극대화하겠다는 목표를 제시했다. 이에 따라 각 광역권별로 5개년 발전계획(2009~2013)을 수립해 추진하고, 1~2개의 선도산업 육성, 인재 양성, 인프라 확충 등 산업 경쟁력 향상을 도모했다.

이명박 정부의 균형발전 정책은 기존 행정구역 단위에서 벗어나 광역경제권을 설정해 규모의 경제를 추구하고, 지역 간 협력을 통해 효율성을 극대화했다는 점에서 긍정적으로 평가할 수 있다. 지역특화산업을 육성하고 민간투자를 활성화하여 자립적이고 경쟁력 있는 지역 발전을 이루려는 시도는 국가 전반의 경쟁력 제고에 기여할 수 있는 측면이다. 그러나 한계점도 분명하다. 광역경제권 전략은 수도권 집중을 방지하는 데 한계가 있었고, 일부 대도시의 성장을 강화하는 데 그쳐, 수도권과 지방 간 격차를 심화시키는 결과를 초래했다. 특히, 광역경제권 내에서 수도권에 가까운 지역이 더 빠르게 발전하는 현상이 나타나며 지역 간 격차가 더욱 벌어졌다. 또한 광역경제권 내 협력은 기대만큼 활성화되지 않았고, 민간 주도 투자도 일부 지역에서는 투자 유치에 어려움을 겪어 자립적 성장이 미흡했다. 정부가 균형발전 정책에서 자치와 자율성을 강조했음에도 불구하고, 실제로는 중앙정부의 주도성이 강하게 작용하여 지자체의 자율적 역할이 충분히 발휘되지 못했다는 문제점도 지적되었다(권영섭 외, 2020).

박근혜 정부는 "국민에게 행복을, 지역에 희망을"이라는 새로운 비전을 설정하고, 기존 정부들의 산업 또는 인프라 위주 정책에서 벗어나 지역 주민의 삶의 질 향상에 초점을 맞춘 정책 변화를 시도했다. 정부는 '지역행복생활권' 개념을 중심으로 주민의 삶의 질을 향상시키기 위한 정책을 추진했다. 주민의 일상생활에 밀접한 서비스 제공과 기초 인프라 확충을 목표로 하였으며, 기초지자체들이 협력하여 생활권 단위로 발전을 추진하는 자율성을 강조했다. 이를 위해 광역·지역발전특별회계를 지역발전특별회계로 개편하여 지방정부의 재정 자율성을 확대하고, 지역 내 경제 활성화를 도모하고자 했다.

그 일환으로 지역희망(HOPE) 프로젝트를 추진하였으며, 주민이 실제 생활에서 정책의 효과를 체감할 수 있도록 지역행복생활권 단위에서 교육, 문화, 복지, 의료 등 관련 정책을 중점적으로 실시했다. 지자체는 인구와 지리적 특성을 고려해 중추도시생활권, 도농연계생활권, 농어촌생활권 등 다양한 유형으로 생활권을 구성하였으며, 중앙정부는 지역 주도의 자율적 사업 결정을 지원하고 협력 체계를 구축했다.

그러나 이러한 정책은 생활 편의와 복지 서비스 제공에 초점이 맞추어져 있었고, 그 결과 지역 경제의 자립성 강화보다는 복지 서비스 확충이라는 제한적인 성과를 내는 데 그쳤다. 또한 박근혜 정부는 균형발전보다는 수도권 경제력 집중을 허용하는 방향으로 정책을 운영했다는 비판도 받았다. 정부의 핵심 국정 과제로 "일자리 중심의 창조경제"가 제시되었는데, 이는 ICT, 첨단기술, 혁신을 기반으로 한 신성장 동력을 발굴하고, 경제 구조 전환에 중점을 두었다. 전국에 창조경제혁신센터를 설립하고 창의적 기업 및 중소기업 활성화를 도모했으나, 수도권에 상대적으로 더 많은 자원과 인프라가 집중됨에 따라 수도권 편중이 가속화하였다는 비판이 제기되었다.

문재인 정부는 자치 분권과 균형발전을 핵심 국정 과제로 설정하고, 지역 간 격차 해소와 자립적 성장을 위한 다양한 정책을 추진했다. 국가균형발전 5개년 계획(2018~2022)을 통해 분권, 포용, 혁신을 3대 가치로 설정하고, 지방의 자립적 성장을 위한 기반을 마련하는 데 집중했다. 또한 자치 분권과 재정 분권을 강화하여 중앙 권한을 지방으로 이양하고, 혁신도시 시즌 2를 통해 공공기관을 지방으로 이전하여 지역 경제 활성화를 도모하였다. 생활 SOC 투자를 통해 지방 주민의 삶의 질을 높이고, 지역 발전을 위한 핵심 사업을 추진하는 데 중점을 두었다. 이러한 정책을 통해 지방의 인프라(생활 SOC)가 확충되고, 공공서비스 접근성이 개선되었으며, 혁신도시를 중심으로 한 고용 창출과 지역 경제 활성화에서 일부 성과를 거두었다. 또한 지역 특화산업 육성과 지역혁신 클러스터 조성을 통해 자생적 경제 기반을 강화하고자 하는 노력이 이루어졌다.

그러나 수도권 집중 현상을 완화하는 데는 한계가 있어, 2019년 말을 기점으로 수도권 인구 비중이 50%를 넘어서면서 비수도권 인구를 추월해 지역 불균형이 더욱 심화하는 양상을 보였다(국토연구원, 2020). 혁신도시 정책 역시 '혁신도시 시즌 2'를 추진하려는 의지를 보였으나 구체적인 성과는 미흡했다. 또한 균형발전 정책의 대상이 되는 공간 단위가 명확하게 제시되지 않아, 오히려 수도권 집중을 심화시키는 사업이 추진되었으며, 지방 재정자립도가 부족한 상황에서 중앙정부에 대한 의존도도 여전히 높았다.

2022년 시작된 윤석열 정부는 지난 문재인 정부보다 자치 분권에 더 큰 비중을 두고 균형발전과 지역의 자치 분권을 연결시킨 분권형 균형발전 정책을 지향하였다. 이를 위해 균형발전 정책의 목표를 "대한민국 어디서나 살기 좋은 지방시대"로 설정하고 국가균형발전위원회와 자치분권위원회를 통합하여 지방시대위원회로 개편하고 예산 또한 지역균형발전특별회계로 명칭을 변경하였다. 특히 관련 정책을 원활히 추진하기 위하여 제1차 지방시대 종합계획(2023~2027)을 수립하여 기회발전특구, 교육발전특구, 도심 융합특구 등 9개 정책과제의 추진 기반을 마련하였다(허문구 외, 2023). 자치 분권을 더욱 강조한다는 점에서 문재인 정부와 차별화되기도 하지만, 여전히 광역 및 기초지자체를 핵심 공간 단위로 삼고 초광역권 정책을 연계협력 공간으로 계승한다는 유사성을 띠고 있다.

이와 같이, 2000년대 이후 한국의 균형발전 정책은 경제성장과 더불어 균형발전이 국가의 장기적 성장에 필수적이라는 인식에 기반하여, 2000년대 이전보다 더욱 적극적으로 추진되었으며, 국민의 공감대 형성을 위한 노력이 이루어졌다. 그러나 정권이 교체될 때마다 정책 방향과 중점 사항이 달라지면서, 정책의 일관성과 지속성이 부족하다는 한계를 드러냈다. 각 정부의 정책기조 변화는 지역 주민과 지방정부가 지속적인 지원과 혜택을 받지 못하게 하고, 장기적인 성과를 기대하기 어렵게 만들었으며, 이는 균형발전 정책의 효과를 저해하는 중요한 문제로 작용했다.

4. 인구 감소 시대, 균형발전의 재설계
새로운 전략의 모색

지역 불균형 완화와 수도권의 글로벌 경쟁력 강화라는 두 마리 토끼를 한 번에 잡음으로써 국가 전체의 지속가능성을 확보하고자 추진해 온 2000년대 이후의 균형발전 정책은 2010년대 후반까지 지속되었다. 하지만 중앙정부의 적극적인 지역 불균형 완화 정책에도 불구하고 수도권 집중과 지방 도시의 침체는 계속되었다. 지방 도시의 가파른 인구 감소와 수도권으로의 집중이 국민에게 절실히 와닿았던 극적인 순간은 바로 수도권 인구가 전체 인구의 50% 이상을 차지한 2020년이다. 이후 수도권 인구 비중은 2023년 전체 인구의 50.6% 수준까지 증가했다. 2023년 전국 합계출산율 0.72와 더불어 수도권으로의 인구집중이 계속되면서 지방 도시의 공동화는 더욱 심화하고 있다. 정부의 끊임없는 노력에도 불구하고 상황이 반전되지 않은 것이다.

특히 인구 감소가 국가 전체뿐만 아니라 지방소멸을 가져올 수 있는 위기로 인식되었다. 2014년 일본에서 발간된 마쓰다 히로야(増田寬也)의 『지방소멸』이 국내 학계와 정책입안자들에게 소개되면서 지역 불균형과 지방 인구 감소가 지방 도시 생존에 직결된다는 논의는 더욱 힘을 얻었으며, 인구 감소에 대응한 다양한 균형발전 정책의 필요성이 대두되었다.

문재인 정부에서 윤석열 정부에 이르는 국가균형발전특별법(현 지방자치분권 및 지역균형발전에 관한 특별법)의 개정을 통해 나타난 현재 균형발전 정책의 특징과 인구 감소 대응 방식은 크게 두 방향으로 살펴볼 수 있다(**그림 4-3과 그림 4-4** 참조).

하나는 비수도권을 대상으로 광역지자체 단위의 통합 및 결속, 연합을 추진하여 수도권과 비견할 만한 '초광역권'을 육성하는 것이다. 초광역권 논의는 학술적으로나 정책적으로 완전히 새로운 것은 아니었다. 이미 2006년 참

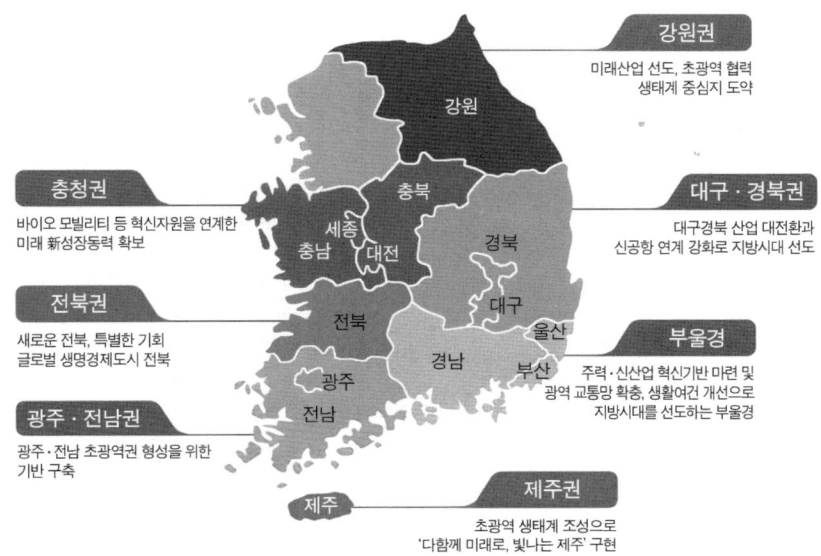

[그림 4-3] 초광역권 발전 시행 계획에 따른 초광역권 및 특별자치권
자료: 대통령직속 지방시대위원회(www.balance.go.kr)

여정부에서 초광역경제권 육성을 제시했으며, 이후 이명박 정부의 5+2 광역경제권, 초광역개발권 등의 형태로 인접 지자체 간 연계협력을 통해 지역 경쟁력을 향상시키고 지역 불균등을 줄이려는 전략이 활용되었다(박경현 외, 2022). 우리나라뿐만 아니라 프랑스의 메트로폴, 일본의 광역연합 등 타 국가에서도 지역 경쟁력 확보를 위해 지방정부 간 연합을 구성하는 사례가 증가한 것을 참고한 것이다.

기존과 달랐던 점은 중앙정부가 아닌 지역 주도적으로 초광역권 논의가 본격화되었다는 점이다. 2020년 부산·울산·경남을 중심으로 한 동남권 메가시티 논의가 제기된 이후 전국적으로 인접 지자체 간의 초광역 협력 논의가 본격화되었다. 부울경에 이어 대구·경북, 광주·전남, 충청(대전, 세종, 충북, 충남) 등에서도 초광역 협력 논의가 부상하면서 중앙정부 또한 서둘러

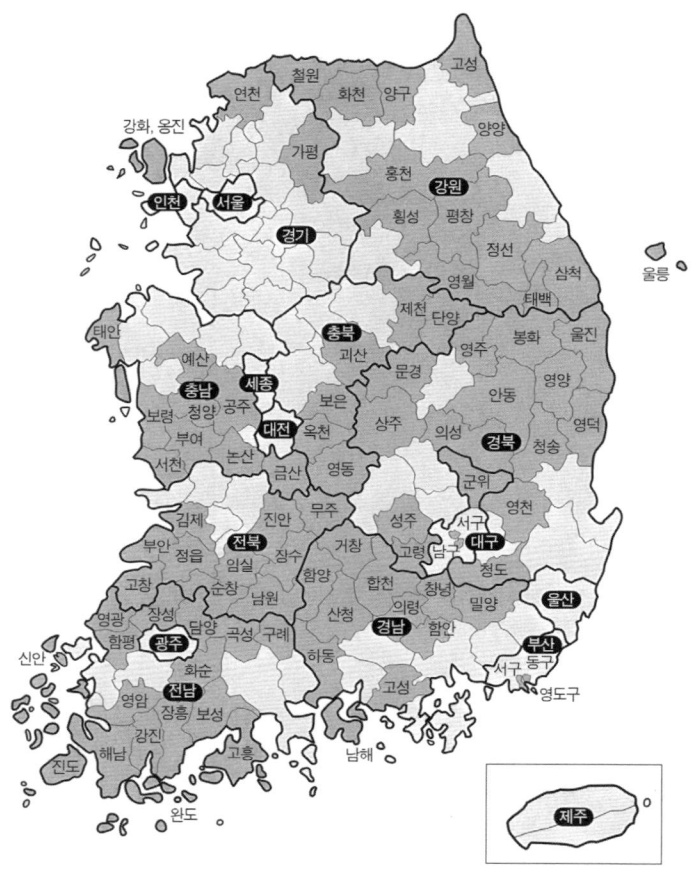

[그림 4-4] 인구 감소 지역 지정 현황(2024.3 기준)
자료: 행정안전부(2024)
주: 진한 면은 인구 감소 지역을 의미함

2021년 관계 부처 합동으로 「초광역협력 지원 방안」을 발표하였으며, 이후 국가균형발전특별법에 초광역권을 명시하여 법적 기반을 마련하였다. 초광역권 정책의 핵심은 비수도권 대도시를 인구 유출 억제 및 활력 제고를 위한 거점으로 육성함과 동시에 주변 중소 도시와 농산어촌을 연계한 네트워크화된 공간을 조성함으로써 규모의 경제를 창출하는 것이다(박경현 외,

2023).

초광역권과 구분되는 또 다른 대응 방식은 인구가 매우 빠른 속도로 감소하는 기초지자체를 '인구 감소 지역'으로 별도 지정하고 행정적·재정적으로 집중 지원하는 것이다. 중앙정부는 행정안전부 주도로 연평균 인구 증감율과 출생률, 고령화비율, 청년 순이동률 등 인구 감소 지역 지정 지표를 활용하여 2021년 전국 89개의 기초자치단체를 인구 감소 지역으로 지정하였으며, 연 1조 원에 달하는 지방소멸대응기금을 구축하여 지역 주도의 지방소멸 대응사업 추진을 촉진하고자 하였다. 특히 2022년에는 국가균형발전특별법과 별개로 인구감소지역지원특별법을 제정하여 인구 감소 지역이 스스로 인구 감소 지역 대응계획을 수립하여 주도적으로 인구 감소에 대응하도록 기반을 구축함과 동시에 중앙의 적극적인 지원을 위한 보육, 교육, 의료, 주거 및 교통 등에 대한 중앙의 지원 근거를 마련하고자 하였다. 이를 기반으로 2023년 12월 발표된 「제1차 인구 감소 지역 대응 기본계획」에서는 지역 경제 활성화를 위한 지역별 맞춤형 일자리 지원, 지역의 정주 여건 개선, 생활 인구 중심의 지역 활성화 촉진을 강조하고 있다.

최근 인구 감소 대응을 위한 공간정책의 핵심은 중앙이 아닌 지역 주도의 상향식 정책이다. 이는 각 지역이 직면한 문제를 해당 지역이 누구보다 잘 알고 있으므로 스스로 문제를 찾고 해결하는 방식이 중앙에서 획일적으로 정책 방안을 제시하는 것보다 낫다고 생각하기 때문이다. 또 다른 특징은 개별 기초지자체 단위를 넘어서 정책의 범위가 (초)광역화되고 있다는 것이다. 초광역권은 말할 것도 없고 인구 감소 지역 지원 또한 생활권을 공유하는 인접 지자체가 함께 문제를 발굴하고 해결할 것을 적극적으로 권장하고 있다.

그러나 앞서 언급한 것처럼 지역 경쟁력 제고를 위해서 광역적으로 사고하는 것은 이미 이전부터 논의되어 온 방식이다. 2000년대 이전 전두환 정부와 노태우 정부부터, 2000년대 이후 노무현 정부와 이명박 정부, 박근혜 정부에 이르기까지 광역경제권, 지역경제권, 지역생활권, 지역행복생활권 등 용어와 공간적 범위의 차이 이외에 내적으로 뚜렷한 구분 없이 유사한 방식의 정책이 되풀이되고 있다. '지역 주도'라는 키워드 또한 2000년대 이후 모든 정책에 수식어로 사용되었다. 그럼에도 여전히 지역 주도의 광역적 정책이 큰 성과를 거두지 못했다는 것은 광역 협력과 지역 주도 성장을 저해하는 근본적인 문제점이 여전히 사라지지 않았다는 것을 방증한다. 그와 함께 여전히 지역 경쟁력 향상과 인구 감소 대응이라는 균형발전의 목표 달성을 위해서는 개별 지자체 수준을 넘은 협력이 필요하고, 지역 주도적 사업 발굴과 정책 수립이 중요함을 보여주는 증거이기도 하다.

균형발전 정책은 구체적인 사업이라기보다는 균형발전이라는 목표를 향해 여러 부처의 다양한 사업들을 아우르는 정책적 방향성에 가깝다. 균형발전 정책을 논할 때, 개별 사업이 인구 감소에 대응하거나 지역 경쟁력을 얼마나 향상시켰는지를 따지기보다, 각 사업들이 어떻게 씨줄과 날줄처럼 엮여 균형발전이라는 목표를 향해 한 걸음씩 나아가고 있는지가 중요하다.

최근의 균형발전 정책은 초광역 협력과 인구 감소 지역 지원 사업을 통해 지역 경쟁력을 강화하고, 인구 감소를 억제하며, 주민의 삶의 질을 높이는 것을 목표로 한다. 이 과정에서 인접 지역 간 협력과 지역 주도의 목표 설정을 강조하는데, 이는 목표라기보다 수단에 가깝다. 교통, 경제, 복지 등 지자체가 공동으로 해결해야 할 문제들이 많지만, 모든 문제를 광역적으로만 해결할 필요는 없으며, 모든 것을 지역의 힘만으로 추진할 수도 없다. 따라서 각 지역이 직면한 문제를 해결하기 위해 어떤 정책과 사업이 필요한지, 그리고 그 과정에서 지자체 간 협력이 어떤 역할을 해야 할지를 깊이 고민해야 한다.

이 과정에서 협력해야 할 지역의 범위를 명확히 설정하는 것도 필수적이다. 현재 초광역권 정책이나 인구 감소 지역 지원을 위한 생활권 정책은 인접한 두 개 이상의 기초지자체 간에서도 추진이 가능하다고 명시되어 있지만, 실제로 초광역권 정책은 주로 광역시와 도 단위에서만 논의되고 있고, 생활권 정책은 여전히 추진 속도가 더딘 편이다. 정책과 사업의 효과에 따라 협력 범위를 유연하게 설정할 수 있도록 제도적 보완이 필요하다.

무엇보다 중요한 것은 협력 과정에서 발생한 성과를 공유하는 체계를 구축하는 것이다. 과거부터 지금까지 지자체 간 협력을 통해 균형발전의 효과를 극대화하려는 시도는 주로 협력체 구성에만 집중되었고, 성과 공유에 대한 제도적 장치는 미흡했다. 마치 게임에서 플레이어 간 몫을 배분하는 규칙이 게임 시작 전에 명확히 정해져야 하듯, 성과 배분이 불투명하다면 누구도 협력에 참여하지 않을 것이다.

5. 지속 가능한 지역 발전을 위한 균형발전의 방향

출산율 하락과 인구 감소, 공간적 불균형은 한국만의 문제가 아니라 전 세계적인 현상이다(말라흐, 2024). 독일, 프랑스 등 유럽 국가뿐만 아니라 일본, 중국 등에서도 출산율이 급격히 하락하고 있으며, 인구 성장 시대에 설계된 많은 제도와 규범들이 더 이상 현실에 맞지 않는 상황이 되었다. 한국의 균형발전 정책도 인구 감소 시대를 충분히 반영하지 못한 채 여전히 인구 증가 시대의 기대에 머물러 있지 않은지 돌아볼 시점이다. 성장이 끝나고 축소 시대가 다가오면서 우리가 직면하게 될 문제들을 분석하고, 이에 대한 대안을 함께 제시하기 위해 인구 감소와 축소 시대에 우리의 균형발전 정책이 얼마나 효과적으로 대응해 왔는지 이 장에서 살펴보았다.

지금까지 살펴본 것처럼, 우리나라는 지역 간 균형발전을 위해 다양한 정책을 추진해 왔다. 출산율 하락의 원인은 복합적이지만, 공간 분야 학자들은 수도권 인구집중과 그로 인한 생존경쟁 심화를 주요 원인 중 하나로 지적하고 있다(조영태, 2021). 특히 2000년대 이후 인구 감소 위기가 심화하면서 균형발전 정책은 지방의 인구 감소를 억제하는 데 중점을 두었지만, 균형발전 정책의 노력에도 불구하고 국가 전체의 인구 감소와 지방소멸 위험은 가속화하고 있는 현실이다.

한국의 경제발전 과정에서 수도권 집중과 지방 소외로 인한 지역 불균형 문제는 국가의 장기적 성장잠재력을 약화시키는 중요한 과제로 인식되어 왔다. 2000년대 이전의 정부들은 수도권 규제와 지방 거점개발에 초점을 맞추었지만, 지역 간 격차를 해소하는 데에는 한계를 보였다. 이후 각 정부는 균형발전을 핵심 국가 과제로 삼고 다양한 정책을 도입했으나, 정책의 일관성 부족과 수도권 중심의 경제 구조로 인해 완전한 성과를 거두지는 못했다. 그럼에도 균형발전은 국가경쟁력을 강화하고 지역 상생을 위한 중요한 수단으로 자리 잡았다. 이 과정에서 정부의 정책적 시도들은 시대적 요구에 따라 변화했으며, 지방의 자립적 성장을 목표로 지속적으로 추진되어 왔다.

앞으로 한국의 균형발전 정책은 인구 감소와 축소 시대의 현실을 적극적으로 반영해야 한다. 지역 간 격차 해소를 넘어, 각 지역이 인구 감소에 맞추어 자립적인 경제 구조를 구축하고, 지역의 특성에 맞는 지속 가능한 발전모델을 찾아야 한다. 이를 위해서는 수도권과 지방 간의 자원 불균형을 완화하고, 지방이 중심이 되는 새로운 경제·사회 시스템을 마련하는 것이 중요하다. 또한, 지자체 간의 협력을 강화해 초광역적 문제를 해결하고, 중앙정부와 지방정부 간의 정책적 연계성을 높여 정책의 일관성을 확보해야 한다. 무엇보다, 단기적인 성과에 급급하기보다는 장기적인 관점에서 인구 감소 시대에 적합한 새로운 균형발전 전략을 수립하고, 이를 지속적으로 추진하는 것이 필요하다.

참고문헌

국토교통부 국토지리정보원. 2019. 『대한민국 국가지도집 I』.

국토연구원. 2020. 「인구의 지역별 격차와 불균형」. ≪균형발전 모니터링 & 이슈 Brief≫, 제1호. 세종: 국토연구원.

권영섭 외. 2020. 「새로운 시대 균형발전 전략 및 실행과제」. 세종: 경제·인문사회연구회.

김병준 외. 2008. 『참여정부 국정운영백서⑥: 균형발전』. 참여정부 국정운영백서 편찬위원회.

대통령직속 지방시대위원회. www.balance.go.kr

말라흐, 앨런. 2024. 『축소되는 세계: 인구도, 도시도, 경제도, 미래도, 지금 세계는 모든 것이 축소되고 있다』. 사이.

박경현 외. 2022. 「초광역권 육성을 위한 정책적 지원방안 연구」. 국토연구원.

산업연구원. 2004. 「국가균형발전특별법 해설집」.

산업자원부. 2003. 「국가균형발전특별법 설명자료」(2003.10.16 보도자료).

조영태. 2021. 『인구, 미래, 공존: 인구학의 눈으로 기획하는 미래』. 북스톤.

차재권. 2017. 「역대정부 균형발전정책의 성과 평가: 박정희정부에서 박근혜정부까지」. ≪사회과학연구≫, 제25권 2호, 130~174쪽.

행정안전부 국가기록원. https://www.archives.go.kr/

행정안전부. 2024. 「지방의 새로운 활력 위해 행안부와 89개 인구감소지역 처음 한자리모여」. 행정안전부 보도자료(2024.3.18).

허문구 외. 2023. 「지역정책 20년의 공과와 새로운 균형발전정책 방향 모색」. 산업연구원.

5장

OECD 국가 속 한국의 인구 감소 현실과 미래

조재범

1. 인구 감소의 불가피한 현실과 마주하기

한국을 포함한 대부분의 OECD 국가는 급격한 인구구조 변화, 특히 인구 감소와 고령화 문제에 직면해 있다. 잘 알려진 바와 같이, 한국의 2021년 합계출산율은 0.81로 OECD 최저치를 기록했다. OECD 전체의 평균 출산율 또한 1.58에 불과하며, 이스라엘을 제외한 모든 OECD 국가가 인구대체출산율인 2.1을 밑돌고 있다(**그림 5-1**). 이미 1970년부터 모든 국가에서 이어져 온 출산율 하락으로 향후 생산가능인구는 더욱 감소할 것이라는 전망과 함께 OECD 국가들의 평균 기대수명이 약 80세로 증가함에 따라, 비교적 가까운 미래인 2040년에는 80세 이상의 노인 한 명당 노동인구가 7명만 남을 것으로 예상된다. 이는 2021년의 13명에 비해 거의 절반으로 줄어든 수치다 (OECD, 2024).

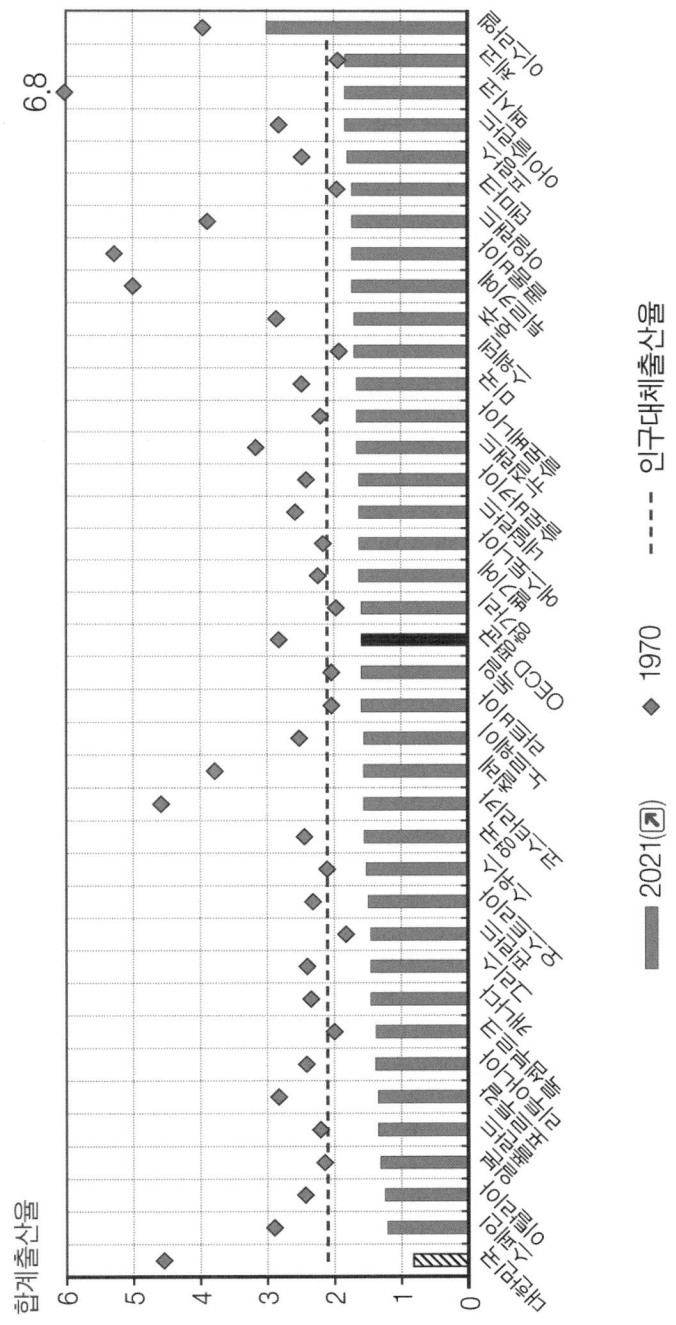

[그림 5-1] OECD 국가별 합계출산율 추이
자료: OECD(2024c)

이러한 인구구조 변화는 한 나라 안에서도 지역마다 다르게 나타난다. 대다수의 도시지역은 인구가 증가하는 반면, 지방은 급격한 인구 감소 및 고령화를 겪으며 지방소멸 현상이 갈수록 심화하고 있다. 현재 OECD 지방 인구의 약 60%는 인구가 감소하고 있는 지역에 거주하고 있으며, 유럽연합의 경우, 이미 비도시 지역(predominantly rural area) 10곳 중 9곳은 인구가 감소하고 있다(Eurostat, 2024).

이러한 불균형은 여러 문제를 초래한다. 인구가 줄어들고 노인인구가 많은 지역에서는 노동인구와 함께 세수도 감소하는 한편, 돌봄 서비스나 기반시설에 대한 수요는 그대로이거나 오히려 증가한다. 줄어든 주택 수요는 부동산 가치의 하락과 지역투자 감소, 거주지 매력도의 저하로 이어져 인구 유출을 가속화한다. 이로 인해 이미 많은 지방자치단체들은 필수적인 공공서비스 제공에 어려움을 겪고 있다. 한국의 경우, 설령 합계출산율이 당장 내일 대체출산율 수준으로 회복되고 이민정책 개정을 통해 해외로부터의 인구 유입이 대폭 늘어나더라도, 십 수년간 고착화된 인구구조적 요인으로 인해 인구, 특히 노동가능인구의 감소가 앞으로 수십 년간 지속될 것으로 전망된다(OECD, 2024). 결론적으로, 인구구조 변화와 지방소멸에 대한 대응은 한국을 포함한 대부분의 OECD 국가들이 반드시 해결해야 할 중요한 과제임이 분명하다.

2. OECD 데이터로 보는 인구 감소 및 지방소멸 현황

1) 대도시 블랙홀과 텅 빈 지방: 인구 감소 시대의 초상

2001년부터 이미 그리스, 라트비아, 리투아니아, 에스토니아, 일본, 포르투갈, 폴란드, 헝가리 등 8개 OECD 국가에서는 인구 감소가 나타나기 시작했으며, 2060년까지는 한국을 포함한 14개 국가에서 인구가 감소할 것으로 예상된다(**그림 5-2**). 특히 그리스, 라트비아, 리투아니아, 일본은 2022년부터 2060년 사이에 인구의 5분의 1 이상을 잃을 것으로 전망되며, 한국 역시 같은 기간 동안 인구가 17% 이상 감소할 것으로 전망된다.

지역 단위로 살펴보면, 지난 20년 동안 OECD의 대도시권(metropolitan area)[1] 내 거주인구는 13%로 크게 증가하였으며, 이는 같은 기간 동안 인구 25만 명 미만의 소도시권 인구증가율의 두 배에 달한다(OECD, 2024). 반면, 비도시권에서는 인구 감소 현상이 갈수록 심화하고 있는데, 이는 두 가지 요인이 복합적으로 작용한 결과이다. 첫째, 젊은 인구가 일자리와 기회를 찾아 도시로 이동하면서 인구가 유출되고, 둘째, 이로 인해 남아 있는 인구는 고령화되어 출산율이 급격히 낮아지고 사망률이 높아져 자연적인 인구 감소가 가속화된 것이다. 결과적으로, 2000년부터 2020년 사이 16개 OECD 국가에서 지방 인구가 감소했으며, 대부분의 OECD 국가에서 도시로의 인구집중 현상이 뚜렷하게 나타난 것이 확인된다(**그림 5-3**). 한국의 경우 이 기간 도시지역 인구는 13% 증가한 반면 지방지역 인구는 4% 감소하였고, OECD 평균으로 보아도 도시지역의 인구 증감률은 지방지역에 비해 22% 높은 수치를 기록하였다. 출산율 및 인구이동 추이를 고려하면, 이러한 추세는 앞으로도 지속될 것으로 전망된다.

---

1   Metropolitan area의 경우, OECD는 25만 명 이상 되는 도심권(Functional Urban Area)이 포함된 지역으로 정의하고 있다. OECD의 지역 분류 체계는 Dijkstra et al. (2019) 참조.

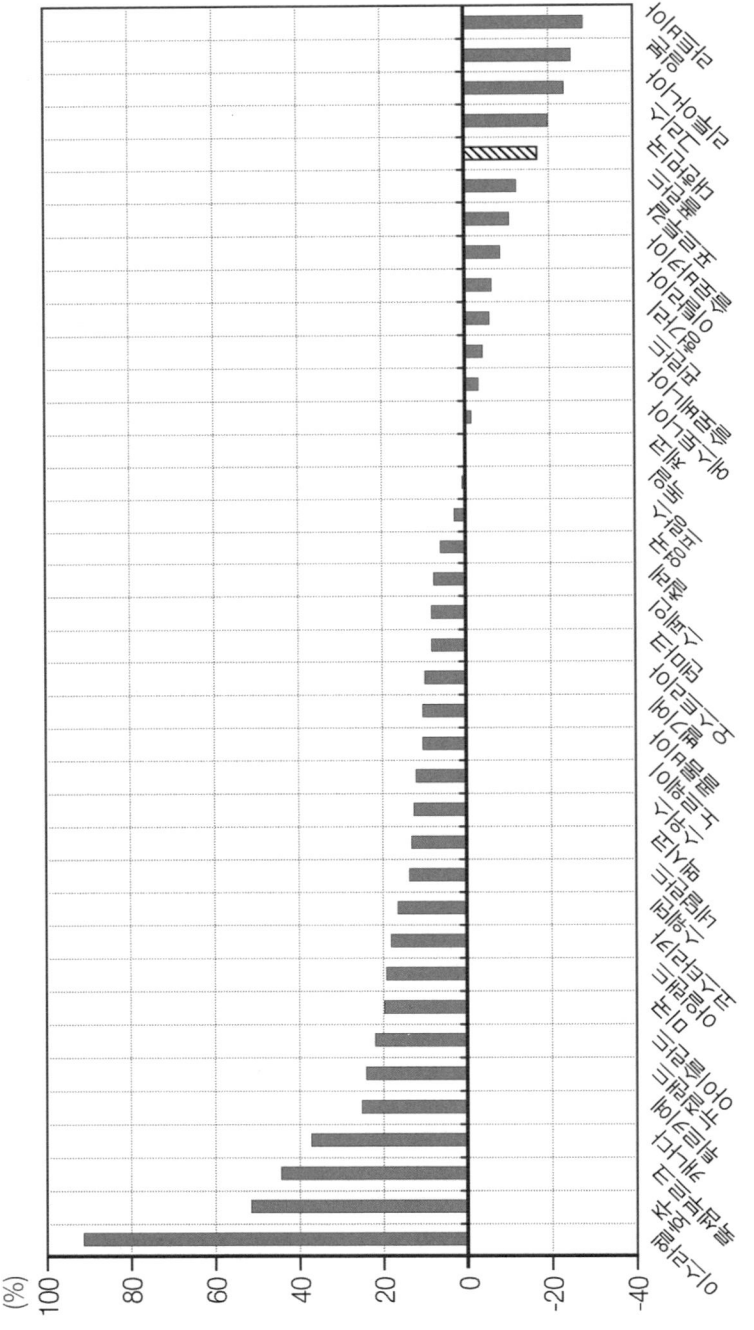

[그림 5-2] OECD 국가별 인구변화 전망(2022~2060)

자료: OECD(2024d)

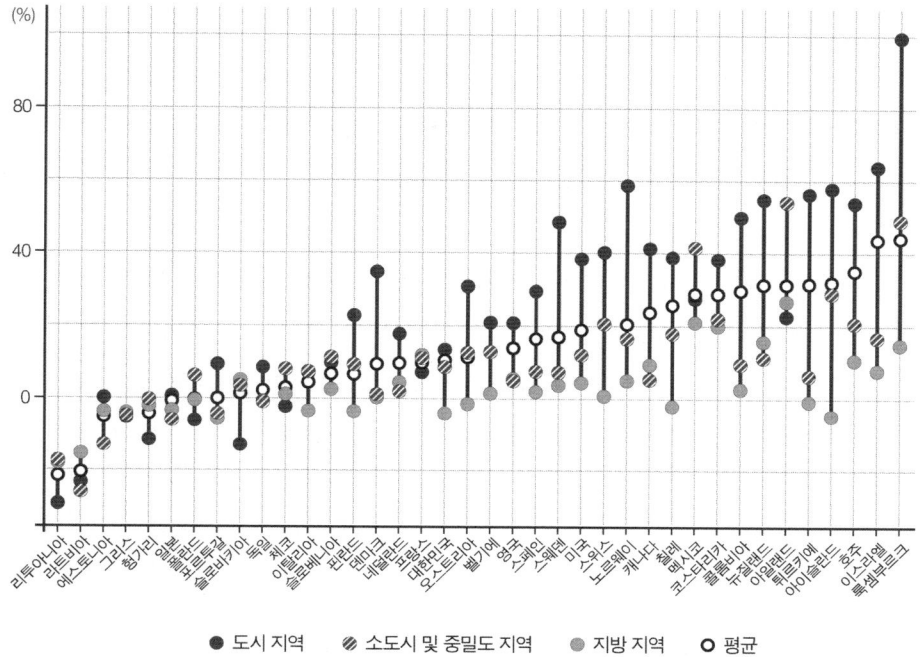

[그림 5-3] OECD 지역 내 인구변화 추이(2000~2020)
자료: OECD(2024a)
주: 도시지역, 소도시 및 중밀도 지역, 지방지역의 분류 및 인구 추이는 위성사진 데이터(Global Human
    Settlement Layer)를 활용하여 1제곱킬로미터 단위의 격자(grid)를 토대로 계산된 추정치임

2) 고령화 시대 청년 엑소더스로 초래되는 지역 불균형의 새로운 위기

고령화는 기대수명의 증가와 출산율 감소가 함께 작용해서 발생한다. 지난 수십 년 동안 많은 OECD 국가들이 인구의 고령화를 경험하면서 경제 구조, 국가 재정 시스템, 의료 포함 필수 공공서비스 제공 등에 걸쳐 여러 문제에 직면해 왔다. 현재 일본의 65세 이상 인구 비율은 29%로, OECD 국가 중 가장 높으며, 이탈리아, 포르투갈, 핀란드, 그리스도 각각 23에서 24% 내외의 높은 고령인구 비율을 보이고 있다. 이 추세는 앞으로도 지속되어, 2060년

에는 한국 역시 65세 이상 인구가 전체 인구의 44%로, OECD 국가 중 가장 높은 비율을 기록할 것으로 전망된다(그림 5-4). 이와 더불어 특히 한국, 일본, 이탈리아, 포르투갈의 경우 2022년 기준 14세 이하 인구 비율이 13% 미만으로, 청년인구의 감소 또한 큰 문제로 대두된다. 한국의 경우 2060년경 청년인구 비율이 8%로, OECD 국가 중 최저 수준을 기록할 것으로 예측된다.

고령화 현상 역시 지역별로 상이한 양상을 보인다. 2022년 기준으로, OECD 국가 내 대도시권 지역의 65세 이상 인구 비율은 18%, 대도시권 외 지역은 21%를 기록했다. 이는 2012년 대비 각각 17% 및 22% 증가한 수치로, 대도시권 외 지역에서의 고령화가 상대적으로 더 빠르게 진행되고 있음을 보여준다(OECD, 2024). 국가별로 살펴보면, 한국은 대도시권 외 지역의 고령인구 비율과 그 증가율 모두 OECD 평균을 상회하고 있다(그림 5-5). 특히 출산율 저하와 수도권 집중화로 인한 한국의 지방지역 고령인구 증가율은 지난 10년간 36%를 기록하였는데, 이는 칠레, 폴란드, 슬로바키아에 이어 OECD 국가 중 4위에 해당하는 높은 수치다. 이러한 추세는 향후 지역 간 인구 불균형 문제를 더욱 심화시킬 전망이다. 고령화와 고령인구의 지방 집중은 다양한 문제를 초래한다. 가장 대표적으로는 노동 가능 인구의 감소로 세수가 줄어드는 한편, 의료 등 공공서비스 제공 비용은 급증해 지방재정이 악화하는 문제가 있다. 또한 세대 간 상호작용 기회가 줄어들면서, 특히 고령층의 사회적 고립으로 인한 외로움과 정신 건강 문제에 대한 우려가 증가한다. 이미 유럽연합에서는 60세 이상 인구의 절반이 우울증 위험에 처해 있다고 추정된다(OECD and European Union, 2022). 하지만 고령화가 집중되고 있는 대부분의 지역에서는 여전히 주거, 인프라, 공공 공간 등이 '고령 친화적'으로 설계되지 않은 경우가 많다. 따라서 고령층의 독립적인 고령 생활을 효과적으로 지원하고 사회적 고립을 방지하려면 도시 설계와 공동체 구축을 동시에 고려한 정책적 대응이 필요할 것이다.

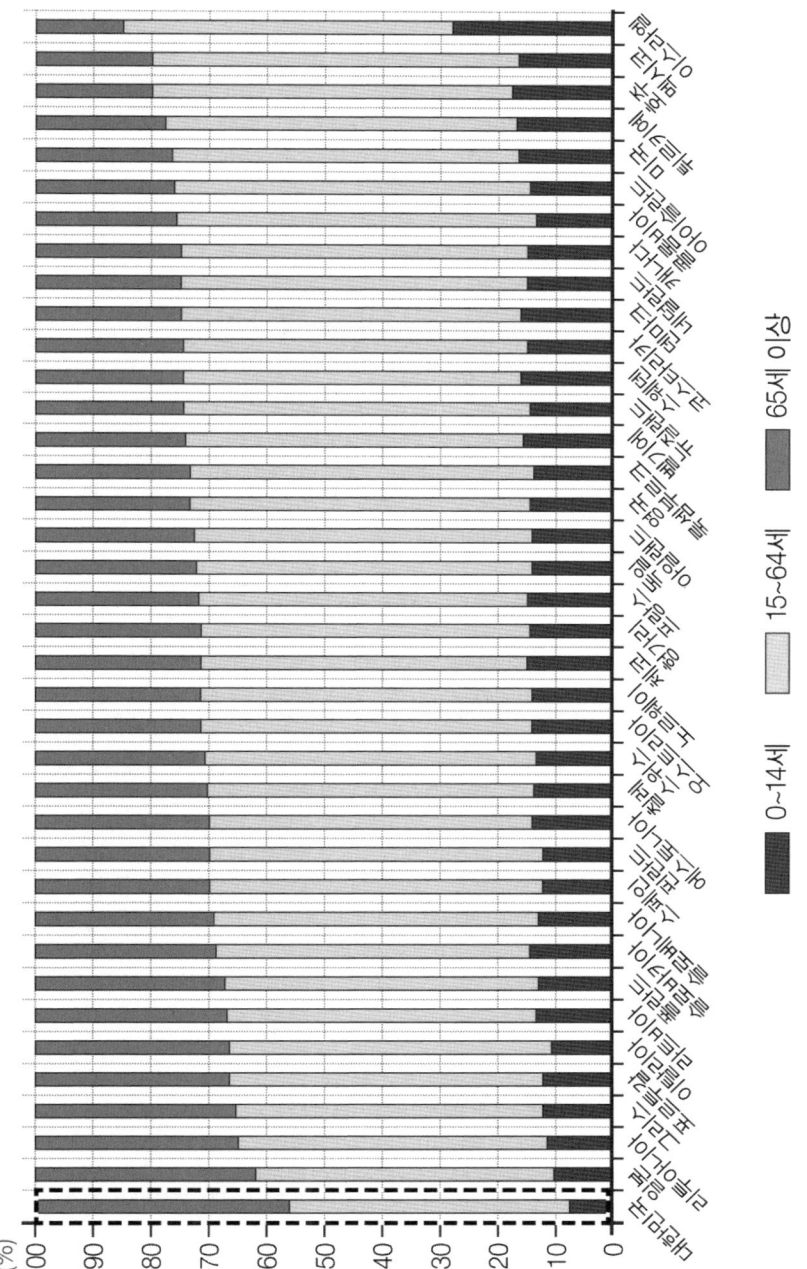

[그림 5-4] OECD 국가 및 연령대별 2060년 인구 비율 전망
자료: OECD(2024d)

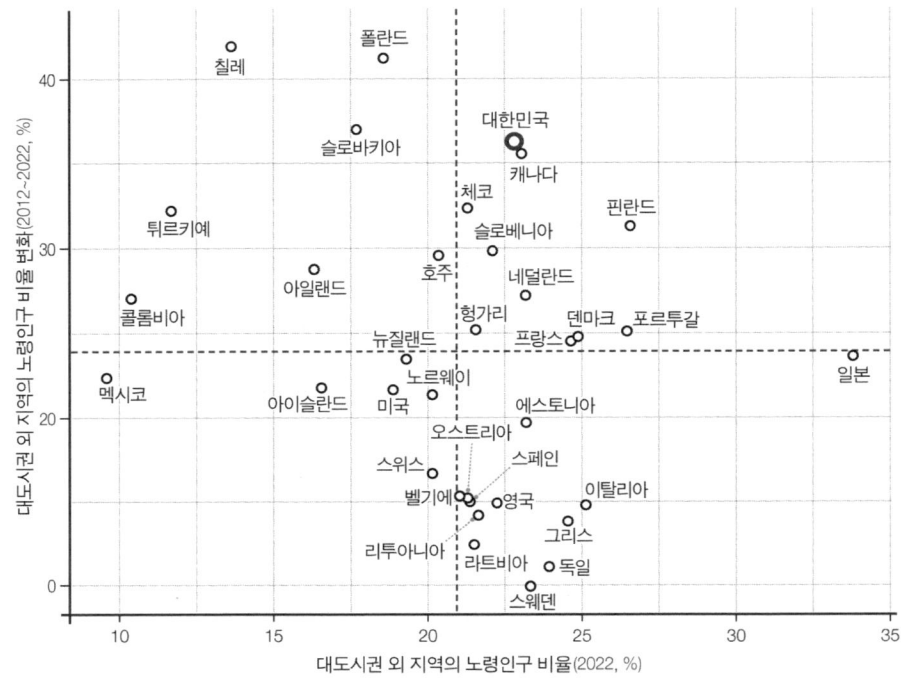

[그림 5-5] OECD 국가의 대도시권 외 지역의 노령인구 추이
자료: OECD(2024a)
주: 대도시권 외 지역은 25만 이상의 도시권이 포함되지 않은 지역을 일컬으며, 한국의 경우 전라남도, 충청남도, 강원도 지역을 일컬음. 가운데 굵은 점선은 OECD 평균을 나타냄

3. 사라지는 지방
인구 감소가 몰고 오는 위기

1) 생활공간 공동화로 인해 가중되는 사회적 비용

인구 감소가 장기화되면 도로, 상하수도, 전력망과 같은 고정 인프라와 의료, 교육 등 공공서비스를 점점 더 적은 사람들이 이용하게 되어 이들의 1인

당 제공 및 유지 비용이 증가한다. 인구밀도가 낮을수록 넓은 지역에 소수의 인구를 위한 기반 시설을 유지해야 하기 때문에 그 부담은 더욱 커진다. 특히, 공공서비스 제공의 경제성이 떨어지면서 지역 간 불균형이 심화하고, 의료나 교육 서비스의 질이 저하될 위험이 있다. 인구밀도가 낮아지면 이동 동선이 길어짐에 따라 교통 인프라에 대한 수요는 커지지만, 대중교통의 경제성이 낮아지며 자동차 의존도가 높아져 도로 유지비용과 탄소 배출량이 증가하는 악순환도 발생한다. 이런 문제들은 지방정부가 인구 감소에 대응하는 데 재정적 압박을 가중시키며, 장기적으로는 인구 감소 지역의 경제적·사회적 활력 저하로 이어질 수 있다.

이러한 문제와 밀접하게 관련된 요소는 개발의 밀도(development density)이다. 인구가 감소하는 상황에서는 주거와 생활 공간이 밀집될수록 기반 시설과 공공서비스의 효율성이 높아지고 자원 낭비를 최소화할 수 있다. 하지만 현실적으로 인구가 감소하는 지역을 포함한 OECD 대부분의 지역에서는 전체 시가화 지역 면적(built-up surface area) 및 1인당 시가화 지역 면적(built-up surface area per capita)이 계속해서 증가하고 있다(그림 5-6). 이는 인구 감소 지역에서도 개발이 계속되고 있음을 보여준다. 한국의 경우에 서울과 대구를 제외한 모든 지역들의 시가화 지역 면적 증가율이 OECD 평균을 웃돌며, 인구 변화율을 고려하면 그 수치는 다른 OECD 지역들 대비 상당히 높은 편이다.

인구 감소는 주택시장에도 악영향을 미친다. 인구가 지속적으로 줄어들면 빈 주택과 토지가 증가하게 되고, 이를 방치할 경우 지역의 전반적인 주거 및 생활 환경의 질이 크게 저하된다. 빈집이 늘어나면 주변 환경이 낙후되며, 이는 범죄율 상승이나 사회적 문제로 이어질 수 있다. 또한, 주택 수요가 줄어들면서 과잉 공급된 주택과 열악한 주거 환경으로 인해 집값이 하락하고, 이는 지역 주민들의 재산 가치 감소로 직결된다. 부동산 가치 하락은

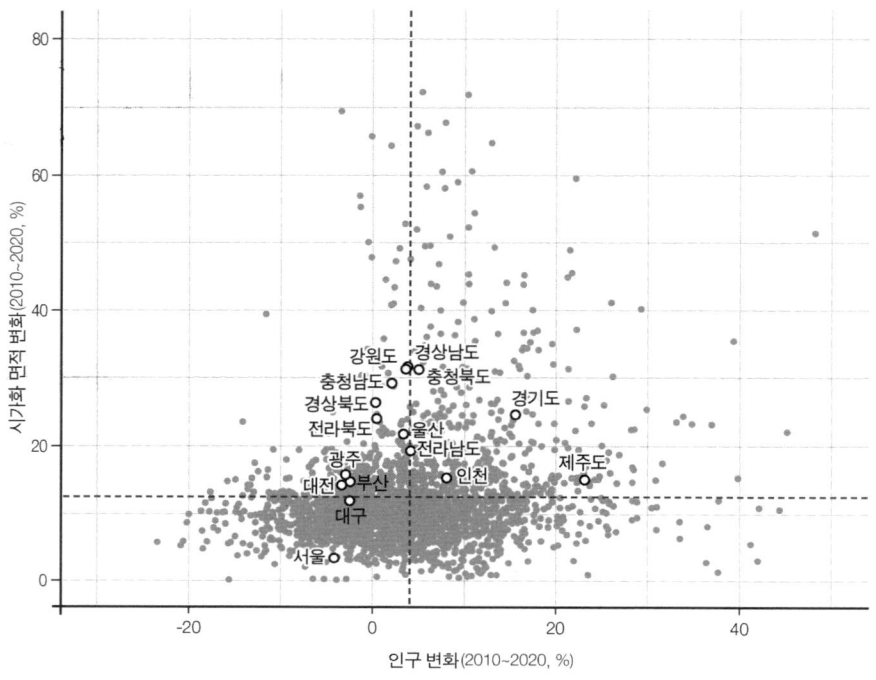

[그림 5-6] OECD 지역의 인구변화 대비 시가화 면적 변화
자료: OECD(2024a)
주: 시가화 면적은 위성사진 데이터(Global Human Settlement Layer)를 활용하여 계산된 추정치임.
 가운데 굵은 점선은 OECD 평균을 나타냄

재산세 수입의 감소를 초래해 지방정부의 재정 상태를 악화시키고, 그 결과 공공서비스 제공 능력마저 약화된다. 또한 부동산 가치가 하락하면 이를 통한 담보 제공이 어려워져 부동산 투자와 주택 개보수 투자가 줄어드는 악순환도 발생한다. 이러한 현상은 지역 간 주택시장의 격차를 더욱 심화시키며, 특히 경제적으로 취약한 지역에서는 인구 유출을 가속화시키는 주요 원인이 된다. 이는 장기적으로 지역사회의 활력 상실과 더불어 경제적 불균형을 심화시킬 수 있으며, 인구 감소를 고려한 주택정책과 주거 환경 재정비가 절실히 필요함을 보여준다.

2) 줄어드는 세수와 늘어나는 지출로 인한 지방재정의 이중고

인구가 줄어들수록 소득세와 재산세 등 지방세 수입이 감소하고, 부동산 가격 하락이 이어지며, 이는 지방정부의 재정 기반을 약화시킨다(**표 5-1** 참조). 이는 공공서비스의 품질 및 주민 삶의 질 저하로 이어져 지역 간 격차와 불평등이 심화할 위험이 커진다. 특히 인구밀도가 낮은 지역에서는 소수의 주민을 위한 공공지출이 상대적으로 증가하고, 더 나아가 고령화로 인해 의료 및 복지 서비스에 대한 수요가 급격히 증가하면서, 지방정부의 관련 예산 지출이 꾸준히 상승한다. 이렇듯 고정 인프라와 공공서비스 유지비용이 상대적으로 높아지는 데 반해 지방정부의 세수는 줄어드는 현상을 '가위 효과(scissors effect)'라고 한다. 이를 해결하기 위해 인구 감소 지역에서는 새로운 세수 기반 모색과 함께 변화하는 인구구조에 적응할 수 있도록 유연한 재정정책을 수립하고, 지방자치단체 간 협력(intermunicipal cooperation)을 강화하는 것이 중요한 과제로 부각되고 있다.

지방재정 문제를 완화하기 위해 중앙정부가 지방정부에 보조금이나 지원금을 필요도에 따라 차등적으로 지원하거나 지방자치단체의 재정건전성을 높이는 국가 차원의 지방재정 지원제도(equalisation scheme)를 운영하기도 한다. 우리나라의 지방소멸대응기금이 여기에 해당한다. 이러한 제도는 세수 부족에 시달리거나 인프라 비용을 감당하기 어려운 인구 감소 지역이나 경제 취약 지역에 도움이 될 수 있으며, 또한 지역 간 경제적 격차를 줄이고 균형발전을 도모하는 데 기여할 수 있다.

하지만 이러한 제도에는 단점 역시 존재한다. 중앙정부 보조금 및 지원금이 장기적으로 운용되면 지방정부가 중앙정부의 지원에 지나치게 의존하게 되는 결과를 초래하여, 재정 자립 의지가 약화되는 부작용이 발생할 수 있다. 더불어 이러한 지원에 안주할 경우, 지방정부의 창의적이고 효율적인

[표 5-1] 인구 감소 정도에 따른 지방재정 영향

인구 감소 정도	경미	보통	심각
재정 수입	• 소폭의 세수 감소(예: 재산세, 판매세, 소득세 등) 및 사용료 수익 감소	• 낮아진 재산 가치, 소비 감소, 노동력 및 사업체 축소로 인한 세금 및 비세금 수익의 큰 감소 • 낮아진 수요로 인해 사용료 수익 감소, 서비스 제공을 위한 비용 회수 모델의 지속가능성 저해 • 큰 재정 격차를 메우기 위한 지방재정 지원 필요	• 세금 및 비세금 수익의 급격한 감소: 높은 공실률로 재산 가치와 재산세 수익 감소 • 소비 감소 및 지역 사업체 폐쇄로 판매세 수익 및 사용료 수익 감소 • 젊은 노동 인구의 유출로 인한 소득세 수익 감소 • 필수 서비스 및 인프라 유지를 위해 지방재정 지원 필수
재정 지출	• 고정비용은 안정적이나 변동비용은 소폭 감소하여 현재 지출의 큰 변화 없음 • 자본 지출은 새로운 인프라보다는 기존 인프라 업그레이드에 우선순위를 둘 수 있음	• 변동비용 절감으로 일부 절감이 가능하지만, 1인당 고정비용이 증가 • 자본 지출은 기존 인프라 업그레이드 및 특정 지역에 서비스 집중을 위한 투자로 구성될 수 있음	• 변동비용 절감 효과가 1인당 고정비용 증가를 상쇄하지 못해 부담 발생 • 자본 지출 우선순위는 인프라 축소, 폐기 또는 재사용으로 크게 전환될 수 있음
재정건전성 및 부채	• 정부 수입의 소폭 감소로 단기 및 중기적으로 부채 상환 능력은 큰 변화가 없을 수 있음 • 향후 재정 전략 계획이 수립된다면 GDP 대비 부채 비율에 심각한 영향이 없을 수 있음	• 재정건전성 유지가 어려워지고 구조적 지출 개혁이 필요할 수 있음 • 지역 내 총생산 감소로 인해 GDP 대비 부채 비율이 상승할 가능성이 높음 • 부채 상환 능력이 저하될 수 있으며, 부채 서비스 커버리지 비율이 1에 근접하거나 하회할 수 있음	• 1인당 수입 감소와 지출 증가로 인한 '가위 효과' 발생. 이는 서비스 축소로 이어져 인구 감소를 더욱 촉진하는 악순환이 나타남 • 부채 상환 능력이 심각하게 저하되며 재정건전성이 악화됨 • GDP 대비 부채 비율이 크게 상승하여 심각한 재정적 어려움을 초래하며, 신용 등급이 하락하고 인프라 자금 조달이 어려워질 수 있음

자료: OECD(2025)

재정 운용을 제한할 여지가 생기기도 한다. 예를 들어 에스토니아는 중앙정부로부터의 보조금 및 지원금이 이미 전체 지방재정 수입의 90%에 이르고 있다(**그림 5-7**). 이러한 지원금의 대부분이 목적지정자금(earmarked funds)

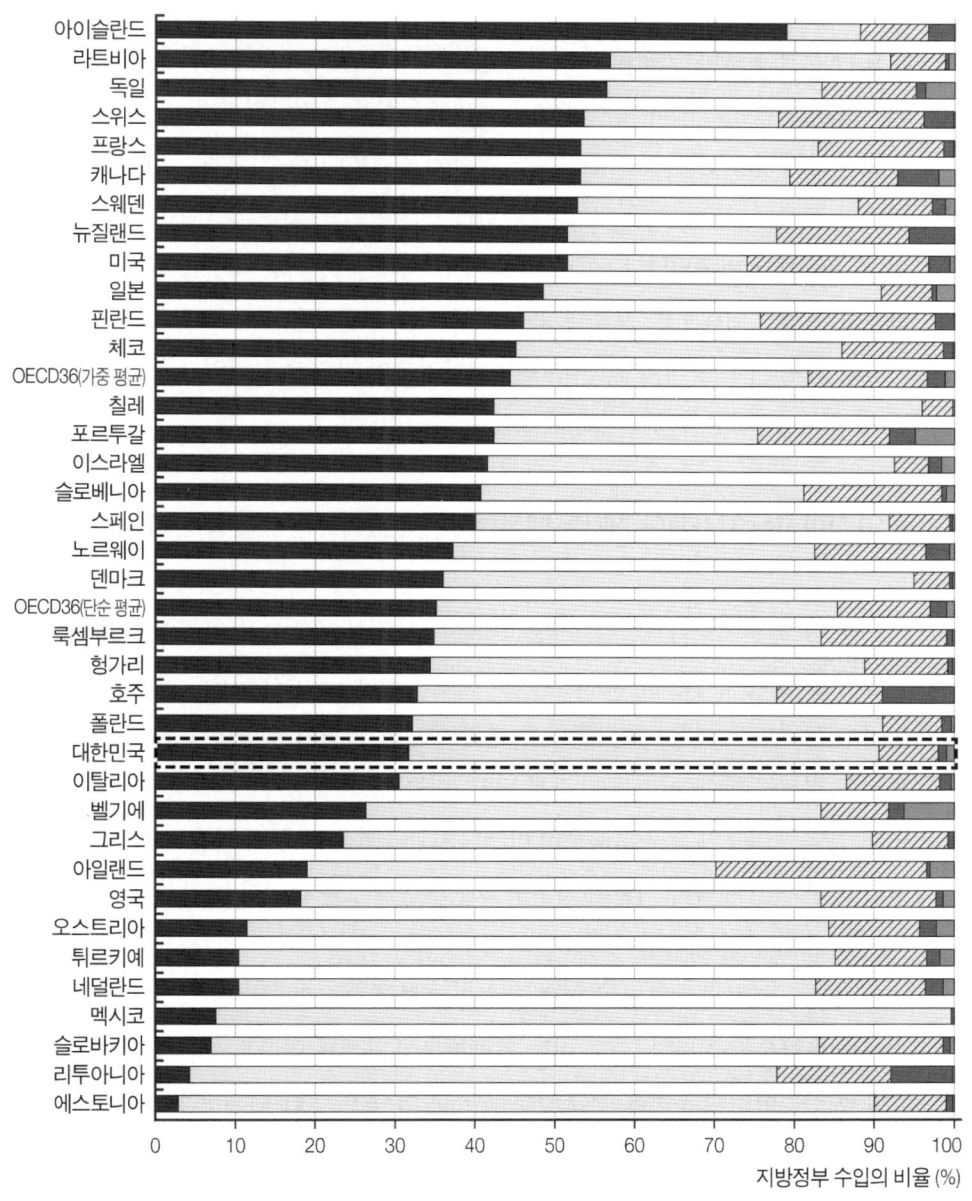

아이슬란드	
라트비아	
독일	
스위스	
프랑스	
캐나다	
스웨덴	
뉴질랜드	
미국	
일본	
핀란드	
체코	
OECD36(가중 평균)	
칠레	
포르투갈	
이스라엘	
슬로베니아	
스페인	
노르웨이	
덴마크	
OECD36(단순 평균)	
룩셈부르크	
헝가리	
호주	
폴란드	
대한민국	
이탈리아	
벨기에	
그리스	
아일랜드	
영국	
오스트리아	
튀르키예	
네덜란드	
멕시코	
슬로바키아	
리투아니아	
에스토니아	

지방정부 수입의 비율 (%)

■ 세금 ☐ 보조금 및 지원금 ▨ 공공요금 및 수수료 ■ 자산 수익 ▨ 사회 기여금

[그림 5-7] OECD 국가의 항목별 지방정부 수입(2018)
자료: OECD(2024b)

으로 제공되다 보니 그 유용이 제한되어, 에스토니아의 지방정부들은 재정 건전성 확보보다는 오히려 재정 운용의 비효율성을 유지하며 더 많은 지원금을 확보하기 위한 방안에 집중하는 경향이 있다(OECD, 2022 [9]). OECD 국가의 경우, 2018년 기준 이미 지방정부 수입의 평균 50% 이상이 보조금 및 지원금에서 비롯되었다. 이런 현실 속에서 국가 및 지방 재정을 효과적으로 운영하기 위해서는, 보조금 및 지원금 지급에 대한 투명한 기준과 지속 가능한 재원 마련 방식이 필수적이며, 지방정부의 자립성과 책임감을 동시에 높일 수 있는 정책적 보완이 필요하다.

3) 작아지는 지자체와 커지는 행정부담으로 드러나는 효율성 위기

인구 감소와 고령화로 인한 지방소멸은 지방정부의 기능을 약화시키며, 효율적인 행정 체계를 유지하는 데 큰 제약이 된다. 인구가 줄어들고 고령화가 진행되면서 지방자치단체들은 인력과 재정 자원의 부족으로 인해 효과적인 정책 실행에 어려움을 겪게 되고, 이는 정책 결정과 서비스 제공에 있어 지역 주민들의 요구를 충분히 반영하지 못하는 결과를 초래할 수 있다. 또한 인구 감소에 따라 기존의 행정구역과 행정 구조가 현실과 맞지 않게 되어 행정 효율성이 저하할 수 있다.

이러한 문제점에 대응하기 위해 한국을 포함한 OECD 몇몇 국가들은 행정구역 통합을 추진하고 있다. 이는 지방정부의 자원과 역량을 통합해 운영 효율성을 높이려는 목적을 갖고 있다. 덴마크의 경우, 2007년에 271개의 지방자치단체를 98개로 줄이는 대대적인 지방자치단체 합병을 단행했으며, 일본 역시 지방자치단체의 재정건전성과 행정 효율성을 강화하고 인구 문제에 대응하기 위해 1999년부터 '헤이세이 대합병(平成の大合倂)'이라는 정책을 추진하여 약 3200개의 시정촌을 1800개로 통합한 바 있다. 가장 최근

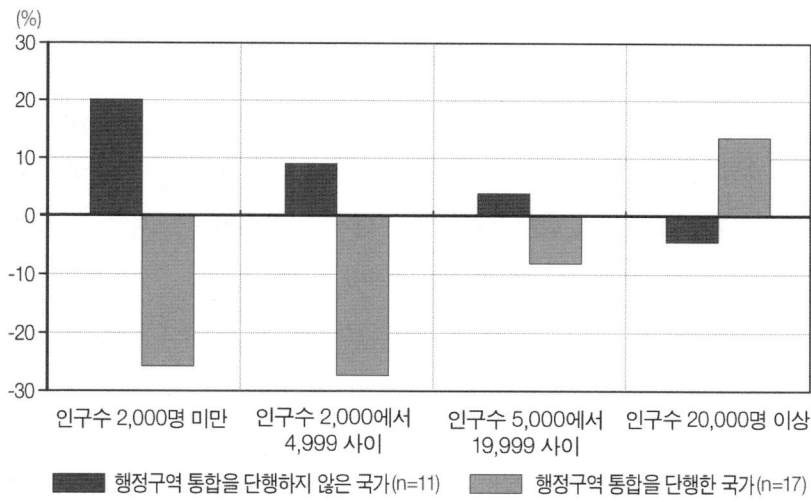

(%)

인구수 2,000명 미만 | 인구수 2,000에서 4,999 사이 | 인구수 5,000에서 19,999 사이 | 인구수 20,000명 이상

■ 행정구역 통합을 단행하지 않은 국가(n=11)   ■ 행정구역 통합을 단행한 국가(n=17)

[그림 5-8] OECD 국가의 최근 10년간 인구 규모별 지방자치단체 수의 증감률
자료: OECD(2024b)

인 2017년에는 에스토니아가 인구 감소에 대응하기 위해 자치단체 수를 213개에서 79개로 대폭 줄였으며, 중앙정부와 지방정부 간의 가교 역할을 하던 지역정부(county government)의 기능을 폐지하였다. 실제로 행정구역 통합을 단행하지 않은 OECD 국가에서는 인구 감소로 인해 인구 2000명 미만의 작은 지방자치단체 수가 지난 10년 동안 20% 증가하였으며, 반면 인구 2만 명 이상의 지방자치단체 수는 같은 기간 동안 평균 5% 감소하였다(**그림 5-8**).[2]

---

2 행정구역 통합을 단행하지 않은 국가는 총 11개국으로, 불가리아(2012~2022), 크로아티아 (2011~2021), 체코(2013~2023), 헝가리(2011~2022), 리투아니아(2011~2021), 폴란드(2010~ 2020), 포르투갈(2011~2021), 루마니아(2011~2021), 슬로베니아(2013~2023), 슬로바키아 (2012~2022), 스웨덴(2012~2022)이 포함된다. 행정구역 통합을 단행한 국가는 총 17개국으로, 오스트리아 (2011~2021), 벨기에 (2011~2021), 덴마크(2013~2023), 에스토니아(2011~ 2021), 핀란드(2012~2022), 프랑스(2011~2021), 독일(2011~2022), 그리스(2001~2021), 이탈리아(2011~2021), 일본(2010~2020), 한국(2010~2020), 라트비아(2011~2021), 네덜란드(2012~ 2022), 노르웨이(2011~2021), 스페인(2012~2022), 영국(2011~2021), 미국(2010~2020)이 있다.

행정구역 통합을 통해 자치단체들은 더 큰 경제 규모와 인구 기반을 바탕으로 공공서비스를 보다 효과적으로 제공할 능력을 갖출 수 있다. 하지만 이는 많은 경우 정치적 반발을 불러일으키며, 지역 주민 역시 자신들의 지역 정체성이 훼손될 것을 우려하는 목소리를 내기도 한다. 또한, 기존의 자치단체 간 차별화된 행정 역량을 조정하는 데에 많은 시간이 소요될 수 있어, 합병이 반드시 성공적인 해결책이 아닐 수도 있다.

이러한 상황에서 지자체 통합의 대안으로 자치단체 간 공식적 및 비공식적 협력 체계(intermunicipal cooperation framework)를 구축하여 그 역할을 대신할 수 있다. 자치단체 간 협력 체계는 개별 자치단체가 공통의 문제를 해결하기 위해 자원을 공유하고 공동 서비스를 제공할 수 있는 효과적인 방법이며, 이를 통해 개별 자치단체가 단독으로 제공하기 어려운 공공서비스를 보다 효율적으로 제공하고, 행정비용을 줄이며, 정책의 효과성을 높일 수 있다. 예를 들어, 프랑스의 '공공지역협의회(établissement public de coopération intercommunale: EPCI)'는 여러 지방자치단체들이 자원을 결합해 공동으로 기반 시설을 관리하고 공공서비스를 제공하는 협력 체계를 구축한 사례로 꼽힌다. 이러한 협력은 특히 정치적으로 민감한 통합 문제를 피하면서도, 지역 간 균형발전을 촉진하고 서비스 격차를 줄이는 데 기여할 수 있다.

4. 인구 감소 시대, 지방 살리기의 필수 과제들

1) 인구 감소 시대, 현실 직시가 먼저다

인구 관성(demographic inertia)이란, 인구구조적 변화 요인이 오랜 기간 동안 고착화되어 향후 인구변화를 억제하는 현상을 일컫는다. 앞서 살펴본 바와 같이 인구변화 요인이 당장 개선된다고 해도 인구 감소와 고령화는 당분간 지속될 불가피한 현실이다. 그러나 여전히 대부분의 정책들은 인구 감소를 수용하기보다는 이를 역전시키려는 노력을 중심으로 이루어지고 있는 실정이다. 여기에는 주로 재정 지원 및 공공투자를 통해 기반 시설 등을 확충하거나 세제 혜택을 제공하는 방법 등이 포함되며, 이를 통해 새로운 주민과 기업을 유치하려는 의도가 담겨 있다.

과거 경제성장이 활발하고 인구가 증가하던 시기에는 이러한 정책이 어느 정도 효과적인 접근 방식일 수 있었으나, 인구 감소 시대에 접어들면서는 더 이상 유효하지 않은 것이 현실이다. 인구 감소를 막기 위해 신규 주거지와 상업지 개발을 장려하고, 세금을 낮추며, 기반 시설 투자를 지속하는 정책은 중장기적으로 큰 재정 부담을 초래할 가능성이 높아 그 지속가능성이 떨어진다. 일례로, 지방정부는 흔히 기업 유치를 위해 세제 혜택 및 인센티브를 제공한다. 대표적으로 아마존은 2018년 두 번째 본사 유치를 위해 뉴욕으로부터 35억 달러에 달하는 세제 혜택을 제안받은 바 있다. 그 대가로 아마존은 2만 5000개의 일자리를 약속하였지만, 이는 모든 일자리가 계획대로 창출된다 하더라도 일자리 하나당 14만 달러에 달하는 막대한 금액이었다.

지방소멸이 이미 상당 부분 진행된 유럽을 필두로, 최근에는 인구변화를 문제로만 보지 않고 현실로 받아들이며 관리하려는 통합적인 접근이 주목받기 시작했다(그림 5-9). 이는 성장이 멈춘 지역에서 주민의 삶의 질을 개선하고 이들의 복지를 중심으로 정책을 수립하는 방식이다. 이를 '스마트 축소(smart shrinkage)'라 하는데, 인구구조 변화에 맞추어 경제적·사회적 대응책을 마련하는 것이 핵심이다. 핀란드 북카렐리아(Northern Karelia)의 유카(Juuka) 지역은 인구변화에 대응하기 위해 학교와 공공서비스를 통합한 광

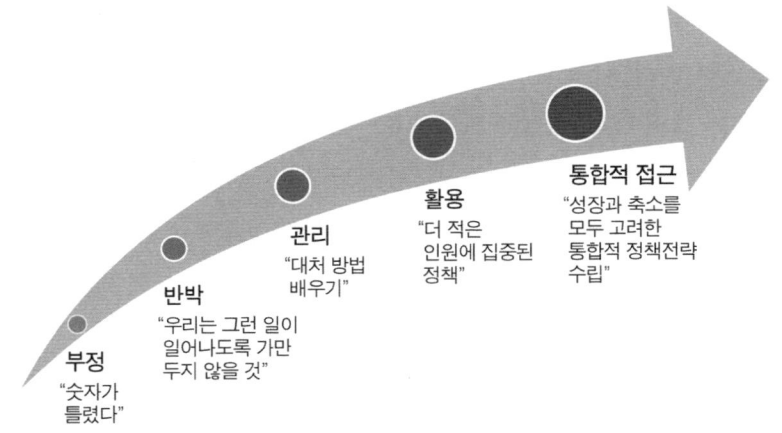

[그림 5-9] 인구변화에 대응하는 다섯 가지 접근 방식
자료: OECD(2022)

역 서비스 센터를 지역 중심지에 운영하여 비용을 절감하고 있으며, 서비스 접근성을 보장하기 위해 수요응답형(on-demand) 교통 서비스를 운영하고 있다. 이러한 조치는 공공서비스의 효율성을 제고할 뿐 아니라, 지역 중심지의 생활환경을 개선하는 공간계획적 이점도 있다. 독일의 경우, 통일 이후 동독의 지방소멸에 대응하기 위해 2002년부터 도시재건(Stadtumbau) 프로그램을 도입하여 동독 지역의 재건을 추진, 2018년까지 약 33만 4000채의 주택을 철거 및 보수하였으며, 이에 따라 많은 지역의 거주 만족도가 크게 향상되었다. 이러한 정책적 노력은 앞으로 가속화되는 인구변화에 직면할 지역들에게 중요한 시사점과 방향성을 제시한다.

2) 효율적 토지이용의 새로운 패러다임

공간계획(spatial planning)은 한 국가 안에서 토지 이용·개발, 기반 시설 배치 등을 지역 단위로 조정하고 관리하는 과정으로, 지역사회의 경제적·환경적·사회적 발전을 지원하는 중요한 도구이다. 우리나라의 경우, 1972년부터 국가 차원에서 국토를 종합적이고 유기적으로 개발하기 위해 1차부터 2025년 현재 5차에 걸친 국토종합개발계획을 수립하고 있다. 이렇게 실행된 대표적인 계획에는 강남 개발, 경부고속도로 건설, 1~3기 신도시 계획, 혁신도시 등이 있다. 인구 감소와 고령화가 심화하는 상황에서, 이러한 공간계획은 인프라와 공공서비스를 효과적으로 제공하고, 자원 낭비를 최소화하며, 인구밀도가 낮아지는 지역에서도 삶의 질을 보장하는 데 핵심적인 역할을 수행할 수 있어야 한다. 특히, 자원의 효율적 배분과 쇠퇴하는 지역의 지속 가능한 발전을 도모하기 위해서는 인구변화에 맞춘 유연한 공간계획이 필수적이다.

인구 감소와 고령화를 효과적으로 관리하기 위해서는 지방소멸에 대응하는 공간계획의 패러다임 변화가 필수적이다. 이를 위해 우선적으로 토지이용의 효율성 제고가 핵심이라 할 수 있다. 인구 감소에도 불구하고 주거 및 생활 공간이 밀집된 경우, 사회 인프라 및 공공서비스 유지비용을 절감할 수 있다. 특히 도로, 상하수도, 전력망과 같은 필수 인프라는 인구밀도가 낮을수록 유지비용이 높아지기 때문에, 밀집된 개발은 이러한 비용 부담을 줄이는 데 중요한 역할을 한다. 또한, 높은 거주밀도는 차량 의존성을 낮추고 대중교통 체계를 유지하기 용이하게 만들어 주므로 교통 인프라를 효율적으로 운영할 수 있어 탄소 배출 저감에도 기여할 수 있다.

토지의 불필요한 소비를 줄이고 중심지 지역의 밀도를 높이는 정책은 생활환경 및 서비스 접근성을 유지하고 부동산 시장의 기능을 향상시킬 수 있다. 이를 위해 첫째로, 장래인구추계를 고려한 주택공급 정책을 실행해야 하며, 이를 고려하지 않은 무분별한 개발계획이 승인되지 않도록 공간계획에 인구변화 추이를 적극 반영해야 한다. 이와 관련, 용적률 인센티브 등을 통해 중심지에 보다 밀집된 개발을 유도할 수도 있어야 한다. 둘째로, 지방소멸 지역에서는 적극적으로 빈집과 토지를 철거하고, 공공서비스와 교통 수단에 접근성이 좋은 주택과 토지를 우선적으로 정비해야 한다.

3) 상생의 거버넌스: 중앙-지방-지자체 협력 체계의 혁신

지방소멸에 대응하기 위해서는 각 정부 레벨에서 전략적인 다층적 거버 넌스(multi-level governance) 체계가 필요하다. 다층적 거버넌스란, 중앙정 부, 지역정부, 지방정부 및 여타 사회조직이 서로 협력하여 정책을 개발하 고 실행하는 체계로, 각각의 주체가 상호 보완적 역할을 수행하며 공동 목표 를 달성하는 것을 목표로 한다. 이 체계는 다양한 행정 분야에서 정부 간 자 원과 책임을 공유하여 복잡한 정책 문제를 보다 효과적으로 해결할 수 있도 록 한다. 이를 위해 정부 간 소통을 장려하고 정책 협력을 유도하는 방향으 로 관련 법 및 행정 체계를 개선해야 하며, 이러한 통합된 거버넌스 체계는 인구변화에 대응하는 정부의 유연성과 준비 태세를 높이는 중요한 수단으 로 활용될 수 있다.

중앙정부와 지방정부 간 수직적 협력은 한정된 국가 자원을 전략적으로 배분하는 데 필수적인 역할을 한다. 예를 들어 네덜란드의 경우, '중장기 인프 라, 공간계획 및 교통 종합 프로그램(Dutch Multi-Year Programme for Infra- structure, Spatial Planning and Transport: MIRT)'을 통해 중앙정부 부처와 지 역정부, 여타 지역 주체들이 참여하여 대규모 인프라 프로젝트를 계획하고 조정한다. 스페인의 '에스파냐 2050(España 2050)'은 국가 차원의 통합된 전 략으로, 인구변화를 포함한 열 가지 국가적 메가트렌드(megatrend)를 파악 하여 각 정부 및 부처 간 통합적인 정책 대응을 명시하고 있다. 이러한 수직 적 협력은 중복되거나 상충될 수 있는 정책의 추진을 방지하고, 다양한 공공 부문에서 정책의 일관성을 보장하는 데 기여한다.

지방소멸 지역에서는 단일 지방자치단체가 모든 공공 의무를 감당하기 어려워지므로, 자치단체 간 자원을 통합하고 공공서비스 제공을 공동으로 처리하는 수평적 협력 역시 더욱 필요해질 것으로 내다보인다. 지방소멸을 겪고 있는 많은 OECD 국가들은 현재 자발적인 수평적 협력 체계 구축을 적극적으로 장려하고 있다. 프랑스 등와 같이 지자체 간 협력 체계를 구축한 지방정부에 보조금을 지급하는 방식, 슬로베니아 등과 같이 지자체 협력 관리 기구 설립을 중앙정부가 보조해 주는 방식, 그리고 에스토니아나 노르웨이 등과 같이 중앙정부 단위에서 공동 공공투자 기금을 운영하는 방식 등 그 종류나 형태는 다양하다. 이러한 수평적 협력 체계는 작은 자치단체들이 단독으로 해결하기 어려운 재정적·행정적 문제를 완화하고, 규모의 경제를 제고하는 데 중요한 역할을 한다. 또한, 지방정부 간 협력은 지역 주민들이 보다 안정적인 공공서비스를 받을 수 있도록 하여, 사회적 안정성을 유지하는 데 기여할 수 있다.

참고문헌

Dijkstra, L., H. Poelman and P. Veneri. 2019. "The EU-OECD definition of a Functional Urban Area." *OECD Regional Development Working Papers*, Vol. 2019/11, https://doi.org/dx.doi.org/10.1787/d58cb34d-en

Eurostat. 2024. "Population on 1 January by age group, sex and NUTS 3 region (demo_r_pjangrp3)." https://doi.org/10.2908/DEMO_R_PJANGRP3

OECD and European Union. 2022. "Health at a Glance: Europe 2022: State of Health in the EU Cycle." OECD Publishing, Paris, https://doi.org/10.1787/507433b0-en

OECD. 2022. "Shrinking Smartly in Estonia: Preparing Regions for Demographic Change." OECD Rural Studies, OECD Publishing, Paris, https://doi.org/10.1787/77cfe25e-en

OECD. 2024. "OECD Economic Surveys: Korea 2024, OECD Publishing, Paris." https://doi.org/10.1787/c243e16a-en

_____. 2024a. "OECD Regional Statistics." https://doi.org/10.1787/region-data-en

_____. 2024b. "The OECD/UCLG World Observatory on Subnational Government Finance and Investment (SNG-WOFI)." https://www.sng-wofi.org/

_____. 2024c. "OECD Family Database." https://www.oecd.org/en/data/datasets/oecd-family-database.html

_____. 2024d. "Population Projections." http://data-explorer.oecd.org/s/fa.[4]

_____. 2025. "Shrinking Smartly and Sustainably: Strategies for Action, OECD Rural Studies." OECD Publishing, Paris. https://doi.org/10.1787/f91693e3-en

2부

부문별 문제와 대안

6장

지방소멸에 대응한 지역산업 정책 방향

조성철

1. 지역산업 정책의 개념과 흐름

1) 지역산업 정책의 목표와 수단

지역산업 정책은 지역의 산업 기반을 강화하기 위한 정부의 개입이다. 이는 한편으로 국가적인 산업정책의 추진을 위한 지역 단위의 하위 정책이라 할 수 있지만, 지역 간의 성장 격차를 조정해 균형발전 및 형평성의 가치를 추구하는 지역정책의 한 부문이기도 하다. 이 때문에 지역산업 정책의 목표에는 산업정책이 추구해야 할 효율성과 지역정책의 핵심 과제인 형평성의 가치가 일정 수준 혼재하게 된다.

효율성을 중시하는 지역산업 정책은 성장잠재력이 큰 지역에 지원을 집중하는 선별적인(selective) 전략을 중시한다. 육성 분야의 선택에 있어서도 전후방 연쇄효과가 크고 국가경제에의 기여도가 높은 산업을 선별하는 접근이 중시된다. 더불어 투자의 효율성을 높이기 위해 국지적인 단위보다는 광역적인 단위에서 사업을 전개해 지역 간의 자원 연계나 공유를 추구하는 접근을 취한다. 반면에, 형평성을 중시하는 정책에서는 자립적인 산업 기반이 열악한 낙후 지역 개발에 우선순위를 두는 경우가 많다. 따라서 첨단업종에 지원을 집중하기보다는, 지역 주민이 체감할 고용 성과를 기대할 수 있는 지역 주력산업을 발굴하고 육성하는 데 정책역량을 집중하는 경우가 보통이다. 정책의 층위 역시 소외 지역이 발생하기 쉬운 광역 단위 사업보다는 국지적인 단위에서의 추진이 중시되며, 이에 따라 지역 주체와의 협업을 통한 상향식(bottom-up) 계획 방식을 활용할 수 있는 여지가 넓다.

지역산업을 육성하기 위해 활용되는 수단은 지역 외생적인 수단과 지역 내발적인 수단으로 구분할 수 있다. 양자는 산업 발달의 동력을 지역 바깥에서 찾는지, 내부에서 찾는지에 따라 구분된다. 외생적인 접근은 지역 외부의 기업이나 기관을 역내로 유치하기 위한 정책 수단이다. 외부 기업을 유치하기 위한 산업단지 개발이 대표적인 사례이며, 기업 이전을 촉진하기 위해 세제 혜택이나 보조금 지원이 결합되는 경우가 많다. 반면, 내생적인 접근은 지역 내에서 활동하고 있는 경제주체들의 역량을 확대하기 위한 정책 수단에 집중한다. 기업체들의 연구개발 활동을 지원하거나 노동자들에게 교육·훈련 프로그램을 지원하는 사업이 이에 해당한다.

2) 지역산업 정책의 흐름

지역산업 정책이 본격적으로 추진된 것은 참여정부 시기다. 국가균형발전특별법을 제정한 참여정부의 국가균형발전 3대 원칙은 지방분권, 지역혁신체계, 수도권의 계획적 관리로 요약할 수 있다. 이 중에서도 핵심은 지역혁신으로서, 그 의미는 제1차 국가균형발전 5개년 계획의 기본 목표로 제시되었던 "지역혁신을 통한 자립적 지방화 실현"이라는 구호에 구체화되었다. 산업화 시기부터 정부는 대기업 분공장이나 연구 기관의 이전 등을 통해 지방의 성장 기반을 마련하고자 했으나, 대부분의 지방 도시는 기획·연구개발 같은 핵심 기능을 여전히 중앙에 의존하는 생산기지의 위상을 벗어나지 못했다는 점에서 자립적 지방화에 이르지 못했다. 이 같은 문제의식에서 국가균형발전특별법 시행 이래 본격적으로 추진된 지역산업 정책은 산·학·연 주체의 참여에 기반한 지역혁신체계를 성숙시켜 지역 스스로 기술과 인력을 창출하고 산업 발전을 주도할 수 있는 역량을 갖추게 하는 데 목표를 설정하였다.

참여정부는 수요자·기업 중심으로 실용화·상품화에 주력하는 '신(新)산학 협력'을 정책목표로 천명했고, '클러스터' 및 '지역혁신체계'라는 정책 개념에 기초해 지역산업에 깊이 착근된 산학 협력 생태계를 육성하고자 했다. 구체적으로, '지방대학혁신역량강화사업(NURI)'이 교육인적자원부·산업자원부 공동사업으로 국가균형발전 5개년 계획의 수립 방향과 연계되어 추진되었다. 이와 더불어 각 지역이 자율적으로 선정한 43개 전략산업을 육성하기 위해 지역전략산업진흥사업이 추진되었고, 지역기술혁신센터(TIC)와 지역협력연구센터(RRC)를 비롯해 각 지역의 혁신 기반을 구축할 거점기관 조성에도 규모 있는 투자가 이루어졌다.

이명박 정부에서는 참여정부의 정책기조를 계승하는 가운데, 글로벌 경쟁력 강화를 목표로 하는 광역경제권 단위의 사업 재편이 이루어졌는데, 그중 '5+2 광역경제권 선도산업육성사업'과 '4+9 지역전략산업육성사업'이 핵심 사업이었다. 또한 광역경제권의 공간전략하에 참여정부 시기 지나치게 분절적으로 추진되었던 혁신 기관 간의 중첩된 기능이나 중복투자를 조정했고, 기업수요에 밀착된 산학 협력을 전개하기 위해 '산학 협력 선도대학 육성사업(LINC)'이나 산학융합지구 등의 새로운 사업을 추진하기도 했다.

박근혜 정부에서는 지역산업 정책의 공간 범위를 광역 시·도 단위로 조정했고, 총 63개의 지역 주력산업을 선정해 R&D부터 사업화 지원과 인력 양성까지의 다양한 산업 육성 프로그램을 추진하였다. 또한 일자리 창출 및 국민의 삶의 질 개선에 무게를 싣는 사람 중심의 지역산업 정책을 추진하였는데, 이를 효율적으로 추진하기 위한 공간 권역으로 지역행복생활권이 적용되기도 했다.

문재인 정부는 중소벤처기업부를 출범시키며 창업·중소 기업 육성을 강조했다. 한편, 이 시기는 규제자유특구, 캠퍼스혁신파크, 도심융합특구 등 지역의 혁신 기반 강화를 위한 새로운 유형의 특구제도가 다양한 부처에서 등장했다. 또한 문재인 정부는 참여정부의 균형발전 정책과제를 계승하여 혁신도시 중심의 지역혁신체계 강화를 추진했고, 지역투자발전협약을 통해 지역이 자율적으로 기획하는 개발사업을 지원하기도 했다.

2. 지역산업의 현실과 인구 감소

1) 고숙련 일자리의 공간적 쏠림

지역산업 정책의 일관된 핵심 목표는 양질의 일자리를 창출하는 데 있었다. 그러나 20여 년에 걸친 노력에도 불구하고, 고숙련 일자리의 공간적인 쏠림 경향은 오히려 강화되는 추세다. **그림 6-1**에 표현된 바와 같이, 생산직 일자리는 수도권과 충청권을 연결하는 광역적인 산업벨트에 집중되어 있는데, 부울경권에도 어느 정도 대등한 세력권이 형성되어 있다. 그러나 대졸 이상의 학력을 요구하는 엔지니어(기술직) 일자리는 소위 '기흥라인'이라 불리는 서울 및 경기 남부 일대에 대부분의 일자리가 집중되어 있는 경향을 보

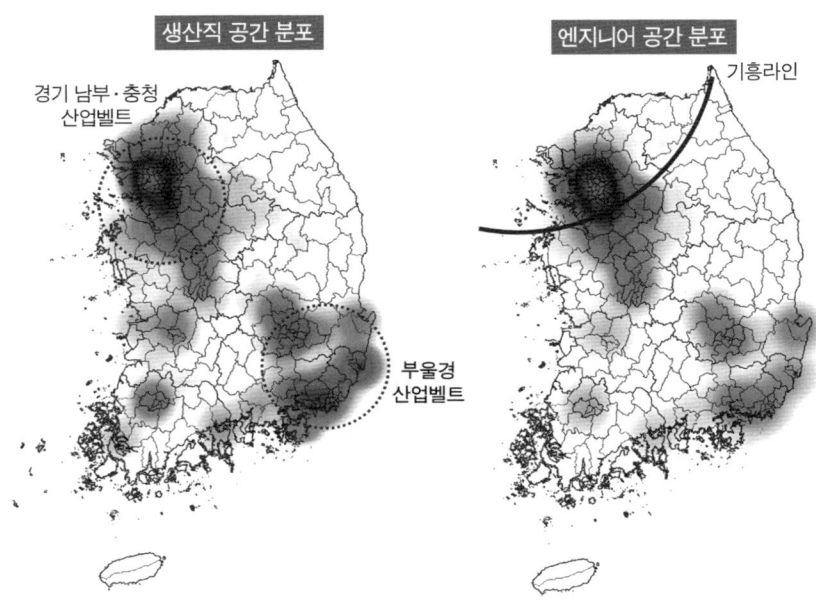

[그림 6-1] 전국 생산직 일자리 공간 분포와 엔지니어(기술직) 일자리 공간 분포
자료: 조성철 외(2019)

인다.

주력산업의 경쟁력이 건재하던 시절에는 구미, 울산, 창원, 거제, 영암, 목포, 군산을 비롯한 산업도시마다 장기근속이 가능한 양질의 일자리가 창출되었다. 여기서 발생하는 높은 소득은 지역 내 로컬 서비스 업종이나 주변 도시까지 흘러가는 성장의 낙수효과를 발생시키기도 했다. 이 같은 고용의 안정성은 젊은 청년인구를 지역으로 붙잡는 힘이었을 뿐 아니라, 지방 산업도시에서 전국 최고 수준의 조혼인율과 출산율이 유지될 수 있도록 하는 사회적 기반이기도 했다.

그러나 후발 산업국가의 기술 고도화로 인한 무역구조의 변화, 자동화 기술의 심화, 그리고 적대적인 노사관계가 맞물려 전통적인 산업도시의 고용기반은 빠르게 침식되고 있는 상태다. 경직된 노사관계로 인한 인건비 상승에 반응해 주요 기업들은 자동화와 모듈화를 확대하는 숙련 절약적인 기술 변화를 채택했다(양승훈, 2024). 즉, 현장 노동자의 숙련에 대한 의존도를 줄이는 대신, 산업용 로봇과 엔지니어의 중요도를 높이는 기술변화가 생산 현장에 광범위하게 도입되면서 정규직 숙련 노동자의 고용 규모는 크게 줄어든 상태다. 정규직 숙련공 일자리가 줄어든 대신, 신규 일자리는 비정규직 하청기업이 조직하는 저숙련 생산직에 집중되고 있고, 이마저도 해외 생산기지로의 이전 탓에 규모가 감소하고 있다. 더불어, 산업도시들의 주요 R&D·엔지니어링 센터가 화성·판교·마곡 등 수도권으로 이동하면서, 지역 산업의 쇄신과 고도화를 이끌어 낼 엔지니어 집단의 대규모 유출도 진행되었다.

그림 6-2의 왼쪽 지도는 자동화 기술에 대체되기 쉬운 루틴직무(routine tasks)의 특화도를 시군구 단위에서 추정한 결과이다(조성철 외, 2019). 짙은 색으로 표현된 시군구일수록, 해당 노동시장 근로자의 직무가 단순·반복적이며, 인지적인 작업을 덜 사용해 자동화되기 용이하다는 특징이 있다. 이 같은 루틴직무 집약도는 구미시(33.95%), 칠곡군(33.88%), 거제시(31.71%), 창원시 성산구(28.82%), 양산시(28.58%) 등 지방 산업도시에서 가장 높은 값을 기록했다. 조성철 외(2019)의 분석에 따르면, 루틴직무에 특화되었던 지역일수록 향후 5년에 걸쳐 제조업 고용이 감소하는 추세가 통계적으로 의미 있게 추정되었다. **그림 6-2**의 오른쪽에 표현된 각 지역의 산업용 로봇 투자 규모도 제조업 고용 변화에 의미 있는 영향을 미쳤다. 다만, 로봇 투자의 효과가 모든 지역에서 제조업 고용을 감소시킨 것이 아니라, 기존 산업인력 기반이 루틴직무에 특화된 지역에서만 일자리 대체 효과를 나타냈다는 점도 주목할 만한 결과다.

이 같은 상황은 지방의 청년들을 나고 자란 지역 안에서 미래를 꿈꿀 수 없는 상황으로 내몰고 있다. 과거의 부모 세대처럼 남성 가장이 제조업체에

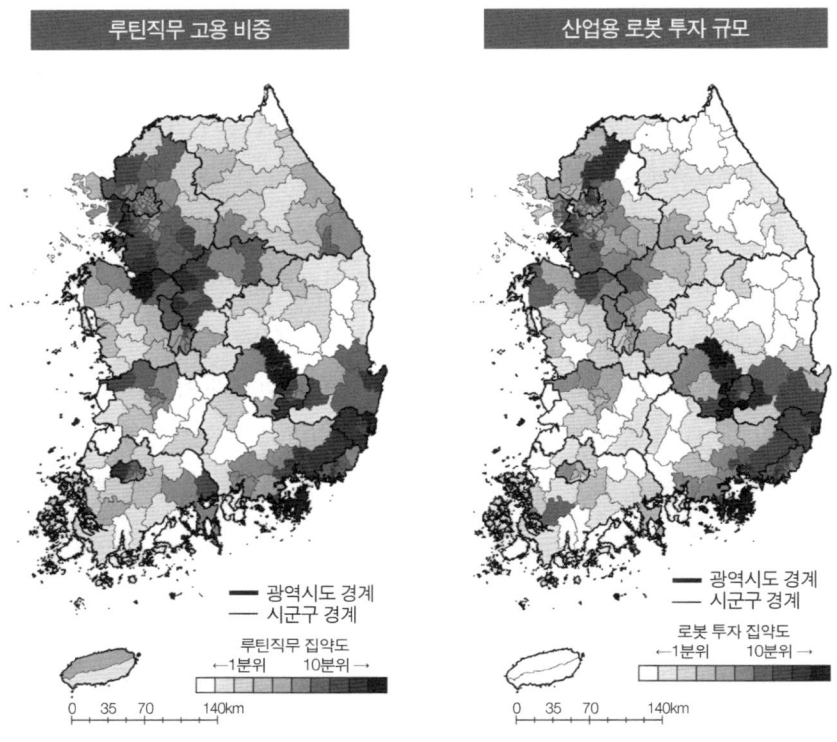

[그림 6-2] 지역별 루틴직무 집약도(왼쪽)와 로봇투자 집약도(오른쪽)
자료: 조성철(2021)

정규직으로 취직해 외벌이로 가정을 부양하는 모델은 이제 작동하지 않는다. 지방 도시에서도 맞벌이는 당연한 규범이 되었다. 그러나 저숙련·저임금 블루칼라 일자리는 대졸자가 다수인 지방 청년이 선호하는 일자리가 아닐뿐더러 저숙련 서비스 직종과 비교해도 고용조건의 장점이 적다. 오랜 기간 제조업에 의존해 온 지방 도시에는 청년들이 선호하는 화이트칼라 일자리의 규모가 부족할 뿐 아니라 청년들이 대학에서 획득한 숙련들을 효율적으로 매칭할 만한 다양성이 제한되기 때문에 원하는 직종·직무에서 경쟁력 있게 경력을 개발하기 어려운 조건이다.

10년 뒤, 20년 뒤 자신의 경력이 지역 안에서 그려지지 않는 청년들에게 결혼이나 출산 문제는 인생의 후순위일 수밖에 없다. 부모 세대가 물려준 일터가 빠르게 침식되고 있는 상황에서 청년 다수가 맞닥뜨린 더 긴박한 질문은 지역에 남을 것인지, 떠날 것인지의 문제일 것이다. 단순히 기업을 유치하고 단지를 조성하는 것만으로는 희망을 줄 수 없다. 이미 단순·반복적인 생산 기능에 고착된 산업도시에 새로운 생산기지를 유치한다 해서 청년들이 선호하는 일터가 늘어나리라 기대할 수 없는 까닭이다.

그보다는 지역산업 기반의 다양성과 혁신성을 강화하기 위한 광역적인 공간 구상이 추진되어야 할 것이다. 초광역권 계획의 구도 안에서 산업생태계에 부재한 기능들을 식별하고 거점도시를 중심으로 새로운 일자리 생태계를 육성해야 한다. 거기에는 젊고 창의적인 인재들이 진입해 학습하고 성장할 수 있는 교류 환경과 정주 환경이 결합되어야 하며, 이를 뒷받침하는 지역 대학의 인력 양성 체계가 유기적으로 연계되어야 할 것이다. 이를 통해 청년들을 위한 다양한 전문직·서비스 직군과 고숙련 직종의 일자리가 창출될 때에야 저출산과 저출산 문제를 함께 겪고 있는 지방의 인구 감소 추세에 대응할 세력권이 형성될 수 있다.

2) 정주 환경과 청년·여성의 일자리

또 다른 이슈는 지역 주력산업에서 청년 비중이 감소하고 있다는 점이다. 제조업 전체의 청년 고용(29세 이하) 비중은 2010년 21.5%에서 2019년 15.3%로 감소했다. 반면, 55세 이상의 중고령자 고용 비중은 같은 기간 7.1%에서 16.5%로 2배 이상 증가했다(한국고용정보원, 2021). 산업단지에 국한할 때, 청년 고용 비중은 2018년 기준 15.2%를 기록해 전체 제조업과 비슷한 수준을 나타냈다(한국산업단지공단 2018). 그러나 청년 고용 비중은 산단이 위치한 입지 여건에 따라 차이가 크다는 점을 인식하는 것이 중요하다. 조성철 외(2023b)에 따르면, 산업단지별 청년 고용 비중은 주변 지역의 정주 여건 수준과 밀접하게 관련되었다. 분석 결과에 따르면, 배후도시 정주 여건이 양호한 산업단지의 경우 청년 고용의 점진적인 증가 추세가 관찰된 반면, 반대의 조건을 가진 고립된 입지의 산단에서는 청년 고용의 빠른 이탈이 관찰되고 있다(조성철 외, 2023b).

창의적인 인재들의 유입이 정체되고 있다는 사실은 그 자체로 지역산업의 경쟁력과 역동성을 제약하는 요인이다. 이 같은 흐름을 역전시키기 위해 부처와 지자체마다 다양한 사업을 전개하고 있지만, 단편적인 시설 공급만으로는 고착된 구조를 변화시키기 어렵다는 점이 분명해 보인다. 예를 들어, 여러 지방 산단에서 청년비전센터 등의 간판을 걸고 젊은 세대를 위한 지원 공간을 조성하고 있다. 그러나 대중교통이 열악한 산단 내부는 청년들이 접근하기에 불편하고 이질적인 장소인 탓에 공간 활성화가 더디게 진행되는 경우가 많다. 시흥시의 청년스테이션처럼 한국산업기술대학이나 도시재생 스타트업 빌드와의 협업을 통해 특색 있는 컨텐츠와 공간을 조성하고 있는 경우도 더러 존재하지만, 많은 사례에서는 청년과 산업단지 사이의 접점을 만들어 갈 운영 역량을 확보하는 데 어려움이 따른다.

이 같은 사례들은 단편적인 시설 투자만으로는 산업단지의 고착된 환경을 개선하는 것이 어렵다는 점을 여실히 보여준다. 이미 노후화된 기존 구조에 덧칠하듯 도입된 시설 중에는 산업단지 환경과의 부조화로 인해 제 기능을 하지 못하는 경우가 많다. 각각의 정주 시설은 서로 연계되어 하나의 구조를 이룰 때에야 근로자들의 생활 패턴을 의미 있게 변화시킬 수 있고, 지속적인 수요를 창출하게 된다. 일과를 마치면 썰물처럼 근로자가 빠져나가는 산업단지의 폐쇄적인 분위기를 역전시키려면 적어도 작은 생활권 규모의 복합화된 정주 기능이 들어서야 하지만, 대다수 산단에서 이 같은 시도는 최소한의 수요나 사업성을 확보하지 못해 좌초되곤 한다. 정부 역시 기존 접근 방식의 한계를 인식하는 가운데, 산단 대개조 같은 부처협업사업을 통해 산업단지 및 배후도시 간의 연계를 강화하는 공간전략을 구사하고 있다. 규모가 작은 산단들을 배후도시와 연계하는 방식으로 부족한 정주 기능을 공급하고, 거점 산단에는 혁신 활동을 지원하는 다양한 인프라를 공급해 주변 소규모 단지를 지원하도록 하는 접근이 추진되고 있다.

청년 고용의 문제와 구분하여 논의해야 할 또 다른 쟁점은 여성 일자리 문제다. 지방의 산업도시 다수는 제조업체에서 일하는 외벌이 가장을 중심으로 노동시장이 형성되어 있어 여성이 진입할 수 있는 일자리의 다양성이 크게 제한적이다. 공무원, 교사, 간호사, 사회복지사 등 매우 한정된 영역의 일자리를 제외하면, 여성이 전문성을 발휘하며 장기적으로 경력을 밟아나갈 수 있는 직종이 빈곤한 경우가 많다(양승훈, 2019). 그나마 존재하는 일자리는 대체로 저숙련·저임금 일자리에 국한되어 있어 여성 청년들이 장기적인 경력 개발을 그려낼 수 없는 직종들이다. 이 때문에 지방 산업도시의 여성 청년 중 절대다수가 대학 진학이나 일자리 탐색, 그리고 결혼을 위해 타 지역, 특히 수도권으로 이주하게 된다(조성철 외, 2019). 여성 청년들의 지역 이탈은 지방 도시의 조혼인율에 영향을 미쳐 저출산 현상을 부추길 뿐만 아니라, 지역사회의 문화적인 활력과 다양성을 저해시킨다.

서정현(2018)의 분석은 20세에서 39세까지의 여성 청년 일자리가 전국 대비 인구 소멸 위기 지역에서 두드러지게 감소하고 있다는 점을 보여준다. 2008년에서 2016년까지 전국적으로는 여성 청년 고용이 64만 4명 증가했던 것과 달리, 인구 소멸 위기 지역에서는 2만 9689명이 오히려 감소했다. 감소한 고용의 약 72%는 로컬 서비스, 의료·보건·교육·공공 서비스, 사회 기반 서비스 직종에서 발생했다. 반면, 같은 기간 전국적으로 여성 청년의 비즈니스 서비스 고용이 10만 1737명 증가한 것과 달리 인구 소멸 위기 지역에서는 증가분이 198명에 지나지 않았다. 이처럼 청년들의 선호도가 높은 고숙련 전문직 일자리가 특정 지역에 편중되어 있는 구조 탓에 여성 근로자의 지방 도시 이탈은 사실상 강제되고 있다고 진단할 수 있다.

지방 도시의 여성 일자리 빈곤은 제조업에 편중되어 왔던 지역산업 육성 정책에서 일정 부분 기인한다. 이 같은 구조를 개선하기 위해서는 젊은 여성 근로자를 대상으로 하는 다양한 서비스직 일자리 육성 정책을 지방 거점 도시를 중심으로 규모 있게 추진해야 할 것이다. 청년몰이나 청년창업 등의 일자리 사업도 유효할 수 있겠으나, 그보다 넓은 범위의 여성 청년인구를 유입시키기 위해서는 장기적인 커리어 패스를 설계할 수 있는 전문직·기술직·사무직 일자리가 지방 도시의 노동시장에서도 확대될 수 있어야 한다(양승훈, 2024).

최근 추진되고 있는 국토교통부의 도심융합특구는 입지적·기능적 측면에서 서비스업의 지방 클러스터 육성이라는 정책목표에 연계될 수 있는 잠재력을 갖고 있다. 2023년 과학기술정보통신부가 대전·부산·대구에 잇따라 선도사업지구를 지정한 디지털 혁신 거점이나 연구산업진흥단지 역시 지방 광역 대도시를 중심으로 IT 및 연구개발 서비스 업종의 거점을 형성하기 위한 사업이라는 점에서 비슷한 취지를 갖고 있다. 이 같은 사업들을 광역 대도시를 중심으로 연계하여 장기적으로 추진함으로써 대졸 이상의 학력을 가진 여성 청년들이 다양한 성장의 기회를 탐색하며 경력의 사다리를 올라갈 수 있는 일자리 생태계를 만드는 데 정책 자원을 집중해야 한다.

3) 지역산업의 위기와 인구 감소

지역산업의 경쟁력 약화는 청년·여성 인구의 지역 이탈을 부추겨 인구 감소를 가속화한다. 기존 연구들은 지방 도시의 인구 감소가 자연적 인구 감

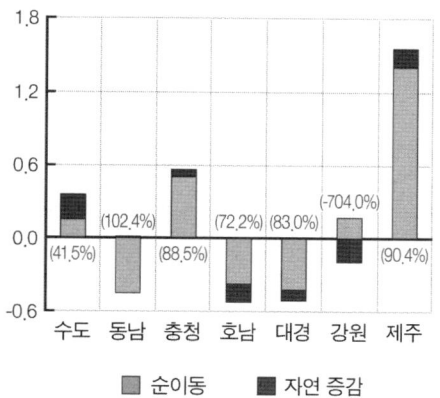

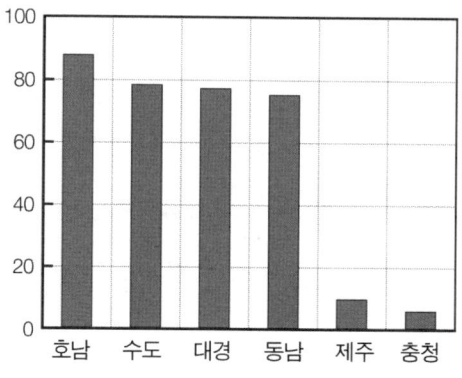

[그림 6-3] 광역권별 인구 증감률 요인 분해 결과
자료: 정민수 외(2023: 6~7)
주: 2015~2021년 평균. 괄호 안의 수치는 전체 인구
증감에 대한 순이동 기여율(%)을 의미함

[그림 6-4] 인구 변동 중 청년 이동 기여도(%)
자료: 정민수 외(2023: 6~7)
주: 2015~2021년 연평균. 강원권은 1268.3%로 청년층
순유출율(-0.314%)이 인구 감소율(-0.025%)을 크게
상회한 데 기인

소보다 사회적 인구이동에서 기인한다고 보고한다. **그림 6-3**에 묘사된 정민수 외(2023)의 분석에 따르면, 2015년부터 2021년까지 인구가 감소한 호남권(72.2%), 동남권(102.4%), 대경권(83.0%)의 인구 감소의 절대적 비중은 자연 증감이 아니라 인구 순유출 탓에 발생했다. 문제는 지역을 떠나는 인구의 높은 비중이 출산에 잠재적으로 기여할 수 있는 청년·여성 집단에 쏠려 있다는 점이다. 홍석철(2023)에 따르면, 2020년 기준으로 전라남도의 인구 순유출 중 78%는 10세에서 39세까지의 젊은 인구 집단에서 발생했는데, 이들 유출 인구의 56.2%는 수도권으로 이동했음이 관찰되었다. 특히 젊은 여성 인구의 지방 이탈이 두드러졌는데, 2020년 기준 전남을 떠난 10~39세 인구 집단 중에서 여성의 비율은 절반을 넘는 57%였으며, 여성 이탈자의 80%는 20대로 구성되었다(홍석철 2023).

다시 정민수 외(2023)에 따르면, 최근 호남권 인구 감소(2015~2023)의 약 87.8%가 청년인구 순유출로부터 기인한다(**그림 6-4** 참조). 이처럼 수도권에

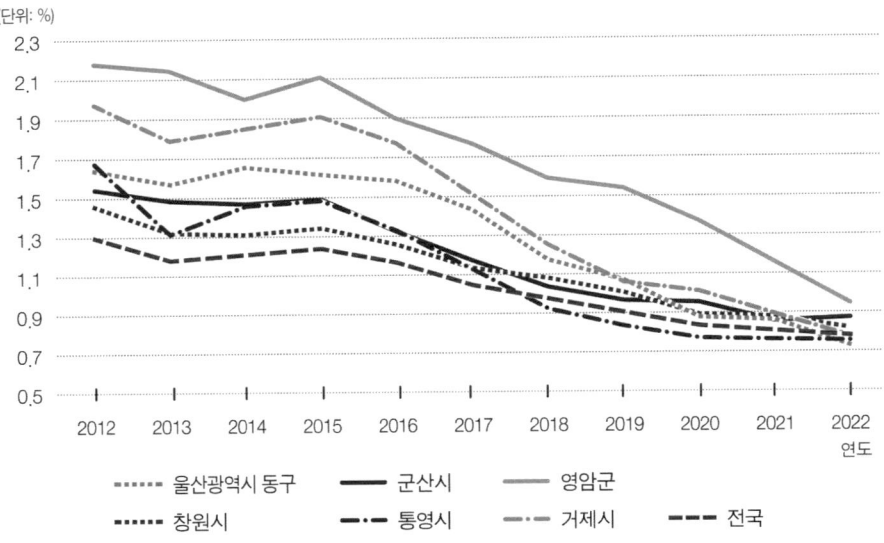

(단위: %)

[그림 6-5] 산업위기대응특별지역의 연도별 합계출산율 변화 추이(2012~2022)
자료: 통계청 합계출산율 자료를 활용하여 저자 작성

비해 비수도권의 인구 전출은 청년·고학력 인구에 편중된 형태로 진행되고 있어 지역산업의 장기적인 경쟁력에 더욱 큰 부담을 안길 수 있다.

한편, 지역산업의 일자리 감소는 장기적인 출산율과 출생률에도 악영향을 미칠 수 있다. 경제적인 측면에서, 청년들의 출산 의향에 영향을 미치는 핵심 요인은 주거 안정과 고용 안정이라 할 수 있다. 조성철 외(2024)의 분석에 따르면, 수도권에서는 주거 안정과 관련된 요인들이 시군구별 합계출산율에 강하게 상관되는 반면, 비수도권에서는 고용 안정의 문제가 합계출산율의 악화를 설명하는 중요한 요소로 작용한다. 특히 청년들의 출산 의향과 관련해 지역 노동시장의 단기적인 고용 지표보다 더 중요한 것은 장기적인 고용 전망이다. 자신이 종사하고 있는 지역산업의 생태계가 앞으로 10년 뒤에도 건재한 위상을 유지할 수 있을 것인지에 대한 인식은 근로자 가구가 체감하는 삶의 안정성에 중요한 영향을 미친다. 지역 경제가 안정적으로 성장하고 있는 국면에서는 자신의 소득과 경력도 장기적으로 지역과 함께 발전해 나갈 수 있다는 긍정적인 전망을 가질 수 있고, 여기서 비롯되는 안정감과 예측 가능성이 결혼이나 출산 의향을 비롯한 가족계획에 영향을 미치게된다. 그러나 지방 산업도시 다수가 경험하고 있는 인구 유출과 기업 이탈이라는 상황은 장기적인 고용 안정을 꿈꾸기 어렵게 만들 뿐만 아니라 당장의 생계와 고용 유지를 불안하게 함으로써 출산 의향에도 부정적인 영향을끼친다. 예를 들어, 경상남도 거제시의 경우 조선업이 호황이었던 2014년까지는 합계출산율이 가장 높은 지역 중 하나였으나, 지역 내 앵커 기업이 이탈하고 고용 기반의 안정성이 급격히 흔들리면서 2023년 현재는 경남권 지자체 중 합계출산율이 가장 낮은 지역으로 변모했다.

3. 지역산업의 기회와 정책 방향

1) 기후 위기 대응을 위한 지역산업의 구조 변화

이처럼 지방의 산업생태계는 양질의 일자리 감소와 청년인구의 이탈이라는 이중의 압박에 봉착해 있다. 이 같은 악순환의 고리를 끊기 위해 지역은무엇을 할 수 있는가? 이에 대한 답을 찾는 과정은 각 지역의 여건에 따라 크게 다를 것이나, 적어도 두 가지 배경은 공유할 수 있을 것으로 보인다. 바로탄소중립과 디지털 전환의 과정이 그것이다.

기후 위기는 지구 전체가 직면해 있는 현실이다. 기업과 국가를 대상으로적극적인 탄소 배출 감축을 요구하는 국제규범은 이미 탄소국경조정제도같은 구체적 수단으로 글로벌 생산 네트워크의 구조를 재편하고 있다. 제조업 의존도가 높은 우리나라에서는 기후 위기와 관련한 국제규범의 강화가

[그림 6-6] 전국 산업단지의 온실가스 배출량
자료: 조성철 외(2023a)
주: 단위는 CO2eq임

기존 산업 입지 환경에도 적지 않은 영향을 미칠 것으로 전망된다. 우리나라 제조업은 2023년 기준 GDP의 26.6%라는 높은 비중을 차지하고 있다. 국가 전체 에너지 소비나 온실가스 배출에서도 제조업을 위시한 산업 부문은 타 선진국보다 높은 비중을 차지한다(조성철 외, 2023a).

특히 제조업 생산액의 70%를 담당하는 산업단지는 화석연료를 집약적으로 사용하는 에너지 다소비 지역이다. 2020년 한국에너지공단 통계에 기준할 때, 국가적인 산업 부문 에너지 사용량의 약 84.1%가 산업단지에서 소비된다고 추정된다(조성철 외, 2023a). **그림 6-6**과 **그림 6-7**에 표현된 바와 같

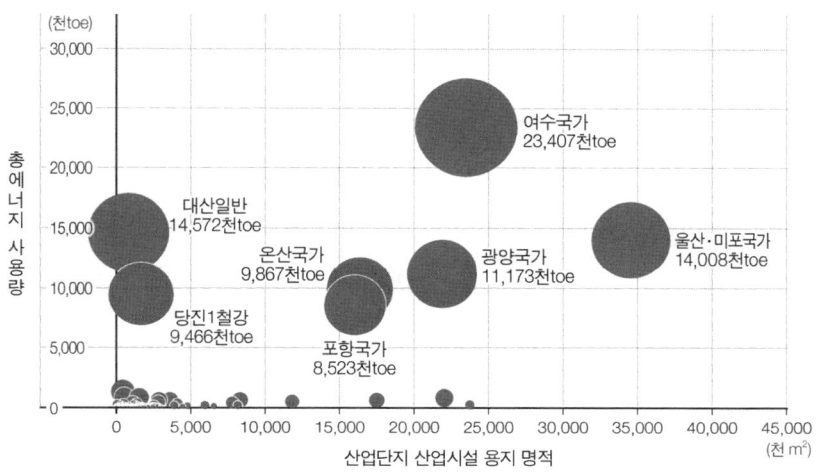

[그림 6-7] 산업단지별 총에너지 사용량
자료: 조성철 외(2023a)

이 전국 산업단지의 온실가스 배출량 중 약 90%는 15개의 대규모 산단에서 배출되고 있다. 이들 산단은 대부분 국가산업단지이며, 석유·화학이나 제철 등 화석연료 기반의 중공업에 특화되어 있고, 해당 광역 시·도의 지역내총생산에서 높은 비중을 차지한다.

탄소중립은 지역산업에 기회 요인이 될 수도 있지만, 위기 요인이자 구조조정의 압력으로 작용할 수도 있다. 한편으로는 온실가스 감축을 위해 추진될 노후화된 산업 인프라 개선과 업종·기술 전환이 기존 지역산업의 경쟁력을 쇄신하는 데 기여할 수 있다. 더 나아가서는 탄소중립 실현을 위한 산업구조의 변화가 새로운 시장기회를 개방할 가능성도 존재한다. 예를 들어, 기후 위기는 화석연료 기반의 석유·화학 산업에서 친환경 원료(바이오 나프타, 부생수소 활용 MTO 등) 전환, 소재 혁신 및 전기화의 이행을 압박할 것이다. 또한 자동차, 조선 등의 모빌리티 산업에서는 전기차나 친환경 선박으로의 더욱 급진적인 산업구조 전환이 예정되어 있다. 긍정적으로 전망할 때,

이 같은 구조 변화는 침체되어 있던 지역 제조업에 새로운 투자나 창업의 기회를 확대할 것이다.

그러나 기술변화를 따라잡기 위한 R&D·혁신 기반이나 제조 역량이 지역 내부에 준비되어 있지 못하다면, 기후 위기로 인한 환경 규제의 강화나 업종 전환은 지역산업 생태계에 강력한 충격으로 작용하게 될 가능성이 크다. 수십 년 간 내연기관 중심의 생태계에 고착되어 있는 지역의 소재·부품 제조업체들은 이미 전기차 전환을 따라잡아야 할 압박에 직면해 있지만, 이를 위해 필요한 R&D 투자 역량이나 전문 인력을 확보할 수 있는 산업체의 비중은 매우 한정적이다. 한편, 탄소국경조정제도가 확대 시행될 경우, 직접적인 수출기업뿐만 아니라 이들에게 국내 거래를 통해 납품하는 중소기업에까지 환경 의무 이행 및 친환경 중간재 공급 의무가 강화될 수 있겠으나, 대다수의 중소기업은 이 같은 변화에 대응할 역량이나 정보를 갖지 못하고 있다(박혜리·박지현, 2021).

이 같은 여건을 고려할 때 탄소중립의 과정이 지역산업의 경쟁력을 신장하는 방향으로 전개되기 위해서는 기존 산업체의 기술 역량과 투자 역량을 뒷받침하는 정책 지원이 충분한 예산과 함께 투입되어야 할 것이다. 이미 여러 선진국에서는 기후 위기 대응을 기존 노후 산업을 혁신할 기회로 삼고자 국가적인 투자를 감행하려는 시도가 관찰되고 있다. 일례로 2022년 8월 시행된 미국의 인플레이션감축법(IRA)에는 에너지다소비산업 사업체가 온실가스 감축이나 에너지 효율 개선에 투자할 경우, 막대한 규모의 재정 지원과 세액공제 혜택을 제공한다는 내용이 포함되어 있다. 특히 2022년부터 2026년까지 계획된 16조 원 이상의 투자는 기존 산업의 경쟁력 쇄신뿐만 아니라, 친환경·에너지 산업의 고용 창출에 크게 기여할 것으로 전망된다.

2) 디지털 전환과 지역산업의 진화

탄소중립과 관련된 기술변화 패러다임으로서, 디지털 전환(Digital Transformation)은 기존 산업의 재구조화를 이끄는 강력한 요인이 될 것으로 전망된다. 디지털 전환은 "기업이 디지털과 물리적 요소를 결합해 사업모델의 변화를 도모하고 자산 디지털화, 업무 과정 전환을 거쳐 새로운 사업 방식과 비즈니스 모델을 창출하는 일련의 과정"이라 정의할 수 있다(배진원 외, 2023). 디지털 전환의 핵심은 물리적 자산이나 업무 프로세스, 제품 및 서비스에 디지털 기술을 적용하는 데 있다. 이는 디지털 기술과 관련된 제품을 생산·연구하는 데 특화된 일부 업종에 한정되지 않고 광범위한 산업군의 비즈니스 모델(제조, 개발, 물류, 대인 서비스 등) 변화를 야기한다는 특징이 있다.

디지털 전환은 지역산업에 새로운 산업 육성의 기회를 제공할 수 있다. 특히 초연결성 기반의 플랫폼 경제가 확대되면서, 지역에서 적용할 수 있는 새로운 비즈니스 모델이 등장하고 이를 활용한 일자리 창출원도 다양화될 것으로 전망된다. 한편으로는, 제조업과 서비스업이 연계된 융복합적인 비즈니스 모델이 증가하고 공유경제, 온디맨드(On-Demand) 경제, O2O 등 직접적인 소비자 피드백과 빅데이터에 기반한 기업활동이 확대될 것으로도 예상할 수 있다. 제조업 부문에서는 자율주행차·커넥티드카·전기동력차(자동차), 원격제어 선박(조선), 무인화 기계(기계), 스마트 의류(석유), 3D 프린터용 금속 분말·이종접합 소재(철강), IoT 가전(가전) 등 다양한 유형의 제품들이 새로운 시장수요를 창출하는 상품으로 등장하고 있다. 또한 기업의 부가가치와 일자리에서 생산 기능보다 서비스 기능의 중요성이 증가할 것이며, 이에 따라 경제의 서비스화와 제조업의 서비스화가 동시에 진전될 것으로 예상된다.

입지적인 측면에서, 디지털 전환의 전 산업적인 확산은 신산업 분야 혁신

기업들의 입지 수요를 도심부로 회귀시키리라는 가설이 존재한다. 물론, 디지털 기술의 활용을 통해 물리적 거리의 한계가 해소되면서 지가가 저렴하고 쾌적한 교외로 기업들의 입지가 이동하리라는 시나리오도 가능하다(Adrjan et al., 2021). 그러나 보다 지배적인 전망은 디지털 전환이 제조업의 서비스화를 촉진하고 친환경적인 생산 환경 구현을 가능하게 하면서 도심부의 고밀화된 입지를 선호하는 추세를 강화하게 될 것이라는 점이다(정미애 외, 2018). 온라인을 통해 다양한 개인 간의 상시적인 접촉이 용이해지면서 근거리에 입지한 개인이나 기업 간의 상호 교류가 더 자주 일어나고 협력 빈도와 강도를 증가시키는 경향이 나타나고 있다. 또한 기술 발전이 가속화하고 경쟁이 심화하면서 관련 개인과 기업이 밀집된 장소는 아이디어의 교류와 지식 이전의 효율성을 높여 혁신 창출에 여전히 유효하다는 관찰이 힘을 얻고 있다(Storper and Venables, 2004; 김형주 외, 2017).

디지털 전환의 진전은 일자리에도 중요한 영향을 미칠 것으로 예상되는데, 특히 인공지능과 로봇 기술의 발달은 기존 생산공정의 자동화를 촉진하며, 기존 일자리의 대체 및 신산업에서의 고용 창출을 동시적으로 야기할 수 있다. 기존 연구들은 기술 진보에 따른 장기적 일자리 창출 가능성에도 불구하고 단기적으로는 자동화에 따른 일자리 감소를 전망하고 있으며, 특히 일자리 감소가 사회적·공간적 격차를 확대하는 방향으로 차별적 영향을 미칠 것으로 전망한다(World Bank, 2016).

이제 지역에 요구되는 것은 디지털 전환이 이끄는 변화의 파고에 적절히 대응하기 위한 흡수 역량이다. 특히 디지털 기술의 생산이나 활용에 관련된 산업군이 집적된 지역일수록 디지털 전환에 따른 생산성 제고와 고용 창출의 효과를 광범위하게 누릴 것이라 예상할 수 있다. 배진원 외(2022)에 따르면, 디지털 기술을 생산기술 고도화나 서비스 혁신에 직접적으로 활용하는 산업군의 입지는 수도권 및 대도시 지역에 크게 집중되어 있다. 디지털 전환의 과정을 선도하는 핵심 기업 및 인재 집단의 분포 역시 서울 및 수도권 지역에 대거 쏠려 있는 상태다. 비수도권에는 상대적으로 디지털 기술을 활용할 수 있는 산업군의 특화가 부족한 반면, 디지털 장비나 인프라의 생산에 관여하는 제조업종의 특화가 두드러지게 나타난다. 문제는 디지털 전환에 따른 고용 창출 및 생산성 개선의 수익이 디지털 기술의 공급보다는 디지털 기술의 활용에 관련된 산업군에 집중되리라는 점이다. 초기 조건만 고려한다면, 디지털 전환 기술의 확대는 지역 간의 균형발전보다는 불균형을 심화할 가능성이 크다.

이 같은 결과를 완화하기 위해서는, 각 지역의 주력산업의 디지털 전환을 촉진하는 정책적인 개입을 설계할 필요가 있다. 디지털 기술을 활용해 지역산업의 생산기술과 사업모델을 전환하기 위한 기술 지원, 근로자 훈련, 금융 및 컨설팅 지원 등 다각적인 지원 체계를 각 지역의 산업구조가 갖는 특수성을 반영하여 설계해야 할 것이다. 관련된 사례로서, 독일 연방경제에너지부는 미텔슈탄트 디지털(Mittelstand-Digital) 사업을 통해 중소기업의 디지털 전환을 촉진하고 있다. 특히 18개의 미텔슈탄트 4.0 역량센터를 지역별로 설치하고, 근로자 재교육 프로그램이나 생산기술 전환 과정에 대한 기술적·제도적 컨설팅 등 다양한 사업을 전개하고 있다(조영삼 외, 2021).

3) 여건 변화에 대응하기 위한 지역산업 정책의 방향

인구 감소 시대의 지역산업 정책은 단순히 외부 기업을 유치하거나 인프라를 공급하는 외생적 정책을 넘어, 전 세계적 구조 변화 압력인 탄소중립과 디지털 전환(DX) 등을 지역산업의 구조를 쇄신할 기회로 활용하는 데 달려 있다. 탄소국경조정제도(CBAM)와 같은 국제규범 강화는 지역산업 생태계에 강력한 구조조정 압력으로 작용할 수 있으며, 직접적인 수출기업뿐 아니라 이들에게 납품하는 중소기업에게까지 환경 의무 이행 부담을 가중시킬 전망이다. 또한 디지털 전환은 기업의 사업모델 변화와 자산 디지털화를 통해 새로운 비즈니스 방식을 창출하는 과정이며, 제조업의 서비스화를 촉진하고 광범위한 산업군에 걸쳐 파급 효과를 야기할 것으로 예상된다.

이에 대응하며 지역산업의 경쟁력을 쇄신하기 위해서는, 기존 산업체의 기술 역량과 투자 역량을 뒷받침할 수 있는 충분한 정책 지원이 시급하게 요청된다. 한편으로는, 에너지 다소비 사업체가 온실가스 감축이나 에너지 효율 개선에 투자할 경우 재정 지원과 세액공제를 제공하는 방식의 국가적 투자가 확대되어야 할 것이다. 또한 각 지역의 산업구조 특수성을 반영하여 디지털 전환 기술의 흡수 역량을 강화하는 기술 지원, 근로자 훈련, 컨설팅 등의 다각적 지원 체계가 설계되어야 할 것이다. 특히 지역산업의 숙련 구조가 단순·반복적인 직무에 특화되었거나 화석연료 집약적인 지역일수록 자동화 및 환경규제로 인한 여건 변화에 취약할 것이므로, 지역별 특수성을 고려한 지원 체계를 구축해야 한다. 해당 지역에서는 중소기업이 변화에 대응하고 근로자들이 재교육을 통해 새로운 기술을 흡수할 수 있도록 대규모 공공투자를 집중하여, 지역의 기술 흡수 역량을 강화하는 데 정책 자원을 집중할 필요가 있다.

참고문헌

박혜리·박지현. 2021. 「탄소국경조정제도(CBAM)에 대한 중소기업 대응방안 연구」. ≪KIEP 연구자료≫(21-06). 세종: 대외경제정책연구원.
배진원·김선배·변창욱·김송년·최성웅·이동규. 2022. 「디지털 전환 시대의 새로운 산업입지 전략 연구」. 세종: 산업연구원.
서정현. 2018. 「젊은 여성 일자리의 지역별 특성과 시사점: 지방소멸위기지역을 중심으로」. ≪KIET 산업경제≫, 제232호, 30~41쪽.
양승훈. 2019. 『중공업 가족의 유토피아: 산업도시 거제, 빛과 그림자』. 파주: 오월의 봄.

_____. 2024. 『울산 디스토피아, 제조업 강국의 불안한 미래: 쇠락하는 산업도시와 한국 경제에 켜진 경고등』. 서울: 부키.

정민수·김의정·이현서·홍성주·이동렬. 2023. 「지역간 인구이동과 지역경제」. ≪BOK 이슈노트≫ (제2023-29호). 서울: 한국은행.

조성철. 2021. 「지역별 제조업 고용변화에 대한 자동화와 세계화의 영향」. ≪한국경제지리학회지≫, 제22권 3호, 274~290쪽.

조성철·강호제·박정은·김다윗·탁혜영. 2019. 「청년친화형 산업공간 육성전략 연구」. 세종: 국토연구원.

조성철·류승한·유희연·김석윤·김경민. 2023a. 「스마트그린 산업단지 로드맵 구축 연구」. 세종: 국토교통부.

조성철·이윤석·장요한·김석윤. 2023b. 「산업단지 활성화를 위한 정주여건 개선방안」. 세종: 기획재정부.

조성철·홍사흠·신서경·김석윤·양승훈. 2024. 「저출산 현상의 지역별 격차와 요인: 국토 불균형에 따른 주거·고용 불안정성을 중심으로」. 세종: 국토연구원.

조영삼 외. 2021. 「중소기업의 디지털 전환전략과 정책과제」 연구보고서. 세종: 산업연구원.

홍석철. 2023. 「인구위기의 지역경제 파급 영향과 정책 대응 방향」. 2023 BOK 지역경제 심포지엄(2023. 11. 2) 발표자료.

7장

디지털 기술의 발전과 인구 감소 지역의 영향

박정일

1. 인구 감소와 지역소멸, 디지털 기술에 대한 희망

2023년 합계출산율 0.72. 한국의 낮은 출산율은 세계적인 관심의 대상이 되었다. 흑사병 시대에 비교되는 이 상황은 우리에게 큰 경각심을 불러일으켰다. 인구 감소 문제는 전 국가적 이슈이지만, 그 심각성은 지방으로 갈수록 커진다. 출생자 수보다 사망자 수가 많아 인구의 자연 감소가 발생하는, 이른바 '데드크로스'가 나타난 시군구는 2023년 기준으로 230곳으로, 전국 시군구의 80%를 넘어섰다. 이들 지역의 74%는 비수도권으로, 지방의 자연 인구 감소 현상은 더욱 심각하다(통계청, 2024). 지역의 활력과 장래인구의 크기를 가늠하는 청년인구는 지속적으로 유출되는 반면, 베이비붐 세대의 비중이 증가하면서 지방의 고령화는 갈수록 심각해지고 있다. '지역소멸'이라는 용어는 단순한 경고의 용어라기보다 곧 다가올 현실이 되고 있다.

인구 감소와 지방소멸 이슈에 대응하여 정부와 시민단체, 학계에서는 다양한 대책을 제안하고 있으며, 이 중 일부는 디지털 기술에 주목한다. 이들은 인공지능, IoT, 빅데이터, 로봇, 클라우드, 3D 프린터 등에 기반한 디지털 기술의 발전이 지역에 부족한 노동력을 제공하고, 행정, 의료, 교육, 금융 등 지역 간 서비스 격차를 해소해 줄 것이라고 주장한다. 특히 코로나19(COVID-19) 팬데믹 과정에서 디지털 기술의 활용은 재택근무, 원격교육 등의 가능성을 경험하게 하였으며, 이것의 확대는 향후 본격적인 지방 시대의 개시를 가능하게 할 것이라는 주장도 나오고 있다.

이 장에서는 디지털 기술을 중심으로 기술의 발전이 인구 감소와 지방소멸의 대안이 될 수 있는가에 대한 논의를 해보고자 한다. 최근 디지털 기술의 발전 양상과 이것이 인구와 공간에 미치는 영향, 특히 지방의 인구 감소 문제에 대한 각기 다른 예측을 통해 적절한 시사점을 도출해 보고자 한다.

2. 디지털 기술의 발전과 지방 인구 감소 지역의 기대

1) 노동력 부족 해결

최근 기술 발전의 핵심은 디지털이다. 디지털 기술은 데이터를 생성·전송·처리하는 전자적 수단을 말하며, 이를 통해 인간의 의사소통, 정보 처리, 자동화가 이루어진다. 컴퓨터, 인터넷, 인공지능, 빅데이터, 클라우드, 사물인터넷, 로봇, AR·VR, 3D 프린터 등이 대표적인 사례다. 디지털 기술은 특히 공간의 제약을 뛰어넘어 인간을 연결시키고 있다. 예를 들어, 화상회의 시스템을 통해 전 세계 어디에서나 실시간으로 회의에 참여할 수 있고, 소셜 미디어를 통해 지리적으로 떨어져 있는 사람들과도 즉시 소통할 수 있다. 코로나19 팬데믹 기간 동안 원격근무와 원격학습이 가능했던 것도 디지털 기술 덕분이다. 이러한 디지털 기술의 발전이 인구 감소 시대, 지역소멸의 위기를 겪고 있는 지역에 대안이 될 것이라는 기대가 있다. 직접적으로는 노동력 부족의 해결 측면에 대한 기대가 있다. 지방의 인구 감소, 특히 생산 인구의 감소는 해당 지역의 노동력 부족 문제로 이어지고 있다. 이를 해소하기 위해 지방 산업도시와 농촌지역에서는 외국인 노동자를 적극 유입해 왔으나 여전히 인력난을 호소하고 있다.

인공지능 및 로봇 기술의 발전은 이러한 지역의 노동력 부족 문제를 해결하는 데 도움이 될 수 있다. 예를 들어, 지방 산업도시에서는 스마트공장의 도입이 활발하다. 스마트공장은 공장의 모든 생산 과정을 디지털 기반으로 전환하여 사물인터넷, 빅데이터, 인공지능, 로봇 등의 첨단기술을 활용해 생산공정을 자동화하고 최적화하는 공장이다. 제품 설계부터 생산, 유통까지 전 과정에서 데이터를 실시간으로 수집하고 분석하여 효율성을 높인다. 이를 통해 최소한의 인력으로 최대한의 생산성을 달성할 수 있다. 코로나19 팬데믹 기간 동안 외국인 노동자 고용이 어려워지자 스마트공장의 도입이 더 활성화되었다는 사례도 있다. 이러한 스마트공장은 생산 현장을 자동화하고 정보화하여 인력 부족 해소와 생산성 향상을 가져올 뿐만 아니라 환경 및 안전의 제고도 가능하게 한다.

농촌지역에서도 디지털 기술은 대안이 되고 있다. 농촌은 고령화와 인구 유출로 노동력 부족 문제가 심각하다. 전통적으로 농업은 노동집약적인 산업이나 매 시기마다 많은 노동력이 필요하지 않고, 파종과 수확 시기에 노동 수요가 급격히 몰리는 특성이 있다. 부족한 노동력을 만회하기 위해 모내기철, 수확철이 되면 먼 타지에서 온 외국인 노동자에게 의존할 수밖에 없다. 지난 코로나19 팬데믹 기간 동안에는 외국인 노동자의 입국이 중단되어 채소, 과일 수확을 포기하고 밭을 갈아엎었다는 뉴스도 심심찮게 들려왔다. 이와 같은 농촌에 스마트농장의 도입은 대안으로 여겨지고 있다. 스마트농장은 디지털 기술을 농업에 접목하여 작물의 생육환경을 자동으로 제어하고 관리하는 농업 시스템이다. 온도, 습도, 조도, 이산화탄소 농도 등을 센서를 통해 실시간으로 모니터링하고, 필요에 따라 자동으로 조절하여 최적의 생육환경을 제공한다. 이를 통해 노동력 투입을 최소화하면서도 생산성을 높일 수 있다. 실제 스마트농장을 도입한 농가에서 평균적으로 생산량은 약 8%, 소득은 21.4% 증가한 반면, 경영비는 5.8% 감소하였으며, 특히 노동력은 26% 줄어들었다는 보고도 있다(농업진흥청, 2022).

2) 서비스 접근성 향상

인구 감소 지역에서는 행정, 의료, 교육, 금융 등 각종 서비스에 대한 수요 감소로 인해 해당 시설을 더 이상 운영하지 않고 문을 닫는 경우가 허다하다. 통계청이 발표한 2023년 인구동향조사에 따르면, 전국 261개 시군구 가운데 25%인 64곳이 연간 출생아 수가 200명을 넘지 않았다(통계청, 2024). 이 가운데 출생아 100명 미만인 지방자치단체는 36곳으로, 지난 2018년의 7곳과 비교해 5년 새 29곳이나 급격히 증가했다. 주목할 것은 100명 미만의 지방자치단체 36곳 중 한 곳을 제외하고는 모두 비수도권에 위치하고 있다는 점이다. 이는 갓난아기 울음소리조차 들리지 않아 소멸 위기에 처해 있음을 분명히 한다. 더 큰 문제는 출생아 수 감소가 해당 지역에서 산부인과나 소아과에 대한 의료 수요 감소로 이어져, 해당 병원이 폐업함에 따라 의료 서비스 접근성이 나빠지고 저출산을 부추기는 악순환이 반복된다는 점이다. 어느 지방에서 분만 시설을 찾아 수백 킬로미터 떨어진 곳으로 이동하던 산모가 앰뷸런스 안에서 출산했다는 뉴스는 이제는 별로 놀랍지도 않을 정도다.

응급환자 대응에서의 수도권과 지방 간의 격차는 매우 심각하다. 예를 들어,

2020년 중증 외상 환자의 이송 시간은 서울(27분), 인천(26분), 경기(34분)에 비해 비수도권 시·도 중에 광주(23분), 대전(24분)을 제외하고는 부산(32분), 대구(31분), 울산(31분), 세종(39분), 강원(38분) 충북(34분) 충남(35분), 전북(34분), 전남(34분), 경북(39분), 경남(24분), 제주(33분) 등 교통이 불편하고 의료 인프라가 부족한 지방에서 상대적으로 더 긴 시간이 소요되었다(질병관리청, 2023). 또한 전문 의료 인력이 부족하여 응급 상황에 적절히 대처하지 못하는 경우도 빈번하다. 이러한 격차는 생명과 직결되는 문제로, 지방 주민들의 의료 서비스 접근성에 큰 영향을 미치고 있다. SRT 고속철도가 개통되면서부터 서울 수서역에 있는 셔틀버스 정류장 앞에 아침부터 긴 줄이 늘어서 있는 광경을 본 적이 있는가? 이 역은 이른바 '빅5'라 불리는 대형 병원과 가까워 아침 일찍부터 지방에서 상경한 환자와 가족들로 북새통을 이룬다. 서울에 의료 인프라가 쏠리고, 덩달아 환자들도 서울로 몰리면서 지방의 의료 환경은 더 열악해지는 악순환이 계속되고 있다.

여기에 디지털 기술은 대안이 될 수 있다. 원격의료 서비스와 드론을 활용한 의약품 배송 등 디지털 기술을 활용하면 인구 감소 지역의 의료 서비스 접근성을 제고할 수 있다. 강원도에서는 격오지 주민 중 고혈압, 당뇨 환자를 대상으로 비대면 원격진료를 실시하여 혈당과 혈압 수치 정보를 담당 의사에게 전달하고 적절한 진단과 처방을 받도록 하였다(≪의협신문≫, 2020. 5. 26). 또한 전라남도 신안군과 같은 도서 지역에서는 드론을 이용하여 긴급 의약품과 혈액을 신속하게 배송하는 시범 사업이 진행되고 있다(≪전남일보≫, 2018. 9. 9). 이러한 디지털 기술의 활용은 의료 인프라가 부족한 지역에서 적시에 의료 서비스를 제공할 수 있게 하여 주민들의 건강과 생명을 지키는 데 큰 도움이 된다. 디지털 기술은 이처럼 인구 감소 지역의 의료 서비스 접근성을 제고하고, 지역소멸의 위기를 완화하는 데 중요한 역할을 할 수 있다.

3) 인구 분산과 소멸 위기로부터 탈출

앞서 살펴보았듯 디지털 기술의 발전이 감소한 인구만큼 부족한 노동력을 대체하고 서비스 접근성을 향상시킬 수 있는 가능성은 크다. 하지만 인구 감소로 소멸 위기에 있는 지역에서는 디지털 기술이 특정 지역에 과다하게 집중된 인구를 분산시켜 우리 지역으로 인구 유입이 가능할 것인가에 더 큰 관심이 있을 것이다. 특히 우리나라는 수도권에 집중된 인구가 지방으로 분산되어 소멸 위기에 있는 지방에 반등의 기회가 주어질지에 관심이 클 수밖에 없다.

수도권에 사는 것은 큰 비용을 요구한다. 2023년 기준 서울의 아파트 평균 매매가는 약 12억 원으로, 이는 연평균 소득 약 4000만 원의 20대 가구주가 저축으로 내 집 마련을 하려면 86년이 넘게 걸리는 액수다(민주노동연구원, 2024). 2024년 기준 수도권의 평균 통근 시간은 82분으로, 그 뒤를 있는 동남권(65.7분), 충청권(65.2분)이나 가장 짧은 강원권(57.7분)에 비해 상당히 길다(통계청, 2024년 통근 근로자 이동 특성 분석 결과). 그만큼 많은 사람들이 도로 위에서 시간을 소비하고 있다. 높은 물가와 혼잡한 대도시를 떠난다면 좀 더 쾌적하고 여유로운 삶이 기다리고 있을지 모른다. 그럼에도 대도시 서울과 수도권을 떠나는 인구는 많지 않다. 제각각의 사연과 이유가 있겠지만, 일자리와 교육 문제를 빼놓기 힘들 것이다.

수도권에는 전체 일자리의 약 50% 이상이 집중되어 있다(통계청, 2023년 지역별 고용 조사). 일자리의 질을 따져보면 격차는 더욱 심각하다. 2022년 기준으로 상위 1% 고소득 근로자는 10명 중 8명가량이 수도권 직장에 다니고 있다(윤석현, 2023). 중위 임금 이상의 보수, 주당 40시간 이하의 노동시간, 정규직이며 4대 사회보험을 제공하는 괜찮은 일자리의 공급은 전체의 절반 가까이가 수도권에 편중되어 있다(박정일, 2023). 이는 그만큼 질 좋은 일자리의 기회가 수도권에 편중되어 있다는 뜻이다. 더 많은 일자리의 기회, 더 나은 질의 일자리를 찾아 지방 인구는 수도권으로 집중한다. 특히 지방에서 태어나 지방대학을 막 졸업한 청년에게 있어 그 지역에 마땅한 일자리가 제공되지 않는 점은 지방을 떠나 수도권으로 향하는 청년인구 이동의 가장 큰 이유가 되고 있다.

교육 여건은 어떠한가? 수도권, 특히 서울에는 전국 상위권 주요 대학 대부분이 집중되어 있다. 서울의 상위권 대학은 우수한 교육 환경과 다양한 연구 기회를 제공하며, 이러한 대학에 진학하기 위해 많은 학생들이 서울로 몰리고 있다. 또한 서울 강남구 대치동과 목동을 중심으로 한 학원가는 대한민국 사교육의 중심지로, 우수한 학원과 강사들이 몰려 있어 입시 준비에 유리한 환경을 제공한다. 실제로 2024년 서울대학교 합격자의 35.4%가 서울 소재 고등학교 출신이며, 특히 강남 3구(강남구·서초구·송파구) 출신은 8명 중 1명 꼴로 나타났다(≪문화일보≫, 2024.3.14). 이러한 점은 서울과 지방 간의 교육격차를 보여주는 대표적인 사례이다.

수도권과 지방 간의 일자리 및 교육격차가 인구가 수도권으로 집중되는 주요 원인이라면, 최근의 디지털 기술의 발전은 이러한 문제를 해결하는 데 기여할 수 있을 것으로 기대되고 있다. 최근의 몇몇 논의를 보면, 인공지능, 빅데이터, 클라우드, 로봇, 3D 프린터 등 디지털 기술의 발전은 큰 비용이 들고 혼잡한 도시에 거주할 이유를 상쇄하여 인구의 분산을 가능하게 할 것이라고 주장한다. 특히 코로나19 팬데믹 과정을 겪으며 디지털 기술에 기반한 원격근무와 원격교육의 경험은 이것이 더 이상 불가능하지 않다는 확신으로 변하고 있다. 예를 들어, 미국의 테크기업들은 팬데믹 이후 원격근무를 도입하여 도시 외곽이나 교외 지역에서 일할 수 있는 근로자들이 증가하였고, 그로 인해 도심을 떠나 상대적으로 주거비용이 낮은 지역으로 이주하는 사람들이 많아졌다. 한국에서도 코로나 팬데믹이 종료 국면에 들어선 이후 재택근무가 차츰 줄어드는 상황에서도 한적한 휴양지에서 원격근무를 하는 워케이션[일(work)과 휴가(vacation)의 합성에]이 유행하기도 했다(≪조선일보≫, 2023. 3. 25).

디지털 기술의 발전으로 인구가 분산된다면 인구 감소 지역에 미치는 영향은 무엇일까? 디지털 인프라가 확충된 지역에서 원격근무가 일상화되면 경제적 중심지로서의 경쟁력을 되찾을 수 있다. 이러한 변화는 기존의 대도시 집중을 완화하고 지방 도시에 활력을 다시 불어넣을 수 있다. 또한 거주 형태의 변화도 예상된다. 고밀도 대도시보다는 넓은 공간을 제공하는 교외 지역이나 소도시가 주거지로서 더욱 각광받을 가능성이 높다. 이는 인구가 줄어든 지역에서 부동산 시장의 회복과 지역 경제의 활성화로 이어질 수 있다.

3. 디지털 기술의 발전과 지방 인구 감소 지역의 미래 현실

디지털 기술의 발전은 지역의 부족한 노동력을 대체하거나 서비스 접근성을 향상시키는 측면에서는 어느 정도 효과가 있을 수 있다. 하지만 디지털 기술이 인구 분산을 가져와 소멸 위기에 있는 지방의 인구를 다시 증가시킬 것인가에 대해서는 여전히 의문이 있다.

스마트공장의 사례를 다시 살펴보자. 스마트공장에서 인공지능, 로봇 등에 기반한 자동화와 지능화가 노동자 수를 늘릴지 아니면 줄일지에 대해서는 여전히 논쟁이 있지만, 스마트공장이 단순히 노동력을 대체하는 데 그치지 않고 직무와 직종의 구성을 근본적으로 변화시킬 것이라는 점은 분명하다. 단순하고 반복적이며 큰 힘이 드는 작업은 자동화된 기계나 로봇이 수행하고, 사람들의 역할은 시스템을 모니터링하고 공정을 관리하는 역할로 전환된다. 실제로 스마트공장이 도입된 제조 현장에서는 상품을 생산하는 설비가 돌아가고 있지만, 그 내부에는 몇 명의 인력만이 자리하고 있을 뿐이다. 이들의 업무는 직접 상품을 제조하는 것이 아니라, 자동화 설비가 문제 없이 작동하는지 또는 완제품에 불량이 없는지 점검하는 일이다. 그럼 나머지 인력은 어디에 있는 것일까? 그들은 한 켠의 사무실 같은 공간에서 제조 설비를 모니터링하고 통제한다. 이처럼 스마트공장의 도입은 직접 제조에 필요했던 다수의 인력을 시스템을 통제·관리하는 인력으로 변화시킨다.

스마트공장이 확산된다면 제조 라인에서 단순 업무를 담당했던 인력을 대신해서 시스템 통제에 필요한 전문 인력에 대한 수요로 대체될 것이다. 더 나아가 스마트공장이 보다 고도화되고 지능화된다면 이러한 시스템 통제를 위한 인력조차 줄어들 가능성이 있다. 높은 기술 수준의 스마트공장은 인공지능과 로봇을 통해 최소한의 인간 개입만으로도 운영될 수 있으며, 이러한 기술은 원격 모니터링 시스템을 통해 관리가 가능하다. 더욱 주목할 점은 이러한 통제·관리 시스템은 원격으로 가능하다는 점이다. 제조 현장이 아닌 별도의 모니터링 센터에서 원격으로 설비를 감시하고 제어가 가능하다면, 전문 인력조차도 물리적으로 공장에 상주할 필요 없이, 다른 지역에서 원격으로 관리할 수 있음을 의미한다. 이런 측면에서 일부에서는 우스갯소리로 미래 스마트공장에는 한 마리 개와 한 명의 사람만 있으면 충분하다고 한다. 이는 모든 공정이 자동화되고 원격으로 통제가 가능한 공장에서는 공장을 지킬 개 한 마리와 그 개에게 사료를 줄 사람 한 명만 있으면 된다는 뜻이다. 하지만 더욱 미래에 로봇 개가 대신 투입된다면, 그 한 명마저도 필요 없을 수 있다. 이러한 풍경은 대도시에서 멀리 떨어진 지방 공장의 미래일지 모른다. 만약 이것이 현실이 된다면 지방의 외딴 산업지역에서는 사람을 발견하기 힘들 수도 있다.

더욱이 스마트공장처럼 디지털 기술 기반의 생산이 더욱 본격화되면 생산 공장 자체가 대도시로 옮겨질 가능성이 높다. 최근 연구에 따르면, 디지털화된 생산 방식은 공간 효율성을 극대화하여 소규모·경량화된 제조가 가능하기 때문에 대도시 입지도 가능하다고 한다(Park, 2024). 예를 들어 3D 프린팅과 같은 적층 제조 기술은 비교적 작은 공간에서도 복잡하고 다양한 형태의 상품을 생산할 수 있다. 즉, 전통적인 생산 방식의 수많은 공정 단계를 간소화하여 제조 설비 수를 줄이고 생산 공간의 효율성을 극대화할 수 있다. 사람과 로봇이 함께 작업하는 협동로봇은 협소한 공간에서도 다양한 상품 제작이 가능하며, 빅데이터와 인공지능에 기반한 생산 방식은 식품이나 의류·패션 상품을 소비자가 주문하는 즉시 개인 맞춤형으로 생산 및 출고가 가능하여 판매하지 못한 제품을 쌓아둘 필요도 없고 공간도 효율적으로 활용할 수 있다. 이러한 디지털화된 생산 방식은 제조 공장의 공간적 제약을 줄여 대도시 내에도 충분히 설치와 운영이 가능하게 한다. 이는 제조업의 입지 선택에서 기존의 넓은 부지 확보라는 제한이 사라지게 되어, 도심지로의 공장 이전을 촉진할 수 있다. 또한 경량화·소형화된 제조 시설은 대도시의 고층 빌딩에도 충분히 설치와 생산이 가능하다. 대도시로의 공장 이전은 생산과 소비의 공간을 일치시켜 물류 과정을 단축하고 신속한 시장 대응이 가능하게 한다.

이와 같은 디지털 생산 방식 공장의 대도시로의 이전은 인구 소멸 위기에 있는 지역의 인구 감소와 침체를 가속화할 가능성이 있다. 디지털 생산 방식의 공장은 그것을 지속적으로 관리하고 운영할 전문 인력과 함께 첨단 인프라와 혁신 네트워크를 요구한다. 대다수의 전문 인력과 혁신기업, 첨단 디지털 인프라가 수도권에 집중되어 있는 현실에서 비수도권 지방 산업지역의 경쟁력은 실제로 상당히 부족하다. 이러한 현실에서 디지털 기반 첨단 공장의 대도시, 특히 수도권으로의 이전은 촉진될 수 있으며, 산업 유출을 겪는 지방에서는 노동의 기회를 찾아 인구 유출이 더욱 확대될 수 있다.

스마트농장의 사례도 유사하게 지방, 특히 농촌의 인구 감소로 이어질 수도 있다. 디지털 기술에 기반한 스마트농장은 생산성 향상과 함께 전통적인 농작업을 대체하여 노동 수요를 줄일 수 있다. 농작업의 많은 부분이 자동화·지능화되고 원격 관리가 가능해지면서 농장의 노동력은 크게 감소할 수 있다. 이러한 변화는 특히 농촌에 청년층이나 노동인구가 정착할 기회를 줄이며, 농업에 종사하던 인구가 점차 도시로 이동하게 만드는 결과를 초래할 수 있다. 또한 스마트농장을 운영하기 위해 필요한 고도화된 기술과 전문 지식은 농촌보다는 대도시에서 더 쉽게 접근할 수 있는 경우가 많아, 농촌지역은 점차 숙련된 인력을 확보하기 어려워질 수 있다.

또한 최근에는 대도시 도심에 '수직농장'이라는 새로운 형태의 농산물 생산공간이 등장하고 있다. 수직농장은 고층 건물에 논과 밭을 차곡차곡 쌓아 올린 것으로 보면 된다. 수직농장에는 원격제어, 인공지능, 빅데이터, 클라우드 등 첨단의 디지털 생산 시스템이 갖추어져 있다. 여기서는 기후와 토양에 크게 의존하지 않기 때문에 안정적인 농산물 생산이 가능하며, 외부 환경과 차단된 통제 가능한 환경은 병충해로부터 자유로워서 살충제나 화학 비료도 필요 없어 유기농 채소와 과일을 재배할 수 있다(아자르, 2024). 인공지능과 빅데이터는 수직농장의 온도, 습도, 물의 공급을 효율적으로 통제·관리하고 에너지 효율성을 높인다. 어떤 곳은 전통적인 농장보다 물의 사용을 90%나 줄일 수 있다고도 한다(옥기원, 2024). 수직농장은 디지털 기술을 활용하여 대규모 농업 생산을 대도시 내에서 가능하게 함으로써, 농산물의 생산과 소비를 같은 지역에서 이루어지게 한다. 이러한 방식은 물류비용을 절감하고 소비자에게 신선한 농산물을 제공할 수 있다는 이점이 있다. 그러나 도심 내 농업의 확대는 농촌인구의 경제적 기회를 줄어들게 하고, 농촌에서 도시로의 인구이동을 촉진할 수 있다.

이제 화제를 잠시 돌려보도록 하자. 과거 앨빈 토플러(1989)나 토머스 프리드먼(2006)은 정보통신 기술의 발달로 인해 대도시로의 인구집중보다는 분산이 발생할 것이라고 예측했다. 이들은 정보통신 기술이 물리적 거리를 극복하고, 원격근무와 소통을 가능하게 함으로써 사람들이 굳이 대도시에 거주할 필요가 없어질 것이라고 주장했다. 그들의 예측은 과연 맞았을까? 결론적으로 말하자면 그렇지 않다. 정보통신 기술의 발전에도 불구하고 대도시로의 인구집중은 오히려 강화되었다. 에드워드 글레이저가『도시의 승리(Triumph of the City)』에서 주장했듯이, 도시는 혁신과 아이디어 교환의 중심지로서, 사람들의 대면 욕구와 사회적 상호작용을 촉진하는 장소이기 때문이다(글레이저, 2011). 다시 말해 도시로의 인구집중은 인간이 가진 대면과 교류, 상호작용에 대한 욕구의 결과물로 볼 수 있다. 기술이 발전하더라도 인간은 여전히 대면 상호작용을 통해 아이디어를 교환하고 협력하며 혁신을 만들어 내려는 경향이 있다. 이는 특히 창의적인 산업이나 고부가가치 산업에서 두드러지며, 사람들은 물리적 근접성을 통해 더 많은 지식과 네트워크를 형성하게 된다. 이러한 대면 상호작용의 필요성은 대도시가 제공하는 다양한 네트워크와 협업의 기회를 찾는 사람들로 인해 대도시 인구집중을 더욱 강화시킨다(글레이저·커틀러, 2022). 따라서 1980~1990년대의 정보통신 기술의 발달을 훨씬 뛰어넘는 현재와 미래의 디지털 기술의 발전은 시공간을 초월하여 세계를 연결시키지만 도시는 여전히 사람들이 모여 혁신을 이루고, 새로운 아이디어를 창출하는 중요한 장소로 남아 있으며, 이는 도시로의 인구집중을 지속시키는 주요 원인이 될 것으로 보인다.

이처럼 디지털 기반의 스마트공장, 스마트농장의 확산, 그리고 대면과 교류, 상호작용에 대한 욕구는 소멸 위기에 있는 지방의 생산 기반과 인구 유출로 이어질 가능성이 크다. 이러한 인구 감소는 지방의 침체뿐만 아니라, 교육, 의료와 같은 기본적인 서비스의 축소를 야기하며 지역소멸의 위험을 높일 수 있다. 이것은 지방소멸의 대안으로 여겨졌던 디지털 기술의 발전이 아이러니하게도 이들 지역에서의 소멸을 부추길 수도 있음을 시사한다.

4. 무엇을 해야 하나

디지털 기술의 혜택이 특정 지역에 편중되고 그것이 새로운 지역 격차 문제를 발생시키지 않게 하려면 공공의 적극적인 정책 개입이 요구된다. 여기에는 디지털 취약 지역에 대한 정책적 투자가 고려될 수도 있지만, 보다 근본적으로는 인구 감소에 대한 지역의 관점과 태도를 바꾸는 것이 무엇보다 중요하다.

전 국가적으로 인구 감소 시대에 접어든 상황에서도 지방 지자체들은 여전히 기존의 성장 시대의 정책과 계획을 적용하고 있다. 인구 감소가 토지 이용과 개발수요의 감소를 가져올 수 있음에도 불구하고, 도시 외곽의 주택 단지와 산업단지 개발은 경쟁적으로 멈추지 않고 진행되고 있다. 이는 무질서한 난개발과 과도한 개발을 초래하며, 비대해진 도시를 관리하는 데에도 여러 가지 행정적·재정적 부담을 가중시킬 수 있다.

반면, 인구가 감소하고 작은 도시가 되더라도 혁신 역량과 경쟁력을 갖출 수 있으며, 주민의 삶의 질을 개선하고 친환경적이며 지속 가능한 발전을 이룰 수 있다. 스마트 축소 전략을 도입한 전 세계 여러 도시의 사례에서 그 가능성을 확인할 수 있다. 따라서 성장 시대를 넘어 저성장, 즉 인구 감소 시대에는 인구 감소를 받아들이는 데서부터 출발해야 한다. "영스타운은 작은 도시라는 것을 받아들이자"라는 기본 원칙을 가장 먼저 선언하여 도시계획에 반영한 미국 영스타운은 인구 감소에 대한 지역의 관점과 태도가 어떻게 변화해야 하는지를 보여주는 좋은 사례다(The City of Youngstown, 2005).

또한, 각 대도시권이 함께 상생과 협력의 체계를 구축하는 것 역시 중요하다. 이러한 체계는 제2의 수도권이 되는 것을 목표로 하기보다는 각 지역의 개성과 특색을 살리는 방향으로 나아가야 한다. 이는 최근 활발히 논의되고 있는 대도시권 전략과 연계하여 실행 가능성을 높이고, 지역 간 불균형 해소와 지속 가능한 발전에 기여할 수 있을 것이다.

참고문헌

글레이저,에드워드. 2011. 『도시의 승리』. 이진원 옮김. 해냄출판사.
글레이저,에드워드·데이비드 커틀러. 2022. 『도시의 생존』. 이경식 옮김. 한국경제신문.
농업진흥청. 2022. 「스마트농업으로 지속 가능한 농업을 실현하다」. ≪그린매거진≫, 제208호.
≪문화일보≫. 2024. 3. 13. "강남3구 서울대 합격자, 광역시의 3~9배".
민주노동연구원. 2024. 「부동산 폭등기(2014~2023) 청년가구 재정변화 분석」.
박정일. 2023. 「채용공고 빅데이터를 활용한 괜찮은 일자리 공급의 산업 및 지역입지 특성분석」.
    ≪지역연구≫, 제39권 4호, 19~32쪽.
아자르, 아짐. 2024. 『2040 위대한 격차의 시작: 기술의 진화가 기하급수적 차이를 만든다』. 장
    진영 옮김. 청림출판.
옥기원. 2024. "기후재난에 금배추…수직농장이 밥상 물가 지킬까". ≪한겨레≫(2024. 11. 27).
윤석현. 2023. "상위 1% 근로자 77% 수도권…20만명, 연평균 3억2천만원 벌어". ≪서울이코노
    미뉴스≫(2023. 10. 30)
≪의협신문≫. 2020. 5. 26. "강원도 의사·환자간 원격진료 사업 결국 '시작'".
≪전남일보≫. 2018. 9. 9. "섬 지역 의약품 수송 '메디컬드론' 첫 선".
≪조선일보≫. 2023. 3. 25. "재택근무는 줄어도…휴양지서 원격근무하는 '워케이션'은 계속된다".
질병관리청. 2023. 「2015~2020 지역사회기반 중증외상조사 통계」.
토플러, 앨빈. 1989. 『제3의 물결』. 한국경제신문.
통계청. 2024. 「인구동향조사 2023」.
프리드먼, 토머스. 2006. 『세계는 평평하다』. 김상철·이윤섭 옮김. 창해.

Park, J.-I. 2023. "Re-urbanization patern of manufacturing and characteristics of urban
    manufacturing in South Korea." *Cities*, Vol. 137, 104330.
_____. 2024. "How Does Digitalization Drive Urban Industrial Locations?: An Empirical
    Examination of South Korea's Experience." *Technology in Society*, Vol. 79, 102708.
The City of Youngstown. 2005. "Youngstwon 2010 Citywide Plan."

8장

지방소멸에 대응한 도시 공공서비스 방향

김동현

1. 도시 공공서비스 변화의 필요성

　도시에 거주하는 시민들은 다양한 공공서비스를 필요로 한다. 시민들이 일상생활을 불편함 없이 영위하기 위해 필요한 상하수도, 폐기물 처리, 치안 및 소방, 대중교통, 학교 및 보육, 복지, 여가, 통신, 국방, 의료 등 다양한 영역의 공공재가 공공서비스 영역에서 제공된다. 도시의 공공서비스는 도시의 확대 및 사회·경제적 변화와 발전에 맞추어 점차 확대되어 왔다. 과거 국방, 치안 및 소방, 상하수도 등의 필수적인 공공재의 영역을 중심으로 논의되었던 공공서비스는 복지와 삶의 질 향상을 위해 의료, 여가, 보육 및 교육, 대중교통 등으로 범위를 넓혀나가고 있다.

　도시가 성장하고 확대되어 감에 따라 공공서비스의 공급 방식도 다양해졌다. 정부를 중심으로 직접 공급되었던 공공서비스는 민간 위탁, 바우처, NGO 등 다양한 거버넌스 관계를 통해 공급되고 있다. 특히 공공서비스에 대한 수요가 세분화되고 영역이 다양해짐에 따라 보다 효과적인 공급을 위해 다양한 정책 수단이 도입되었다. 공공서비스의 공급 방식 변화는 지방정부의 제한된 재정 상황에서 서비스의 효율적 공급이라는 목표에 초점을 맞추고 있다.

그간 인구 증가와 함께 확대되어 온 도시 공공서비스는 인구 감소라는 새로운 현상에 직면해 있다. 도시의 기능을 유지하는 데 필요한 공공서비스는 이용 인구의 감소에 따른 효율성 저하와 누구에게나 제공되어야 하는 필수적이고 보편적인 서비스의 공급이라는 형평성의 가치가 충돌하고 있다. 효율성의 가치를 중심으로 이용 인구 감소가 예상되는 공공서비스를 폐지하거나 시설을 통합하여 숫자를 줄이면, 특정 지역에 서비스 공급이 적절하게 이루어지지 못하게 된다. 이는 해당 지역의 도시 기능 축소로 이어지게 되고, 이는 인구 유출과 감소로 연결된다. 형평성의 가치를 중심으로 공공서비스의 시설을 유지하면, 지방정부의 고정적 재정 부담이 증가하고 과잉투자로 인한 비용 부담 증가, 그리고 이는 시민들의 조세 부담 증가로 이어지게 된다. 이 장에서는 도시 공공서비스와 관련된 이론적 토대를 바탕으로 인구 감소 시대에 도시 기능 유지를 위해 요구되는 필수적인 공공서비스가 무엇인지 살펴보고 적절한 공급 전략을 탐색한다.

2. 도시 공공서비스의 유형과 이론

1) 도시 공공서비스의 정의와 유형

'도시 공공서비스'라는 용어는 도시와 공공, 서비스라는 단어로 구성된다. 먼저 서비스란, 재화(goods)와 달리 인간의 노력으로 생산되는 무형의 가치를 의미한다. 하지만 공공서비스라는 의미에서는 재화와 서비스를 구분하지 않으며, 재화의 의미를 포괄한다(김인, 2021: 20). 공공이 의미하는 부분은 '공공성'이 핵심이다. 이는 제공되는 서비스가 사적영역의 이익을 위해서가 아니라 공공의 이익을 위해 공급된다는 의미이다. 도시라는 용어는 공공의 이익에 대한 범위와 서비스 공급의 범위를 규정한다. 공공서비스는 중앙정부와 지방정부 모두에 의해 공급될 수 있다. 서비스의 도달 범위가 존재하고 공간적 범위로 한정할 수 있는 공공의 이익을 규정할 수 있는 경우를 도시 공공서비스라고 할 수 있다. 즉, 공공서비스는 거리와 입지라는 요소를 포함하고 있으며, 서비스를 공급하는 시설로부터 거리가 멀어질수록 편익이 감소하게 되는 특성이 있다(Tiebout, 1956).

도시 공공서비스는 도시 기능을 유지하고 시민들의 여러 가지 활동을 뒷받침한다는 공공성의 측면에서 중요하다. 도시 기능의 측면에서 도시 공공서비스의 범위가 넓고 다양하기 때문에 유형을 명확하게 구분하기가 어렵다. 시설 중심의 도시 공공서비스에서부터 지원금, 바우처 등을 포함하는 것을 범위로 한다면 정부가 제공하는 도시라는 공간 내에서 제공하는 모든 영역의 서비스가 포함될 것이다. 도시 공공서비스를 가장 포괄적으로 유형화하면 서비스 활동의 목적, 서비스의 성격, 서비스의 특성, 사회적 기능, 재량권 수준, 국가 기능, 공간적 측면, 서비스 파급 효과, 서비스 대상의 규모 등의 기준에 따라 **표 8-1**과 같이 유형을 구분할 수 있다(김인, 2021: 38).

도시 공공서비스는 도시라는 공간적 범위의 특성으로 인하여 국가 단위에서 제공되는 공공서비스 혹은 순수 공공재와는 구분되는 몇 가지 특성이 있다. 도시 공공서비스는 주로 시설적인 기반을 통하여 제공되는 서비스가 많기 때문에 수용 가능 용량과 서비스의 편익 범위를 가진다. 따라서 특정 공간에 고정된 특성으로 인하여 편익의 거리 감소 효과가 발생하게 되며, 접근성 문제가 나타난다. 비경합성과 비배제성으로 대표되는 순수 공공재의

[표 8-1] 공공서비스의 유형

기준	내용
서비스 활동의 목적	• 배분적 서비스: 문제를 해결하거나 개선하기 위해 제공되는 공공서비스 • 규제적 서비스: 불특정 다수 시민을 보호하기 위해 개인의 활동을 규제하는 것을 목적으로 하는 공공서비스. 법률에 순응하는지 모니터링하거나 순응하게 하는 활동(경찰 서비스) 등
서비스의 성격	• 인적 서비스: 상대적으로 높은 개인 간의 교호작용을 통해 서비스 수령자를 정신적·신체적으로 변화시키려는 서비스. 교육 서비스, 건강관리, 보건 서비스 등 • 물리적 서비스: 시민들의 물리적 환경 변화를 목표로 제공되는 서비스. 도로포장, 쓰레기 수거 및 처리, 오수처리 등
서비스의 특성	• 자본집약적 서비스: 전체 비용 중 인건비가 차지하는 비중이 상대적으로 낮은 서비스. 특수성이 높고, 지속적·장기적, 규모가 커 번복이 불가능함 • 노동집약적 서비스: 전체 비용 중 인건비가 차지하는 비중이 상대적으로 높은 서비스. 일상적·반복적·정기적, 짧게 지속, 수정이 용이함
사회적 기능	• 루틴 서비스: 대부분의 사람들이 일상적으로 이용하는 서비스. 상하수도, 쓰레기 수거, 오물 수거 및 처리, 도로, 교통 등 • 보호적 서비스: 사람과 재산을 보호하고 공공질서를 유지하는 서비스. 경찰, 소방, 법 집행, 공수 통제, 법원 행정 등 • 발전적 서비스: 개인의 물리적·지적·심리적 잠재력 향상을 목적으로 하는 서비스. 교육, 도서관, 공원, 위락 시설 등 • 사회 최저 수준 보장 서비스: 최소한의 생필품을 제공하기 위한 사회적 서비스. 의료 보호, 식량 보조, 인력 훈련, 공공주택 공급 등
재량권 수준	• 재량권이 높은 서비스: 공공서비스 공급자가 폭넓은 재량권을 행사할 수 있는 서비스. 경찰 서비스 등 • 중간 정도의 재량권을 발휘할 수 있는 서비스: 공원, 도서관 서비스 등 • 재량권이 낮은 서비스: 공공서비스 공급자가 적은 재량권을 행사할 수 있는 서비스. 쓰레기 수거, 소방 서비스 등
국가 기능	• 사회투자 서비스: 자본 시설과 유지를 통해 이윤과 자본 축적에 직접적으로 기여하며, 일상생활에 중요한 기본적 서비스 • 사회소비 서비스: 노동의 재생산을 보장함으로써 간접적으로 자본 축적을 지원하는 서비스. 도서관, 교육, 주택, 보건, 복지 등 • 사회비용 서비스: 사회적 질서를 제공하기 위해 고안된 서비스. 경찰 보호, 마약 단속 등
공간적 측면	• 점에 기초한 서비스: 공원, 위락 시설 등 • 지역에 기초한 서비스: 쓰레기 수거, 도로 유지 및 관리 등 • 점과 지역에 기초한 서비스: 경찰 서비스 • 시 전역의 조정이 필요한 서비스: 소방, 경찰 등 • 시 전역의 조정이 필요 없는 서비스: 공원, 쓰레기 수거, 위락 시설 등
서비스의 파급 효과	• 가장 작은 파급 효과~가장 큰 파급 효과 민간재, 민간 서비스 〈 도시 휴식 시설 〈 경찰 및 소방 〈 사법제도 〈 교육 〈 국방
서비스 대상의 규모	• 개인에게 전달되는 서비스: 범죄 조사 • 집단에게 전달되는 서비스: 순찰 활동 • 특정 지역에 전달되는 서비스: 쓰레기처리장, 오수처리장

자료: 김인(2021: 38)

[표 8-2] '국토의 계획 및 이용에 관한 법률'에 따른 도시 공공서비스 관련 시설(기반 시설, 공공 시설)

구분	종류
기반 시설	• 교통 시설: 도로·철도·항만·공항·주차장·자동차 정류장·궤도·차량 검사 및 면허 시설 • 공간 시설: 광장·공원·녹지·유원지·공공공지 • 유통·공급 시설: 유통 업무 설비, 수도·전기·가스·열공급 설비, 방송·통신 시설, 공동 구·시장, 유류 저장 및 송유 설비 • 공공·문화체육 시설: 학교·공공청사·문화 시설·공공필요성이 인정되는 체육 시설·연구 시설·사회복지 시설·공공 직업훈련 시설·청소년 수련 시설 • 방재 시설: 하천·유수지·저수지·방화설비·방풍설비·방수설비·사방설비·방조설비 • 보건위생 시설: 장사 시설·도축장·종합의료 시설 • 환경기초 시설: 하수도·폐기물처리 및 재활용 시설·빗물 저장 및 이용 시설·수질오염 방지 시설·폐차장
공공시설	• 도로·공원·철도·수도 • 항만·공항·광장·녹지·공공공지·공동구·하천·유수지·방화설비·방풍설비·방수설비·사방설비·방조설비·하수도·구거(溝渠: 도랑) • 행정청이 설치하는 시설로서 주차장, 저수지 및 그 밖에 국토교통부령으로 정하는 시설 • '스마트도시 조성 및 산업진흥 등에 관한 법률' 제2조 제3호 다목에 따른 시설 ※ 국토교통부령으로 정하는 시설: 공공필요성이 인정되는 체육 시설 중 운동장, 장사 시설 중 화장장·공동묘지·봉안 시설 등 ※ 스마트도시 조성 및 산업진흥 등에 관한 법률 시설: 스마트도시 서비스를 제공하기 위한 개별 정보 시스템을 운영하는 센터, 스마트도시 서비스를 제공하기 위한 복수의 정보 시스템을 연계·통합하여 운영하는 스마트도시 통합운영센터, 유비쿼터스 도시 기반 시설 관리·운영지침상의 시설

자료: 국토의 계획 및 이용에 관한 법률 시행령 제2조 및 제4조; 국토의 계획 및 이용에 관한 법률 시행규칙 제2조; 스마트 도시 조성 및 산업진흥 등에 관한 법률 제2조

특성 역시 서비스의 유형에 따라 다르게 나타난다. 도로와 같은 도시 공공서비스는 비경합성의 특성이 나타나는 반면, 사회복지 시설, 보육 시설과 같은 도시 공공서비스는 제한된 시설 용량으로 인하여 경합성의 문제가 나타나기도 한다. 또한 도시 공공서비스는 공급 방식에 있어 요금을 부과하는 경우와 그렇지 않은 경우가 있다. 도로와 같은 도시 공공서비스는 별도의 요금을 부과하지 않기 때문에 비배제성의 특성이 있으나, 공공체육 시설, 문화 시설의 경우는 요금을 부과하기 때문에 비배제성의 특성이 나타나지 않는다. 따라서 도시 공공서비스는 공급의 효율성과 더불어 입지 선정에 있

어 형평성 등의 문제가 나타나며, 시설과 관련해서는 계획적 공급을 위해 도시계획시설로 분류되어 설치된다.

도시 공공서비스와 관련된 시설은 기반 시설과 공공시설로 '국토의 계획 및 이용에 관한 법률' 제2조의 6에서 제시된 기반 시설과 제2조의 13에 제시된 공공시설로 규정되어 있다. 법에 따른 기반 시설은 교통 시설, 공간 시설, 유통·공급 시설, 공공·문화체육 시설, 방재 시설, 보건위생 시설, 환경기초 시설 등 7개로 구분되며, 공공시설은 도로·공원·철도·수도, 그 밖에 대통령령으로 정하는 공공용 시설로 구분된다. 규정하고 있는 대부분의 공공시설은 기반 시설에 포함되나, 구거, 스마트 도시 관련 시설의 일부는 공공시설에만 해당한다. 기반 시설의 설치·정비 및 개량에 관한 계획은 '도시·군관리계획'을 이용하여 진행되며 '도시·군계획시설의 결정·구조 및 설치 기준에 관한 규칙'에 근거하여 도시·군계획시설로 설치한다.

2) 도시 공공서비스의 이론적 토대

도시 공공서비스는 다양한 유형이 있지만 기본적으로는 공공재의 성격을 띤다. 시장경제 체제에서 재화와 서비스는 기본적으로 시장을 통해 공급된다. 하지만 모든 재화와 서비스는 시장에서만 적절한 양이 공급되기 어려운 시장실패를 겪게 되므로 정부는 다양한 정책을 통해 대안을 마련한다. 시장실패로 인하여 적절히 공급되지 않는 재화와 서비스의 대표적인 형태가 공공재이다. 공공재는 비경합성과 비배제성의 특성으로 인해 명확한 선호가 표출되지 않고 사회적으로 필요한 수준보다 적게 공급된다. 따라서 정부가 개입하여 공급하게 된다.

도시 공공서비스 공급 모형은 생태적 모형(ecological model), 하위계층 모형(under class model), 관료제 모형(bureaucratic model)으로 크게 구분할 수 있다(김헌민·김희영, 2004). 먼저 생태적 모형은 도시의 여건을 형성하는 지리적 조건, 인구학적 특성 등에 따라 수요가 창출되고 이에 대응하여 도시 공공서비스의 공급이 결정된다고 논의한다. 이 모형은 특히 도시 공공서비스 수요에 있어 인구와 면적, 주거지 등의 물리적 요소를 강조하며 사회경제적 변수로서 소득과 자산, 주택 등을 강조한다. 생태적 모형에서는 주로 보건의료, 보육, 경찰, 문화, 도서관, 복지 등의 도시 공공서비스를 다루며, 적절한 수요에 따라 공급되는 특성을 논의한다. 대부분 도시 및 지역 계획에서 도시 공공서비스 공급에 대한 기준과 이를 적용하고 적절성 여부를 판단하는 논의는 이러한 관점을 따른다.

다음으로 하위계층 모형은 도시 공공서비스를 정치적 과정으로 보며, 공급 수준의 차이는 정치적 영향력과 협상 과정의 결과라고 본다. 도시 공공서비스 수준은 공간에 내재된 사회경제적 계층의 차이에 따라 달라지는데, 차이를 야기하는 원인이 정치적·경제적 힘이 반영된 결과라는 것이다. 즉, 사회경제적으로 하위계층이 거주하는 공간에서 도시 공공서비스가 차별적이고 불균등한 결과로 나타난다는 것이다. 그 과정에서 상위계층은 높은 사회경제적 지위를 이용하여 관료에 대한 압력과 구조적인 영향력을 행사하고 차별화된 서비스 공급의 편익을 누리게 된다는 것이다. 도로포장, 하수시설, 가로등, 방화 시설, 공원 등의 도시 공공서비스 공급을 주로 다룬다.

관료제 모형은 도시 공공서비스가 행정조직의 의사결정 규칙에 따라 공급된다는 관점이다. 관료적 의사결정 규칙에는 다양한 가치를 반영한 다면적 의사결정 구조가 존재하며, 여기에는 공공서비스에 대한 필요, 수요, 평등, 효율성 등의 합리적 기준이 포함된다. 어떠한 가치를 중점에 두는가에 따라 도시 공공서비스 공급의 형태가 달라질 수 있으며, 제한된 자원에서 의사결정의 규칙에 따라 공급의 우선순위가 결정된다. 이 논의에서는 도로, 공원, 주택, 경찰 등의 도시 공공서비스를 주로 논의한다.

도시 공공서비스가 공공재 재화 공급에 대한 시장실패에 대한 대응으로 정당화되었고, 그 공급 형태에 여러 모형이 존재하지만 정부가 공급하는 도시 공공서비스 공급의 모형 역시 실패할 가능성이 존재한다. 시장기구가 잘 작동하지 않는 현상으로서 공공재 공급에 대한 시장실패에 대한 논의는 현상 그 자체에 대한 것이지 정부가 이를 더 적절하게 감당할 수 있는 역량이 있다는 논리적 정당성이 성립되지는 않는다. 정부가 시장실패라는 현상에 적절히 대응할 수 있는 역량을 가지고 있는가를 엄밀히 고려하지 않고 당연히 정부는 가치중립적인 그리고 도덕적인 선의 형태로서 공급할 수 있다는 믿음에 근거하고 있다는 것이다. 정부에 속한 관료, 정치인 등은 이익집단화될 수 있고, 전문화된 관료의 의사결정이 항상 합리적이지 않을 수 있다는 점, 그리고 이를 감시하기 위한 비용이 발생할 수 있다는 점은 시장실패가 곧 정부개입이라는 수학 공식과 같은 관계가 당연시될 수 없음을 의미한다. 정부 역시 여러 가지 이유로 실패할 수 있다. 이러한 관점에서 도시 공공서비스 공급에 등장한 방식이 민간을 통한 공급, 바우처, 민간 위탁 등이다. 도시 공공서비스 공급에서 민영화에 대한 시도는 1980년대부터 있어 왔으며, 주로 정부 개혁에 대한 관점에서 도입되어 왔다. 하지만 이들 공급 방식 역시 도시 공공서비스가 지닌 공공성이라는 부분에서 역할을 해내지 못하고 있다는 비판에 직면했으며, 다시 정부가 공급하는 방식으로 일부 회귀하고 있기도 하다.

　인구 감소가 현실화되었거나 전망되는 도시 혹은 지역에서 도시 공공서비스를 어떻게 공급할 것인가에 대한 문제는 오랫동안 논의되어 온 이론적 논의점들을 다시 현실 정책의 무대 위로 불러들이고 있다. 인구가 증가하고 도시가 확대되던 시기에 정립된 도시 공공서비스의 공급 규칙과 의사결정의 메커니즘은 오늘날에 적용되기 어렵다. 특히 모든 도시와 지역이 일관된 방향으로 이루어지던 발전주의 시대의 규범들은 더 이상 유효하지 않다. 어떤 지역은 인구가 증가하여 여전히 공급부족에 시달리며, 어떤 지역은 인구 감소로 인하여 도시 공공서비스 시설이 없어짐으로써 공급부족에 시달린다. 동일한 재정적 한계 상황을 경험하고 있지만 인구가 증가하고 있는 도시 및 지역에서는 효율적인 공급이 중요한 가치로 유지되는 반면, 인구가 감소하고 있는 도시 및 지역에서는 도시 공공서비스가 도달하지 못하는 곳이 나타나기도 하며 형평성이 중요한 가치로 대두된다. 도시와 지역의 여건에 따라서 정부실패와 시장실패가 동시에 나타나고 있으며, 어떠한 공급 주체도 적절한 역할을 하기 어려운 상황에 놓여 있다. 특히 고령화와 저출산이라는 사회 현상이 동시에 발생하고 있고, 이에 대응하기 위하여 도시 공공서비스를 어떠한 시설과 관점에 초점을 두어야 하는가에 대한 정책 딜레마적인 상황 역시 나타나고 있다.

3. 인구 감소에 따른 도시 공공서비스의 변화

1) 도시 기능과 필수적·필요적 도시 공공서비스

도시 공공서비스는 도시의 일상생활을 구성하는 필수 불가결한 요소다. 이는 도시의 기능과 연계된다. 인구 감소라는 현상을 겪는다 하더라도 도시가 역할에 맞는 기능을 제공할 수 있어야 소멸하지 않고 지속가능성을 지니게 된다. 도시는 좁은 공간에 다수의 사람들이 모여서 생활이 가능하도록 다양한 기능이 있으며, 이에 맞는 도시 공공서비스가 제공된다. 어떠한 도시 기능을 지속시킬 것인가 하는 문제는 이와 관련된 도시 공공서비스의 적절한 공급이 필요하다는 것을 의미한다.

도시의 기능은 **표 8-3**과 같이 존재하기 위한 기능, 발전하기 위한 기능,

[표 8-3] 도시의 기능 구분 및 정의, 세부 구성

도시의 기능 구분	정의	세부 구성
도시가 존재하기 위한 기능	도시 내 거주민이 존재하기 위해 요구되는 최소한의 필요와 관련되는 기능으로, 도시가 지닌 가장 원초적인 기능. 의식주를 영위하기 위해 최소한 요구되는 것을 의미	주거, 생산, 소비(상업), 일자리
도시가 발전하기 위한 기능	도시가 보다 번영하기 위해 요구되는 상호 관계와 미래세대의 인적자본에 토대한 기능. 정체되지 않고 지속적으로 새로운 것을 받아들이기 위한 것과 관련된 요소들	혁신, 사회적 교류, 교육, 창조성
도시가 건강하기 위한 기능	인간, 사회, 경제 등이 더 오랫동안 잘 기능하도록 하기 위해 필요한 기반을 의미. 인간이 살아가기 위한 공간으로서 요구되는 기능	문화·여가, 환경, 의료·복지, 사회적 안전
도시가 유지되기 위한 기능	도시가 사회적·물리적 복합체로서 구성되고 지속되기 위한 제도적 기반, 기반 시설, 물리적 네트워크 등을 의미	정치와 참여, 공공 행정, 방재 및 안전, 공공 인프라

자료: 김동현 외(2015: 86)

건강하기 위한 기능, 유지되기 위한 기능 등 네 가지로 구분할 수 있다(김동현 외, 2015). 도시가 존재하기 위한 기능은 도시 내 거주민들이 생존하기 위한 최소한의 필요조건을 의미한다. 주거, 생산, 소비, 일자리 등을 포함하며 필수적이고 최소한의 기능이다. 도시가 발전하기 위한 기능은 도시의 번영을 위해 요구되는 상호 관계와 미래 인적자본에 바탕을 둔 역할을 의미한다. 새로운 것을 받아들이고 혁신을 통하여 발전할 수 있는 기초적인 역량이다. 도시가 건강하기 위한 기능은 거주민, 사회, 경제 등이 지속적으로 잘 작동할 수 있도록 하는 기반을 의미한다. 심리적·문화적·여가적 요소를 포함하며 안전 관련 서비스를 포함한다. 도시가 유지되기 위한 기능은 도시의 정부, 제도 등이 유지되기 위한 물리적·비물리적 네트워크와 기반을 의미한다. 여기에는 사회를 구성하는 여러 가지 체계와 물적 인프라 등이 포함된다.

　도시의 기능과 관련해서 무엇이 필수적인 도시 공공서비스인가에 대해 최근 다양한 논의가 나타나고 있다. 조성철 외(2024)는 수도권과 비수도권 도시의 격차 완화를 위한 방안으로서 공간에 따라 다른 공공서비스 전략을 제시한다. 수도권의 경우 일자리와 인구 불균형 간 문제를 해소하기 위해서 주거 안정성 관련 복지 체계와 관련된 공공서비스를 강조하고 있으며, 비수 도권에서는 안정적인 고용 기반과 정주환경 강화를 위한 공공서비스를 강 조한다. 이는 인구 감소 단계에 있어 도시가 존재하기 위한 기능과 관련된 도시 공공서비스이다. 임시현·홍성진(2019)은 이동권에 대한 논의를 제시 한다. 교통수요 감소, 여객 운송 사업 여건 악화 등에 따라 지역 공공 교통 서비스 질의 저하가 전망되는데, 이동권은 필수적인 공공서비스이기 때문 에 인구과소 지역의 축소 단계에 따라 맞춤형 대응 전략이 요구됨을 제시한 다. 이들은 생태학적인 모형의 관점에서 공공서비스 공급의 비효율성 개선 을 위한 맞춤형 이동 서비스를 제안한다. 이는 인구 감소 단계에 있어 도시 가 유지되기 위한 기능에 관한 것이다.

이차희 외(2023)는 인구가 감소하는 농촌지역의 공공서비스를 도시와 기 능적으로 연계한 유지 전략을 제시한다. 기능적 도시지역 내 농촌과 인근 농촌, 원거리 농촌을 구분하고 인근 농촌에서는 생활 서비스 혁신과 관련된 공공서비스를, 원거리 농촌은 에너지와 관련된 공공서비스를 제안한다. 이 는 모두 도시의 발전을 위한 기능과 관련된다. 구형수 외(2022)는 사회 안전 확보를 위한 도시 공공서비스를 논의한다. 인구 감소 시대에 있어 사회 안 전과 관련된 긴급 서비스를 시설 최적 입지의 차원에서 논의하고 있다. 이 는 도시가 건강하기 위한 기능에 관련된 것으로, 생태학적 모델을 따르는 공 급 방식의 관점에서 논의하고 있다. 구형수 외(2016)는 인구 감소에 따라 도 시 기능을 유지시킬 수 있는 적정 규모화와 공공서비스의 재배치, 유휴화 방 지 및 공동 이용를 제안한다. 이는 효율성에 초점을 둔 생태학적 모델의 공 급 방식의 관점이며, 도시의 유지를 위한 기능에 공공서비스의 범위를 두고 있다. 강혜규 외(2018)는 복지 서비스와 관련된 공공서비스 전달 체계에 초 점을 두고 복지와 관련된 공공서비스 공급의 형평성을 논의한다. 이는 관료제적 모형에 바탕을 둔 공공서비스 공급 관점이며, 도시가 건강하기 위한 기능을 다루고 있다.

인구 감소에 따른 도시 기능 유지를 위한 필수적 공공서비스의 종류와 특성을 다루고 있는 논의들은 무엇이 필수적인가에 대한 공통된 기준이 모호하고, 이에 반영되는 가치의 기준 역시 상이하다. 또한 인구 감소 지역에 제공되어야 하는 정책 대안의 구성은 비교적 명확하고 구체적인 반면, 어느 수준이 적정한가에 대한 논의는 부족하다. 인구 감소 지역에 모든 종류의 도시 공공서비스를 정부가 제공해야 하는가? 인구 감소 지역의 도시 공공서비스의 공급 수준이 대도시 지역(예: 서울)과 같은 수준을 유지해야 하는가? 인구 감소 지역 내 세부 공간 단위별로 동일한 효용을 얻을 수 있도록 시설들이 배치되어야 하는가? 이 같은 질문에 답하기 위해서는 인구 감소에 따라 유지되어야 할 도시 공공서비스에 무엇이 필수적인가, 무엇이 필요적인가를 구분할 수 있어야 한다.

필수적인 것과 필요적인 것은 다른 개념이다. 필수적인 것은 다른 대안적 선택이 불가하며 정부가 순수 공공재의 측면에서 공급해야 하는 공공서비스이다. 불특정 다수를 대상으로 하며 사회투자적 혹은 사회비용적 성격을 띠고, 루틴한 서비스 혹은 보호적 서비스이며, 물리적 성격이 있다. 필요적인 것은 특정한 계층과 단계에서 수요가 존재하며 준공공재의 성격을 띠는 공공서비스이다. 주로 비용 부담이 발생할 수 있고 소비적 성격을 띠며, 사회경제적 여건 변화에 따라 달라지는 특성이 있다. 필수적인 성격을 지닌 도시 공공서비스는 이미 공급되고 있을 가능성이 높고 인구 감소가 나타난다고 하더라도 공급을 급격히 줄일 수 있는 형태가 아니다. 필요적인 성격을 지닌 도시 공공서비스는 수요에 민감하게 반응하기 때문에 인구 감소에 따라 요구되는 공급의 수준보다 필요의 수준이 낮을 때 문제가 나타난다. 이러한 개념적 기준을 고려했을 때 인구 감소 도시에서 필수적이라고 논의

[표 8-4] 도시 공공서비스 중 필수적 특성과 관련된 영역 및 도시 기능

구분	세부 시설	성격	특성	사회적 기능	국가적 기능	공간	대상자	도시 기능
교통 시설	도로, 철도, 항만, 공항, 궤도 등	물리적	자본집약	루틴	사회투자	지역	불특정 다수	유지
	차량 검사 및 면허 시설, 주차장, 자동차정류장	물리적	자본집약	루틴	사회투자	점	불특정 다수	유지
유통·공급 시설	유통업무 설비, 공동구, 유류 저장 및 송유설비	물리적	자본집약	루틴	사회투자	지역	불특정 다수	유지
	수도, 전기, 가스, 열 공급	물리적	자본집약	루틴	사회투자	지역	비용 부담	유지
	방송·통신	물리적/인적	자본집약	발전	사회투자	지역	불특정 다수	유지
	시장	물리적	자본집약	사회 보장	사회투자	점	불특정 다수	존재
방재 시설	하천, 유수지, 저수지, 방화설비, 방풍설비, 방수설비, 사방설비, 방조설비	물리적	자본집약	보호	사회비용	지역	불특정 다수	유지
환경 기초 시설	하수도, 폐기물처리 및 재활용 시설	물리적	자본집약	루틴	사회투자	지역	비용 부담	유지
	빗물 저장 및 이용 시설	물리적	자본집약	루틴	사회투자	점	불특정 다수	유지
	수질오염 방지 시설	물리적	자본집약	보호	사회투자	지역	불특정 다수	유지
	폐차장	물리적	자본집약	루틴	사회투자	점	비용 부담	유지
공간 시설	광장, 공원, 녹지, 유원지	물리적/인적	자본집약	발전	사회소비	점	불특정 다수	건강
	공공공지	물리적	자본집약	발전	사회소비	점	불특정 다수	건강

자료: 저자 정리

되고 있는 공공서비스는 도시의 기능을 유지하기 위해 필수적이라기보다는
필요적 성격에 가까운 경우가 많다.

　도시 공공서비스 중 교통 시설(표 8-4)을 살펴보면, 대부분 세부 시설들은
배분적 목적과 물리적 성격을 띠며, 자본집약적 특성을 보인다. 사회적 기

[표 8-5] 도시 공공서비스 중 필요적 특성과 관련된 영역 및 도시 기능

구분	세부 시설	성격	특성	사회적 기능	국가적 기능	공간	대상자	도시 기능
공공·문화체육시설	학교	물리적/인적	자본집약/노동집약	발전	사회소비	점	불특정다수	유지/발전
	공공청사	물리적/인적	자본집약/노동집약	보호	사회소비/사회비용	점	불특정다수	유지
	문화 시설, 체육 시설	물리적/인적	자본집약/노동집약	발전	사회소비	점	비용부담	건강
	연구 시설	물리적	자본집약/노동집약	발전	사회소비	점	불특정다수	발전
	사회복지시설	물리적/인적	자본집약/노동집약	사회보장	사회소비	점	비용부담	건강/유지
	공공 직업훈련 시설	물리적/인적	자본집약/노동집약	사회보장	사회소비	점	비용부담	존재/발전
	청소년 수련시설	물리적/인적	자본집약/노동집약	발전	사회소비	점	비용부담	유지
보건위생시설	장사 시설, 도축장	물리적	자본집약	루틴	사회소비	점	비용부담	유지
	종합의료시설	물리적/인적	자본집약/노동집약	사회보장	사회소비	점	비용부담	건강/유지

자료: 저자 정리

능으로는 일상적으로 이용하는 루틴 서비스이고 사회적 투자의 성격을 지니며, 불특정 다수가 이용하며 도시를 유지하기 위한 기능의 시설과 공공서비스이다. 이들 공공서비스는 대부분 필수적인 성격을 지니고 있으며, 인구감소에 따라 확대되지는 않지만 기존에 공급되었던 수준에서 더 낮아지지도 않는다. 또한 과거 도시의 성장과 확대에 따라 투자가 나타났던 시설과 서비스이며, 인구 감소에 따른 도시 축소 현상이 나타날 때는 이를 유지하기 위한 재원의 압력이 지방정부에게 가해지고 과잉투자의 논란이 발생하기도 한다. 전기, 가스, 수도 등의 공급과 관련된 유통·공급 시설 역시 동일한 맥락에서 논의할 수 있다. 방재와 관련된 시설들, 환경기초 시설들, 공간 시설들 역시 동일한 맥락에서 논의할 수 있다.

도시 공공서비스 중 공공·문화체육 시설, 보건위생 시설 등은 필요적 특성에 가깝다. 공공·문화체육 시설(표 8-5)을 살펴보면, 대부분의 시설이 물리적/인적 서비스를 함께 동반하고 있고 사회소비적 성격을 지닌다. 또한 발전적 서비스 혹은 사회보장적 서비스의 특성을 지니고 있으며, 비용 부담의 방식으로 다수 운영된다. 관련된 도시 기능은 유지, 건강, 발전 등 다양한 범위를 가진다. 이들 공공서비스는 대부분 필요적인 성격을 지니고 있으며, 인구 감소에 따라 축소되는 특성이 있다. 공공서비스의 형평성과 격차, 접근성의 문제가 제기되기도 한다. 인구 감소 지역의 거주민들도 필요로 하지만 쉽게 공급되기 어렵거나 혹은 정치적 의사결정의 과정으로 공급되어 비효율성의 문제가 발생하기도 한다. 하지만 인구 감소 지역에서 인구 성장 지역과 동일한 기준으로 도시 공공서비스를 공급하는 기준을 적용할 때 적정 수준으로 공급되지 않을 가능성이 있으며 격차를 유발하기도 한다. 보건위생 시설 역시 동일한 맥락에서 논의할 수 있다.

2) 인구 감소에 따른 공공서비스 접근 전략과 공급 방식

인구 감소에 따른 도시 축소가 나타나는 상황에서 도시 공공서비스 공급은 많은 경우 정책 딜레마적 상황에 놓이게 된다. 도시 확장 혹은 인구 성장 시기에 적용되던 도시 공공서비스의 접근과 공급 방식은 부적절해질 가능성이 있다. 수요의 기반이 되는 인구수와 도시 면적, 주택 등은 동일한 방향성을 보이지 않는 도시별 상황에 일관된 적절성을 가지기 어렵다. 인구 감소가 나타나는 도시 및 지역은 수요가 충분하지 않지만 공급되어야 할 공공서비스가 존재하는 경우 적절히 공급되지 못하는 경우가 발생한다. 따라서 인구 감소 도시와 지역에 공공서비스를 공급하기 위한 새로운 전략이 필요하다.

첫째, 과거 도시 공공서비스의 주된 공급 방식이었던 정부 주도의 일괄적인 공급은 더 이상 유효하지 않으며, 오히려 정부실패를 가져올 가능성이 높다. 정부 주도의 공급 방식은 관료제적 모형에 따라 공급되는데, 이는 동일한 규칙성을 적용하다 보니 운용의 경직성이 강하다. 인구 감소가 나타나는 도시라 하더라도 감소의 형태와 정도 등이 다르고 인구 감소가 필요의 감소를 의미하지도 않는다. 계층 혹은 연령의 구성에 따라 공급되어야 할 도시 공공서비스는 세분화되고 있으며, 실제 필요와 수요에 부응하는 공급의 유형 역시 다양하다. 하지만 일관된 공급 규칙과 방식을 적용하는 경우, 도시와 지역의 여건에 부합하는 공공서비스의 공급이 어렵다. 따라서 도시 공공서비스의 새로운 공급 방식을 고려할 필요가 있다. 적정한 경제적 이익과 사회적 목표를 동시에 달성하고자 하는 제3의 경제조직으로 사회적경제 조직을 도시 공공서비스 공급의 새로운 주체로 고려할 수 있다. 사회적경제 조직은 경제적 이익을 추구하되 초과이윤은 다시 사회적 투자로 연결시키는데, 경제적 이익을 추구하고 있다는 점에서, 그리고 공공서비스 공급의 효율성을 사회적 투자로 연결시킨다는 점에서 공공서비스 공급의 공공성을 확보할 수 있다. 대표적 사회적경제 조직인 사회적기업과 협동조합 등이 이미 임대주택, 도시공원, 복지 서비스 등에 있어 역할을 하고 있는 사례가 다수 나타나고 있다.

둘째, 도시 공공서비스를 공급하는 데 있어 과잉투자와 집합행동의 오류를 막기 위해서는 최소한의 비용 부담이 적용되어야 한다. 인구 감소 지역에서 다양한 정치적 이유로 인해 필요에 부합하지 않는 과도한 도시 공공서비스를 위한 시설들이 도입되기도 한다. 유사한 기능이 있는 시설이 있음에도 불구하고 새로운 시설을 도입하는 경우, 분산화된 공급이 필요한 공공서비스인데 대규모 시설을 도입하여 오히려 필요에 부합하지 못하고 유휴시설로 남게 되는 경우, 투자 규모에 비해 지나치게 편익의 대상이 제한적인 경우를 보이는 사례가 다수가 발견된다. 이러한 문제들은 과도한 필요의 노출과 집단 이기주의에 바탕을 둔 집합행동의 결과로 나타난다. 특히 정치적 과정에 따라 중앙정부의 투자에 의해 시설이 도입되는 경우, 지역의 거주민들에게는 비효율성에 대한 어떠한 조세 부담도 부여되지 않는다. 그 결과, 인구 감소 지역의 도시 공공서비스 확대를 위해 도입된 시설이 유휴화되며 공공서비스를 제공하지 못하는 결과를 초래한다. 이를 방지하고 실제 필요가 있는 곳에 도시 공공서비스를 제공하기 위해서는 지방정부와 거주민들의 비용 부담이 있어야 한다. 즉, 허위로 표출되는 필요를 줄일 수 있는 최소한의 장치가 담보되어야 한다.

셋째, 인구 감소 도시 및 지역에 있어 도시 공공서비스는 투자 영역보다는 소비 영역에 초점을 맞추고 공급되어야 한다. 사회적 투자 측면에서 초점을 맞추고 불특정 다수를 대상으로 편익을 높이는 과거의 도시 공공서비스 공급 방식은 도시가 확장되는 시기에 적합한 방식이었다. 인구 감소 도시 및 지역에서 필요에 비해 부족한 공공서비스는 투자로 불특정 다수에게 편익이 나타나는 공공서비스라기보다는 세분화된 필요를 충족시켜 줄 수 있는 소비 영역에 있다. 복지 서비스, 보육 서비스, 문화 서비스 등은 소비를 통해 충족될 수 있는 공공서비스의 부분이다. 따라서 도시 공공서비스를 구성하는 데 있어 시설과 투자의 확충보다는 기존의 시설을 활용하되 프로그램 구성과 이를 제공할 수 있는 다양한 공급자를 확보하는 것이 필요하다.

4. 인구 감소 시대의 도시 공공서비스 방향

인구 감소는 피할 수 없는 현실이다. 도시 공공서비스는 그간 도시를 확대하고 도시 거주민의 일상생활에 편익을 가져다주는 중요한 공공재였다.

생태학적 모형과 관료제적 모형을 통해 주로 공급되어 온 우리나라의 도시 공공서비스는 인구 감소에 대응하기 위해 공급 방식의 다변화를 도모해야 한다. 모든 도시와 지역에 일관된 규칙으로 적용하는 방식을 벗어나고 다양하게 나타나는 도시 유형에 맞게 적용할 수 있는 새로운 공급 모델이 필요하다. 인구 감소에 대응하기 위해 최근 대안으로 나타나고 있는 규모 적정화에 대한 논의는 서비스의 범위를 조정하고 효율화를 도모하고자 하는 데 초점이 있다. 도시 규모 적정화에 대한 논의는 공간의 효율성을 높이고 기능적 통합을 통해 도시 공공서비스를 제공하고자 한다. 도시 규모 적정화 측면에서 도시 공공서비스는 특정한 구역 내에서만 공급하고 기능을 합리적으로 재배치하는 것을 포함한다(윤병훈 외, 2023). 도시 규모 적정화에 대한 논의들은 기존 관료제적 모형과 생태주의적 모형을 결합한 결과물이며, 다변화된 공공서비스의 필요를 반영하기에는 부족하다. 기존 성장 시대와 유사한 일관된 규칙을 모든 인구 감소 도시에 적용하는 것을 제안하고 있으며 다양한 유형과 필요가 존재하는 거주민의 여건을 고려하지 않는다. 보다 적절한, 그리고 인구 감소 도시에 맞는 도시 공공서비스의 공급을 위해서는 효율성 중심의 일방향적인 공급 원칙보다는 필수적인 것과 필요적인 것을 구분하고 세분화된 공공서비스의 필요에 맞는 다변화된 공급 방식의 전환을 우선해야 할 것이다.

참고문헌

강혜규 외. 2018. 「공공서비스 이용의 최적화를 위한 복지전달체계 연구(II)」. 한국보건사회연구원.
구형수 외. 2016. 「저성장 시대의 축소도시 실태와 정책방안 연구」. 국토연구원.
구형수 외. 2022. 「인구감소·고령화 시대의 사회안전 확보를 위한 골든타임 트라이앵글 조성방안 연구」. 국토연구원.
김동현 외. 2015. 「도시의 기후 회복력 확보를 위한 공간단위별 평가 체계 및 모형 개발」. 한국

환경정책·평가연구원

김인. 2021. 『도시공공서비스론』. 윤성사.

김헌민·김희영. 2004. 「도시 공공서비스 시설의 공급 결정요인」. ≪사회과학연구논총≫, 제12권, 109~128쪽.

윤병훈 외. 2023. 「지방중소도시의 도시규모 적정화방안 연구」. ≪국토연구≫, 제119권, 121~141쪽.

이차희 외. 2023. 「농촌-도시 간 기능적 연계를 통한 농촌 발전전략」. 국토연구원

임시현·홍성진. 2019. 「소멸위기 지방도시의 지역 유형별 이동권 확보방안 연구」. 한국교통연구원

조성철 외. 2024. 「저출산 현상의 지역별 격차와 요인: 국토 불균형에 따른 주거·고용 불안정성을 중심으로」. 국토연구원

Tiebout C. M. 1956. "A Pure Theory of Local Expenditures." *Journal of Political Economy*, Vol. 64, No. 5, pp. 416~424.

9장

주택정책으로 바라본 인구 감소의 이해

전희정

1. 인구 감소 시대의 주택

한국은 1960~1970년대 급속한 도시화를 거치면서 서울을 중심으로 심각한 주택 부족 문제를 겪었으며, 이로 인해 주택보급률은 50% 미만까지 하락했다. 이러한 심각한 주택 부족 문제로 인해 우리나라의 주택정책은 2000년대까지만 하더라도 인구 및 가구의 지속적인 증가에 대응하기 위한 공급 위주 정책이 주를 이루어 왔다. 하지만, 2000년대 들어 서울을 비롯한 대도시에서 주택보급률이 100%를 넘어섰고, 단순히 주택을 공급하는 양적인 측면이 아닌 주거의 질적 수준 향상에 대한 요구가 지속되어 왔다. 특히, 2015년 이후 주거정책의 최상위 법으로서 주거기본법의 제정, 주거 선택의 다양화를 위한 주거급여법 시행, 공공주택의 공급과 관리에 관한 공공주택특별법 제정, 전월세 시장의 안정화를 위한 민간임대주택에 관한 특별법 제정 등 주거 취약계층의 주거복지를 향상시키기 위한 다양한 정책들과 함께 주택정책의 패러다임은 전환되어 왔다.

시기별로 주요 목표가 변화해 온 우리나라의 주택정책은 2000년대 들어 한국 사회에서 가장 심각한 문제 중 하나인 인구구조 변화와 더불어 또 한 번의 전환기를 맞고 있다. 가구 유형에 있어 1인 가구의 비중이 크게 증가하여 주택 소요(housing needs)가 다양화되어 왔으나, 여전히 기존의 4인 가구 중심의 전통적인 주택정책이 주를 이루고 있어 1인 가구들의 주택 소요를 충분히 만족시키지 못하고 있다. 또한, 급속한 고령화는 고령자의 지역사회 계속거주를 의미하는 '에이징 인 플레이스(Aging-in-place)' 기조와 더불어 물리적 시설물로서의 주택을 공급하는 것뿐만 아니라 고령가구가 필요로 하는 서비스와의 연계가 중요한 과제로 떠오르고 있다. 이 외에도 주거비 상승은 인구 감소에 가장 큰 원인이라고 할 수 있는 출생률에 부정적 영향을 미쳐왔으며, 출생률을 높이기 위한 아이 돌봄 서비스와 같은 양육 가구들을 위한 주거 지원 서비스에 대한 수요가 높아졌다. 또한, 주택은 내구성이 강한 재화로서 지속적인 관리가 필요한 재화인데 지방 소도시의 경우 인구 감소로 인해 다량의 빈집이 양산되어 왔고, 빈집에 대한 관리가 제대로 되지 않아 근린효과(neighborhood effect)를 통해 인접 지역의 주택들에도 부정적인 영향을 미치며 궁극적으로는 근린 전체에 영향을 미쳐 사회 문제를 야기해 왔다.

주택은 일상생활에 기본이 되는 공간으로서 인간다운 삶을 위해 필수 불가결한 요소일 뿐 아니라 경제적 재화 및 다양한 서비스의 총체다(Galster, 2001). 이러한 주택의 다차원적 속성으로 인해 인구 감소와 주택은 매우 밀접하게 연관되어 있다. 인구구조 변화에 따라 주택 수요 또한 다양화되고 있으며, 역으로 과도한 주택 비용으로 인해 결혼과 출산을 미루거나 포기하는 등의 경로를 통해 인구 감소에 영향을 미치고 있다. 또한 수도권으로의 인구집중과 전반적 저출산 기조로 인해 비수도권 지역에서는 무수한 빈집이 양산되고 이를 통해 주거환경이 악화되어 다시 인구가 감소하는 악순환을 겪게 된다. 즉, 인구 감소 시대에 주택 문제가 지역별로 양극화되는 현상이 나타나고 있는 것이다.

인구 감소와 주택은 상호 교환적인 관계를 가지므로, 현재 사회적으로 가장 큰 문제 중 하나인 인구 감소의 문제는 반드시 주택과의 연관성을 고려한 해결책 모색이 필요하다. 이 장에서는 인구 감소로 인한 주택 문제의 유형, 이러한 인구 감소로 인한 주택 문제에 대응하기 위한 현재의 주택정책, 인구 감소 시대에 주택정책이 나아가야 할 방향에 대해서 논의하고자 한다.

2. 인구 감소와 관련한 주택 문제는 어떠한 것들이 있는가

1) 1인 가구의 증가: 4인 가구 중심 주택정책의 비작동

우리나라는 전통적으로 부부와 미혼 자녀로 구성된 3~4인 가구 가장 많은 비율을 차지했으나 **그림 9-1**에서와 같이 2023년 현재 1인 가구가 전체 가구의 약 34.4%를 차지하며 전체 가구 유형 중에서 가장 높은 비중을 차지하고 있으며, 2030년에는 1인 가구가 전체 가구의 40%를 넘을 전망이다(신수지, 2024). 1인 가구의 증가는 저출생과 긴밀하게 연관된 인구 감소의 핵심 문제이다. 1인 가구의 비중은 특히 35세 이하의 청년 가구 집단에서 크게 증가했는데, 이는 한국에서 청년 가구들의 경우 만혼과 비혼의 증가를, 중장년 가구들의 경우 이혼의 증가를 반영하며, 부부와 자녀로 구성된 가구의 비율이 2047년까지 16.3%까지 급감할 것으로 예상된다(박미선·조윤지, 2020). 하지만, 한국의 주택정책은 여전히 전통적인 '부부 + 자녀' 가구 중심으로 이루어져 있고, 1인 가구의 급격한 증가에 대응하는 정책적 대응이 신속히 이

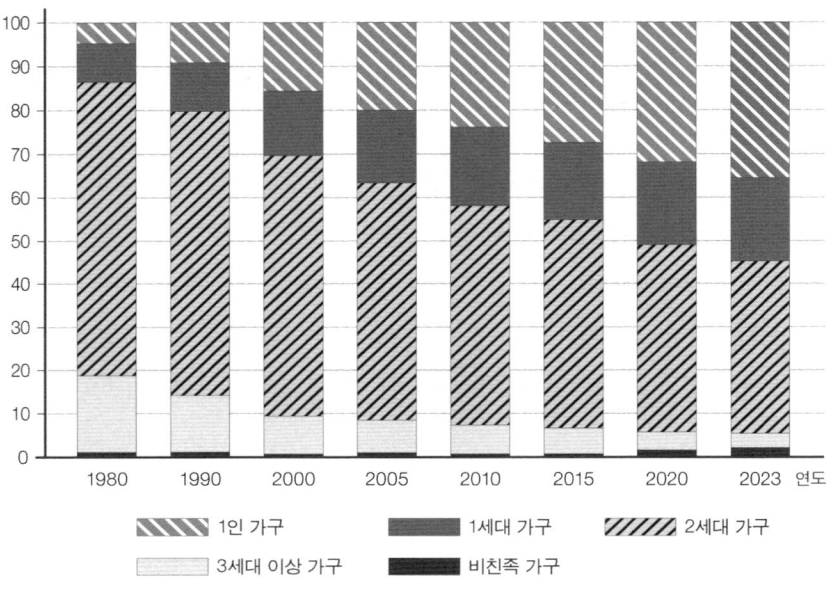

1980   1990   2000   2005   2010   2015   2020   2023 연도

| ▨ | 1인 가구 | ▦ | 1세대 가구 | ▨ | 2세대 가구 |
| ▨ | 3세대 이상 가구 | ▉ | 비친족 가구 | | |

[그림 9-1] 세대별 가구 구성 변화(비율, %)
자료: KOSIS(2024)

루어지지 않고 있는 실정이다.

이러한 1인 가구의 급격한 증가로 인한 다양한 주택 문제가 발생할 것으로 예상된다. 1인 가구는 전통적인 '부부 + 자녀' 가구와는 차별적인 주거 소요를 가지기 때문에 '부부 + 자녀' 가구와는 다른 주거 문제에 직면할 가능성이 높다. 이는 1인 가구의 증가에 대응하여 전통적인 주택정책은 원활히 작동하지 않을 수 있으며, 인구 감소 시대의 주택정책의 방향 또한 달라져야 함을 의미한다.

1인 가구는 크게 연령에 따라 구분할 수 있는데, **그림 9-2**와 같이 1인 가구의 비중은 남성의 경우 20대와 30대의 비중이 높으며, 여성의 경우 20대와 70세 이상의 고령층에서 비중이 높아 성별을 합친 경우 전반적으로는 청년 계층과 노년 계층에서 1인 가구의 비중이 높은 편이다.

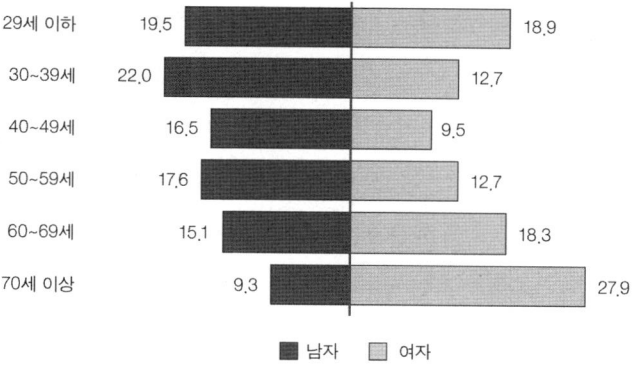

29세 이하	19.5	18.9
30~39세	22.0	12.7
40~49세	16.5	9.5
50~59세	17.6	12.7
60~69세	15.1	18.3
70세 이상	9.3	27.9

■ 남자 □ 여자

[그림 9-2] 1인 가구 연령별 비중(%)
자료: 통계청(2023a) 재인용

　1인 가구는 보통 다인 가구에 비해 절대적인 소득 수준이 낮아 주거비 부담이 상대적으로 높으며, 그 결과 최저주거기준에 미달하는 주택에 거주할 가능성이 높다. 2019년 주거실태조사에 따르면, 전체 가구의 26.7%가 주거비 과부담 가구인 반면, 1인 가구의 30.8%가 가구소득 대비 주거비 지출이 30% 이상인 주거비 과부담 가구에 속해 있다. 주거비 과부담 여부와 함께 주거 빈곤을 대표하는 지표로서 최저주거기준 미달 가구의 경우에도 2019년 전체 가구 중 5.3%가 최저주거기준 미달 가구인 반면, 1인 가구 중 10.6%가 최저주거기준에 미달하는 주택에 거주하고 있어 1인 가구 중 주거 빈곤에 처해 있는 비율이 2인 이상 가구들에 비해 높다(국토교통부, 2020).

　한편, 1인 가구의 급격한 증가로 인하여 소형 주택에 대한 수요가 높아져왔다. 1인 가구의 경우 자녀 가구에 비해 넓은 생활공간이 필요하지 않고, 상대적으로 낮은 소득 수준으로 인하여 소형 주택을 선호한다. 하지만, 주택시장에서 1인 가구가 거주할 수 있는 소형 주택은 상대적으로 부족하다. 이는 소형 주택의 경우 중대형 주택에 비해 사업성이 낮아 건설회사에서 공급을 꺼리기 때문이다.

이뿐만 아니라 1인 가구화로 인하여 전통적인 주택정책에서 주택을 공급하던 방식에서 벗어나 상호 부조를 결합한 주거 서비스의 수요가 높아져 왔다. 1인 가구화는 전통적인 가족이 담당하던 가구 구성원 간 상호 부조 및 가구 내 분업이 어려워진다는 것을 의미한다. 즉, 기존에 저소득층을 중심으로 공공임대주택을 공급하고 주거급여를 지급하여 주거비 부담을 경감하는 것만으로는 이들의 주택 소요를 만족할 수 없다.

2) 고령자 가구의 증가: 계속거주(Aging-In-Place) 욕구에 대한 대응 부족

만 65세 이상의 고령인구는 2023년 기준 전체 인구의 20.3%에서(KOSIS, 2024) 2040년에는 44.2%(1001만 가구)로 증가할 것으로 예상된다(박미선, 2024). 결혼한 장남 자녀와의 동거 비율이 높았던 과거에 비해 결혼한 자녀와 거주하는 비율은 크게 줄었으며, 고령 가구도 청년 가구와 마찬가지로 대부분의 경우 1~2인 가구로 경우로 구성되어 있다.

60대 이상 고령자 중 85.5%는 "현재 살고 있는 집 또는 동네에서 살고 싶다"라고 응답했다(정소양 외, 2024). 즉, 계속거주(Aging-in-Place: AIP)에 대응하기 위한 주택정책이 필수적이다. 고령자 가구의 경우 2020년 자가 점유율이 77%로, 청년 가구의 자가 보유율 17% 비해 상대적으로 높은 수준이다(국토교통부, 2021). 하지만, 고령자 가구의 경우 30년 이상 경과된 노후 단독주택 등에 거주하는 비율이 높다(국토교통부, 2021). 그뿐만 아니라, 고령자 가구 중 임차 가구의 경우 낮은 소득으로 인하여 소득 대비 임대료 비율(Rent to Income Ratio)이 상대적으로 높은 편이다. 즉, 상당수의 고령자들은 AIP에 대응하기 어려운 저소득층에 속하며, 이들은 신체적 특성을 고려하지 않은 노후주택에 거주하고 있어 이들에 대한 대책 마련이 시급하다.

노인 안전사고가 대부분 주택 내에서 발생하고 노인 안전사고의 가장 큰 원인으로 미끄러짐, 넘어짐, 추락이 70% 이상을 차지하고 있어(한국소비자원, 2022) 고령자의 안전사고를 방지하고 삶의 질을 높일 수 있는 주택 개조가 필요하다. 현재는 주거급여제도를 통해 저소득 자가 가구들에게 주택 개보수에 대한 지원을 시행하고 있다. 하지만, 민간 주택에 거주하는 고령자 가구에 대한 실질적인 주택 개조 지원은 이루어지지 않고 있어 이에 대한 정책적 지원이 필요하다.

3) 주거비 부담으로 인한 저출생 문제

저출산 문제는 높은 교육비, 맞벌이 가구의 증가 및 장시간 근로 관행, 높은 주거비, 남성의 가사와 육아 참여 부족과 같은 구조적인 문제와 크게 연관되어 있다(이삼식 외, 2016). 특히, 높은 주거비가 출산율에 부정적 영향을 준다는 많은 선행연구들이 진행되었다(박진백·권건우, 2023; 이다은·서원석, 2019 참고). 수도권으로의 인구집중은 주택 수요를 집중시켜 주택 가격을 상승시키고 이로 인하여 **그림 9-3**에서와 같이 주거비 과부담 가구의 비율이 수도권에서 특히 높은 실정이다. 이러한 주거비 과부담으로 인하여 수도권 지역에는 '지옥고'라고 불리는 반지하, 옥탑방, 고시원 등의 열악한 환경에서 거주하는 비율이 높다. 주택은 인간다운 삶을 위한 가장 기본적인 공간이자 자녀를 양육하는 공간이다. 불안한 주거 상황은 미혼 가구들이 결혼을 꺼리고, 결혼 가구들은 출산을 포기하거나 1자녀만을 낳도록 하는 결과를 가져온다.

기존의 연구들에서는 높은 주거비 부담으로 인하여 혼인 시기를 늦추고, 출산을 포기하여 자녀가 없는 부부 가구로만 구성된 경우에 대한 논의가 주로 이루어졌다. 이 때문에 신혼부부를 중심으로 정책적 지원이 우선시되어

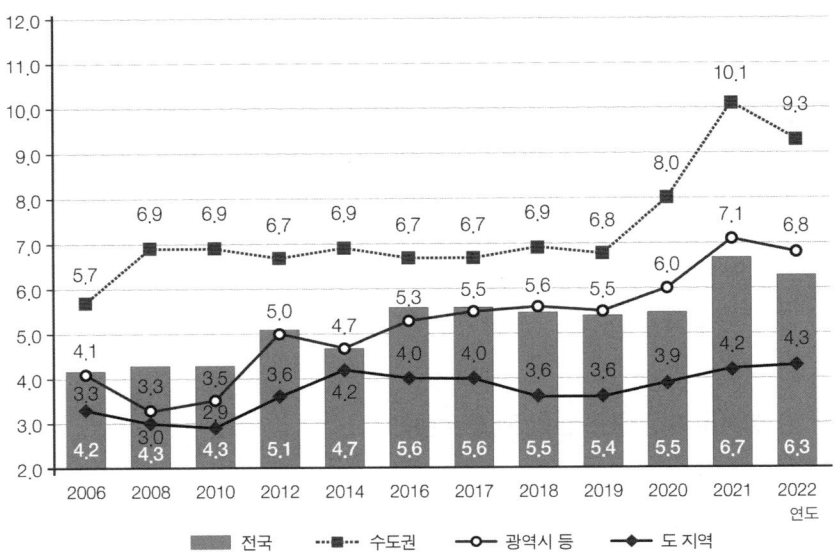

연 소득 대비 주택 가격 비율(Price to Income Ratio)

전국 ····■···· 수도권 ─○─ 광역시 등 ─◆─ 도 지역

월 소득 대비 임대료 비율(Rent to Income Ratio)

전국 ····■···· 수도권 ─○─ 광역시 등 ─◆─ 도 지역

[그림 9-3] 지역별 주거비 과부담 비율(%)
자료: 국토교통부 '2022 주거실태조사' 결과 발표 재인용

왔다. 하지만, 부부와 한 명의 자녀로 구성된 3인 가구의 높은 비율을 고려해 볼 때, 1자녀에서 2자녀 가구 간 차이를 발생시키는 요인에도 주목할 필요가 있다. 여러 연구들에서 혼인 초기에 자가나 전세에 거주하는 가구가 월세로 거주하는 가구에 비해 자녀 수가 많아 혼인 초기의 주거 안정성이 자녀 수에 긍정적인 영향을 미침을 알 수 있다(박진백·권건우, 2023). 이는 출생률 증가를 위해서는 단순히 신혼 가구 및 3자녀 이상의 다자녀 가구에 대한 지원뿐 아니라 1자녀 혹은 2자녀 이상의 가구들도 추가적인 출산을 할 수 있도록 하는 정책이 필요하다는 것을 의미한다.

4) 빈집 및 노후주택의 증가와 주거 환경 악화

빈집은 장기간 방치된 주거용 건축물로, 지역 수준의 빈집 증가는 인구 감소로 인한 주거 환경의 변화를 단적으로 보여주는 예라고 할 수 있다. 11월 1일을 기준으로 집이 비어 있는 경우 미거주 주택(빈집)으로 판단하는 통계청 빈집통계(주택총조사)[1]에 따르면, 2023년 기준 빈집은 약 153만 호로 2010년 80만 호에서 두 배 가까이 증가한 수치이다(통계청, 2023).

표 9-1에서와 같이 전체 주택 중 빈집의 수가 가장 많은 광역지자체는 경기도로 약 29만 호의 빈집이 위치하고 있다. 전체 주택 중 빈집의 비율이 가장 높은 곳은 전남과 제주로, 각각 전체 주택 중 빈집의 비율이 14.5%, 13.5%를 차지하고 있다. 또한, 전국 기준 30년 이상 노후화된 빈집의 비율이 30.2%인데 반해 전남과 경북의 경우 전체 주택 중 30년 이상 노후화된

---

1   통계청 빈집통계(주택총조사)의 경우, 11월 1일 기준 집이 비어 있는 경우 빈집으로 판단하며, 미분양 주택과 같이 일시적인 빈집을 포함하고 있어 정확한 빈집 실태를 반영하지 못한다는 비판이 있어 왔다. 이에 통계청은 빈집을 '미거주 주택(빈집)'으로 명칭을 개선하였다. 2020년 기준 비어 있는 기간이 12개월 이상인 빈집은 38만 7000호로 파악되었다(통계청, 2020. 주택총조사 국가통계포털 http://kosis.kr/index/index.do 검색일: 2025.5.9)

[표 9-1] 시도별 미거주 주택(빈집) 및 노후주택 비율(2023; 단위: 개)

구분	전체 빈집의 수(A)	전체 주택 중 빈집 비율	30년 이상 빈집의 수(B)	30년 이상 빈집 비율(B/A)	30년 이상 노후주택 비율
전국	1,534,919	7.9	462,861	30.2	25.8
서울	107,681	3.4	27,368	25.4	26.0
부산	114,245	8.6	37,245	32.6	30.1
대구	56,673	6.5	15,152	26.7	26.5
인천	84,414	7.5	20,678	24.5	27.4
광주	40,588	7.2	10,380	25.6	25.4
대전	25,396	4.9	6,846	27.0	31.6
울산	30,900	7.6	7,553	24.4	26.1
세종	13,019	8.5	1,041	8.0	7.2
경기	286,140	5.9	39,878	13.9	15.7
강원	82,552	12.2	26,844	32.5	30.7
충북	71,302	10.6	23,178	32.5	29.3
충남	113,209	12.2	25,803	22.8	24.2
전북	90,842	11.9	39,216	43.2	34.4
전남	121,232	14.5	58,649	48.4	41.4
경북	129,041	11.7	59,990	46.5	35.7
경남	132,798	10.1	55,119	41.5	30.0
제주	34,887	13.5	7,921	22.7	27.7

자료: 통계청(2023b)

빈집이 각각 48.4%와 46.5%를 차지하고 있으며, 대부분 인구 감소 문제가 심각한 지역에서 빈집의 비율 또한 높아 이로 인한 주거 환경 악화의 문제를 예상해 볼 수 있다. 관리가 미흡하거나 사람이 거주하지 않는 빈집은 안전성 문제뿐 아니라 쓰레기를 불법적으로 투기하여 미관을 해치거나 범죄의 대상지가 될 가능성이 높다. 이러한 부정적 효과는 근린효과를 통해 인접한 주택으로 전이(spillover)될 가능성이 높아 동네 전체에 부정적 영향을 끼칠 뿐 아니라 더 나아가 도시 전체를 쇠퇴시킬 우려가 있다.

사람이 거주하지 않는 빈집의 증가 이외에도 30년 이상 된 노후주택 또한 급격히 증가해 왔다. 표 9-1에서는 빈집의 경우와 마찬가지로 전남 지역에서 노후주택 비율이 41.4%로 가장 높고, 경북과 전북 지역에서 35.7%와 34.4%로 비율이 상대적으로 높은 것으로 나타나 인구 감소 문제가 심각한 지역에서 노후주택의 비율이 높음을 알 수 있다. 해외에서는 30년 이상의 노후주택도 지속적인 관리를 통해 보존해 오는 경우가 많지만, 한국의 경우 주택 공급 시 재개발 및 재건축 방식을 선호하여 전반적으로 노후주택의 장기적이고 지속적인 관리에 대한 노력이 이루어지지 않는 문제점이 있다. 인구 감소 시대에는 수도권 일부와 대도시 일부를 제외하고는 사업성이 낮아 재개발이나 재건축이 이루어지지 않을 가능성이 높아 노후주택에 대한 관리가 제대로 이루어지지 않으면 슬럼으로 발전하거나 빈집으로 전환될 가능성이 높아 이에 대한 대비가 철저히 이루어져야 한다.

3. 현재 우리는 인구 감소에 어떻게 대응하고 있는가

1) 1인 가구를 위한 주택정책

1인 가구 및 고령자 가구의 증가는 주거비 부담 능력의 저하, 주택 개보수의 어려움, 돌봄 수요 증가 등의 문제로 이어지며, 전통적인 4인 가구와는 다른 이들의 특성을 고려한 주택정책이 필수적이다. 2017년 발표된 주거복지 종합대책인 「주거복지로드맵」은 이전에 주택 공급에만 중점을 두었던 공급자 중심의 정책에서 1인 가구 증가, 저출산, 고령화 등의 인구 문제에 대응하기 위해 수요자의 특성을 고려한 맞춤형 정책으로의 전환을 시도했다는 점에서 주택정책의 역사적 흐름에서 그 의미가 크다고 할 수 있다. 「주거복지로드맵」의 주요 내용으로는 장기 공공임대주택의 확대, 생애주기별 맞춤형 주거 지원, 주거권 보장을 포함하고 있으며, 이러한 내용은 1인 가구 및 고령자 가구를 위한 주거정책과 긴밀하게 연결된다.

이러한 「주거복지로드맵」에 따라 청년임대주택 공급뿐 아니라 대학생을 위한 기숙사를 확충했고, 청년들에게 가장 큰 관심사인 일자리와 연계할 수 있는 일자리 연계형 청년주택을 공급했다. 비주택의 대표적인 형태이자 청년들의 열악한 주거 상황을 보여주는 고시원 리모델링 사업 또한 실시되었다. 청년들에 대한 금융 지원 및 주거 정보에 대한 접근성을 강화하기 위하여 '청년 우대형 청약통장' 신설뿐 아니라 대학생들이 주거 관련 정보를 쉽게 얻을 수 있도록 주거 정보 접근성을 강화했다(윤진아, 2020). 청년주택의 경우 청년들이 필요로 하는 세탁실, 휴게실 등의 서비스가 제공되는 저렴한 공공임대주택이나 셰어하우스, 코하우징, 협동조합주택 등 공동체 주택으로 점차적으로 확장되어 왔다. 이 외에도 공공임대주택 중 그 비중이 증가하고 있는 매입임대주택 중 거주자의 라이프 스타일을 고려하여 청년 예술가, 청년의 창업을 지원하는 공간으로서, 공공과 민간 주택의 장점을 결합한 매입임대주택을 공급해 왔다.

1인 가구 증가에 따른 다양한 주거 지원 대책이 마련되어 왔으나 현재 가구 유형 중 가장 큰 비율을 차지하고 있는 1인 가구 증가에 대응하는 공급 물량은 충분하지 않으며, 대부분의 1인 가구 주거 지원 프로그램은 청년 1인 가구를 위한 것으로 고령 1인 가구 및 중장년 1인 가구를 위한 주거 지원은 상대적으로 취약하다(박미선·조윤지, 2020).

2) 고령자 가구를 위한 주택정책

공공임대주택의 경우, 고령가구의 신체적 특성을 고려한 주택 설계 및 서비스를 결합한 고령자 친화적인 공공임대주택이 공급되어 왔다. 주택 설계의 측면에서는 출입구 단차 제거, 문턱 제거, 이동 공간의 안전 손잡이, 욕실의 높낮이 조절 세면대, 동작 센서 및 비상 안전장치 등 무장애(barrier free) 설계 적용 주택 등 고령자의 신체적 특성을 고려한 주택이 공급되어 왔다.

주거 서비스 측면에서는 의료 및 사회복지 서비스 등을 결합했는데, 여가 및 문화 활동 시설과 고령자에게 특화된 커뮤니티 시설, 체력 단련실 및 물리치료실 등 기존의 돌봄 서비스에 전문 요양 서비스까지 제공받을 수 있도록 고령자의 복지 욕구에 대응하는 주거 서비스를 제공해 왔다.

고령자를 위한 주택 설계 및 서비스의 제공은 공공임대주택이 밀집되어 있는 건설공공임대주택에 주로 적용되어 왔으나, 최근에는 고령자가 원래 살고 있던 동일 지역 내에 매입임대주택이 고령자 친화적인 주택으로 활용되고 있다(권오정 외, 2024). 매입임대주택은 여러 지역으로 분산되어 있어 복지 서비스의 집적효과를 누리기 어려워 고령자 가구들의 주거복지 수요에 대응하려면 주거복지사들의 역할에 대한 중요성이 크다고 할 수 있다.

1인 가구의 증가는 기존의 가족 기반의 상호 돌봄이 부족하기 때문에 사물인터넷(IoT)등을 활용한 첨단기술의 도입은 특히 1인 고령가구의 주거생활을 도울 수 있다. 이를 통해 1인 가구의 돌연사나 응급 상황을 방지하는 기능을 적용하여 이러한 1인 가구화를 보완할 수 있다. 2018년에는 65세 이상 고령자가 거주하는 장기 공공임대주택에 '홀몸 어르신 안심센서'가 설치되어 거주자의 움직임이 장기간 감지되지 않을 경우 관리실 등에 자동 연락이 가는 장치가 설치되었다. 이러한 서비스는 점차 발전되어 응급 상황에 대한 사후 대처만이 아니라 ICT 기술을 활용한 건강 및 정서 지원의 예방적 돌봄을 지원하는 사업으로 전환되어 왔다.

이 외에도 공동체 주택은 개인의 독립된 주거 공간 외에도 거주민들이 함께 사용할 수 있는 공유 공간을 제공하며, 사회적 교류와 협력적인 생활을 통해 주민 간 상호 지원을 촉진하는 주거 형태이다. 중앙정부와 지방자치단체는 공공 부지를 제공하거나 건설 비용을 보조하는 방식으로 공동체 주택의 공급을 지원해 왔다. 공동체 주택은 고령가구에게 특히 유익한데, 이는 고령자들이 고립되지 않고 사회적 관계를 형성하며, 공동체 내에서 상호 돌봄과 지원을 받을 수 있는 환경을 제공할 수 있기 때문이다. 또한, 공유 공간을 통한 경제적 효율성은 고령자의 주거비 부담을 줄이는 데에도 기여할 수 있다.

3) 양육 친화적 주택정책

「제3차 저출산·고령화 사회 기본계획」을 시작으로 한국의 인구정책 방향은 출산 장려에서 모든 세대의 삶의 질 보장과 미래세대에 대한 사회 투자 확대로 전환되었다(김지혜 외, 2020). 이러한 패러다임의 전환 속에 주거 문제는 출산정책과 보다 긴밀한 관계를 형성해 왔으며, 양육 친화적 주택과 주거정책의 개념이 등장했다. 출산을 장려하기 위한 주거 지원으로서 자녀당 가점을 제공하거나, 다자녀 가구에 대한 공급 비율을 배분하여 공공 및 민간 주택을 우선 공급하는 정책은 이전에도 존재해 왔다. 또한, 결혼을 장려하기 위하여 분양주택에서 신혼부부 공급 비율을 규정하거나 주택자금 대출 시 우대금리를 적용하거나 대출한도를 상향해 주는 등의 주거 지원 정책은 출산과 결혼을 장려하기 위한 대표적인 제도라고 할 수 있다. 특히, 그동안 다자녀의 기준이 3명 이상에서 2023년에 2명 이상으로 완화되어 공공분양 주택의 경우 특별공급 기준이 2자녀로 조정되었다.

보다 새로운 양육 친화적 주거정책은 양육을 지원할 수 있는 주거 인프라 조성과 주거 서비스를 제공하는 것이다. 안전하고 쾌적한 주거 환경은 출산과 자녀 양육에 영향을 미치는 매우 중요한 요인이다. 공공임대주택 중 신혼부부와 청년을 주 대상으로 하는 행복주택의 경우, 어린이집의 정원을 규정하며, 영유아 놀이방, 공동육아실, 장난감 대여실, 옥외 유아 놀이터 등을 특화 시설로서 설치하도록 규정하고 있다. 또한, '신혼희망타운'과 같은 신혼부부 특화형 공공주택의 경우, 영유아 및 어린이 보육 시설이 함께 모여 있는 종합보육센터를 설치하도록 하며, 건설형 공공임대주택에 비해 산발적으로 퍼져 있는 매입임대주택에서도 아이 돌봄 공간을 확충하고 어린이집이나 공동육아나눔터 등으로 활용하도록 규정하고 있다(김지혜 외, 2020). 보다 최근에는 LH의 주도로 싱가포르의 '풍골 뉴타운'과 유사하게 영아, 유아, 초등학생이 있는 가정이 이용할 수 있도록 아이 돌봄 시설뿐 아니라 어린이 전용 문화 시설과 의료 시설이 집중되어 있는 클러스터를 수도권 3기 신도시를 비롯한 신규 공공주택지구에 조성하여 양육 친화적 주거 인프라와 주거 서비스를 확장해 나갈 계획이다.

1인 가구와 고령가구를 위한 공동체 주택과 마찬가지로 공동육아형 공동체 주택도 지방자치단체에서 지원하고 있다. 서울시의 '신내동 공동육아형 공동체 주택'의 경우 공공이 토지를 소유하고 민간이 지상권을 소유하는 토지임대부 공동체 주택으로서 1층에는 공동육아와 방과후 교실이 마련되어 있어 거주와 보육이 동시에 이루어질 수 있다. 부모 참여형 공동육아 협동조합을 설립하여 거주 중인 가정만이 이용하는 것이 아닌 주변 지역 아동들도 이용할 수 있으며 입주자의 의견을 반영한 프로그램이 제공되고 있다.

4) 인구 감소로 양산된 빈집 및 노후주택 정비

비수도권 지역에서의 인구 감소와 더불어 증가하고 있는 빈집 문제를 해결하고자 한국은 농촌지역의 경우, 2000년 '농어촌 주택개량촉진법'상에 빈집의 철거 및 정비 규정 포함을 시작으로 2008년 '농어촌정비법'을 통해 빈집을 관리해 왔다. 도시지역의 경우, 2018년 '빈집 및 소규모주택 정비에 관한 특례법' 제정을 통해 제도적 기반을 마련하였고, 이 법을 통해 '빈집 실태조사-빈집 정비 계획-빈집 정비 사업'이라는 관리 체계를 도입하였다.

이러한 제도적 기반 마련과 함께 중앙정부 및 지자체 단위에서 다양한 빈집 관련 사업이 추진되어 왔다. 먼저, 중앙정부의 경우 도시재생사업과 새뜰마을 사업을 통해 빈집을 철거하거나, 정비하고 활용해 왔으며, 소규모 주택 정비를 위한 사업 추진을 위해 융자 이율 인하를 지원하고 있다(김민경 외, 2021). 지방정부의 경우 대부분 개별 주택에 대하여 상태가 불량한 빈집을 철거·정비하는 사업을 중심으로 이루어져 왔다. 원도심에 빈집 문제가 심각한 인천시의 경우, 빈집 활용 아이디어 공모 사업 등을 통해 멘토링 및 컨설팅 과정을 거쳐 창업을 지원하는 방식으로 이루어지기도 했다. 이때 빈집의 등급을 평가하여 4등급의 빈집을 철거하고, 1, 2등급의 빈집은 활용하거나 매입하는 방식으로 빈집을 정비해 왔다.

고령가구 중 자가 가구의 경우, 주택의 노후화로 인해 주택 개보수에 대한 수요가 높아 이들을 대상으로 한 주택 개보수 지원이 시행되고 있다. 특히, 새뜰마을사업은 주거 취약 지역에 거주하는 주민들의 생활환경을 개선하기 위한 사업으로, 이 과정에서 주택의 안전성을 확보하기 위한 주택 개보수 지원이 제공된다. 주택 개보수는 주로 노후주택의 구조적 안정성을 강화하고, 단열, 방수, 창호 교체, 화장실 개보수 등을 포함한다. 이러한 개보수는 고령자 가구의 주거 환경을 개선하고, 생활 안전성을 높이는 데 크게 기여할 수 있다.

주거급여제도는 저소득 가구가 거주하고자 하는 지역에서 상대적으로 자유롭게 거주할 수 있도록 임대료를 지원하는 제도이지만, 자가 가구에 대해서는 주택 개보수에 대한 지원도 포함하고 있다. 이를 통해 자가 주택을 보유한 고령자 가구도 보다 안전하고 편리한 환경에서 생활할 수 있도록 지원한다.

4. 앞으로 나아갈 길

인구 감소 시대 주택정책의 방향

1) 주거수준 향상을 위한 제도 개선

주거수준이 상대적으로 열악한 주택에 거주하는 가구들의 주거수준 향상을 위한 제도 개선을 통해 인구 감소에 대한 적극적인 대응이 필요하다. 최저주거기준의 도입으로 최저주거기준에 미달하는 가구는 현저히 감소해 왔으나 최저주거기준에서의 면적 기준이 매우 낮게 설정되어 이에 대한 비판이 지속적으로 이루어져 왔다. 특히, 지속적으로 증가해 온 1인 가구의 경우 상대적으로 주거비 부담 수준이 높아 최저주거기준을 만족하지 못하는 주택에 거주하는 경우가 많다. 청년 1인 가구의 주거 안정이 이루어지지 않는 경우, 결혼과 출산이 더욱 어려워져 인구 감소 문제는 더욱 심각해질 수 있다. 최저주거기준에 따르면, 1인 가구에게 필요한 최소한의 면적은 $14m^2$ (4.2평)이다. 우리나라의 가구당 1인당 평균 주거 면적은 2010년 $28.5m^2$에서 2019년 $32.9m^2$로 증가하였으나 최저주거기준상의 면적은 10년 이상 유지되어 최저주거기준을 현실화하고 이를 바탕으로 1인 가구가 안정적으로 거주할 수 있는 소형 주택의 공급이 필요하다.

자녀 가구의 경우도 마찬가지로 이들이 거주할 수 있는 공공임대주택 면적이 너무 작아 아이를 키우기에 부족하다는 비판이 지속적으로 제기되어 왔다. 공공임대주택의 공급면적을 다양화하여 다자녀 가구가 부족함 없이 양육할 수 있는 환경을 조성해야 한다. 또한, 1인 가구를 위한 주거지원과 출생률을 높이기 위한 주거지원이 상충하지 않도록 1인 가구 주거지원을 통해 청년층의 주거 안정을 도모하면서, 청년 가구들이 결혼과 출산을 준비할 수 있는 기반을 마련하도록 긴밀한 연계가 필요하다.

최저주거기준에서는 적절한 방음, 채광, 환기 등을 갖춘 구조, 성능 및 환경기준을 충족해야 한다. 주거의 질적 수준이 확보되지 않을 경우 결혼과 출산을 미루게 되고 인구 감소가 가속화할 수 있기 때문이다. 하지만, 최저주거기준의 미달 가구 판정에 있어 면적 기준, 침실 기준, 시설 기준과 같은 객관적으로 확인 가능한 기준만이 실질적으로 적용되고 있어(이홍렬, 2021), 주택의 질적인 측면을 종합적으로 고려하지 못하고 있다. 또한, 1인 가구들이 많이 거주하는 고시원이나 쪽방과 같은 비주택에 거주하는 경우 최저주거기준의 적용을 받지 않을 뿐 아니라 안전성과 쾌적성이 확보되지 않는 열악한 주거 환경에 처하게 되는 등의 주거 사각지대가 양산되므로 이에 대한 제도적 개선이 필요하다.

2) 주거 서비스의 확대 및 커뮤니티 중심의 주거 환경 개선

주택정책은 대부분 주택 내부의 물리적 시설 확충 및 개별 주택에 중점을 두어왔으나, 인구 감소에 실질적으로 대응하기 위해서는 주거 서비스 확대 및 커뮤니티 중심의 주거 환경 개선 노력이 동반되어야 한다. 1인 청년 가구를 위한 청년주택, 고령자 복지주택, 출산을 장려하기 위해 가구 수에 따른 신규 분양주택 가점 제도 등은 대부분 물리적 시설물로서 주택을 공급하는 데 초점을 두고 있다. 하지만, 청년 가구들의 은둔과 고립 문제, 고령자의 AIP 욕구 증가, 자녀 가구들의 양육 친화적인 주거 서비스 수요 증가, 빈집과 노후주택 증가로 인한 주거 환경 악화 등의 문제에 효과적으로 대응하기 위해서는 주택의 물리적 시설물 확충 이외에 개별 가구들이 거주하는 동네에서 행복한 삶을 영위할 수 있는 주거 환경을 위한 정책적 노력이 필요하다. 특히, 코로나19(COVID-19)과 같은 팬데믹 상황을 겪으면서 일상생활을 영위할 수 있는 공간으로서 주택을 둘러싼 근린 환경의 중요성은 보다 중요하게 여겨지고 있다. 주택 자체의 면적 증대나 시설물 확충도 인구 감소 시대의 주택정책의 방향을 설정하는 데 있어 중요 요건이지만, 1인 가구, 고령자 가구, 자녀 가구들이 일상생활을 편안하고 지속 가능하도록 영위할 수 있는 커뮤니티의 개념을 적용하여 주택 공간을 벗어난 보다 넓은 공간으로서의 주거 환경 개선에 많은 노력을 기울여야 한다.

커뮤니티를 중심으로 주거 환경을 조성하는 것은 인구 감소에 따른 특정 연령 집단을 위한 주택 및 서비스를 제공하는 데 있어 정부의 재정이 무한대로 투입될 수 없음을 감안해서도 매우 중요한 과제이다. 특히, 고령자 가구들이 집중되어 있는 공간보다는, 예를 들어, 고령자가 아이 돌봄을 보조하고 1인 청년 가구들이나 자녀가 있는 가구들이 1인 노인 가구의 건강 악화 등의 비상 상황 등을 지원할 수 있는, 다양한 연령과 계층이 혼합되어 서로 다른 가구 집단들이 필요로 하는 주거 수요를 만족시킬 수 있도록 하는 연령혼합(Aging mix)과 같은 개념 등을 적용시키려는 노력 또한 필요하다.

최근 신규 아파트 단지에는 주민공동시설이 잘 갖추어진 곳이 많으나 돌봄 시설은 모든 주택에 공급되는 것이 아니며 단독, 다가구, 다세대 주택 거주자는 주택 돌봄 서비스 이용의 접근성이 낮은 곳이 많아 이에 대한 개선이 필요하다(김지혜 외, 2019). 이 외에도 아이돌봄서비스가 주거지원과 보다 밀접하게 연계될 수 있도록 개선해야 한다. 특히 아이돌봄서비스를 양육 시설에 한정하지 않고 지역 단위로 주민공동시설 등을 활용하여 다양한 돌봄의 기회를 제공하여 지역공동체가 함께 공동육아를 지원할 수 있는 체계를 마련하는 것이 필요하다.

인구 감소 문제가 심각하여 사업성이 떨어지는 지역에서의 노후주택에 대해서는 아파트와 같은 공동주택인 경우 수선충당금 이외에 재건축 충담금 적립 등을 통해 재건축이 원활히 이루어질 수 있도록 해야 한다(이재춘 외, 2020). 공동주택이 아닌 경우에는 단기적으로는 개별 주택보다는 커뮤니티 단위에서 노후주택이 관리될 수 있도록 하여 공동주택 단지에 비해 상대적으로 주거 환경 수준이 열악한 저층 주거지의 주거 환경이 향상될 수 있도록 해야 한다. 또한, 해외 국가에서와 같이 장기적으로는 노후주택에 대한 관리의 중요성을 강화하는 전략이 필요하다. 빈집 관리 또한 현재와 같이 개별 주택에 집중한 정비만으로는 주거 환경 악화로 인한 인구 감소 문제를 피할 수 없으므로 빈집 정비뿐만 아니라 주거시설에 필요한 공공시설, 도로, 공원 등 주민들의 주거 만족도를 향상시킬 수 있도록 빈집 주변의 근린 환경까지 고려한 정비 전략이 필요하다.

3) 인구 감소의 지역적 차이를 고려한 주택정책

인구 감소는 지역 간 차별적 양상으로 발생하고 있어 지역 간 차이를 고려한 주택정책이 정착되어야 한다. 우리나라의 주택정책은 대부분 LH를 중심으로 중앙정부 주도하에 서울, 경기, 인천을 포함하는 수도권 위주의 정책이 주로 진행되어 왔으며, 지역별로 큰 차이 없이 유사한 형태를 띠고 있다(이재춘 외, 2020). 우리나라 인구구조의 변화에서 가장 큰 변화라고 할 수 있는 1인 가구의 증가에 있어 2040년까지 서울의 경우 1인 가구의 수가 감소하나 전남과 같은 비수도권 지역에서는 1인 가구의 수가 증가할 것으로 예상되어(이재춘 외, 2020), 소형 주택 공급에 대한 지역별로 차별적인 수요를 고려해야 한다. 고령자 가구의 경우 읍이나 면 지역에서는 단독주택에 거주하는 고령자 가구가 많은 반면, 동 지역에서는 아파트에 거주하는 고령자 가구의 비율이 높아 이에 대한 고려가 필요하다. 빈집의 경우도 마찬가지로 인구 감소 문제가 심각하지 않은 지역의 경우 빈집의 개량을 통해 재사용을 먼저 고려하고, 재사용이 어려운 경우에는 재건축이나 재개발을 통해 새로운 주택을 공급할 수 있다. 반면 인구 감소가 일어나거나 향후 예상되는 지역의 경우 빈집을 개량하더라도 수요가 낮기 때문에 빈집을 철거하고 커뮤니티 시설로 대체하는 등의 각 지역의 인구구조 및 사회적 여건을 고려한 차별적 접근이 필요하다.

2015년 이후 주거기본법이 제정되면서 주택정책의 지방화 시도는 이루어졌으나, 지역의 특성을 기반으로 한 지방 맞춤형 주택정책의 방향성의 제시는 미흡하다(유해연 외, 2023). 하지만, 인구 감소로 인해 다양한 여건이 변화하며 지역의 가구 구조와 인구변화 양상을 고려한 지역 맞춤형 주택정책의 도입은 시급하다. 이를 위하여 중앙정부 중심의 주택정책에서 벗어나 각 지역의 특성과 상황을 잘 이해하고 있는 지방정부가 주체적으로 지역의 주거 실태를 바탕으로 한 주택정책을 주도할 수 있도록 주택정책의 방향을 전환해야 한다. 또한 이러한 지방정부 주도의 주택정책을 통해 지역을 기반으로 지역의 특성을 잘 알고 있는 민간단체가 참여하여 지역 맞춤형 주택정책을 확대할 수 있을 것이다.

이를 위하여 지방정부가 자체적인 주거정책을 수립할 수 있도록 중앙정부의 지원이 필요하다. 현재 비수도권의 지방 도시들에서는 주거 전문가가 부족하므로 지역의 주거 전문가를 양성하고 지방 도시들의 주거정책 수준이 고도화될 수 있도록 있도록 중앙정부의 체계적인 조직 및 제도 정비가 필요하다. 지방정부 수준에서는 2021년 현재 주거복지와 지방분권화를 위한 지방정부 수준의 조직과 전달 체계는 일부 지방자치단체에서 확보가 되어 있으나, 주거복지를 위한 전담 부서가 없거나 주거복지 전담 조직이 인구수에 비해 턱없이 부족한 경우가 있다(유해연 외, 2023). 지방정부는 자율적으로 주거정책을 수립할 수 있도록 지방도시 자체의 주거실태조사를 통한 주거 실태 자료의 확보 및 지역의 주거 여건과 상황을 충실히 검토하여 지역의 특성에 맞는 주거정책 및 계획을 적극적으로 수립하고 실행하려는 노력이 필요하다.

4) 외국인 유입에 대응하는 주택정책

인구 감소 시대에는 주택정책에 있어 외국인 유입에 대한 적극적인 대응이 필요하다. 한국 정부는 2000년대 이후 외국인 노동자와 여성 이민자를 중심으로 외국인이 급격히 증가하면서 이러한 외국인 증가에 대응하여 다문화주의로의 전환을 시도해 왔다. 외국인 인구는 2020년 173만 명(3.3%)에서 2040년 228만 명(4.5%)으로 크게 증가할 것으로 예상된다(이재춘 외, 2020). 하지만, 그동안 외국인 노동자의 정주화를 막기 위해 단기로만 한국에서 체류하게 하거나 가족 동반 체류를 제한하고 불법체류자 단속을 적극적으로 실시해 왔다. 외국인의 정주화를 제한하고 단기적 체류만을 허용하며, 한국인과의 사회적 교류를 바탕으로 하지 않는 한국어 교육 정책으로 말미암아 외국인과 한국인들 간 사회통합 정책이 부족하며, 이들이 거주하는 주거 환경의 수준 및 이들에 대한 주거지원에 대한 관심이 부족하다. 이뿐만 아니라, 장기 거주가 예상되는 외국인으로만 구성된 외국인 가구가 2020년 53만 가구임에도 불구하고, 주거정책이나 통계 집계에서 누락되어(이재춘 외, 2020) 이들의 증가로 인한 주택시장의 변화에 관한 관심이 적었다.

인구 감소 문제가 사회적 충격을 가져오면서 이러한 외국인 유입에 대하여 정부는 외국인이 급격히 증가하던 초기에 비해 좀 더 유연하게 대응해 왔으며, 고차 생산자서비스업 및 지식 기반 제조업을 위한 전문 종사자를 유치하기 위한 노력을 점점 강화해 왔다(윤인진, 2023). 그뿐만 아니라, 인구 감소가 사회적으로 가장 큰 문제로 떠오르고 있는 한국의 상황에서 노동시장에서 점차 큰 비중을 차지하는 외국인의 정주화는 향후 현재와 같이 제한할 수 없는 실정이어서 이들의 비중은 앞으로 지속적으로 증가할 것으로 예상된다. 현재 한국에서 외국인에 대한 주거지원은 매우 미흡한 실정이며, 일부 민간 사회단체의 지원만 이루어지고 있다. 이 때문에, 한국에 장기 및 단기

거주하는 외국인들의 지속적인 증가와 더불어 이들의 정주화에 대비하기 위한 주택정책 수립이 요구된다.

저소득 외국인들이 집단적 거주지를 형성하는 경우 슬럼 형성으로까지 이어질 수 있으며, 이로 인해 인접 지역의 주거 환경 악화 및 사회적 갈등이 발생할 수 있다(Jun and Ha, 2015). 따라서 향후 외국인을 위한 주거정책 수립 시, 단순히 주택을 공급하는 것뿐만 아니라 사회통합과 주거지원을 결합하여 외국인이 증가하더라도 지속 가능한 커뮤니티로 조성할 수 있도록 해야 한다. 외국인 중 아시아권 국적 집단의 경우 거주지 선택에서 있어 집중도가 높음을 감안하여(손정렬, 2024), 외국인 노동자의 안정적 거주 환경을 지원하고 삶의 질을 보장하기 위하여 기초지방자치단체가 개별적으로 접근하는 방식보다는 광역지방자치단체 수준 혹은 그 범위 이상의 광역적 범위에서 이들에 대한 주거지원이 필요할 것으로 예상된다.

참고문헌

국토교통부. 2020. 「2019년도 주거실태조사 연구보고서」.
_____. 2021. 「2020년도 주거실태조사 연구보고서」.
국토연구원. 2020. 「지방정부의 빈집 관리 정책역량 분석과 시사점」.
김민경·심경미·이경재. 2021. 「쇠퇴지역 공간관리를 위한 빈집 정책 개선방안」. 건축공간연구원
김지혜·이길제·이재춘. 2019. 「저출산 시대에 대응한 양육친화적 주거정책 연구」. 국토연구원.
_____. 2020. 「저출산 시대에 대응한 양육친화적 주거정책」. ≪국토정책 Brief≫, 1-6.
박미선. 2024. 「가장 빨리 나이드는 젊었던 국가, 늦었지만 빠른 대응 모색해야」. ≪도시정보≫, 제502호, 3-3.
박미선·조윤지. 2020. 「연령대별·성별 1인 가구 증가 양상과 주거특성에 따른 정책 대응방향」. ≪국토정책 Brief≫, 1-8.
박진백·권건우. 2024. 「저출산 원인 진단과 부동산 정책방향」. ≪국토정책 Brief≫, 1-12.
손정렬. 2024. 「서울 대도시권 외국인 노동자 거주 분포 집중도와 분리도에 대한 공간통계 분석: 국적별 집적 혹은 사회경제적 집적?」. ≪대한지리학회지≫, 제59권 1호, 55~72쪽.
신수지. 2024. "혼자 사는 청년과 노인, 살 집이 없다". ≪조선일보≫, https://www.chosun.com/economy/real_estate/2023/12/07/NUFXQNC6LFB7XOKPW6Y6UK2DQU/

유해연·정종대·박연정. 2023. 「지방분권형 주거복지 현황 및 방향성 연구」. ≪대한건축학회논
　　문집≫, 제39권 7호, 50~61쪽.

윤인진. 2023. 「2023년 아시아 정세전망(9): 아시아 주요국의 이민과 다문화 공생 전망」. ≪아
　　시아 브리프≫, 제3권 11호, 1~4쪽.

윤진아. 2020. 「주거복지 향상을 위한 법제도 개선방안」. ≪토지공법연구≫, 제89호, 191~211쪽.

이다은·서원석. 2019. 「결혼 및 출산에 영향을 미치는 주거빈곤 특성요인 분석」. ≪주거환경≫,
　　제17권 4호, 75~89쪽.

이삼식·최효진·계봉오·김경근·김동식·서문희·윤지영·이상협·이윤석·천현숙. 2016. 「결혼·출산 행
　　태 변화와 저출산 대책의 패러다임 전환」. 세종: 한국보건사회연구원

이재춘·이길제·조윤지·강미나·서원석·김정인·송경호. 2020. 「인구·가구구조 및 주거특성의 변
　　화 전망과 주거정책 패러다임 재정립 방향」. 국토연구원.

이홍렬. 2021. 「1인 가구 증가에 따른 주거복지법제 바른 길 모색」. ≪부동산법학≫, 제25권 4호,
　　113~140쪽.

정소양·이진희·유희연·김유란·정유선. 2024. 「고령자의 지역사회 계속거주(Aging in Place), 무
　　엇을 어떻게 지원할 것인가?」. ≪국토정책 Brief≫, 1-8.

통계청. 2023a. 「2023 통계로 보는 1인 가구」 보도자료.

_____. 2023b. "주택총조사". http://kosis.kr/index/index.do (검색일: 2024.9.13)

한국부동산원. 2023. https://binzib.reb.or.kr/binzib/bp/inc/main.do

한국소비자원. 2022. 「2021년 고령자 위해정보 동향 분석」.

KOSIS. 2024. https://kosis.kr/index/index.do (검색일: 2024.9.12)

Galster, G. 2001. "On the nature of neighbourhood." *Urban studies*, Vol. 38, No. 12,
　　pp. 2111~2124.

Jun, H. J., and Ha, S. K. 2015. "Social capital and assimilation of migrant workers and
　　foreign wives in South Korea: The case of Wongok community." *Habitat Inter-
　　national*, No. 47, pp. 126~135.

10장

지방소멸에 대응한 교통정책 방향

이수기

1. 서론

21세기 들어 많은 국가들이 인구 감소와 지역 쇠퇴라는 심각한 도전에 직면해 있다. 특히, 지방 중소 도시와 농촌지역은 인구 유출로 인해 지역 경제가 위축되고, 이동에 필요한 생활 인프라가 점차 붕괴되는 현상이 나타나고 있다. 이와 더불어 고령화로 인해 이동성 취약계층이 발생하고, 고령자의 차량 의존성이 증가하여 교통사고의 위험이 높아지고 있다. 더불어, 전기차 충전소나 대체 연료 인프라 등 친환경 교통으로의 전환도 낮은 경제성으로 실행되기 어렵다는 한계가 존재한다. 또한, 자전거 도로와 보행자 친화적인 환경 조성 역시 인구가 감소하고 쇠퇴하는 지역의 경우 우선순위가 낮은 실정이다.

인구 감소와 지역 쇠퇴는 대중교통 서비스의 제공과 운영에 있어 심각한 도전이며, 지역 주민의 이동권을 악화시키고 있다. 이는 다시 지역 주민들의 지역 이탈이라는 악순환으로 이어진다. 따라서 인구 감소와 지역 쇠퇴 시대에 효과적인 교통정책 도입을 위해서는 수요응답형 교통(Demand Responsive Transportation)과 같은 탄력적 교통 서비스와 디지털 기술 기반의 대중교통 서비스 최적화 전략이 필요하다. 나아가, 교통 인프라의 효율적 관리, 고령자 맞춤형 이동 수단 제공, 친환경 교통수단의 활성화와 같은 다양한 접근이 필요하다. 이를 통해 쇠퇴 지역 주민들의 이동권을 보장하고, 지역 경제 활성화와 지속 가능한 사회로의 발전을 지원할 필요가 있다. 이러한 배경에서 이 장은 우리나라의 인구 감소와 지역 쇠퇴 문제와 연계하여 지역의 교통 문제 현황을 살펴보고 지역의 특성을 고려한 교통정책의 방향과 정책적 시사점을 도출하고자 한다.

2. 인구 감소와 지역 교통 문제

1) 인구 감소와 지역 쇠퇴 현황

우리나라는 저출산과 고령화가 빠르게 진행되며, 2020년부터 인구 데드크로스(Dead-cross) 현상이 나타나기 시작했다. 이는 사망자 수가 출생자 수를 초과하는 현상으로, 우리 사회가 본격적으로 고령화 사회에 진입했음을 의미한다(민성희, 2024). 이러한 현상은 저출산·고령화·수도권 집중이라는 구조적 문제와 맞물려, 많은 지방 도시에 소멸 위기를 초래하였다.

그림 10-1은 우리나라 총인구수와 인구성장률 추세를 나타낸다. 우리나라 인구는 2020년 약 5183만 명을 정점으로 지속적으로 감소 추세에 있다. 2023년 기준 우리나라의 인구성장률은 전년 대비 0.08% 정도 감소하였으며, 향후에도 지속적인 하락세가 전망된다. 지방 소도시와 농어촌 지역의

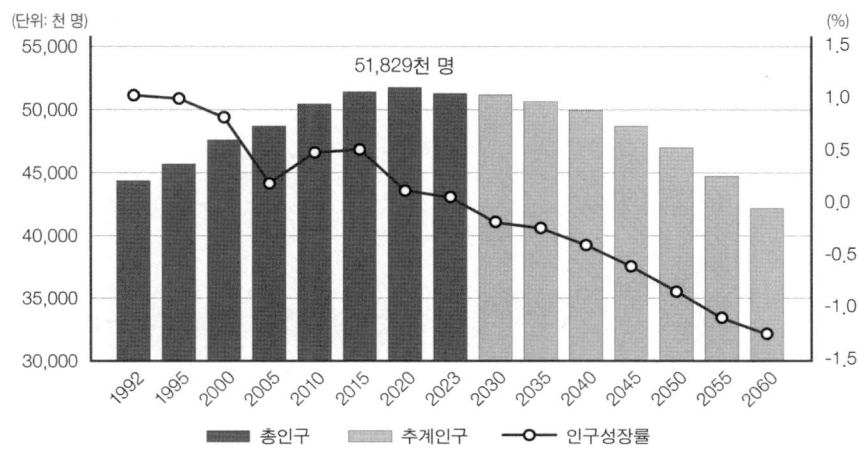

(단위: 천 명)

51,829천 명

[그림 10-1] 총인구수 및 인구성장률 추세(1992~2060)
자료: 행정안전부(2024)「주민등록인구현황」과 통계청(2024)「장래인구추계」를 바탕으로 작성

경우 인구 감소가 두드러지며, 이는 생산가능인구의 유출과 고령인구의 증가로 이어져 지방 도시에 더 큰 타격을 줄 것으로 보인다. 또한, 이러한 인구 구조의 변화는 지역 경제 침체와 사회 기반 시설의 유지·보수를 어렵게 하는 주요 원인으로 작용한다.

그림 10-2는 고령인구의 변화 추세를 나타낸다. 행정안전부의 주민등록 인구현황에 따르면, 2023년 기준 65세 이상 인구 비율은 전국 평균 19.0%로, 2015년 13.1%에서 5.9% 증가하며 고령화가 빠르게 진행되고 있음을 보여준다. 반면 14세 이하 인구수는 점차 감소하며 2023년 기준 11.0%로, 2015년 13.7%와 비교할 때 2.7% 감소하였다. 또한, 우리나라의 합계출산율은 2022년 기준 0.78명으로, OECD 국가 중 가장 낮은 수치를 기록하고 있다(OECD, 2024). 이는 장기적으로 생산가능인구를 감소시켜 인구 감소를 더욱 심화시키는 요인으로 작용할 수 있다.

그림 10-3은 우리나라 지역별 총인구 대비 고령자 비율을 나타낸다. 우리

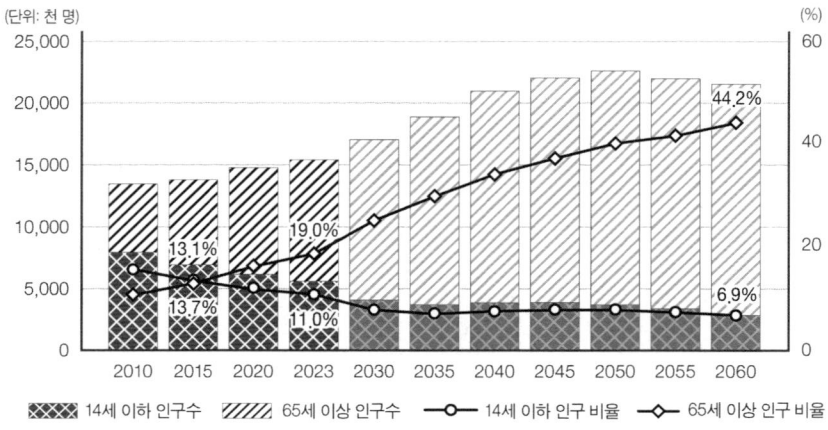

[그림 10-2] 저출산 및 고령화 인구 변화 추세(2010~2060)
자료: 행정안전부(2024) 「주민등록인구현황」; 통계청(2024) 「장래인구추계」를 바탕으로 작성

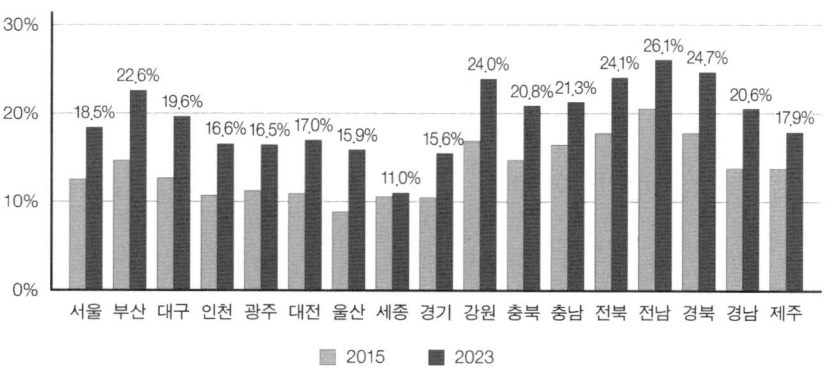

[그림 10-3] 지역별 총인구 대비 고령자 비율
자료: 행정안전부(2015; 2024) 「주민등록인구현황」을 바탕으로 작성

나라의 고령화는 전국적으로 빠르게 진행되고 있으며, 수도권과 지방 간 편차 또한 점차 심화하고 있다. 일부 지방 도시에서는 지역별 총인구 대비 고령자 인구 비율이 증가하여 2023년 기준 20%를 초과하는 것으로 나타났다. 서울의 경우 2015년 대비 2023년 고령인구 비율은 5.9% 증가한 18.5%이

며, 지방의 경우 세종을 포함한 다섯 개 지역 외에는 6% 이상 증가하여 특히, 전남(26.1%)과 경북(24.7%), 강원도(24.0%)를 포함한 지방 도시에서는 높은 고령자 인구 비율을 보이며 초고령 사회로의 진입이 가속화 중이다.

고령화는 인구구조의 변화에서 더 나아가 지방소멸에까지 영향을 미치는데, 이로 인해 등장하는 지방소멸위험지역 또한 인구 감소로 인한 주 문제점이다. 지방소멸위험지역은 20~39세 여성의 감소와 고령화로 인해 지역사회가 지속가능성을 상실할 위험이 높은 지역을 의미한다. 소멸위험지역은 마쓰다(Masuda, 2014)의 연구를 기반으로, 한국고용정보원(2016)이 한국에 적용한 지방소멸위험지수를 활용하여 분석하였다. 지방소멸위험지수는 정량적으로 분석한 결과를 정리한 것으로, 해당 지수를 기준으로 지역별 소멸위험 수준을 5단계로 분류하고 있다. 지방소멸위험지수는 한 지역의 20~39세 여성인구를 65세 이상 고령인구로 나눈 값으로, 한국고용정보원(2018)에 따르면, 소멸위험지수가 1.0 이하인 경우 쇠퇴, 0.5 이하인 경우 위험이 크다고 분석하였다.

이러한 맥락에서, 전국의 지방소멸위험지역 변화를 분석한 결과, 소멸위험지역이 전국적으로 확산하고 있음을 알 수 있다. 이는 농촌의 청년층 인구 유출과 급격한 고령화가 주요 원인인 것으로 판단된다. 특히 강원도, 충청권 및 전라권의 농촌지역뿐만 아니라 중소 도시에서도 소멸위험지역으로 분류된 지역이 증가한 것으로 나타났다. **그림 10-4**와 같이 2013년과 2023년 지방소멸위험지수 비교를 통해, 지방의 소멸 위험이 더욱 심화하고 있음을 확인하였다. 이러한 변화는 단순히 인구 감소에 그치지 않고, 지역의 생활 인프라와 사회적 기능 약화가 심화하는 문제로 이어질 수 있다. 특히, 인구 감소와 고령화는 지역의 대중교통 서비스 정책과도 밀접하게 연관되어 있다. 인구 감소로 인해 대중교통 수요가 줄면서, 버스와 같은 대중교통 수단의 운영이 축소되어 지역 주민의 이동성에 큰 제약을 가져올 수 있다.

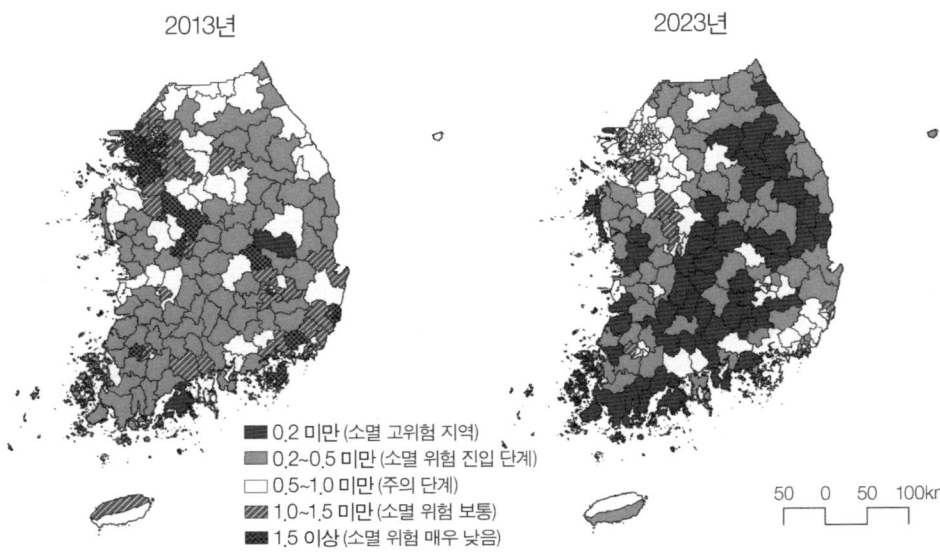

0.2 미만 (소멸 고위험 지역)

0.2~0.5 미만 (소멸 위험 진입 단계)

0.5~1.0 미만 (주의 단계)

1.0~1.5 미만 (소멸 위험 보통)

1.5 이상 (소멸 위험 매우 낮음)

50　0　50　100km

[그림 10-4] 우리나라 소멸위험지역 현황
자료: 행정안전부(2013; 2023) 「행정동별 연령별 인구현황」을 바탕으로 작성

2) 인구 감소와 지역 교통 문제

그림 10-5와 같이 인구 감소는 지역 쇠퇴를 유발하며 지역의 대중교통 운영에 큰 영향을 미치며, 궁극적으로 교통 서비스의 축소를 가져온다. 대중교통과 같은 공공서비스의 쇠퇴는 지역 주민의 삶의 질을 저하시키고 주민 불편을 증가시켜 지역 이탈에 영향을 미치고, 이는 다시 인구 감소에 영향을 미치는 악순환을 반복한다(임석회, 2019).

인구 감소와 지역 쇠퇴로 인한 대표적인 지역 교통 문제는 크게 대중교통 효율성 저하, 교통 인프라 유지 문제, 이동성 격차 심화와 대중교통 소외 지역 증가이다. 우선, 대중교통 이용 수요의 감소는 기존 운영 노선의 효율성을 저하시킨다. 특히 농촌이나 소도시에서는 운영비용을 상회하는 적자가

[그림 10-5] 지역 쇠퇴와 교통 서비스 축소의 악순환
자료: 임석의(2019)를 바탕으로 저자 작성

발생하며, 이로 인해 수익성이 떨어지는 노선은 감축되거나 폐지되는 수준에 이르렀다. 결과적으로 지역 주민들이 교통 서비스 이용에 겪는 불편이 증가하며 이동권이 제한되는 현상이 나타났다. **표 10-1**을 살펴보면, 시내버스의 경우, 2023년 전국적으로 약 3000억에 달하는 운송 손익을 기록하였다.

17개의 시·도 중 11개의 시·도에서 모두 수익 대비 평균 1.5배 이상의 손익이 발생했다. 특히, 경기도의 경우 전국 운송 수익 대비 60%에 해당하는 약 1789억가량의 손익이 발생하였으며, 광주광역시와 경상북도의 경우 각각 약 1159억, 약 1141억의 손익이 발생하여, 운송 수익보다 더 큰 손익을 기록하였다. 특히 수도권 및 광역시를 제외할 경우, 전라남도를 제외한 모든 비수도권 지역에서 운송 수익에 대해 적자가 발생하였다.

또한, 인구 감소와 지역 쇠퇴는 교통 인프라 유지와 관리를 어렵게 한다. 대중교통 수요와 무관하게 교통 인프라 유지비용은 고정적이며, 감소한 이용자 대비 유지비 부담의 증가로 지방정부나 운영 기관에 대한 재정적 압박이 가중된다(임성호, 2021). 특히 인구 감소 및 지역 쇠퇴가 심한 지방은 이용량 감소로 도로의 유지·보수 필요성은 낮아졌으나 안전상의 문제로 노후화

[표 10-1] 전국 시내버스 업체 경영 현황(단위: 백만 원)

시/도	업체 수	운송 수익(A)	운송 원가(B)	운송 손익(A-B)
전국	356	6,798,252	7,096,456	-298,204
서울특별시	65	1,710,726	1,504,213	206,513
부산광역시	33	572,957	542,594	30,363
인천광역시	37	549,177	450,266	98,911
광주광역시	10	89,316	205,240	-115,924
대전광역시	14	233,725	220,523	13,202
울산광역시	14	243,915	240,952	2,963
세종특별자치시	2	20,145	65,941	-45,796
경기도	69	2,147,343	2,326,217	-178,874
강원특별자치도	15	96,064	157,353	-61,289
충청북도	11	93,798	130,177	-36,379
충청남도	11	127,453	153,934	-26,481
전북특별자치도	13	162,068	213,942	-51,874
전라남도	9	93,417	72,365	21,052
경상북도	15	107,022	221,120	-114,098
경상남도	29	403,494	437,527	-34,033
제주특별자치도	9	147,633	154,092	-6,459

자료: 한국교통안전공단(2023: 10)을 바탕으로 재구성

된 인프라에 대한 유지비용이 과도한 부담으로 작용한다. 그뿐만 아니라 도로, 교량, 터널 등의 인프라는 과거의 인구와 교통량을 기준으로 설계되었기 때문에, 현재의 과잉 상태를 충족시키기 위한 경제적 여건은 충분하지 않다. 나아가 교통 인프라 유지 문제는 교통 문제뿐 아니라 다른 부분에서도 지역 쇠퇴를 유발한다. 우선, 물류 네트워크의 약화를 유발하여 지방 및 농어촌 지역의 경제활동 둔화 및 지역 경제 위축을 발생시키며, 인구 감소와 더불어 보행 및 자전거 등에 대한 투자 우선순위가 낮아져 단거리 이동 수단

의 활성화를 저해한다. 즉, 인구 감소로 인한 교통 문제는 단순히 교통에만 그치지 않고, 다양한 영역에서 지역 쇠퇴와 교통 문제의 악순환을 가속화하여 영향을 미친다. 따라서 이를 대체하고, 지방자치단체의 부담을 줄일 수 있는 방안의 마련이 필요한 실정이다.

마지막으로, 인구 감소와 지역 쇠퇴는 지역 간 이동성 격차를 심화하고 교통약자에 대한 대중교통 서비스 소외 지역을 증가시킨다. 구체적으로 보면, 수도권 및 도시 중심지는 지방 및 소도시, 혹은 도시 외곽 지역보다 교통 서비스가 잘 유지되지만, 이로 인해 지역 간 교통 서비스 격차는 심화되며, 일상적인 이동에 제약을 받는 교통 소외 지역이 발생한다(임서현·김아름, 2022; 박경아, 2023). 특히 이용 가능한 대중교통 서비스가 축소되어 이동이 저하될 경우 지역사회의 활력이 떨어지고, 해당 지역의 쇠퇴와 인구 유출로 이어질 수 있다. 그뿐만 아니라 대중교통 서비스의 축소는 차량 의존도를 높이며, 개인 차량에 대한 수단분담률을 증가시킨다. 그러나 이는 차량 소유 및 운전이 어려운 고령자나 저소득층의 이동성을 확보해 주지 못해 교통 소외 문제를 유발한다.

대중교통은 고령자와 저소득층 및 장애인 등의 이동 약자가 병원, 행정기관 등 필수 서비스에 접근하기 위한 수단인데, 대중교통 서비스가 축소될 경우 이들의 사회적 고립이 발생할 수 있다(국토교통부, 2022). 이를 해결하기 위해 전용 교통수단(예: 고령자 셔틀버스, 장애인 콜택시 등)이 논의되었고 일부 지역에서 운행되고 있지만, 충분한 이동성 확보를 위해서는 부족한 실정이다(이지민·이수기, 2023). 또한, 이러한 대중교통 서비스는 지역에 따른 편차가 크게 발생하며, 이는 이동 불균형과 교통 소외 문제를 더욱 가속화한다. 대중교통 서비스 이용에 대한 지표 중 평균 배차간격의 경우 **그림 10-6**과 같이 서울시 및 주요 광역시에서는 15분 내외로 나타났으나, 그 외 자치도의 경우 최대 70분까지 나타났다.

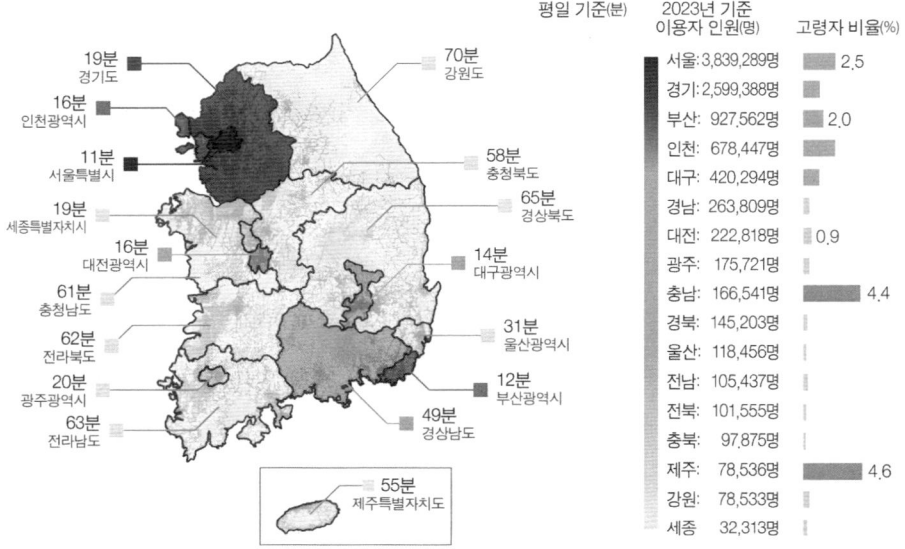

평일 기준(분)	2023년 기준 이용자 인원(명)	고령자 비율(%)
19분 경기도	서울: 3,839,289명	2.5
16분 인천광역시	경기: 2,599,388명	
11분 서울특별시	부산: 927,562명	2.0
70분 강원도	인천: 678,447명	
58분 충청북도	대구: 420,294명	
19분 세종특별자치시	경남: 263,809명	
65분 경상북도	대전: 222,818명	0.9
16분 대전광역시	광주: 175,721명	
14분 대구광역시	충남: 166,541명	4.4
61분 충청남도	경북: 145,203명	
62분 전라북도	울산: 118,456명	
31분 울산광역시	전남: 105,437명	
20분 광주광역시	전북: 101,555명	
12분 부산광역시	충북: 97,875명	
63분 전라남도	제주: 78,536명	4.6
49분 경상남도	강원: 78,533명	
55분 제주특별자치도	세종: 32,313명	

[그림 10-6] 지역별 대중교통 이용 인원 및 배차 간격 현황
자료: 한국교통안전공단 (2023), 「지역내 대중교통 이용 지표 자료」를 바탕으로 작성

3. 모빌리티 혁신 기술의 부상과 적용

1) 스마트 모빌리티

인구 소멸 지역에서는 교통수요의 지속적인 감소와 고령자 및 교통약자 비중의 증가가 뚜렷하게 나타나고 있다. 이에 따라, 데이터 기반 교통 서비스와 혁신적인 기술 도입을 통해 지속 가능한 교통 체계 구축이 시급히 요구된다(임서현 외, 2023). 이러한 문제를 해결하기 위한 혁신적인 대안으로 스마트 모빌리티가 주목받고 있다. 스마트 모빌리티는 첨단기술의 발전으로 등장한 새로운 교통 서비스와 수단을 의미하며, 수요응답형 교통 외에도 공유 자전거, 공유 퍼스널 모빌리티, 라이드 셰어링, 카 셰어링, 자율주행 셔틀

[표 10-2] 스마트 모빌리티별 주요 특성

구분	수요응답형 교통		라이드 셰어링	카셰어링	공유 자전거	공유 퍼스널 모빌리티
	일반 주행	자율주행				
개념	필요에 따라 택시를 이용하고 요금은 지자체에서 지원	고정 노선을 자율주행하는 소형 전기버스	통근 시간대에 개인 차량에 요금을 지불하고 이용	차량을 단기간 대여	자전거를 단기간 대여	배터리 기반 1인용 교통 수단을 단기간 대여
이용 장소	고정형 or 탄력적	고정형	비고정형	고정형 (지정 주차장)	비고정형	
이용 형태	승객으로 탑승		승객으로 탑승	직접 운전	직접 운전	
구분	대중교통형			승용차형	퍼스널 모빌리티형	

자료: 박종일 외(2018: 40)

등 다양한 서비스가 포함된다(박종일 외, 2018). 이러한 기술은 접근성 격차를 해소하고 이동 서비스에 대한 이용 평형성을 확보하는 데 활용될 수 있다(Brown, 2018; Mooney et al., 2019). 이들의 주요 특성은 이용 장소, 이용 형태에 따라 상이하며, 자세한 내용은 **표 10-2**와 같다.

2) 수요응답형 교통

스마트 모빌리티 중 수요응답형 교통(Demand Responsive Transport: DRT)은 특히 고령층의 의료·문화·복지 서비스 접근성을 높이고, 대중교통이 부족한 농촌지역에서 활동성을 개선하는 데 중요한 역할을 한다(김원철 외, 2022). DRT는 전통적 고정 서비스와 달리, 승객 수요에 맞춘 맞춤형 서비스를 제공하여 교통 효율성을 극대화하고 지역별 특성에 맞는 유연한 교통 서비스를 실현할 수 있다. 따라서 DRT는 농촌지역, 혹은 인구밀도나 자동차 소유율이 낮은 곳에서 높은 수요가 예측되며, 해당 지역에서 이동성 향상을 위해 활용하기 용이하다(Wang et al., 2014; Sörensen et al., 2021). 더 나아가, 다양한 교통수단과의 통합을 통해 기존의 대중교통 접근성을 높이고 이동

[표 10-3] 수요응답형 교통 서비스 유형

유형		구분		
대분류	소분류	승하차 지점	운행 경로	운행 시간표
고정 노선형 (Fixed)	셔틀형(Shuttle)	고정(기점·종점만 존재)	고정	고정, 탄력
	노선형(Route)	고정(기점·종점 고정, 다수 승하차 지점)	고정	고정, 탄력
탄력적 고정 노선형 (Flexible fixed)	경로 이탈 (Out-of-route)	반고정(기점·종점 고정, 일부 인근 지점 허용)	고정(일부 이탈 후 기존 노선 복귀)	고정, 탄력
	경로 생성 (Adapted route)	반고정(기점·종점 고정, 일부 인근 지점 허용)	반고정(일부 이탈 후 최적 경로 생성)	고정, 탄력
준다이내믹형(Semi-dynamic)		탄력(기점·종점만 고정)	탄력	고정, 탄력
대중교통 노선 서비스형 (Feeder service)		반고정(기점 또는 종점이 대중교통 정류장)	탄력(정해진 영역만 서비스)	탄력
다이내믹형 (Dynamic)	노선형(Route-based)	탄력	반고정(일부 이탈 허용)	탄력
	구역형(Area-based)	탄력	탄력(정해진 영역만 서비스)	탄력
	무제약형 (Unconstrained)	탄력	탄력	탄력

자료: 최성택 외(2022: 38)

성 격차를 줄이는 데 활용될 수 있다(Aravind et al., 2024).

표 10-3과 같이 DRT는 고정 노선형, 탄력적 고정 노선형, 준다이내믹형, 다이내믹형 등 여러 유형으로 제공되며, 각 유형은 승하차 지점과 경로 설정에서의 유연성을 특징으로 한다. 고정 노선형 서비스는 기점과 종점이 고정되어 있으며, 셔틀형과 노선형으로 구분된다. 셔틀형은 승하차 지점이 기점과 종점만 존재하며, 일정한 경로와 시간표를 따른다. 노선형 서비스는 여러 승하차 지점이 있지만, 경로는 고정되고 운행 시간은 고정적이거나 탄력적으로 조정될 수 있다. 탄력적 고정 노선형 서비스는 기본 경로를 따르되, 승객 수요에 따라 일부 경로를 유연하게 변경할 수 있다. 예를 들어, 경로 이탈형 서비스는 기본 경로에서 이탈해 인근 지점으로 이동할 수 있으며, 이후

기존 노선으로 복귀한다. 경로 생성형 서비스는 기본 경로가 고정되어 있지만, 승객의 수요에 맞추어 최적 경로를 실시간으로 생성하여 운행된다. 준다이내믹형 서비스는 기점만 고정되어 있고, 승객 수요에 따라 유동적인 경로 설정이 가능하다. 다이내믹형 서비스는 승하차 지점과 경로 모두 유동적으로 설정되며, 노선형, 구역형, 무제약형 등으로 세분화된다.

DRT는 다양한 유형을 통해 지역별 수요와 환경에 맞는 맞춤형 서비스를 제공하며, 기술 발전에 힘입어 효율성과 유연성도 더욱 강화되고 있다. 초기 단계인 DRT 1.0에서 시작해 현재 자율주행 단계에 이르기까지 기술적으로 진화 중이다(김상엽, 2022). DRT 1.0은 농촌지역에서 콜센터 예약 시스템을 기반으로 운영되었으며, 교통 복지를 향상시키는 중요한 역할을 담당하였다. 그러나 실시간 호출 기능이 부재하고, 운영 관리에 어려움이 따랐다. 이러한 한계를 극복하기 위해 DRT 2.0에서는 모바일 애플리케이션을 통한 실시간 호출 시스템이 도입되었으며, 플랫폼 기반으로 효율적인 운영 관리와 모니터링이 가능해졌다. 그럼에도 불구하고 여전히 배차 실패와 대기 시간 증가 등의 서비스 품질 문제는 존재했다. 가장 최근의 DRT 3.0은 정교한 수요 예측과 최적화된 배차 시스템을 도입함으로써, 실시간 모니터링과 피드백을 통해 서비스의 효율성을 극대화하고 있다. 이러한 기술 발전은 자율주행 기술과 결합되어 자율주행 DRT 서비스로 이어지게 되었다.

4. 인구 감소 지역 교통 문제 대응 사례

1) 해외 사례 분석

해외에서는 다양한 스마트 모빌리티 서비스가 이미 실증적으로 운영되고

[표 10-4] 해외 스마트 모빌리티 주요 사례

구분	국가	사례	역할
수요 응답형 교통	일본	KnowRoute	인공지능(AI) 기반, 승객이 원하는 픽업 및 드롭오프 지점과 승객이 선택한 시간에만 버스를 파견하도록 설계
	네덜란드	HubTaxi	대중교통 허브(버스 정류장, 기차역)까지의 라스트 마일을 지원하는 택시 서비스
		Breng Flex	도시형 DRT 서비스
	프랑스	La Saire TAD	시골 지역을 개방하고 외곽 도시에서 셰르부르앙코탕탱 도심으로의 접근을 용이하게 함
	호주	Opal Connect	Opal Connect에 가입 시 버스, 기차 또는 지하철과 같은 Opal 서비스로 환승할 때마다 2달러의 향후 On Demand 예약에 사용할 수 있는 여행 크레딧을 받음
자율주행 셔틀	일본	자율주행 셔틀	미치노에키와 인근 마을을 연결
	프랑스	OL Vallée A la Demande	교통 소외 지역을 위한 자율주행 셔틀
	스위스	Belle-Idée ULTIMO	제네바의 기존 대중교통과 연계된 자율주행 서비스
카 셰어링	독일	Mobine	니더작센 북부 게스트란트시의 노이엔발데 마을을 위한 커뮤니티 차량 공유 서비스
라이드 셰어링	미국	Uber	스마트폰 기반의 승차 공유 서비스를 통해 교통 소외 문제를 해결
		Lyft	의료 서비스 제공자가 약속 장소로 이동할 교통수단이 없는 환자를 위해 차량을 준비할 수 있는 플랫폼 구축
	프랑스	Evoc	교통 소외 문제를 해결하기 위해 도입된 카풀 서비스
	스코틀랜드	Liftshare	통근자 중심의 카풀 서비스

자료: 임서현 외(2023); Della(2018); Clark(2019)를 토대로 내용 재구성

있으며, 각국의 교통 문제를 해결하는 데 기여하고 있다. 특히, DRT와 자율주행 셔틀은 대중교통이 부족한 지역에서 그 유용성이 더욱 두드러지고 있으며, 카 셰어링과 라이드 셰어링은 도시와 지방을 연결하는 중요한 교통수단으로 자리 잡고 있다. 해외 스마트 모빌리티의 주요 사례는 **표 10-4**와 같다.

먼저, 수요응답형 교통(DRT)은 승객의 요청에 따라 차량이 승하차 지점과 운행 시간을 유동적으로 조정하는 서비스로, 특히 농촌지역과 대중교통

(a) 일본, 후쿠오카 AI 온디맨드 서비스   (b) 네덜란드, Breng Flex 수요응답형 교통 서비스

(c) 프랑스, FlexBus 수요응답형 교통 서비스   (d) 호주, New South Wales,
수요응답형 교통 서비스

[그림 10-7] 해외 DRT 서비스 사례
자료: (a) Ro(2024); (b) Beelen(2019); (c) Hoppin(2024.); (d) Transport for NSW(2022)

이 부족한 지역에서 중요한 역할을 한다(Mageean and Nelson, 2003). **그림 10-7과 같이** 일본, 프랑스, 호주, 네덜란드 등에서 DRT 서비스를 운영 중이다. 일본에서는 고령화와 인구 감소에 대응해 온디맨드 교통 서비스가 확산되고 있으며, 히타치시와 나리타시에서 주민들의 이동 편의를 증진하고 있다(Mitsubishi Corporation, 2022). 프랑스의 Le Cotentin Urban Community는 외곽 지역에서 중심부로의 접근성을 향상시키기 위해 DRT 서비스를 제공하고 있으며(Padam Mobilit, 2017), 호주의 Opal Connect는 디지털 플랫폼을 통해 다양한 교통 앱에서 수요형 교통 예약을 지원하고 있다(임서현 외, 2023). 네덜란드는 Breng Flex와 HubTaxi 서비스를 통해 대중교통이 부족한 지역의 이동성을 개선하고 있다(임서현 외, 2023; 정하영, 2024).

| 한국 세종시 '로보셔틀' | 프랑스 파리 'EZ10' |

[그림 10-8] 국내외 자율주행 수요응답형 교통 사례
자료: 전미준(2021); 박주영(2017)

자율주행 셔틀은 DRT에 자율주행 기술을 결합한 교통수단으로, 대중교통 시스템과 연계되거나 교통이 취약한 지역에 서비스가 제공된다. 일본 미치노에키, 프랑스 리옹, 스위스 제네바 등에서는 고정된 교통망이 부족한 지역에 자율주행 셔틀을 운행하여 이동권 보장과 교통 효율성을 높이고 있다(임서현 외, 2023).

다음으로, 카 셰어링은 여러 사람이 차량을 공유하여 사용하는 시스템이다. 독일의 카셰어링 서비스인 Mobine은 커뮤니티 차량 공유를 통해 전기차를 마을 중앙에 배치하고, 자원봉사 운전자를 결합해 운영된다(임서현 외, 2023). 스마트폰 기반 승차 공유 서비스인 우버(Uber)와 리프트(Lyft)는 운전자를 승객에게 연결하며, 휠체어가 탑승 가능한 특수차량도 제공한다. 특히, 리프트는 환자 전용 의료 교통 서비스를 제공하고 있어, 2500개 병원과 700만 명의 환자에게 유용하게 활용된다(BraunAbility, 2024; Cava, 2018).

2021년을 기준으로, 자율주행 공유차량의 상용화가 임박한 가운데, 한국, 일본, 프랑스 등 주요 국가들은 **그림 10-8**과 같이 자율주행 기술의 연구개발에 활발히 참여하고 있다. 한국의 세종시는 세계 최초로 '규제자유특구'로 지정되어 자율주행 차량 관련 시범 운영을 활발히 진행하고 있으며, 일본은 인구 감소로 대중교통 유지가 어려운 지역에서 자율주행 셔틀을 도입하고 있다. 또한, 프랑스 리옹에서는 기존 대중교통의 부족을 보완하기 위해 자율주행 셔틀을 운행 중이다. 이러한 사례들은 자율주행 기술이 교통 인프라 개선과 이동성 확대에 중요한 기여를 할 수 있음을 시사한다.

2) 국내 사례 분석

지난 10년 연속 인구가 감소하고 있는 전북특별자치도에서 대중교통 인프라 개선을 위해 **표 10-5**와 같이 DRT 모델을 추진하고 있다. 전북도는 지역적 특성과 지자체 예산·재정 문제로 지속적인 대중교통 인프라 확대에 한계가 발생하여 대중교통 사각·취약 지역이 약 50%에 달한다는 한계를 가지고 있는 지역이다. 이러한 대중교통 사각·취약 지역을 중심으로 교통 복지 확대, 이동권 보장, 대중교통 체계 개선, 대중교통 소외 지역 제로화 등을 목

[표 10-5] 전라북도 수요응답형 교통 모델 운영 현황(2021)

구분	운행 대수		마을 수(또는 행정구역)		예약 방식	
	버스	택시	버스	택시	버스	택시
전주시	-	18	-	6개 동, 21개 마을	-	노선
군산시	6	-	3개 면	-	전화, 노선	-
익산시	3	14	2개 면	52개 마을	전화	
완주군	8	38	5개 면	38개 마을	전화	요청 일자 운행, 전화
진안군	13	8	10개 면	6개 면	전화	
무주군	6	20	5개 읍면동	54개 마을	전화, 노선	전화
장수군	4	16	4개 면	3개 면	전화	
임실군	2	10	19개 마을	11개 읍면, 35개 마을	전화	요청 일자 운행
고창군	2	25	2개 면	14개 읍면, 89개 마을	전화	
부안군	1	3	1개 면	33개 마을	전화	정기 운행
합계	45	152	51	362	-	

자료: 김상엽 (2022: 3)

[그림 10-9] 전북 행복콜버스(위)와 청송군 무료 농어촌버스(아래)
자료: 국가균형발전위원회(2020: 143); 김학봉(2025)

표로 DRT를 적극적으로 도입하였다(김상엽, 2022).

2015년 1월부터 전북도와 정읍시, 완주군의 협업을 통해 DRT 시범 사업을 추진하였으며, 현재는 버스 부문의 '행복콜버스'와 택시 부문의 '행복콜택시'로 통합하여 **그림 10-9**와 같이 운영하고 있다. 행복콜 서비스는 버스와 택시의 장점을 살린 대중교통 운영 체계로 전국 최초로 지자체 예산을 투입하여 추진한 사업이다. 전북특별자치도의 행복콜 서비스는 타 지자체의 농촌형 교통 모델과 네 가지 차별성을 두고 있다. 첫째, 각 지역의 유형과 특성, 업계 수용 수준에 맞는 맞춤형 DRT 모델 설계가 가능하다. 둘째, 콜센터를 통해 운영하여 스마트폰 사용을 어려워하는 노인들도 쉽게 이용할 수 있다. 셋째, 기존의 버스 정류장 이외에 행복콜을 위해 추가 지정된 버스 정류장이나 행복콜 표지판이 있는 곳에서 탑승할 수 있다. 넷째, 버스와 택시를 같은 시스템에서 배차하므로 수요에 맞추어 탄력적으로 운영하여(5인 이상 버스, 4인 이하 택시) 공차 운행과 예산 낭비를 최소화할 수 있다(국가균형발전위원회·한국산업기술평가관리원, 2020).

전북특별자치도의 대중교통 서비스는 지역 주민의 높은 만족도와 이용객 증가율을 보여 국가균형발전위원회의 2020년 균형발전사업 우수 사례로 선정되었다. 더욱이 준대중교통 수단인 택시와 대중교통 수단인 버스를 조건부 공동 배차 구조로 운영하여 양쪽 업계 모두에서 긍정적으로 평가받는 상생 비즈니스 모델의 모범이 되었다(김상엽, 2022).

다른 사례로, 경상북도 청송군은 군민의 대중교통 편의를 증진하고 지방소멸 위기를 극복하기 위해 2023년 1월부터 농어촌버스 무료 운행을 시작하였다(김규현·오윤주, 2023). 청송군의 무료 버스는 총 63개 노선, 18대 버스로 운행되며, 혜택은 연령, 소득, 주소지 등 조건에 상관없이 군내 모든 이용자에게 적용된다(경상북도청송군조례 제2265호, 2022). 청송군은 65세 이상 인구와 어린이·청소년에게만 요금을 무료로 하는 방안을 고민했지만, 군민 인구의 40%가량이 65세 이상이고, 군내 경제활동인구의 버스 이용률은 10%에 불과해 전면 무료 운행을 결정하였다(김규현·오윤주, 2023). 사업 시행 이후 6개월간 운영 효과를 조사한 결과, 종전 대비 이용객이 약 25~30% 증가하였으며, 6개월간 버스 회사에 지원한 금액은 1억 6500만 원이지만 유동 인구 증가에 따른 지역 경제 효과는 약 10배 높은 15억~20억 원으로 분석되었다. 이처럼 청송군의 사업이 안정적으로 성공 궤도에 올라서자 전국 지자체에서 벤치마킹하고자 하는 움직임이 잇따르고 있다. 전라남도 완도군, 진도군, 영암군에서도 무료 운행을 시작하였으며, 경상북도 의성군과 울진

[표 10-6] 지방 중소 도시 세부 지역별 분석 결과와 스마트 모빌리티 도입 여건

구분		농촌지역	원도심	혁신도시
대중교통 여건	접근성	낮음	중간	높음
	운행 빈도	낮음	높음	중간
통행 특성	내부 통행 비율	중간	중간	높음
인구 특성	인구밀도	낮음	중간	높음
	종사자 수 밀도	낮음	중간	높음
	고령자 비율	높음	중간	낮음
	청년층 비율	낮음	중간	높음
인프라 여건	간선도로	전용차로 불가	전용차로 불가	전용차로 가능
	자전거도로	네트워크 부재	네트워크 일부 구축	네트워크 구축
퍼스널 모빌리티	공유 자전거	부적합	적합	매우 적합
	공유 퍼스널 모빌리티	부적합	적합	매우 적합
승용차형	라이드 셰어링	적합	적합	매우 적합
	카 셰어링	보통	적합	적합
대중교통형	수요응답형 교통	매우적합	부적합	부적합
	자율주행 셔틀	보통	부적합	적합

자료: 박종일 외(2018: 109)

군도 시행 예정 중이다(김형엽, 2024).

　표 10-6은 우리나라 지방 중소 도시의 유형에 따른 스마트 모빌리티 도입 여건을 분석한 결과이다. 민영제 노선버스를 중심으로 운영되는 지방 중소 도시의 대중교통 체계는 재정적 제약으로 인해 노선 체계 개편이나 준공영제 도입이 어려운 상황이다(박종일 외, 2018).

　대중교통 여건은 지역마다 큰 차이가 있기 때문에 스마트 모빌리티 도입에 있어 주의가 요구된다. 농촌지역은 대중교통 접근성이 낮고 고령자 비율이 높아 기존의 대중교통만으로는 주민들의 이동을 충분히 지원하기 어려운 상황이다. 이 지역은 교통망이 미비하고, 자주 운행되는 대중교통 수단이 부족하여 고령자와 이동이 불편한 주민들에게 큰 제약을 주고 있다. 반면, 원도심은 대중교통 접근성이 중간 수준으로, 운행 빈도와 교차로 수가 적당히 분포해 있지만 여전히 개선의 여지가 있다. 혁신도시는 대중교통 인프라가 잘 구축되어 있어 교차로 수와 운행 빈도가 높고, 자전거도로와 전용차로 등 다양한 교통수단이 잘 연계되어 있어 비교적 효율적인 교통망을 자랑한다. 이와 같은 지역별 차이점은 교통 문제를 해결하기 위한 접근 방식에 중요한 영향을 미친다.

5. 인구 감소 지역 교통정책 방향과 정책적 시사점

1) 지역의 교통정책 방향

인구 감소와 지역 쇠퇴의 가속화에 따라 기존 교통체계의 문제가 발생하고 있으며, 이를 극복하기 위한 새로운 교통정책의 방향성이 요구되고 있다. 교통은 단순히 이동 수단을 제공하는 역할을 넘어 지역 경제 활성화와 주민의 삶의 질 향상과 연관성이 높은 중요한 요소이다. **그림 10-10**은 인구 감소와 지역 쇠퇴로 인한 지역의 교통 문제와 이를 해결하기 위한 대응 방향과 대책을 제시하였다.

우선, 인구 감소 지역의 교통정책은 지역이 상황과 여건에 대응할 수 있는 맞춤형 체계의 구축이 필요하다. 앞으로의 교통정책은 지역별 특성과 주민의 요구 사항을 반영하여 교통체계를 구축할 필요가 있다. 예를 들어, 특정 시간대에만 운행하는 소형 셔틀버스나 수요에 따라 운행하는 DRT 시스템을 통해 맞춤형 이동 수단을 제공하는 것은 주민의 의견을 반영할 수 있으며, 불필요한 에너지와 비용을 절약할 수 있다. 이러한 맞춤형 교통정책은 주민들의 생활 편의를 높이는 동시에 교통 서비스 운영의 효율성을 극대화

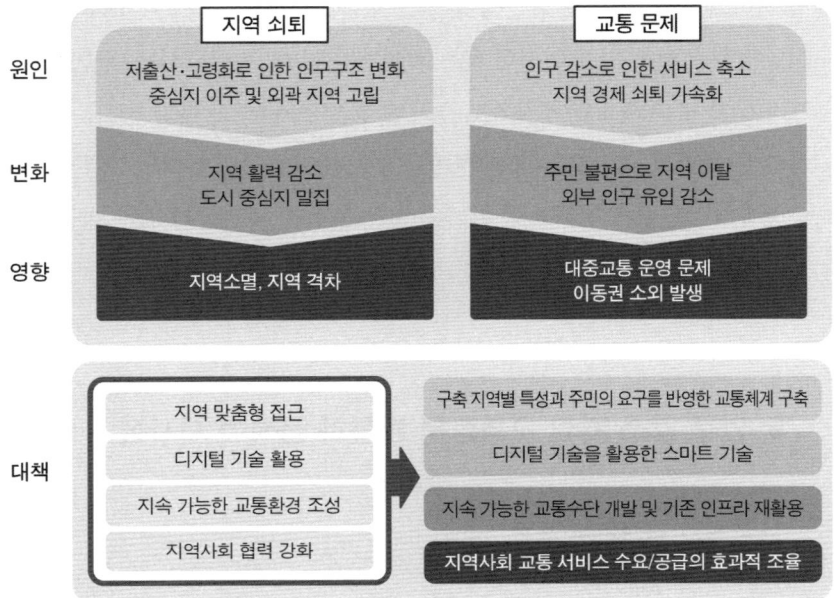

[그림 10-10] 인구 감소와 쇠퇴 지역의 교통정책 방향
자료: 저자 작성

할 수 있다. 따라서 지역사회와 협력하여 수요자 중심 맞춤형 교통 서비스를 개발할 필요가 있다.

또한, 디지털 전환에 따라 스마트 기술을 활용하여 효율적인 교통 서비스를 제공할 필요가 있다. 디지털 기술의 발달에 따른 변화는 지역 교통 문제를 해결하는 데 있어 중요한 도구가 될 수 있다. 자율주행차, 인공지능 기반의 교통 데이터 분석, 모바일 예약 플랫폼 등 첨단기술은 교통 서비스의 효율성을 높이고 비용 절감을 가능하게 할 수 있다. 예를 들어, 모바일 플랫폼을 통해 주민들이 교통수단을 예약하거나 공유할 수 있는 시스템은 지역 주민들의 교통수단 이용 시 불필요한 시간을 줄일 수 있으며, 대중교통이 운행하지 않는 지역 주민의 이동성을 보장할 수 있다.

마지막으로, 인구 감소와 쇠퇴 지역의 교통정책은 무엇보다 지역사회와의 협력 강화를 통해 더욱 효과적으로 설계하고 실행되어야 한다. 교통정책은 단순히 정부 주도로 이루어지는 것이 아니라, 지역 주민과의 협력이 필수적이다. 따라서 주민들의 의견을 적극적으로 수렴하고 이를 정책에 반영함으로써 교통 서비스가 실제 수요와 잘 맞아떨어질 수 있다. 이는 불필요한 경제적·환경적 비용을 줄이고 주민들의 효율적인 이용을 도모할 수 있다. 또한 지역 커뮤니티와의 파트너십을 통하여 조율할 수도 있을 것이다.

2) 지역의 교통 문제 해결을 위한 정책적 시사점

인구 감소와 고령화에 따른 지역 쇠퇴는 지역 경제와 주민의 삶에 심각한 영향을 미치고 있다. 특히, 대중교통 서비스의 축소는 주민의 이동권을 제한하고, 이는 다시 지역 주민의 지역 이탈을 가져와 인구가 감소하는 악순환이 반복될 수 있다. 따라서 지역의 특성과 여건에 맞는 효율적이고 지속 가능한 교통정책의 제언이 필요한 실정이다. 이러한 맥락에서 인구 감소와 쇠퇴를 경험하고 있는 지역의 교통 문제 해결을 위한 정책적 시사점은 다음과 같다.

첫째, 인구 감소와 더불어 고령화가 진행된 지역에서는 대중교통이 부족하고 대체 이동 수단이 부족하여 이동권의 상실이 발생하고 있다. 이에 기존의 대중교통 체계를 최적화할 필요가 있다. 지방의 경우 인구 감소에 따른 버스 운행 횟수와 노선을 최적화하여 대중교통 시스템의 효율성과 지속가능성을 높일 필요가 있다. 이러한 과정에서 소외되는 지역은 수요반응형 교통(DRT) 시스템을 도입하여 이동성 서비스를 확충할 필요가 있다. 이는 고정된 노선보다 탄력적으로 운영되는 소규모 교통수단(셔틀버스, 소형 택시 등)으로, 인구가 적은 지역과 고령자가 많은 지역에서 수요에 맞게 이용 가능하다는 장점이 있다.

둘째, 고령화에 따라 발생하는 이동권의 상실 중 가장 큰 요인은 이동에 불편함을 겪는 고령자를 위한 전용 교통 서비스의 부족이라고 볼 수 있다. 또한, 고령자들은 새로운 기술에 익숙하지 않아 다양한 교통수단을 활용하는 데 어려움을 겪고 있다. 이에 고령자를 위한 전용 교통 서비스를 도입하고 휠체어가 안전하게 다닐 수 있는 무장애 인프라를 확충할 필요가 있다. 고령자가 많은 지역에서는 전동카트, 무료 셔틀 등 맞춤형 교통수단을 제공하는 것이 중요하다. 일반적인 노선 중심의 대중교통 서비스가 아닌 DRT 서비스를 활용한 맞춤형 교통 서비스가 필요하다. 여기에는 휠체어를 이용하거나 거동이 불편한 고령자를 위한 무장애 인프라가 포함되어야 할 것이다. 이를 도입하기 위해서는 고령자들이 새로운 기술에 익숙하지 않음을 고려하여 요양원이나 노인센터와 연계하여 예약하여 운행하는 등 서비스의 지원이 필요하다.

셋째, 지역의 교통정책은 지역의 특성과 여건이 모두 다르기 때문에 어떤 정책이든 간에 지역별로 맞춤형으로 접근하여 정책을 수립하여야 한다. 대도시 주변에 위치한 소도시의 경우, 대도시와 연계된 광역교통망을 강화하여 교통정책을 수립하여야 한다. 지방 농촌지역의 경우에는 마을버스와 공유 교통을 활성화하여 지역 맞춤형 교통수단을 제공해야 하며, DRT 시스템을 도입한다면, 더욱 효율적인 지역 교통을 구축할 수 있을 것이다. 이러한 마을 단위의 소규모 교통 서비스를 지원한다면, 주민들의 이동권을 보장할 수 있을 것이며, 이는 특히 고령인구가 많은 지역에서 중요한 역할을 할 수 있다. 인구 감소가 심한 지역의 경우에는 최소한의 교통 서비스 유지와 동시에 주민 이주를 돕는 정책과 병행하여 주민의 삶의 질을 높일 필요가 있다.

넷째, 인구 감소와 쇠퇴를 경험하고 있는 지역의 교통정책은 환경적·경제적 지속가능성을 고려할 필요가 있다. 전기차와 자전거와 같은 친환경 교통 수단의 이용을 장려하고, 기존의 교통 인프라를 재활용하거나 최적화함으로써 환경에 미치는 영향을 최소화할 필요가 있다. 과거 인구와 교통량을 기준으로 설계된 도로 등의 인프라는 과잉 상태로 변화하여 문제가 되고 있다. 저효율로 이용되고 있는 교통 인프라를 재활용한다면 경제적·물리적 부담을 줄일 뿐만 아니라 환경적 영향을 줄여 지속 가능한 교통 환경을 조성할 수 있을 것이다. 또한, 장기적으로 지역 내 생활권별 계획을 통해 통행 거리와 통행 시간을 저감할 수 있도록 압축적인 도시 개발 및 정비 전략이 필요하다.

마지막으로, 지역의 교통정책은 단순히 이동권을 보장하는 것을 넘어, 지역사회의 지속가능성과 경제 활성화를 동시에 달성할 수 있는 중요한 도구가 될 수 있다. 이와 같은 교통정책은 인구 감소와 고령화로 인한 지역의 교통 문제를 해결하고, 주민들의 삶의 질을 향상시키는 데 기여할 것이다. 또한, 정부와 지역사회가 협력하여 이러한 정책을 실현한다면, 교통 문제를 새로운 성장의 기회로 전환할 수 있을 것으로 기대된다.

참고문헌

국가균형발전위원회·한국산업기술평가관리원. 2020. 「균형발전 ON 마음을 담다」. 『2020 균형 발전사업 우수사례집』. 138~151쪽.
국토교통부. 2022. 「2021년 교통약자 이동편의 실태조사 연구」.
김규현·오윤주. 2023. 12. 14. "농어촌에 '누구나 무료버스' 바람…"진짜 좋다카이"". ≪한겨레≫. https://www.hani.co.kr/arti/area/area_general/112032
김상엽. 2022. 「전라북도 수요응답형교통(DRT)의 혁신적 운영서비스 개선방안」. ≪전북연구원 이슈브리핑≫, 제275호, 2~14쪽.
김영찬·이재규·김의창. 2023. 「대중교통 소외지역의 수요응답형 교통시스템 구축에 관한 연구」. ≪e-비즈니스연구≫, 제24권 6호, 25~37쪽.
김원철·임서현·홍성효. 2022. 「수요응답교통서비스가 이용자의 활동성에 미치는 효과 지역 간 차이 실증분석」. ≪대한교통학회지≫, 제40권 3호, 335~343쪽.

김학봉. 2025. 1. 3. "[신년특집] 청송군, 을사년 새해 '살고 싶은, 일등 청송' 만든다". http://www. kbsm.net/news/view.php?idx=459818

김형엽. 2024. 9. 9. "경북 청송발 '무료 버스' 인기⋯울진서도 내년 1월부터 버스 무료". https:// www.seoul.co.kr/news/society/health-welfare/2024/09/09/20240909500145

민성희. 2024. 「저출산·고령화 시대의 국토 공간구조 변화와 대응과제」. ≪한국교통연구원 월간 교통≫, 27~32쪽.

박경아. 2023. 「교통서비스 양극화 현상 진단 및 격차 해소방안」. 한국교통연구원.

박종일·김광호·윤태관. 2018. 「지방중소도시의 스마트 모빌리티 구축방안 연구」. 국토연구원.

박주영. 2017. "파리, 소형 자율주행버스 시범운행". ≪한국일보≫. https://www.hankookilbo. com/News/Read/201701251740065139.

이지민·이수기. 2023. 「서울시 장애인콜택시 이용특성 및 대기시간 영향요인분석」. ≪국토계 획≫, 제58권 1호, 75~90쪽.

임서현·김아름. 2022. 「지방도시 이동권 확보 현안과 과제」. ≪교통기술과정책≫, 제19권 1호, 45~49쪽.

임서현·탁세현·홍성진. 2023. 「2023 인구소멸지역 모빌리티 혁신 지원사업」. 한국교통연구원. 1~195쪽.

임석회. 2019. 「지방소도시의 인구감소 및 성장과 쇠퇴의 특성」. ≪대한지리학회지≫, 제54권 3호, 365~386쪽.

임성호. 2021. 「인구감소시대의 광역지방자치단체 도시재생 정책방향 연구」. 국내 박사학위 논 문 계명대학교 대학원.

전라북도. 2021. 「전라북도 수요응답형 교통모델 운영현황」(21. 12월 기준).

전미준. 2021. "현대차, 세종 스마트시티에서 인공지능 기반 '로보셔틀 서비스' 시범 운영". ≪인 공지능신문≫. https://www.aitimes.kr/news/articleView.html?idxno=21661.

정하영. 2024. 「지방정부연구, 이동수요 데이터 기반 대중교통 사각지대 발굴과 중소도시형 DRT 구역 설정 창원시 사례를 중심으로」.

청송군. 2022. 청송군 농어촌버스 무료 이용 지원조례. 경상북도청송군조례 제2265호.

최규한. 2021. 「자율주행 DRT(수요응답형 교통) UX 디자인 특성 연구: 고령자를 중심으로」. ≪한국콘텐츠학회논문지≫, 제21권 12호, 705~712쪽.

최성택·김거중·박준식·윤상원·고승렬·문지혜·정동우. 2022. 「수요응답형 대중교통 서비스 도입 및 효과분석: 대도시권 광역 대중교통을 중심으로」. ≪한국교통연구원 연구보고서≫RR-22-04.

통계청. 2024. "인구동향조사". https://kosis.kr/statHtml/statHtml.do?orgId=101&tblId=DT_ 1B81A21&conn_path=I3

_____. 2024. "장래인구추계". https://kosis.kr/statHtml/statHtml.do?orgId=101&tblId=DT_ 1BPA101&conn_path=I3

한국고용정보원. 2016. 「한국의 지방소멸에 관한 7가지 분석」. ≪지역고용동향브리프≫, 2016년 봄호.

_____. 2018. 「한국의 지방소멸 2018: 2013~2018년까지의 추이와 비수도권 인구이동」. ≪고

용동향브리프≫, 2018년 7월호.

한국교통안전공단. 2023. "대중교통 지표-지역내 대중교통". https://www.kotsa.or.kr/ptc/in side_use.do

행정안전부. 2023. "행정동별 연령별 인구현황". https://jumin.mois.go.kr/#

_____. 2024. "주민등록인구현황". https://kosis.kr/statHtml/statHtml.do?orgId=101&tblId= DT_1B04005N&conn_path=I3

Aravind, A., Venthuruthiyil, S. P., and Mishra, S. 2024. "Equity and accessibility asses- sment of fixed route transit systems integrated with on-demand feeder services." *Journal of Transport Geography*, Vol.121, 104028.

Beelen, B. 2019. "BrengFlex, het Netflix van het openbaar vervoer, is veel te duur en gaat verdwijnen." [Online image]. de Gelderlander. https://www.gelderlander.nl/ arnhem/brengflex-het-netflix-van-het-openbaar-vervoer-is-veel-te-duur-en-gaat-v erdwijnen~aa44075a/

BraunAbility. 2024. "A guide to wheelchair accessible Rideshare Services." https:// www.braunability.com/us/en/blog/accessible-living/wheelchair-users-access-ube r-lyft.html

Brown, A. E. 2018. "Ridehail revolution: Ridehail travel and equity in Los Angeles." University of California, Los Angeles.

Christine Ro. 2024. "How AI is helping to prevent three buses turning up at once [On- line image]." *BBC*. The Asahi Shimbun. https://www.bbc.com/news/business- 67993056

Clark, S. 2019. "NFCW Transit Ticketing Today. Transport for NSW launches Opal Con- nect transportation payments platform." https://www.nfcw.com/2019/10/23/364814/ transport-for-nsw-launches-opal-connect-transportation-payments-platform/

Della, C. M. 2018. "Lyft deal with Allscripts lets 180,000 doctors call rides for their patients." *USA Today*. https://www.usatoday.com/story/tech/2018/03/05/lyft-deal- allscripts-lets-180-000-doctors-call-rides-their-patients/389122002/

Hoppin. 2024. "Flex Bus" [Online image]. https://hoppin.be/nl/flexbus/

Mageean, J., and Nelson, J. D. 2003. "The evaluation of demand responsive transport services in Europe." *Journal of Transport Geography*, Vol.11, No.4, pp.255~270.

Masuda, H. 2014. 『地方消滅』.

Mitsubishi Corporation. 2022. "A ride on the next-generation public transit system, 'KnowRoute.'" Retrieved from https://www.mitsubishicorp.com/jp/en/team-up-for- a-sustainable-world/220523/

Mooney, S., Hosford, K., Howe, B., Winters, M., Bassok, A., and Hirsch, A. 2019. "Free- dom from the Station: Spatial Equity in Access to Dockless Bike Share." *Journal of Transport Geography*, No.74, pp.91~96.

OECD. 2024. "Society at a Glance 2024: OECD Social Indicators." OECD Publishing,

Paris, https://doi.org/10.1787/918d8db3-en.

Padam Mobility. 2017. "How did Le Cotentin urban community boost its rural mobility thanks to demand-responsive transport?" Retrieved from https://www.padam-mobility.com/en/case-study/how-did-le-cotentin-urban-community-boost-its-rural-mobility-thanks-to-demand-responsive-transport/

Sörensen, L., Bossert, A., Jokinen, J. P., and Schlüter, J. 2021. "How much flexibility does rural public transport need?: Implications from a fully flexible DRT system." *Transport Policy*, No. 100, pp. 5~20.

Transport for NSW. 2022. Transport News - 2022. [Online image]. https://transportnsw.info/news/2022

Wang. C.,, Quddus, M., Enoch, M., Ryley, T., and Davison, L. 2014. "Multilevel Modelling of Demand Responsive Transport(DRT) Trips in Greater Manchester Based on Area-wide Socio-economic Data." *Transportation*, Vol. 41, No. 3, pp. 589~610

11장

인구 감소와 재난관리

윤동근

1. 기후변화와 재난 피해

이상기후로 인한 자연 재난의 발생 빈도와 강도는 최근 몇 년간 지속적으로 증가하는 추세를 보이고 있다. 매년 다양한 재난들이 전 세계적으로 발생하고 있는 와중에, 기후변화와 밀접하게 관련되어 있는 집중호우, 태풍, 대설, 그리고 폭염의 발생이 뚜렷하게 증가하는 추세를 보이고 있다. 이와 함께, 해당 재난들의 규모가 증대됨에 따라 재산 피해와 인명 피해 역시 증가하는 추세다.

이와 같은 추세는 전 세계적으로 가속화되고 있는 기후변화 현상이 자연 재난의 발생 패턴에 미치는 영향을 반영하며, 한국에서도 이와 유사한 패턴이 확인되고 있다. 이와 관련하여, 기후변화에 관한 정부 간 협의체(Intergovernmental Panel on Climate Change: IPCC)의 2011년 특별보고서는 전 지구적으로 기후변화로 인해 호우나 가뭄, 국지적 홍수 등이 증가할 수 있고, 이

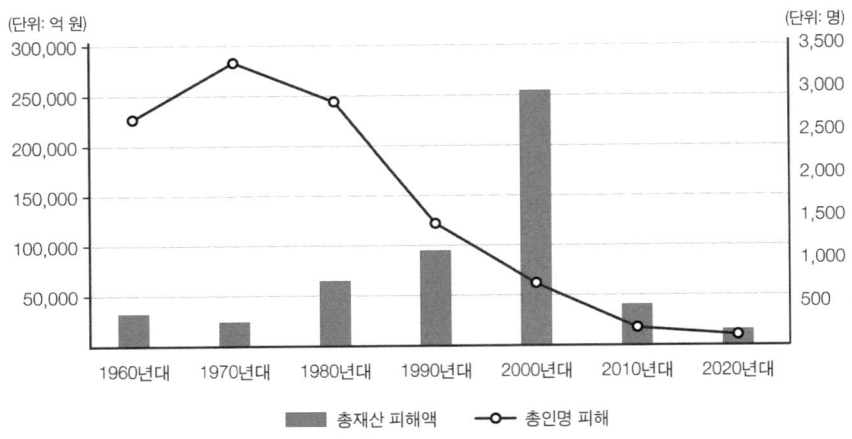

[그림 11-1] 연대별 자연 재난으로 인한 재산 및 인명 피해
자료: 행정안전부(2022) 재해연보

에 따른 피해 역시 상승할 것으로 전망하였다(IPCC, 2011).

이러한 전망과 유사하게, 우리나라에서는 기후변화와 관련된 자연 재난으로 인한 피해가 점차 증가하는 경향을 보이고 있다. 매년 발생한 자연 재난으로 인한 피해에 관한 통계 데이터를 제공하는 재해연보에 따르면, 우리나라는 1960년대에 자연 재난으로 인해 약 3조 2182억 원의 재산 피해가 발생한 것이 집계된 이래로, 1970년대에 약 2조 4102억 원, 1980년대에 약 6조 4712억 원, 1990년대에 9조 4526억 원 등으로 지속적인 증가세를 보였다(행정안전부, 2022). 특히, 2000년대에 들어서면서 자연 재난으로 인한 재산 피해는 약 25조 원을 넘어서서, 1960년대 대비 약 7.9배가 증가한 것으로 분석되었다(**그림 11-1**).

한편, 최근의 과거 20여 년(2000~2022) 동안의 자연 재난의 발생 빈도와 재산 피해 추세를 살펴보면, 연도별로 변동이 있지만, 장기적으로는 증가하는 추세를 보이고 있다. 2000년대 초반에는 태풍 루사(2002), 태풍 매미(2003) 등 대형 태풍의 발생과 집중호우로 인해 피해가 급격하게 증가했지

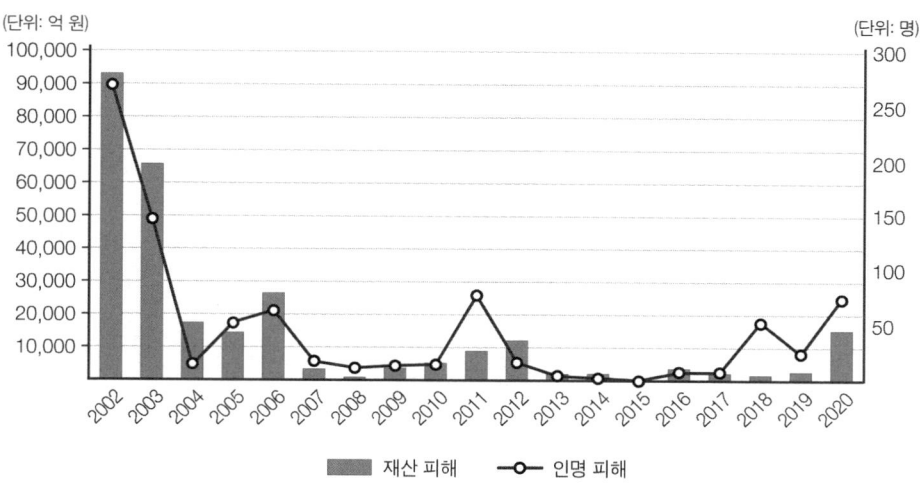

(단위: 억 원) 　　　　　　　　　　　　　　　　　　　　　　　　　　　　(단위: 명)

[그림 11-2] 연도별 자연 재난으로 인한 재산 및 인명 피해(2002~2021)
자료: 행정안전부(2022) 재해연보

만, 그에 비해 2010년대 초반에는 상대적으로 피해가 감소하는 경향을 보였
다. 그러나 2020년부터 다시, 자연 재난으로 인한 피해가 증가하는 경향을
보이고 있다(**그림 11-2**). 자연 재난으로 인한 인명 피해의 경우, 재산 피해와
달리 감소하는 경향이 뚜렷하나, 폭염으로 인한 인명 피해가 포함되기 시작
한 2018년을 기점으로 다시 증가세를 보이고 있다(**그림 11-2**).

2. 재난 피해의 지역 간 불균형

자연 재난으로 인한 피해는 지역별 지리적 특성, 인구 규모 등에 따라 차
이를 보인다. 최근 20여 년(2002~2020) 동안 전국 시군구 지역별 자연 재난
으로 인한 연평균 재산 피해의 지리적 분포를 시각화한 지도는 **그림 11-3**과
같다. 지도에서 색이 진할수록 상대적으로 많은 재산 피해가 발생한 지역을

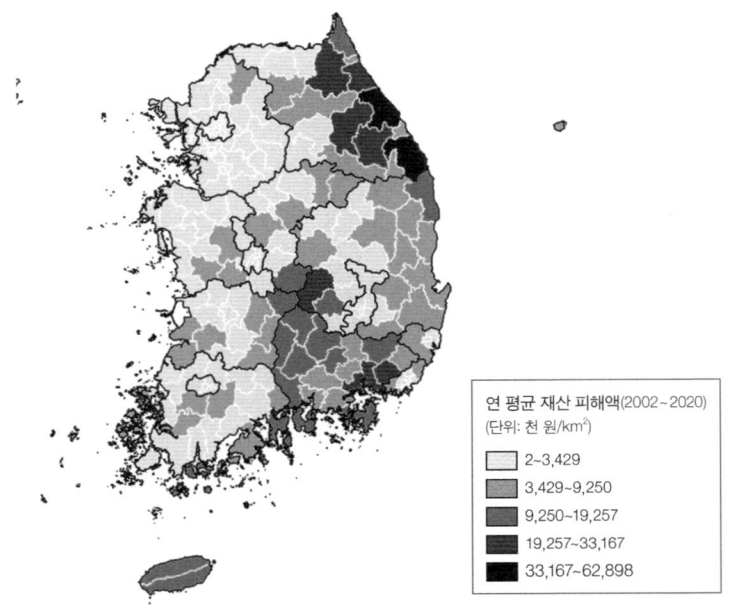

[그림 11-3] 자연 재난으로 인한 연평균 재산 피해액(2002~2020)
자료: 행정안전부(2022) 재해연보

의미하고, 반대로 색이 연할수록 상대적으로 적은 재산 피해가 발생한 지역을 의미한다. 지도에서 볼 수 있듯이, 최근 20여 년(2002~2020) 동안 서울, 경기, 인천 등 수도권 지역은 상대적으로 재산 피해가 적은 반면, 인구 규모가 작고 경제활동이 활발하지 못한 지방 중소 도시 및 농어촌 지역 등에서는 상대적으로 재산 피해가 큰 것을 확인할 수 있다. 피해 정도가 큰 지방 중소 도시 중에서도, 강릉시, 삼척시, 평창군, 양양군 등 강원도에 위치한 지방 중소 도시가 상대적으로 더 심각한 재산 피해를 겪은 반면, 서울 중구, 인천 동구, 경기 군포시 등의 수도권 지역과 대구 서구, 대구 중구, 부산 중구 등의 지방 대도시 지역 등에서는 상대적으로 적은 재산 피해를 겪는 양상을 보였다.

지난 20여 년(2002~2020) 동안의 연평균 재산 피해를 시기별로 구분하여 각 시기별 재산 피해의 지리적 분포를 시각화한 지도는 **그림 11-4**와 같다.

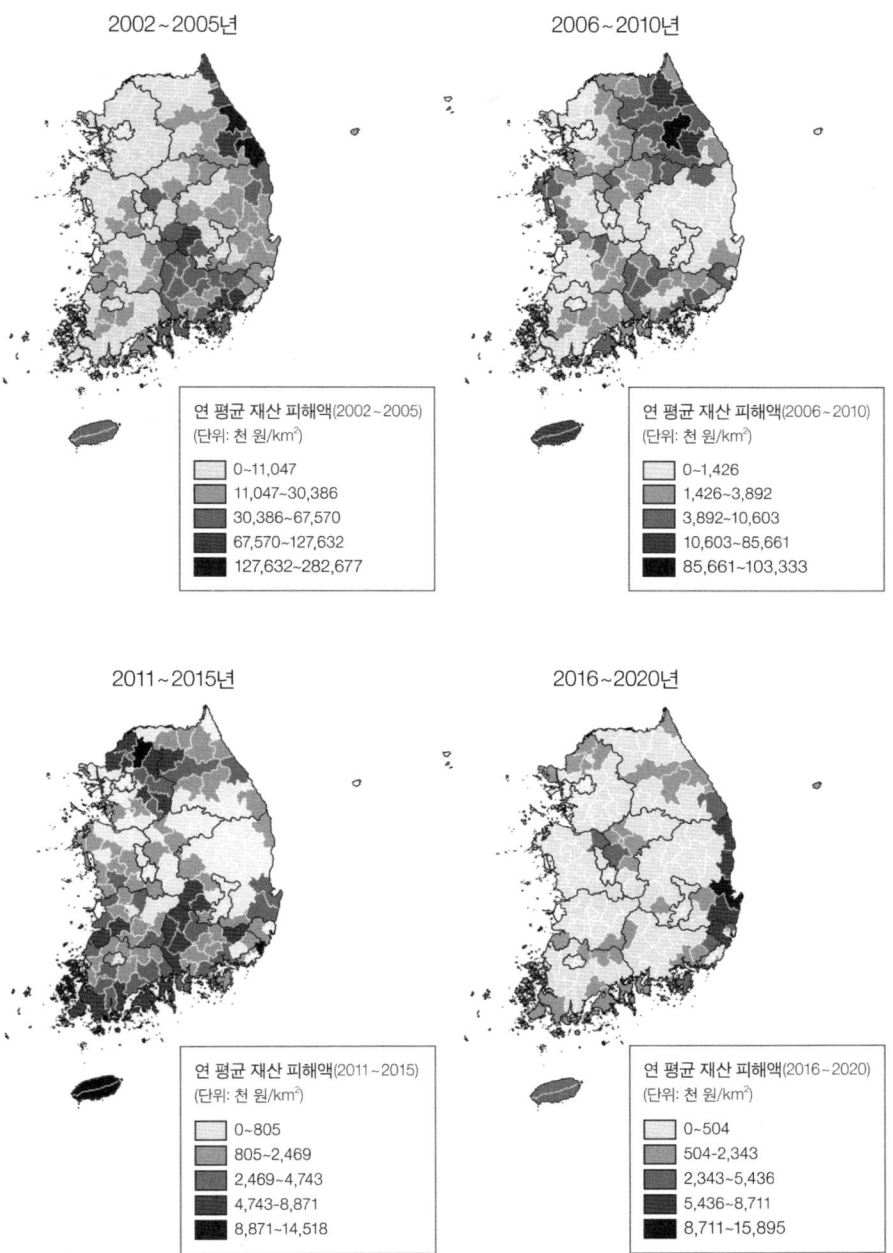

2002~2005년

연 평균 재산 피해액(2002~2005)
(단위: 천 원/km²)

0~11,047
11,047~30,386
30,386~67,570
67,570~127,632
127,632~282,677

2006~2010년

연 평균 재산 피해액(2006~2010)
(단위: 천 원/km²)

0~1,426
1,426~3,892
3,892~10,603
10,603~85,661
85,661~103,333

2011~2015년

연 평균 재산 피해액(2011~2015)
(단위: 천 원/km²)

0~805
805~2,469
2,469~4,743
4,743~8,871
8,871~14,518

2016~2020년

연 평균 재산 피해액(2016~2020)
(단위: 천 원/km²)

0~504
504~2,343
2,343~5,436
5,436~8,711
8,711~15,895

[그림 11-4] 시기별 자연 재난으로 인한 연평균 재산 피해액
자료: 행정안전부(2022) 재해연보

지도에서 볼 수 있듯이, 모든 시기에서 서울, 인천, 경기 남부 지역 등의 수도권 지역에서는 자연 재난으로 인한 재산 피해가 상대적으로 적게 발생하였다. 반면, 지방 중소 도시에서는 상대적으로 큰 재산 피해가 발생한 것으로 분석되었다. 가장 이른 시기(2002~2005)에는 주로 강원도 및 경상남도의 해안가 인접 중소 도시, 그다음 시기(2006~2010)에는 강원도 내륙에 위치한 중소 도시, 2011~2015년에서는 경기 북부, 전라남도 및 경상남도에 위치한 중소 도시가 자연 재난으로 인한 피해를 많이 입은 것으로 나타났다. 가장 최근 시기(2016~2020)에는 경상북도 및 경상남도 지역 중 동해안에 인접한 지방 중소 도시의 피해액이 높은 경향을 보였다. 이처럼, 자연 재난으로 인한 피해는 각 지역의 지역적 특성에 따라 다르게 발생하는 경향을 보인다. 특히, 상대적으로 인구 규모가 크고 사회경제적 안정성이 높은 수도권 지역은 낮은 피해 수준을 보이는 반면, 인구 규모가 작고 사회경제적 안정성이 낮은 지방 중소 도시는 높은 피해 수준을 보이는 것으로 나타나, 재난 피해에 대한 지역 간 불균형 문제가 존재함을 알 수 있다.

3. 인구 감소와 재난 피해

전 지구적으로 기후변화 현상이 가속화함에 따라 대규모 자연 재난의 발생 빈도가 높아지고 있으며, 이로 인한 피해 역시 가중되고 있다. 대규모 재난의 위험성은 많은 도시들이 공통적으로 직면해 있는 문제이지만, 해당 재난의 위험을 관리하는 측면에서는 도시 간의 역량 격차가 존재할 수 있다. 상당수의 대도시는 풍부한 인프라 및 자원을 바탕으로 비교적 빠른 대응과 복구가 가능하며, 다양한 공공서비스와 재난 대비 체계가 잘 갖추어져 있어, 재난 발생 시 효과적인 구조 활동 및 복구 작업이 이루어지고 있다. 반면, 상대적으로 인프라 및 자원이 부족한 중소 도시는 재난에 대한 취약성이 높아 재난으로부터 더 큰 피해를 입을 뿐만 아니라 대응 및 복구 역시 미흡하게 이루어지는 모습을 보이고 있다.

인구가 감소하고 있는 지방의 중소 도시에서는 재난으로 인한 피해가 더욱 심각하게 나타날 수밖에 없다. 특히, 지방 중소 도시를 중심으로 한 인구 감소 현상은 경제활력 저하를 동반하며, 지방자치단체의 재정적 여건을 악화하는 주요 원인으로 인식되고 있다. 이와 같은 인구 감소에 따른 지방자치단체의 재정적 여건 악화는 향후 해당 지방자치단체가 재난 대비 및 복구를 위한 자원과 인프라를 충분히 확보하지 못하도록 하여, 재난 대비 및 복구 역량 감소를 유발할 수 있다.

인구 감소는 방재 시설의 확충, 응급 대응체계의 구축 등 필수적인 재난 대비 체계 개선을 재정적으로 제약하여, 재난 발생 시 초기 대응 능력 부족을 야기할 수도 있다. 예를 들어, 인구가 적고 공공자원이 부족한 중소 도시에서는 병원, 소방서, 경찰서와 같은 긴급 구조 시스템이 제한적으로 운영되기 때문에 재난이 발생했을 때 초기에 신속한 대응이 이루어지지 못할 가능성이 크다. 특히, 이러한 초기 대응의 지연은 재난 피해의 확산을 초래하여 더 큰 재산 및 인명 피해로 이어질 수 있다.

지방자치단체의 인구 감소 현상은 지자체가 관리해야 하는 시설물 등의 노후화 현상과도 관련되어 있다. 인구가 감소하면서 지방자치단체에서는 도로, 교량, 하수처리 시설 등 필수 인프라의 유지·보수에 어려움을 겪게 되며, 그 결과 필수 인프라 등의 시설물이 노후화될 수 있다. 이러한 노후화는 다시 재난 피해를 가중시킬 수 있는데, 예를 들어, 홍수나 태풍 같은 자연 재난이 발생했을 때, 낡은 하수처리 시설이 제 기능을 하지 못하면 도심지역이 쉽게 침수될 수 있고, 이는 지역 경제에 막대한 손실을 초래할 뿐만 아니라 주민들의 일상생활에 혼란을 야기할 수 있다.

이처럼, 인구 감소는 재난 대응 능력을 약화하는 주요한 요인으로 작용하며, 인구 규모가 작을수록 공공서비스 제공의 규모와 질이 감소할 수 있다. 또한, 인구 감소는 재난이 발생했을 때 응급구조 활동이나 복구 작업의 속도를 늦추고, 피해가 더욱 커지게 만드는 데 주요한 영향을 미칠 수 있다. 중소 도시의 주민 수가 줄어들수록 지역사회가 재난에 대처할 수 있는 역량은 더욱 약화하며, 재정 자원이 한정된 상황에서는 필수 인프라나 서비스가 부족해지고, 이로 인해 중소 도시는 재난 대응과 복구에 있어 대도시에 비해 현저한 어려움을 겪게 된다.

이러한 상황은 결과적으로 재난으로 인한 재산 및 인명 피해를 더욱 악화하는 요인으로 작용한다. 특히, 중소 도시는 재난 대응에 있어 자원의 한계와 구조적 취약성으로 인해 피해 규모가 커질 수 있으며, 그 영향이 장기화될 가능성이 크다. 예를 들어, 대도시는 다양한 복구 프로그램과 공공자원을 통해 신속한 재난 대응 및 복구가 가능하지만, 중소 도시는 재난 대응 및 복구 과정이 길어지면서 지역사회가 장기간 어려움을 겪을 수 있다. 이러한 점에서 인구 감소는 단순히 지역사회의 사회적·경제적 문제에만 국한되지 않으며, 지역사회의 재난 대응 및 복구 능력을 약화하고 재난 시 주민들의 안전을 위협하는 주요 요인으로 작용한다고 할 수 있다.

따라서 지방의 중소 도시는 이와 같은 구조적 취약성을 고려하여 재난 대비 체계를 구축할 필요가 있다. 인구 감소와 함께 재난 대비 역량이 저하된 상황에서, 중앙정부와 지방자치단체가 협력하여 재난 대응 및 복구 역량을 강화할 필요가 있다. 동시에 지역사회 내에서 재난 대비 교육과 자원 동원 체계 정비가 이루어져야 하며, 이를 통해 중소 도시의 구조적 취약성을 보완하고 재난 발생 시 피해를 최소화할 수 있는 방안을 모색해야 한다.

4. 인구 규모와 재난 피해와의 관계 분석

1) 인구 규모와 재난 피해 간의 상관관계

앞서 서술한 인구 감소 현상과 자연 재난으로 인한 피해 간의 관계를 보다 객관적으로 살펴보기 위하여, 가장 최근 시기(2016~2020)를 대상으로 전국 시군구별 인구 규모와 자연 재난으로 인한 피해 간의 상관관계를 분석하였다. **표 11-1**은 피어슨(Pearson) 상관관계 분석 결과를 정리한 표다.

[표 11-1] 시군구 지역의 인구 규모와 자연 재난으로 인한 피해 간의 상관관계 분석 결과

변수	총피해액 (로그 값)	단위 면적당 피해액(로그 값)	총인명 피해	단위 인구당 인명 피해
인구수	-0.261***	-0.159**	0.035	-0.214***
인구밀도	-0.631***	-0.288***	-0.110*	-0.172***

자료: 행정안전부(2022) 재해연보; 통계청
주: *: $p < 0.1$, **: $p < 0.05$, ***: $p < 0.01$

인구 규모에 관한 지표 중, 인구수와 자연 재난으로 인한 피해 간의 상관관계를 분석한 결과, 상대적으로 인구수가 적은 지역에서 상대적으로 더 큰 재산 피해가 발생하는 것으로 분석되었다. 특히, 자연 재난으로 인한 재산 피해 및 인명 피해에서 모두 이와 동일한 양상을 보여, 인구수가 적은 지역에서는 자연 재난으로부터 상대적으로 더 큰 재산 및 인명 피해를 경험하는 것으로 해석된다. 이와 유사하게, 인구밀도가 낮은 지역에서 상대적으로 더 큰 재산 피해와 인명 피해가 발생하는 것으로 분석되었다. 특히, 인구밀도와 총피해액(로그 값) 간의 상관계수는 -0.631로, 가장 강한 상관관계를 보였다.

이러한 분석 결과는 인구 감소와 재난 피해 간의 통계적으로 유의미한 관련성이 존재함을 밝히는 한편, 장기적으로 인구 감소 현상을 경험하며 상대적으로 인구 규모가 작은 지방 중소 도시들이 자연 재난으로부터 상대적으로 더욱 심각한 재산 피해를 경험할 수 있음을 시사한다. 또한, 적은 인구수 및 인구밀도에 비해 관리해야 할 행정구역이 넓은 지방 중소 도시들이 재난으로부터 더 높은 취약성을 지니고 있음을 시사한다.

2) 인구 감소 지역과 비감소 지역 간의 재난 피해 비교 분석

앞의 시사점을 뒷받침하기 위하여, 동 기간(2016~2020)을 대상으로 인구 감소 지역에서 자연 재난으로 인한 피해가 더 크게 발생했는지를 확인하기 위해 인구 감소 지역에 해당하는 시군구 집단과 그 외의 시군구 집단을 대상으로 독립 표본 T-검정을 수행하였다. 수행 결과, 피해액과 단위 인구당 인명 피해에 있어서 인구 감소 지역과 비감소 지역 간의 유의미한 평균 차이가 존재함을 확인하였다. 자연 재난으로 인한 평균 피해액의 경우, 인구 감소 지역이 약 3048백만 원인 반면, 비감소 지역은 약 1632백만 원으로, 인구가 감소한 지역에서 더 큰 재산 피해를 입는 특징을 보였다. 또한, 단위 인구(10만 명)당 평균 인명 피해의 경우에도 인구 감소 지역의 평균 인명 피해가 약 0.53명인 반면, 비감소 지역은 약 0.11명으로 분석되어, 인구가 감소하는 지역에서 더 많은 인명 피해가 발생하는 것으로 분석되었다.

추가적으로, 재해연보에서 제공하는 피해 부문별 재산 피해액 데이터를 활용하여 동 기간(2016~2020)에 발생한 두 집단의 피해액을 피해 부문별로도 비교·분석하였다. 분석 결과, 단위 면적(1km²)당 피해액을 기준으로 인구가 감소하는 지역에서는 '건물'을 제외하고, '선박', '농경지', '공공시설', '사유 시설'에서 발생한 재산 피해액이 모두 비감소 지역보다 높은 것으로 분석되었다. 특히, 전체 피해액 중에서 가장 큰 비중을 차지하는 '공공시설'의 경우에는 인구가 감소하는 지역의 단위면적당 평균 피해액이 약 3561만 원인 데 비해 비감소 지역에서는 약 2792만 원으로, 인구 감소 지역의 재산 피해액이 비감소 지역보다 약 27.5% 높은 것으로 분석되었다. 또한, '공공시설' 중에서도 '도로', '소하천', '항만', '어항', '사방', '군 시설', '소규모' 시설에 대하여 인구가 감소하는 지역은 비감소 지역에 비해 상대적으로 더 많은 재산 피해를 입은 것으로 나타났다.

이러한 결과는 상대적으로 인구가 감소하는 지역에서는 기반 시설의 노후화 및 유지·보수 부실, 재난관리를 위한 인프라 및 자원 부족 등의 한계로 자연 재난으로부터 더욱 심각한 피해를 입고 있음을 다시 한 번 시사한다.

5. 인구 감소 중소 도시의 재난관리 대책

인구 감소를 겪고 있는 지역, 특히 지방의 중소 도시 및 농어촌 지역 등에서는 재난 발생 시 높은 물리적 취약성과 인프라 및 자원 부족으로 인해 재난관리에 큰 어려움을 겪을 수 있다. 이러한 지역은 기반 시설의 노후화 및 부실한 유지·보수와 함께, 재난 관리를 위한 인프라 및 자원 부족으로 인해 재난 예방 및 복구 역량의 약화를 겪고 있다. 특히, 인구 감소 지역은 재난관리 인력이 부족할 뿐만 아니라 1인당 담당해야 하는 행정구역의 면적이 넓기 때문에 재난 발생 시 신속한 대응이 어려워질 가능성이 크다. 종합하면, 지방 중소 도시 등 인구 감소 지역은 수도권 지역 및 대도시 지역 등과 같은 비감소 지역에 비해 재난 관리 역량이 상대적으로 낮기 때문에, 해당 지역을 지원하기 위한 맞춤형 재난관리 대책을 마련할 필요가 있다.

1) 지방자치단체별 자주적인 재난관리 이행이 가능한 환경 조성

먼저, 각각의 지방자치단체가 처한 환경적 특수성을 고려하여 자주적인 재난관리를 이행할 수 있는 환경을 조성할 필요가 있다. 이러한 환경은 단순히 지방자치단체별 재난관리 분야의 인력 확보만을 의미하기보다는 업무의 연속성, 전문성, 재정적 안정성 등을 모두 포함한다(윤소연·김민영, 2023). 우리나라에서는 지방자치의 흐름 속에서 지방자치단체에게 지역에 발생한 재난을 관리하는 주체로서의 역할 및 기능을 담당해야 할 의무를 부여했으나, 지방자치단체 간의 재정적 및 구조적 환경의 차이에 따라 재난관리 실태는 상이한 양상을 보이고 있다. 특히, 인구가 감소하는 지방자치단체에서는 자주적으로 재난관리를 이행할 수 있는 자원 및 인프라가 부족하여 재난관리가 제대로 이루어지지 못하는 한계를 보이고 있다. 그 결과, 인구 감소를 겪고 있는 지방 중소 도시로 갈수록 열악한 여건하에서 중앙정부로부터 재난관리에 관한 사무와 책임이 이양되어, 재난관리의 실패로 이어질 수 있는 상황이다(윤소연·김민영, 2023).

이러한 점에서 다양한 환경에 처한 지방자치단체가 주도적이고 지속 가능한 재난관리를 이행하기 위해서는 중장기적인 계획하에 지방자치단체의 재난관리 역량 개선 및 제도적·환경적 여건 개선이 이루어져야 한다. 기본적으로는 재난관리를 위한 자원 및 인프라가 부족한 지역을 대상으로 경제적인 지원정책을 시행하여 재난관리에 필요한 자원을 확보할 수 있도록 하는 한편, 지역들이 이와 같은 지원에 의존하지 않도록 무분별한 지원정책은 방지할 필요가 있다. 또한, 이와 같은 지원정책에 따라 지역의 재난관리 역량이 어떻게 변화하고 있는지를 모니터링함으로써 지원정책의 실효성을 검토해야 한다.

2) 재난관리를 위한 지방자치단체 간 상호 협력 체계 강화

이와 더불어, 지방자치단체 간의 상호 협력 체계를 강화하여 부족한 재난관리 자원을 상호 공유함으로써 재난관리에 필수적인 역량을 확보하는 것역시 필요하다. 이와 관련하여, 우리나라의 각각의 지방자치단체는 타 지역과의 긴밀한 상호 협력을 통해 다양한 분야에서의 공동 발전을 목적으로 타지방자치단체와 자매결연을 체결하고 있다. 자매결연은 지방자치단체별 조례에 근거하여 체결되는 지방자차단체 간 협력 체계로, 다양한 분야에서 지방자치단체 간 협력이 이루어질 수 있도록 하는 매개체로 활용되고 있다.

그중, 재난관리 측면에서 자매결연은 지방자치단체 간 재난관리에 필요한 인적·재정적 자원을 서로 공유할 수 있도록 하는 제도적 기반으로 활용되고 있다. 실례로, 2023년 전국적인 집중호우로 인해 수해를 입은 지방자치단체를 대상으로 해당 지역과 자매결연을 체결한 지역에서 구호품 지원, 피해 복구 지원, 재정 물자 지원, 복구 장비 지원 등 수해 복구 및 주민 구호를 지원했다. 이와 관련하여 경기도 안양시는 자매결연을 체결한 충북 괴산군의 수해 복구를 지원했고, 동일한 기간 동안 서울 양천구에서도 자매결연을 체결한 충남 부여군의 수해 복구를 지원하기 위하여 수해 복구 장비, 긴급구호 물품 등을 제공하고 피해 복구를 위한 인적 자원도 제공했다.

이처럼, 중앙정부의 지원뿐만 아니라 자매결연 등과 같은 지방자치단체간 협력을 활용하여 재난관리를 위한 상호 협력 체계를 구축하여 운영하는것이 중요하다. 또한, 이러한 협력 체계가 지속적으로 운영될 수 있도록 협력에 참여하는 주체(지방자치단체) 간의 공동의 이익이 실현될 수 있도록 제도적인 지원정책 역시 뒷받침될 필요가 있다. 예를 들어, 협력 체계하에서주로 타 지자체에 도움을 주는 지자체의 경우에는 협력을 통해 얻을 수 있는이익이 상대적으로 적을 가능성이 높기 때문에, 협력 체계에서 이탈할 수 있다. 반면, 주로 타 지자체로부터 도움을 받는 지자체의 경우에는 협력을 통해 얻을 수 있는 이익이 명확하기 때문에 협력 체계에 지속적으로 의존할 수 있다. 이러한 차이를 고려할 때, 향후 재난관리를 위한 지자체 간 협력 체계를 구축하여 지속적으로 운영하는 데 있어 협력 참여 주체 상호 간의 이익이 실현될 수 있도록 하는 제도적인 장치가 반드시 필요함을 알 수 있다.

3) 첨단기술을 활용한 지방자치단체의 재난관리 역량 강화

앞서 언급한 바와 같이 중앙정부와 지방자치단체 간 또는 지방자치단체 간 협력 체계를 구축하는 방식 이외에도, 지방 중소 도시와 같은 인구 감소 지역의 재난관리 역량을 확보하기 위한 전략으로서 기존의 재난관리에 첨단기술을 적용하는 것도 대안이 될 수 있다.

(1) 스마트 기술을 적용한 기반 시설 관리 시스템 도입

먼저, 인구가 감소하는 지역은 시설 유지·보수에 필요한 자원 부족 및 1인당 관리해야 할 행정구역 면적의 증가로 인해 기반 시설 노후화가 심화할 가능성이 크다. 따라서 스마트 기술을 적용한 기반 시설 관리 시스템을 도입할 필요가 있다. 사물인터넷(IoT) 기술을 적용하여 도로시설물(도로·교량·터널), 배수 시설 등 주요 기반 시설의 안전도를 실시간으로 모니터링하여 안정성이 낮은 시설을 식별하고 해당 시설에 대한 유지·보수를 신속하게 시행할 수 있다. 이처럼 스마트 기술을 적용한 기반 시설 관리 시스템은 관리 주체(지방자치단체 등)의 기반 시설 유지·보수에 대한 자원 활용의 효율성을 극대화하는 데 기여할 수 있다. 이와 관련하여, 유럽에서는 홍수 피해를 예방하기 위해 사물인터넷 기술을 적용한 홍수 조기 경보 시스템을 운영하고 있다(한국전자통신연구원, 2019). 해당 시스템은 제방에 감지센서를 부착하여 물의 속도 및 흐름을 실시간으로 측정하여 홍수가 발생하기 전에 대피 경보를 울린다. 또 다른 해외 사례로 지진 및 쓰나미로 심각한 피해를 경험한 일본의 경우, 바다 위 부유물에 사물인터넷 기반 GPS를 부착하여 실시간으로 쓰나미를 감시할 수 있는 시스템을 구축하여 운영하고 있다(한국전자통신연구원, 2019).

(2) 인공지능을 활용한 재난관리 인력 배치 의사결정 지원 시스템 도입

인구 감소 지역에서는 지속적인 인구 감소로 인해 재난관리에 필요한 인력이 부족해질 수 있기 때문에, 이에 대응하기 위해서는 부족한 인력을 효율적으로 배치할 수 있는 의사결정 지원 시스템이 필요하다. 이와 관련하여, 미국에서는 IBM의 인공지능 왓슨(Watson)을 911 긴급 구조 시스템에 적용하고 있다. 해당 시스템은 동시다발적으로 발생하는 응급 상황을 인공지능이 자동으로 우선순위를 매겨 응급의료 서비스를 우선순위에 따라 효율적이고 신속하게 제공할 수 있도록 지원하고 있다(한국전자통신연구원, 2019). 이와 같은 시스템이 인구 감소 지역에 구축 및 운영된다면, 부족한 인력에도 불구하고 효율적인 재난 대응이 이루어질 수 있을 것으로 보인다.

(3) 재난관리의 효율성 극대화를 위한 첨단 장비(드론, 재난 로봇 등) 도입

인구가 감소하는 지역에서는 1인당 담당 면적이 넓어짐에 따라 한정된 자원으로 넓은 지역을 신속하게 관리해야 하는 문제에 직면할 수 있다. 이러한 문제에 대응하기 위하여 드론 등 항공 장비를 활용하여 넓은 지역을 신속하게 모니터링하여 재난 상황을 파악하고 요구조자를 식별하며, 재난 구조 로봇 등을 활용하여 신속하고 안전하게 구조하는 등 재난관리에 첨단 장비를 활용하는 것이 필요하다. 예를 들어, 접근성이 떨어지는 산간 지역에서 발생하는 산사태의 경우, 드론을 활용하여 실시간으로 피해 상황을 파악할 수 있고, 필요한 지역에 즉시 물자를 보급할 수 있다. 또한, 대응 인력이 부족하거나 대응 인력의 안전이 우려되는 상황에서는 재난 구조 로봇을 투입하여 재난 현장에서 요구조자를 안전하게 구조하는 데 활용할 수 있다.

이처럼, 인공지능(AI), 사물인터넷, 드론, 재난 구조 로봇 등과 같은 첨단 기술을 활용한 재난관리 시스템의 구축은 향후 인구 규모가 작은 중소 도시의 재난 대응 역량을 강화하는 데 크게 기여할 수 있을 것으로 판단된다. 이를 통해 지방 중소 도시도 대도시와 유사한 수준으로 재난 대응 역량을 확보할 수 있으며, 결과적으로 재난으로 인한 피해를 완화할 수 있을 것이다.

6. 결론

기후변화가 심화하고 있는 현재, 가까운 미래에는 심각한 재산 및 인명 피해를 초래할 수 있는 대규모 자연 재난의 발생 빈도가 증가하고, 그로 인한 피해 역시 심화할 것으로 예상된다. 특히, 인구 감소와 고령화, 지역 쇠퇴가 급격하게 진행되고 있는 지방 중소 도시는 재난으로 인한 피해가 더욱 가중될 가능성이 클 것으로 판단된다. 지방 중소 도시를 중심으로 한 이와 같은 변화는 단순히 기후적 요인에 그치지 않고 인구구조와 지역사회의 특수성에도 영향을 받기 때문에, 지역 특성에 맞춘 맞춤형 재난관리가 절실히 요구된다. 이를 위하여 중앙정부와 지방자치단체 간 또는 지방자치단체 간 재난관리 협력 체계를 구축함으로써 부족한 재난관리 역량을 보완하여 지방자치단체가 자주적으로 재난관리를 이행할 수 있는 환경을 조성해야 한다. 이에 더해, 적은 자원 및 시간으로도 효율적인 재난관리를 가능케 하는 인공지능, 사물인터넷, 드론, 재난 구조 로봇 등 다양한 첨단기술을 바탕으로 한 재난관리 시스템을 강화해야 한다. 이러한 맞춤형 재난관리 전략을 통해 인구 감소 지역에서도 재난으로 인한 피해를 최소화하고, 장기적으로는 지역 사회의 지속가능성을 확보할 수 있을 것이다.

참고문헌

강혜미. 2023. "양천구, 호우 피해 입은 충남 부여 수해복구 지원 나서". ≪강서양천신문≫. http://www.gynews.net/front/news/view.do?articleId=ARTICLE_00011713
양하얀. 2023. "안양시, 자매결연 괴산군 수해복구 지원 구슬땀". ≪굿뉴스통신≫. http://www.goodnewsagency.kr/news/articleView.html?idxno=103597
윤소연·김민영. 2023. 「지역 주도의 맞춤형 재난·안전관리체계 강화방안」. 한국지방행정연구원.
한국전자통신연구원. 2019. 「ICT는 재난·재해를 어떻게 막을 수 있을까?」 ≪ETRI Webzine≫. https://www.etri.re.kr/webzine/20190228/sub01.html
행정안전부. 2022. 「재해연보」.

Intergovernmental Panel on Climate Change(IPCC). 2011. Managing the Risk of Extreme Events and Disasters to Advance Climate Change Adaptation.

12장

지방소멸에 대응한 환경정책 방향

박유진

1. 인구 감소가 불러올 환경적 변화

지역의 인구가 감소하는 원인은 다양하다. 그러나 인구 감소 지역들은 산업 생산의 축소와 지역 경제 침체, 지속적인 인적자본의 유출, 그리고 생활 편의 서비스의 쇠퇴라는 공통점을 가지고 있다. 오늘날 우리나라는 출산율의 꾸준한 감소로 인해 인구의 절대적 감소라는 유례없는 위기를 경험하고 있다. 거주하는 인구의 절대적 감소는 환경 측면에서 새로운 전환점을 예고한다. 인구가 감소하는 지방 중소 도시들을 중심으로, 국토 전체에 걸쳐 환경의 왜곡과 오염을 초래했던 산업화와 도시화가 힘을 잃기 시작한 것이다. 지난 세기 동안 산업화와 도시화는 다양한 양상으로 진행되어 왔다. 그 과정에서 대규모 개발 부지 공급과 늘어난 자원 소비로 인해 자연 녹지와 습지가 줄어들고, 서식지가 파괴되고 단절되었으며, 대기·하천·토양이 오염되고, 온실가스 배출량이 빠르게 증가했다. 그러나 인구 감소는 택지개발과 산업 생산의 수요를 유례없이 감소시킬 것으로 예상된다. 혜택을 누릴 인구가 사라지고 있기 때문이다. 이러한 도시적 수요의 감소는 환경적 측면에서 크게 두 가지 함의를 가진다. 첫째, 그동안 누적된 환경 파괴와 오염을 멈추고 마침내 회복할 기회를 만들 수 있다. 오염된 하천을 정화하고 단절된 서식지를 연결해 본연의 상태로 복원할 수 있다. 둘째, 인구 규모 대비 과잉 공급된 기개발지와 기반 시설은 적절한 용도를 찾아야 한다. 여기에는 개발된 토지를 다시 자연으로 되돌려 과잉 공급 토지를 제거하는 재자연화(re-naturalization) 전략도 포함된다. 이처럼 인구 감소 그리고 도시 쇠퇴는 분명한 환경·생태적인 측면을 가지고 있다.

현재 인구 감소와 지방소멸에 대응하는 다양한 정부 정책과 관련 연구들은 경제적인 측면과 사회적 함의에 주목하고 있는데, 아쉽게도 이러한 문헌들에서 환경·생태적인 시각은 찾아보기 어렵다. 이는 도시·지역 정책이 인구 감소와 지방소멸의 환경·생태적인 결과에 대해 아직 선제적으로 접근하지 못하고 있음을 보여준다. 우리나라와는 다르게, 해외에서는 인구 감소 지역에서 발생하는 환경 변화는 축소도시(urban shrinkage) 담론의 초창기부터 유력한 연구 분야 가운데 하나였다. 왜냐하면 도시화와 토지개발의 압력이 꺼지면서 사람들이 빠져나간 지역에서 자연성의 회복이 자연스럽게 이루어질 가능성이 있었기 때문이다. 관리 인력 부재로 인해 예상치 못한 새로운 환경적 난관이 발생할 가능성도 있었다. 사회경제적으로 보았을 때, 자연성의 회복이 유휴 토지의 최유효이용(Highest and Best Use: HBU)인지에 대해서도 불확실성이 존재한다. 인구 감소로 인해 발생한 유휴 토지와 빈집, 버려진 기반 시설을 미래에 어떤 용도로 전용하는 것이 적절할지에 관한 질문은 아직 지역계획 측면에서 미개척지와도 같다(Schetke and Haase, 2008). 이렇듯 인구 감소 지역의 환경·생태적 변화 가능성에 대해서는 다양한 논의가 가능하며, 이에 답하기 위한 폭넓은 이론적·실증적 연구가 필요하다.

오늘날 탄소중립이라는 전 지구적 목표를 배경으로 하여 인구 감소 지역의 탄소 감축 잠재력에 대한 논의가 한창이다. 여기에도 불확실성은 존재하는데, 인구가 감소하는 지역은 에너지와 자원을 소비하는 인구 자체가 적기 때문에 탄소 배출이 줄어들고, 동시에 유휴 토지와 나대지에 녹지(소위 '탄소숲')를 조성할 수 있기에 지역과 국토의 탄소 흡수 및 저장 능력을 늘릴 수 있다. 또한 농어촌 지역의 하천 및 해양생태계 회복을 통한 바다숲 및 블루카본 조성 노력도 설득력을 얻고 있다. 반면에 인구가 유출되고 있는 지방 중소 도시는 넓은 지역에 적은 인구가 흩어진 형태로 거주하고 있는 경우가 많아 자가용과 저효율 에너지원에 의존하게 되어 인구당 탄소 배출 효율성이 낮다는 의견도 있다. 마지막으로, 이러한 국가적 필요성에 의해 인구 감소 지역의 토지 및 공간 자산에 대한 의사결정을 하는 것이 지역 주민들의 삶의 질과 환경정의 측면에서 올바른가에 대해서도 고민이 필요하다.

인구 감소와 자원 소비의 둔화, 특히 토지이용 수요의 감소는 어떤 방식으로든 환경의 변화를 수반할 것이다. 우리는 현재 이러한 변화에 대해 얼마나 이해하고 있으며, 어떠한 대안을 가지고 있는가? 이 장에서는 인구 감소 지역의 재자연화, 생태계 회복, 탄소 배출, 잠재적인 취약성 등 환경·생태적 변화 가능성과 잠재력을 살펴보고, 인구 감소 지역의 환경·생태적 전환을 위한 필요조건, 그리고 이를 바탕으로 향후 지역정책이 나아가야 할 방향에 대해 생각해 보고자 한다.

2. 인구 감소 지역, 자연과 환경은 어떻게 변할까

1) 유휴 토지의 양산과 재자연화

인구 감소 지역에서는 인구의 지속적인 감소와 특히 젊은 연령층의 유출로 인해 개발 동력이 부족해지고 주택과 건물의 공실이 늘어나는 등 상당한 규모의 유휴지와 공지(空地)가 양산된다. 주택을 지어도, 상점을 운영해도 수익성을 기대하기 어렵기 때문이다. 줄어들던 인구가 갑자기 증가하는 반전이 이루어지지 않는 이상, 많은 쇠퇴 도시는 토지와 기반 시설의 '저이용' 문제를 해결하기 어렵다. 시간이 갈수록 시설의 노후화가 심각해져 재활용하기 더욱 어려운 상황이 올 뿐이다. 이러한 상황에서 기존의 경제성장, 지역투자 논리에 갇혀 빛을 보지 못했던 환경·생태적 가치에 초점을 둔 새로운 토지이용 대안을 모색해 볼 만하다. 대표적으로 유휴 토지의 재자연화 전략이 있다.

재자연화 전략은 개발된 토지를 개발 이전 본연의 상태로 복원하는 것을 의미한다. 건물이 들어서거나 아스팔트와 시멘트로 포장된 토지에서 시설물을 철거하여 잔디밭이나 숲, 연못, 호수 등과 같은 자연지반 토지로 되돌림으로써 토착 식물과 동물의 재정착과 생태계 복원을 추구한다. '재야생화(rewilding)'라고 부르기도 한다. 비슷한 전략으로 다양한 규모의 재산림화(reforestation), 생태하천 복원, 커뮤니티 정원(community gardens), 저영향 개발(Low Impact Development: LID) 전략이 있으며, 이러한 전략들은 성장 중인 도시보다 개발 압력이 낮고 유휴 토지가 많은 인구 감소 지역에서 상대적으로 수월하게 추진될 수 있고 현실성도 더욱 높다(Hollander et al., 2009). 저렴한 토지 매입 비용과 낮은 개발 압력 덕분이다(구형수 외, 2020).

일례로 독일에서는 재자연화 전략이 적용된 사례를 다양하게 찾아볼 수 있다. 독일 루르(Rurh) 지역의 '루르의 산업림(Industriewald Ruhrgebiet; In-dustrial Forests of the Ruhr)' 프로젝트는 유휴 토지의 잠재력에 대한 희망적인 메시지를 전달한다. 이 프로젝트는 버려진 산업용지를 최소한의 재정적 투자만으로 녹지로 탈바꿈시키는 실험적인 프로젝트였다. 루르 지역은 1950년대까지 석탄, 철, 쇠를 생산하는 서부 독일의 최대 광공업 지역이었으나, 1990년부터 경기침체로 피폐해지기 시작했다. 정부는 폐업한 지 오래된 광산, 버려진 열차 선로와 부지, 이곳들을 서비스하던 편의 시설과 상점들을 대상으로 대규모 재정 투입이 필요한 산림 조성 사업은 지양하고 되도록 자연적 천이(natural succession)를 이용해 토지들이 정돈된 방식으로 변화해 나가도록 의도적으로 방치하는 전략을 택했다. 시간이 지나며 해당 토지들은 점차 풀과 덤불로 뒤덮인 숲으로 변화해 갔다. 과거 인간의 개발로 인해 필지들이 서로 다른 수준의 오염도와 인공적 지형을 가지고 있었기 때문에 자연이 각기 다른 속도로 회복되었고, 이러한 다양성과 복잡성으로 인해 생물다양성의 증대에 오히려 유리했다는 시각도 있다(Short, 2024). 이 사례는 인간 활동의 차단만으로도 자연이 빠르게 회복함을 보여준다.

유휴 토지는 일부 도시지역에서 신선한 농산물을 재배하는 커뮤니티 정원으로도 기능할 수 있다. 인구 감소 지역과 쇠퇴하는 도시는 식료품을 구매할 수 있는 슈퍼마켓과 가게들이 매우 부족한 경우가 많다. 소비 인구가 적은 곳에서는 유통기한이 짧은 신선식품을 파는 것보다는 선반에 오래 두고 판매할 수 있는 통조림류와 가공식품을 취급하는 소규모 편의점이 생존에 유리하기 때문이다. 이때 커뮤니티 정원은 부족한 신선 농산물과 과일, 편의점에서 구하기 어려운 식재료를 생산하는 마을 텃밭으로 기능할 수 있다. 미국 펜실베이니아주 필라델피아의 커뮤니티 과수원 프로젝트(Phildelphia's Orchard Project: POP)는 도시 전역에 존재하는 유휴 토지에 거주민들을 위한 공동 과수원을 조성하여 농산물을 생산·소비하는 프로젝트이다. 2007년 처음 POP가 설립된 이후 현재까지 60개의 커뮤니티 과수원이 만들어졌고, 이 프로젝트는 현재에도 진행 중이다. 미국 오하이오주 클리블랜드의 '블루 파이크 팜(Blue Pike Farm)'과 같은 도시 농장 역시 지역 경제 쇠퇴와 인구 감소로 인해 시장과 슈퍼마켓에 접근하기 어려운 커뮤니티에서 신선식품을 공급하기 위한 전략으로 시작되었다. 이러한 '로컬푸드' 전략들은 유휴 토지에 생산적이고 실질적인 부가가치를 부여하기 위한 하나의 대안이라고 볼 수 있다.

2) 생태계 서비스 강화와 삶의 질 개선

중단기적으로 인구 감소의 잠재적인 환경·생태적 영향은 버려진 토지와 건물, 기반 시설을 어떻게 처리할 것인가에 대한 의사결정과 관련되어 있다. 재자연화라는 의도적인 정책이 없더라도 빈집과 버려진 시설들은 아마도 새로운 주인을 찾을 수 없어 안전과 미관상의 문제로 인해 철거되거나 때로는 예산 부족 및 재산권 문제로 인해 방치되는 경우도 상당할 것이다. 또한 특별한 조치가 없다면 자연스럽게 풀이 자라나고 토질이 나아지며 자연발생적 녹지(spontaneous vegetation)가 될 것이다. 여러 실증연구는 인구 감소 지역에서 이러한 유휴지의 녹지로의 자연스러운 전환이 생태계 서비스(ecosystem services)의 향상에 기여할 수 있는지에 초점을 맞추고 있다. 생태계 서비스란, 생태계가 인간 정주환경의 지속가능성을 위해 제공할 수 있는 유무형의 혜택으로서, 인간이 살아가는 데 필수 불가결한 편익들이 여기에 포함된다. 유엔이 2005년 발간한 「새천년 생태계 평가(Millennium Ecosystem Assessment: MEA)」에 따르면, 생태계 서비스는 크게 공급(provision), 조절(regulation), 문화(culture), 그리고 지지(support)로 분류할 수 있다(MA Board, 2005). 공급 서비스는 식량·담수·목재 등 재화를 생산하고 공급하는 서비스를 의미하며, 조절 서비스는 기후·침식·재해의 조절과 대기질 정화, 탄소 격리 및 저장 등을 가리킨다. 문화 서비스는 심미적 경관, 여가와 휴양 공간, 그리고 환경교육과 같은 무형의 서비스를 포함하며, 지지 서비스는 생물다양성 보존 및 토양 형성을 통해 생태계 서비스의 영속성을 지지하는 기능을 의미한다. 조금 더 구체적인 예시를 들어본다면, 생태계 서비스 개선으로 인한 편익은 도시 열섬현상과 폭염의 저감, 공기질 개선, 탄소 배출 저감, 서식지 제공을 통한 생물다양성 증진, 수질·수생태계의 회복, 그리고 생태공원과 휴식처 제공을 포함한다.

인구 감소로 인해 곳곳에 무작위로 발생한 공지들이 서식지의 연결성 증대와 토착 동식물 개체수의 회복, 생태계 서비스 공급에 기여한다는 연구 결과가 다수 존재한다(Frazier and Bagchi-Sen, 2015; Turo et al., 2021). 빈 건물과 공터들이 규모가 있는 서식지들 사이의 틈을 메꿔주는 디딤돌 역할을 하면서 야생동물들이 오가는 통로이자 은신처로 기능할 수 있기 때문이다. 미국의 대표적인 쇠퇴 도시 중 하나인 미시간주 디트로이트는 십여 년 전부터 도심 곳곳에 야생동물들이 돌아오기 시작했다. 도심의 버려진 땅들에 시간이 지나 긴 풀이 우거지면서 먹이 활동과 은신이 수월해졌고, 인간을 마주칠 확률이 낮아지면서 사슴, 코요테, 여우, 독수리, 꿩, 두더지 등 과거에 사라진 줄 알았던 동물들이 무리 지어 서식하기 시작한 것이다. 『도시의 승리(Triumph of the City)』의 저자 에드워드 글레이저에 따르면, 환경 측면에서 지속 가능한 도시는 고밀도로 압축 축조된 도심과 생태적으로 보존되는 외곽 지역의 친환경 토지의 조합을 통해 달성할 수 있는데, 인구 감소 지역의 점진적인 생태 지역으로의 전환은 친환경적 외곽 서식지를 마련하는 데 효과적인 기회가 될 수 있다(Glaeser, 2011; Haase et al., 2014). 최근 연구들은 특히 버려진 공업 용지와 시설들을 녹지로 전환하는 것이 잠재적으로 큰 생태적 가치가 있으며, 생태학적 접근이야말로 축소 도시 문제에 가장 적절한

[표 12-1] 인구 감소 지역의 유휴 토지 유형별 생태계 서비스 잠재력 및 삶의 질 편익

토지 유형	생태계 서비스					
	공기 정화	탄소 저장	기후 조절	침수 예방	식량 생산	생물다양성
버려진 축조물	×	O	O	×	×	OO
버려진 개발지	×	×	×	×	×	×
황무지	O	×	×	OOO	×	O
녹지·초지	OO	O	O	OOO	O	OO
나무·숲	OOO	OOO	OOO	OO	×	OOO

삶의 질 편익	생태계 서비스					
	공기 정화	탄소 저장	기후 조절	침수 예방	식량 생산	생물다양성
안전	×	×	×	OO	×	×
건강·보건	OO	OOO	OOO	×	OO	OOO
주택 공급	×	×	×	OO	×	×
여가·휴양	OOO	OOO	OOO	×	OO	OOO
먹거리	OO	×	OO	×	OOO	×

자료: Haase et al.(2014)
주: OOO = 높은 편익, OO = 편익, O = 낮은 편익, × = 부적합

해결책을 제시할 수 있다고 강조한다(Herrmann et al., 2016).

인구 감소 및 쇠퇴 지역에서 흔히 볼 수 있는 저이용·미이용 토지의 유형별 생태계 서비스 잠재력과 이러한 잠재력이 주민들의 삶의 질에 미치는 영향을 살펴보면 **표 12-1**과 같다. 버려진 축조물과 개발지는 가장 제한적인 생태계 서비스 잠재력을 가지고 있다. 가령 버려진 주차장이나 창고, 마당, 도로처럼 아스팔트 황무지가 환경 측면에서는 가장 가치가 낮다는 것이다. 한편, 나무와 숲은 가장 높은 생태계 서비스 잠재력을 가지며, 특히 미기후의 조절을 통해 주민들에게 높은 편익을 제공한다. 이를 종합해 보면, 단순히 지켜보는 것('wait and see')보다는 장기적으로 적절한 개입과 용도 전환을 통해 여러 가지 서식지 형태를 유도함으로써 다양한 환경적 편익을 창출할 수 있으며, 생태적인 회복 수준과 편익의 다양성에 따라 인구 감소 지역에 거주하는 주민들의 삶의 질과 정주 만족도 또한 달라질 것이다(최수 외,

2019).

깨끗하고 쾌적하며 생태계가 잘 보존된 환경에서는 주민들의 삶의 만족
도뿐만 아니라 계속거주 의향이 높아질 수 있으며, 아름다운 경관을 매력으
로 느끼는 외부 인구의 유입을 촉진할 수도 있을 것이다(Fu et al., 2022). 구
동독의 대표 산업도시 가운데 하나로, 쇠퇴하는 인구 감소 도시였던 라이프
치히(Leipzig)는 "녹지는 늘리고, 밀도는 낮추자(More Green and Less Dens-
ity)"라는 기치 아래 재자연화 마스터플랜을 추진하여 인구의 흐름을 역전시
킨 사례다. 시 정부는 주택 공실률과 인구 감소가 정점이던 1998년, 인구 유
출을 막고 주민의 삶의 질을 개선하기 위해 다양한 정책을 추진하였다. 정
부는 퇴락한 산업단지와 주거단지를 대규모 공원, 커뮤니티 정원, 중도적
이용(interim uses)으로 바꾸고, 나머지 잉여 토지들은 산림과 야생생물보호
구역으로 바꾸었다. 또한 하천 범람과 침수 위험이 있는 저지대와 홍수터에
방치된 폐건물들을 철거하여 저류지와 식생 수로로 재활용하고, 불투수 포
장을 뜯어내고 자연지반으로 전환함으로써 빗물의 토양침투를 늘려 홍수
위험을 낮추었다. 대표적인 성공 사례는 버려진 철도 역사와 인근의 폐업
공장 등을 정부가 매입하고 철거하여 만든 '레네-포이크트 공원(Lene-Voigt-
Park: LVP)'이다(**그림 12-1a**). 2004년에 완공된 이 공원은 최대 너비 800미터,
면적은 11헥타르(11만m²) 규모로, 조성하는 데 318만 유로(약 48억 원)의 예
산이 소요되었다. 시 정부의 이러한 노력은 괄목할 만한 성과를 거둔 것으
로 평가되고 있다. 공원 인근 지역의 인구는 2000년과 2020년 사이 7000명
이 증가한 것으로 나타났으며, 부동산 가격은 2008년과 2017년 사이 평균
13%가량 상승하였고, 주택 공실률과 주민 평균연령이 감소하였다(Ali et al.,
2020; Kabisch, 2019). 물론 이는 공원이라는 하나의 요인이 가져온 결과라
기보다는 공원 인근의 도시재생 프로젝트와 결합한 전반적인 삶의 질 향상
정책이 가져온 통합적인 결과이다(**그림 12-1b**). 그럼에도, LVP 사례는 주민

[그림 12-1] 독일 라이프치히의 인구 감소 지역 폐쇄 산업단지와 건물의 녹지화 전략
(a) 버려진 철도역과 공장용지에 지어진 Lene-Voigt-Park(LVP);
(b) LVP 인근 고령자 산책로와 여가 공간
자료: (a) Ali et al.(2020: 7); (b) Kabisch(2019: 7)

친화적 녹지의 조성이 인구 감소 도시에 가져올 수 있는 긍정적 파급 효과를 잘 보여준다.

3) 탄소 감축 잠재력의 변화

향후 축소 도시와 소멸 위기 지역에서 양산될 빈 땅들은 오늘날 탄소 배출 감축이라는 국가적 과제에 큰 기회가 될 수 있다. 인구 감소가 진행되는 과정에서 자연스럽게 탄소 배출의 감소가 이루어진다. 이는 거주인구가 줄어듦에 따라 즉각적으로 나타나는 환경적 편익이라고 볼 수 있다. 선행연구에 따르면, 인구가 가장 빠르게 줄어들고 있는 지역이 가장 적은 온실가스를 배출하고 점진적으로 쇠퇴 중인 지역도 탄소 배출량이 적어지는 것으로 나타났다(Chen et al., 2023). 이러한 지역에서는 탄소 배출량이 역전된 U 형태를 그리며, 배출량 정점을 지난 뒤 감소한다. 또한 이용되지 않는 유휴 토지와 버려진 건물을 철거한 뒤 마련할 수 있는 공지에 산림을 꾸준히 조성한다면 상당한 규모의 추가적인 탄소 흡수 및 저장이 가능하다(Ortiz-Moya, 2020). 추가적인 탄소 숲 조성 규모에 따라 지역에 따라서는 탄소 저감량이 탄소 배출량과 같은 탄소중립(Net-Zero), 더 나아가 저감량이 배출량보다 큰 '탄소 순감소(Net-Negative)'도 가능할 수 있다. 2021년 기준 우리나라 국토 전체에서 산림은 에너지 분야에서 배출된 온실가스의 약 7.4%를 흡수하고 있으며, '기후 위기 대응을 위한 탄소중립·녹색성장 기본법' 제5장 33조에 따르면, 중앙정부와 지방정부는 온실가스 감축 시책으로 산림, 초지, 습지, 농경지, 그리고 정주지 내 녹지의 확충을 적극적으로 추진해야 할 의무가 있다. 인구 감소 지역의 재산림화 정책은 이러한 탄소중립 정책과 맞물려 다양한 기회를 만들어 낼 수 있다.

특히 축소도시에 산재한 유휴 국공유지를 이용한 탄소 흡수량 극대화 전략도 생각해 볼 수 있다. 유휴 국공유 재산이란, 일상적인 수준에 비해 현저하게 적게 이용되고 있거나, 전혀 관리되지 않은 채 버려진 상태로 존재하는 국가 혹은 지방자치단체 소유의 재산으로 정의할 수 있다. 2016년 기준 우리나라의 축소도시 20곳에는 총 2만 7291필지(약 37.8km²)에 달하는 유휴 국공유 재산이 존재하며, 국가 및 지자체 소유 건물이 세워진 필지의 약 54%가 유휴 상태인 것으로 나타났다(구형수 외, 2020). 이러한 유휴 상태 국공유 재산을 그린 인프라(green infrastructure)로 전환하면 탄소중립 달성에 공헌하는 바가 클 것이다. 특히 시장가치가 낮아 수익성을 기대하기 어려운 유휴지를 우선 대상으로 하여 다양한 유형의 녹지와 중소 규모 산림을 조성해 지역사회의 탄소 감축 잠재력을 극대화할 필요가 있다. 탄소 감축은 해당 지역사회의 토지를 활용하지만, 국가 전체가 편익을 얻는 속성이 있다. 이러한 지역 유휴 재산의 철거 및 녹지화에 드는 비용을 누가 부담할 것인지의 문제는 긍정적 외부 효과를 고려해 면밀한 논의가 필요하다.

한편, 탄소 배출의 총량이 아닌 배출의 '효율성' 측면에서는 인구 감소 지역이 비효율적이라는 지적이 있다(Zeng et al., 2022). 인구 감소가 진행 중인 지방 중소 도시와 농어촌 지역은 도심의 고밀도 압축도시와는 거리가 먼 공간구조로 되어 있기 때문이다. 지역 인구의 감소는 인구와 주택 밀도가 낮고 느슨한, 때로는 파편적인 공간구조로의 이행을 의미한다. 줄어든 인구와 주택이 한곳에 모여 있는 것이 아니라 지역사회 전역에 걸쳐 무질서하게 흩어져 있는 경우가 생겨나기 때문이다. 이러한 구멍 난 듯한 토지이용 패턴 혹은 '도시 천공(urban perforation)'은 비효율적인 에너지 소비와 탄소 배출을 초래한다(Schetke and Haase, 2008). 적은 인구를 서비스하다 보니 사회 기반 시설을 유지하기 위한 단위당 비용이 늘어나고 초기 투자 비용의 회수가 어려워지는데, 이 때문에 대중교통 시스템과 친환경 에너지 인프라는 더욱 열악해지며, 주민들은 통근, 쇼핑, 여가 등 일상생활을 영위하기 위해 더 먼 거리를 차량으로 이동해야 한다. 이러한 이유로 인구 감소 지역에서는 잠재적으로 인구당 탄소 배출량이 늘어나는 비효율성이 발생할 수 있다. 추가로, 인구 감소는 가구 구조의 변화와 건물 노후화를 수반하는 경우가 많다. 인구는 감소하지만 1~2인 가구가 증가한다면 전체 탄소 배출량은 줄어들지 않거나 오히려 상승할 가능성이 있으며, 노후화된 주택으로 인해 건물 에너지 효율이 낮아질 수 있다. 물론 이에 대한 반론도 가능하다. 우리나라의 경우 인구 감소 지역들은 저소득층이 주로 거주하는 고령화된 지역들이다. 일반적으로 60세 이상 고령층이 젊은 연령층보다, 저소득층이 고소득층보다 더 적은 탄소를 배출한다. 인구 감소와 탄소 배출의 관계에 대해서는 더욱 면밀한 분석과 논의가 필요하다.

4) 공공서비스 공백과 환경권의 위기

거주인구의 감소와 도시 기능의 저하는 앞서 보았듯 환경·생태적인 시각에서 기회가 될 수 있으나 새로운 위험을 초래할 가능성도 동시에 가지고 있다. 인구 감소는 근본적으로 오염물질의 배출을 감소시키고 서식지 파괴 및 단절 가능성을 줄여주므로 환경에 긍정적인 영향을 미칠 수 있다. 그러나 적정한 인구 규모의 붕괴는 환경적인 위험을 내포하고 있기도 하다. 여기에는 몇 가지 이유가 있다. 첫째, 인구 감소는 세수와 재원의 부족을 의미하기 때문에 환경보전을 위한 지방 공공서비스 인프라의 관리 공백을 초래할 수 있다. 이는 결과적으로 공중보건을 위협할 수 있다. 인구과소 지역은 단순히 인구가 적은 도시가 아니라 인구가 많았던 도시에서 사람들이 빠져나가며 건물과 기반 시설, 토지가 미이용되고 있는 상태를 의미한다. 따라서 오래전 건축된 구조물들과 불투수 지반이 그대로 잔존하고 있어, 적절히 감시하지 않는다면 건축자재의 부패와 산화로 인한 유해화학물질의 대기 방출, 박테리아와 미생물에 의한 토양 및 수질 오염 등의 위험이 있다(Naumann and Bernt, 2009). 더욱 심각하게는 상수도 등 공급설비 시설, 수질 정화, 폐기물 처리 등을 담당하는 환경기초 시설, 그리고 방재 시설 등이 노후화되었는데도 불구하고 생산비 상승 및 경영 악화로 인해 재투자가 이루어지기 어렵다는 문제도 있다. 앞서 언급한 독일의 라이프치히는 인구 유출로 인해 2000년대 초반 상수도 공급과 하수처리에 대한 수요가 전성기의 절반 이하로 떨어졌다. 이는 자연스럽게 이윤 하락과 서비스 품질 저하로 이어졌다. 직원들이 비유하기를, "1990년대 상수도망을 이용해 1945년의 수요에 대응하고 있다"라고 할 정도로 극적인 소비자 감소에 대응해야 했다(Rink et al., 2010). 이처럼 인구 감소 지역의 수자원 공기업들은 적절한 유지·보수와 재투자, 품질 감시, 수질 정화, 신규 투자 등을 유지할 재원의 부족을 겪고 있다. 낮은 서비스 품질에 불만을 품은 소비자가 이탈하게 되면 수요는 더 큰 폭으로 감소한다. 일부 소비자들은 수돗물을 거부하고 생수를 사 먹거나 정수기를 이용하지만, 저소득층의 경우 경제적 여력이 없어 수돗물에 의존하기도 한다(Yang and Faust, 2009).

미국 러스트벨트의 축소도시들 가운데 하나인 미시간주 플린트(Flint)는 2014~2016년 최악의 수돗물 오염 사태를 겪었다. 식수원이 납과 대장균, 레지오넬라균에 오염된 것이다. 인구 감소와 지역 경제 불황으로 고질적인 세수 부족에 시달리던 플린트시는 2014년 파산 위기에 몰렸고, 수돗물 공급 비용을 절약하기 위해 다른 하천으로 취수원을 변경하는 과정에서 플린트강을 임시 취수원으로 사용하기로 했다. 그러나 플린트강은 공업폐수로 오염되어 있었고, 이러한 결정으로 인해 오염된 강물이 주민들에게 공급되었다. 더욱이 도시의 낡은 수도관을 통해 물이 공급되어 부식된 수도관의 유해 물질과 오염된 물이 섞여 주민들은 기준치를 훨씬 초과하는 염분과 납에 노출되었다. 하지만 시는 비용 부족을 이유로 부식방지제도 사용하지 않았다. 결과적으로 많은 피해자와 사망자가 발생했고, 연방정부가 플린트시에 비상사태를 선포하기에 이르렀다. 결국 시 정부는 2016년 수도관 교체와 피해자 치료 및 보상 지원을 약속했으나, 논란은 여전히 진행 중이다. 플린트시 주민의 60%가 저소득 유색인종이라는 점에서 이 사례는 인구 감소 지역의 노후화된 기반 시설에 사회경제적 차별이 결합할 때 발생할 수 있는 환경적 재난에 대해 시사하는 바가 크다.

우리나라 역시 인구 감소 지역들에서 상수도 서비스의 품질 유지를 위한 시설 및 인력 여건이 갈수록 나빠지고 있다. 노후 관로와 노후 정수장 교체 비용 충당을 위한 재원 역시 경제성 저하로 인해 마련하기 어려운 실정이다. 지방상수도는 운영 주체가 지방자치단체이기 때문에 상수도 시설의 유지와 보수는 지방정부의 재정적 여력 및 상수도 사업의 재정건전성과 직결되어 있다(조만석 외, 2020). 인구가 적은 지자체일수록 이러한 시설 및 재정 관련 문제가 더 큰 것으로 나타나고 있다. 인구 감소가 진행될수록 상수도 공급의 가격 효율성이 낮은 고립 지역들이 더욱 늘어갈 것이다. 상수도 공급에 있어서 규모의 경제성을 실현하기 위해서는 보급 한계선을 설정하여 한계선 바깥의 지역에 대해서는 비용이 많이 드는 인프라 재투자 대신 개별 가정과 상점에 생수를 공급하는 등의 대안을 모색할 필요가 있다(조만석 외, 2020).

둘째, 인구 감소 지역에서는 환경보호를 위한 감시 체계가 느슨해질 위험이 있다. 이는 환경권 침해로도 이어진다. 환경권이란, 모든 국민이 건강하고 쾌적한 생활을 영위하는 데 필요한 조건을 갖춘 환경에서 거주해야 한다는 헌법상의 권리이다. 때때로 인구과소 지역과 쇠퇴 농어촌 지역은 토지와 자원을 헐값에 이용할 수 있는 황무지처럼 여겨지곤 한다. 사람과 일자리가 떠나고 있는 판국에 기피 시설이라도 받아들여서 지역 경제에 보탬이 되어야 한다는 식의 주장도 있다. 최근 산업폐기물 소각·매립장 입지에 관한 논란을 살펴보면, 민간업체들과 일부 이해관계자들은 고령화된 과소 농어촌을 도시에서 배출된 폐기물을 처리하기에 적절한 공간으로 인식하고 있다(하승수, 2024).[1] 건축 비용이 저렴하고, 유해 물질에 노출될 위험이 있는 인구 자체가 적으며, 무엇보다 이러한 결정에 저항할 수 있는 주민들이 적기 때문이다. 한국환경공단의 「전국 폐기물 발생 및 처리 현황」에 따르면, 지정폐기물을 매립하는 최종처분 시설[2]은 2022년 기준 전국에 22곳이 있는데, 수도권에는 단 한 곳(화성시 양감면)뿐이다.[3] 대부분은 인구가 적은 농촌

---

[1] https://www.peoplepower21.org/welfarenow/1957021
[2] 지정폐기물이란, 산업폐기물 중에서 주변 환경을 오염시키거나 인체에 위해를 줄 수 있는 유해 물질로, 대통령령으로 정한다. 최종처분 시설이란, 폐기물을 매립하거나 해역으로 배출하는 등의 최종처분을 하는 시설을 의미한다.
[3] 《시사IN》. "산업폐기물 처리장 지도". https://waste.sisain.co.kr (검색일: 2025.1.2)

마을에 난립하고 있다. 인구 감소가 환경권의 사각지대를 만들어 내는 것이다. 또한 과소인구 지역은 상시적인 감시의 눈(eyes on the street)이 없기 때문에, 버려진 건물과 공지를 대상으로 불법적인 쓰레기 투기와 폐기물 적재가 은밀하게 이루어지고 있다. 주인 없는 폐기물은 잔해와 잡초와 뒤엉켜 방치되고 있다. 일반적으로 녹지는 삶의 질을 높이는 어메니티 가운데 하나이지만, 인구 감소 지역에서 곳곳에 방치된 녹지는 주민들에게 불안감, 우울감, 그리고 지역의 미래에 회의감을 품게 하는 요소로 작용하기도 한다.

5) 공간적 설계와 민주적 절차의 중요성

대안적인 용도가 무엇이 되었든, 인구 감소 지역의 버려진 건물과 시설들은 궁극적으로 '처분'이 필요하다. 그 처분은 철거나 방치, 재생과 재활용, 혹은 다른 장소로의 재배치가 될 수 있다. 최근 연구자들은 철거와 재배치를 통해 인구 감소 지역을 점진적으로 축소하는 과정에서 '공간적 설계'를 선행해야 할 필요성을 제기하였다. 미국 미시간주의 플린트와 독일 작센안할트주 데사우(Dessau)에서 2002년과 2016년 사이 버려진 건물과 빈집들이 철거되는 공간적 패턴을 분석한 연구에 따르면, 데사우의 철거 패턴은 공간적으로 군집을 이룬 데 반해, 플린트는 무작위로 흩어진 패턴을 보였다(Gao et al., 2023). 데사우의 경우, 연방정부의 재원을 이용해 명확한 공간계획을 바탕으로 순차적 철거를 집행하였으며, 임차인들로 구성된 공동주택들이 원도심에 집중되어 있어 비슷한 유형의 다른 주택으로 주민 재배치가 상대적으로 수월했다. 구사회주의 동독에 속했기 때문에 시 소유의 공공주택 기업이 전체의 30%, 중심부의 50% 이상의 주택을 소유하고 있던 구조도 철거와 재배치를 용이하게 한 요인으로 작용했다. 반면 플린트는 미국의 여느 도시들처럼 개인 소유 전원주택 비중이 지배적이어서, 특별한 공간계획 없이 주로 주민들의 민원을 위주로 버려진 건물의 철거를 집행하였다. 이는 드문드문 구멍이 난 듯 파편화된 공간 개입으로 이어졌고, 새로운 프로젝트를 위한 의미 있는 규모의 공지를 창출해 내는 데 이르지 못했다. 또한 개인 소유의 단독주택이 많은 탓에 주택의 유기, 세금 체납, 차압(foreclosure), 그리고 철거에 이르기까지 오랜 시간이 소요되었다. 그러는 사이 빈집은 반달리즘과 범죄, 쓰레기 투기에 노출되어 주민들의 안전을 위협했다. 이 사례들은 명확한 공간적 설계를 가진 축소 계획, 소위 '스마트 축소'가 철거 과정의 비용을 줄일 뿐만 아니라 지역의 유의미한 공간적 재편에 이바지할 수 있으나, 이는 인구 유출을 겪고 있는 도시들의 주택 및 점유 형태에 따라 영향을 받을 수 있음을 보여준다.

스마트 축소 전략은 저이용·유휴 시설들을 전략적 고밀화 지역으로 재배치하거나 환경 재해 위험이 낮은 지역으로 이동시킴으로써 여러 환경적 편익을 창출하고 잠재적 피해를 최소화할 수 있다. 그러나 이러한 재배치 전략은 논리적으로 타당할지 모르나 정치적으로는 작지 않은 난관이 예상된다. 비록 인구가 줄어들긴 했지만, 여전히 해당 지역에 살고 있는 사람들은 본인들의 커뮤니티가 지원과 지지를 받기는커녕 정부가 지정한 곳으로 이주해야 한다는 사실을 반기지 않을 것이기 때문이다. 주민들이 이주하기 위해서는 본인들의 커뮤니티가 더 이상 반등의 가망이 없다는 점을 인정하고 이것이 민주적으로 합의되어야 한다. 아직 그러한 사례는 흔치 않다. 미국 미시간주 디트로이트의 도시계획청(Detroit's City Planning Commission)은 1990년에 디트로이트 내의 공지와 황폐화한 지역의 위치와 규모를 파악하는 조사(Vacant Land Survey)를 실시하여 그 결과를 보고서로 발표하였다. 보고서는 버려진 부동산과 공지를 궁극적으로는 용도 폐기하고, 해당 지역을 재자연화시키며, 행정 서비스를 중단하고, 주민들을 보다 가망성 있는 다른 지역으로 이동시킬 것을 권고하였다. 그러나 이 계획은 주민들의 강한 반발로 실현되지 못했다(Hollander et al., 2009). 환경·생태적 전략을 위한 인구 감소 지역의 공간적 재편이 주민들에게 또 다른 차원의 차별로 다가오지 않도록 세심한 공간 설계와 민주적 절차가 요구된다.

3. 인구 감소 지역의 환경정책이 나아가야 할 방향

오늘날까지는 지방 중소 도시의 인구 감소와 소멸을 초래하는 요인에 상대적으로 관심이 많았다면, 이제는 인구 감소 '이후'에 대한 관심이 높아지고 있다. 이에 따라 인구 감소와 지방소멸이 국토의 환경·생태적인 건전성과 지속가능성에 어떠한 영향을 줄 것인지에 관한 실증적인 연구가 필요하다. 우리나라의 인구 감소와 지역 축소 문제에는 수도권 밀집 국토 구조와 저출생, 고령화, 산업기반의 쇠퇴 등 복합적인 원인이 있으므로 우리나라의 맥락에 맞는 환경·생태적인 대안과 파급 효과 분석이 필요하다. 단기적·중장기적인 영향을 모니터링하여 환경적 변화와 궁극적 결과에 대한 포괄적인 이해가 필요하다.

현재 인구 감소 지역의 환경·생태적인 공간 재편을 위해 제시되고 있는 가장 유력한 대안은 재자연화 내지는 단순 녹지화를 통한 생태계 서비스 강화 전략이다. 독일을 중심으로 한 서구권 도시들은 버려진 토지와 건물의 인위적·자연적 자연화를 통해 파괴된 생태계를 복원하고, 더 나아가 인구 감소 지역의 경관 유지와 삶의 질 개선을 위해 노력하고 있다. 나아가 산림, 초지와 같은 탄소흡수원의 확충을 통해 국가적 탄소중립 달성을 지원할 수도 있다. 이러한 접근법은 긍정적 측면과 부정적 측면, 혹은 양 측면이 모호한 경우를 가지고 있다. 예컨대, 재자연화 정책은 심미적으로 아름답고 생태적으로 건전한 환경을 만들어 남아 있는 주민들에게 쾌적한 환경을 제공하고 잔존하고 있는 주택들의 자산 가치를 유지하는 데 도움이 될 수 있으나, 공간적으로 섬세하게 계획되지 않은 파편적인 철거와 녹지화 과정은 도시가 마치 좀먹은 듯한 천공 현상을 초래하여 오히려 쇠퇴 지역에 부정적인 낙인과 치안 악화, 자산 가치 하락을 초래할 위험도 있다. 따라서 재자연화 전략은 지역 전체를 포괄하는 공간적 마스터플랜에 의해 진행해야 할 필요가 있다. 유의미한 규모와 품질을 가진 녹지와 공원, 생태 서식지를 창출하고 공공서비스와 상업 시설 등 필수 기능들을 가능한 근거리에 밀집시켜 친환경적인 공간으로 재편하는 것이 중요하다.

인구과소 지역의 환경정책을 경제적 논리에 맡겨둘 때 지역의 공공서비스와 교통·공급·환경기초 시설은 노후화와 수요 감소로 인해 품질 유지가 어려워지며, 대도시들에서 밀려난 기피 및 유해 시설의 피난처가 될 가능성이 있다. 이는 환경정의에 어긋나는 결과라 할 수 있다. 오염물질을 배출하지 않은 지역이 해당 물질의 소각과 매립을 담당하고 그로 인한 악영향을 감당하는 것이다. 이는 해당 지역의 정주환경을 더욱 열악하게 만들 뿐만 아니라 기존 주민들이 느끼는 차별과 소외감을 강화하고 그들의 지속거주 의향을 낮추며 외부 인구의 유입을 어렵게 할 것이다. 인구 감소 시대 지방 중소 도시들과 농어촌 지역 주민의 환경권을 보장하기 위한 제도와 감시정책이 필요하다.

인구 감소 지역의 환경적 지속가능성을 확보하기 위해서는 자연적·인위적으로 만들어진 녹지 및 공지의 보존과 지혜로운 활용 전략이 요구된다. 과거와 비교해 인구가 크게 줄어든 현 상황을 자연스럽게 받아들이고 현재 남아 있는 주민들을 위한 경제적 자립 기반을 확보하고, 정주환경 및 생태환경의 개선을 조화롭게 추진하는 것이 필요하다. 일례로 미국 오하이오주 영스타운은 2010년 산업녹지(industrial green)라는 새로운 용도지역을 신설하여 작지만 조밀한 경제 중심지를 조성하는 전략을 추진하였다. 환경오염 우려가 없는 기술 산업 위주로 구성된 산업 공원을 조성하고 주거·상업·공공 서비스를 중심부에 밀집시켜 효율적이면서 친환경적인 도시 구조를 만들겠다는 것이다. 영스타운의 계획처럼 환경·생태적 건전성의 회복은 '강소 도시'를 꿈꾸는 인구 감소 지역에 선택이 아닌 필수적인 생존 조건이 되어가고 있다.

향후 인구 감소 지역의 환경적 성패는 밀집과 소멸을 조화롭게 또한 민주적으로 배치하는 지역계획적 역량과 기술에 달려 있는지도 모른다. 앞으로 소멸 위기 지역들을 중심으로 유휴 부지의 확산이 가속화할 것으로 예상된다. 이때 가망성 있는 구역을 중심으로 재원을 투자하고 인구와 기능을 집중시켜 개발수요를 유도하고, 지역 곳곳에 발생한 빈집과 미이용 토지는 녹지와 생태 보전지로 바꾸어 전략적 밀집과 재배치, 의도적 소멸을 추진해야 할 필요가 있다. 무엇보다도 유휴 토지들의 입지 조건과 잔존 가치에 대한 평가를 바탕으로 재생과 소멸 중 최유효이용을 부여하고 공간적인 재편 계획을 수립하는 것이 중요하다. 가령 토지 소유주가 무의미한 개발을 지양하고 환경적으로 가치가 높은 경관을 보전하고 관리할 때 금전적 인센티브를 제공하는 선택형 직불 제도를 고려해 볼 필요가 있다. 이러한 적극적인 제도적 개입과 환경권의 감시, 그리고 명확한 공간적 계획이 있을 때 인구 감소라는 위기는 환경·생태적 회복이라는 오래된 미래로 이어질 수 있을 것이다.

참고문헌

구형수·조판기·윤정재·이다예·김민정·정연준. 2020. 「축소도시의 유휴 국·공유재산 실태와 관리·활용방안 연구」. 국토연구원.
≪시사IN≫. "산업폐기물 처리장 지도". https://waste.sisain.co.kr (검색일: 2025. 1. 2)
조만석·박태선·한우석·이상은·안종욱·서정섭·신정우. 2020. 「인구감소·지방분권시대에 대응한 지방상수도 정책 개선방안 연구」. 국토연구원.

최수·이형찬·안승만·안다연·이동우·김은경. 2019. 「인구감소시대 농촌지역의 유휴토지 관리방안 연구」. 국토연구원.

하승수. 2024. "산업폐기물이 몰려드는 농촌, '지역소멸' 들먹이며 농촌을 팔아먹지 말라". ≪월간복지동향≫. www.peoplepower21.org/welfarenow/1957021 (검색일: 2024.12.26)

Ali, L., Haase, A. and Heiland, S. 2020. "Gentrification through green regeneration? Analyzing the interaction between inner-city green space development and neighborhood change in the context of regrowth: The case of Lene-Voigt-Park in Leipzig, Eastern Germany." *Land*, Vol. 9, No. 1, p. 24.

Chen, D., Fang, C. and Liu, Z. 2023. "Progress and major themes of research on urban shrinkage and its eco-environmental impacts." *Journal of Geographical Sciences*, Vol. 33, No. 5, pp. 1113~1138.

Frazier, A.E. and Bagchi-Sen, S. 2015. "Developing open space networks in shrinking cities." *Applied Geography*, No. 59, pp. 1~9.

Fu, H., Zhou, G., Sun, H. and Liu, Y., 2022. "Life satisfaction and migration intention of residents in shrinking cities: Case of Yichun City in China." *Journal of Urban Planning and Development*, Vol. 148, No. 1, p. 05021062.

Gao, S., Jansen, H. and Ryan, B.D., 2023. "Demolition after decline: Understanding and explaining demolition patterns in US and German shrinking cities." *Cities*, No. 134, p. 104185.

Glaeser, E. 2011. *Triumph of the city: How urban spaces make us human*. Pan Macmillan.

Haase, D., Haase, A. and Rink, D. 2014. "Conceptualizing the nexus between urban shrinkage and ecosystem services." *Landscape and Urban Planning*, No. 132, pp. 159~169.

Herrmann, D.L., Schwarz, K., Shuster, W.D., Berland, A., Chaffin, B.C., Garmestani, A.S. and Hopton, M.E. 2016. "Ecology for the shrinking city." *BioScience*, Vol. 66, No. 11, pp. 965~973.

Hollander, J.B., Pallagst, K., Schwarz, T. and Popper, F.J. 2009. "Planning shrinking cities." *Progress in planning*, Vol. 72, No. 4, pp. 223~232.

Kabisch, N. 2019. "Transformation of urban brownfields through co-creation: the multifunctional Lene-Voigt Park in Leipzig as a case in point." *Urban Transformations*, Vol. 1, No. 1, p. 2.

MA Board(The Millennium Ecosystem Assessment Board). 2005. "Millennium ecosystem assessment." Washington, DC: New Island, 13, p. 520.

Naumann, M. and Bernt, M. 2009. "When the tap stays dry: water networks in eastern Germany." *Local Environment*, Vol. 14, No. 5, pp. 461~471.

Ortiz-Moya, F. 2020. "Green growth strategies in a shrinking city: Tackling urban revitalization through environmental justice in Kitakyushu City, Japan." *Journal of Urban Affairs*, Vol. 42, No. 3, pp. 312~332.

Rink, D., Haase, A., Bernt, M., Arndt, T. and Ludwig, J. 2010. "Urban shrinkage in Leipzig and Halle, the Leipzig-Halle urban region, Germany. Shrink Smart, Seventh Framework Programme." European Commission.

Schetke, S. and Haase, D. 2008. "Multi-criteria assessment of socio-environmental aspects in shrinking cities. Experiences from eastern Germany." *Environmental Impact Assessment Review*, Vol. 28, No. 7, pp. 483~503.

Short, M. 2024. "Rewilding the Ruhr: Recovering abandoned industrial sites in western Germany." WildE. https://www.wilde-project.eu/news/rewilding-the-ruhr-recovering-abandoned-industrial-sites-in-western-germany

Turo, K. J., Spring, M. R., Sivakoff, F. S., Delgado de la flor, Y. A. and Gardiner, M. M. 2021. "Conservation in post?industrial cities: How does vacant land management and landscape configuration influence urban bees?" *Journal of Applied Ecology*, Vol. 58, No. 1, pp. 58~69.

Yang, E. and Faust, K. M. 2019. "Human-water infrastructure interactions: Substituting services received for bottled and filtered water in US shrinking cities." *Journal of Water Resources Planning and Management*, Vol. 145, No. 12, p. 04019056.

Zeng, T., Jin, H., Geng, Z., Kang, Z. and Zhang, Z. 2022. "The effect of urban shrinkage on carbon dioxide emissions efficiency in Northeast China." *International Journal of Environmental Research and Public Health*, Vol. 19, No. 9, p. 5772.

13장

지방소멸에 대응한 행정체제 방향

도수관 · 홍준현

1. 우리나라 행정체제와 기본 현황

1) 중앙-지방 간 계층 구조

우리나라는 단일국가(unitary state) 체제로, 중앙정부가 국가행정의 주체이며, 지방자치단체는 제한된 자치권을 갖는 2단계 지방자치제도를 운영 중이다. 2025년 기준으로 대통령제를 바탕으로 하는 행정부, 입법부, 사법부가 전국 단위의 법률·정책을 관장하는 중앙정부가 있고, 17개의 광역자치단체는 1특별시(서울), 6광역시(부산, 인천, 대구, 대전, 광주, 울산), 1특별자치시(세종), 6도(경기, 충북, 충남, 전남, 경북, 경남), 3특별자치도(강원, 전북, 제주)로 편제되어 있다. 기초자치단체(226개)에는 시(시급 도시), 군(비도시 지역), 구(도시 내 행정구역)가 있으며, 세종시는 광역과 기초자치단체를 통합한 단층제 구조이다. 3단계 행정체제로는 도·특별시·광역시, 시·군·구, 읍·면·동으로 구분되며, 도시는 '행정동(洞)', 농촌은 '면(面)' 단위가 기초 행정 서비스를 담당하고 있다. 다만, 서울특별시와 광역시를 제외한 인구 50만 이상 대도시에는 시 아래에 행정구를 둘 수 있으며, 이들 중 도와 동급인 행정구역은 광역시이며, 특별시, 특별자치시, 특별자치도도 존재한다.

2) 지방자치단체의 유형 및 권한 구조

우리나라의 지방자치단체는 광역자치단체와 기초자치단체로 구분할 수 있는데, 광역자치단체는 정책 조정 기능과 기초자치단체 감독 권한 일부를 보유하고 있으며, 기초자치단체는 주민 복지, 지역 경제, 도시계획, 환경, 문화, 지역 인프라 관리 등과 같은 실질적인 행정 서비스를 담당하고 있다. 우리나라 광역자치단체와 기초자치단체의 유형별 권한 구조를 살펴보면, **표 13-1**과 같다.

[표 13-1] 지방자치단체의 유형별 권한 구조

지방자치단체의 유형(명칭)		권한 또는 특징
광역자치단체 (17개)	특별시(서울)	수도 기능, 독자적 예산 규모
	광역시(부산, 인천, 대구, 대전, 광주, 울산)	인구 100만 이상 대도시 중심
	도(경기, 충북, 충남, 전남, 경북, 경남)	도농 복합형 광역 단위
	특별자치도(강원, 전북, 제주)	고도의 자치권(자치경찰제, 국제자유도시계획 등)
	특별자치시(세종)	중앙 행정기관 집적 도시, 기초단체 미존재(단층제)
기초자치단체 (226개)	시	도시 기능 중심, 행정동으로 구성
	군	농촌지역, 면 단위로 구성
	구	광역시 내 행정구역, 일부 기초자치단체 기능 유지

3) 자치권의 구성 요소

자치권에는 자치입법권, 자치행정권, 자치재정권, 자치사법권 등이 있다. 자치입법권은 조례제정권을 의미하는데, 법률 상위 규범을 초월할 수 없다. 자치행정권은 조직 구성 및 집행의 자율성을 의미하며, 인사권도 일부 자율화가 이루어져 있다. 자치재정권은 자체 예산 편성 및 지방세 부과권을 의미하나 중앙교부세 의존도가 높은 것이 현실이다. 자치사법권은 여전히 미비하나 자치경찰제 도입으로 일부 권한이 강화되고 있는 중이다(2021년 이후 전국적으로 시행되었음).

4) 중앙-지방 관계 및 행정기능 배분

우리나라 헌법은 지방자치단체가 법령의 범위 내에서 자치사무를 처리할 수 있다고 규정하고 있으나, 실질적으로는 중앙정부가 설계한 정책을 지방정부가 집행하는 구조가 여전히 주류를 이루고 있다.

정책 실행 구조를 살펴보면, 중앙정부가 정책을 결정하고, 지방정부는 예산과 집행 중심으로 기능을 수행하고 있다. 즉, '중앙정부 → 시·도 → 시·군·구 → 읍·면·동' 단위로 하향적 정책 실행 구조를 이루고 있다고 볼 수 있다. 예를 들면, 복지정책이나 환경정책, 주택정책 등은 중앙 부처(보건복지부, 국토교통부 등)가 정책을 결정하고, 각 지방정부는 예산을 활용하여 그와 같은 정책을 집행하는 역할을 주로 담당하고 있다.

5) 최근 행정체제의 변화 흐름과 개편 논의 현황

최근 우리나라 행정체제의 변화 흐름을 살펴보면, 특례시 제도 도입(2022년~), 자치경찰제 전국 시행(2021년~), 디지털 기반 행정 전환 등을 들 수 있다. 먼저, 특례시 제도를 도입하면서 인구 100만 이상 도시(수원, 고양, 용인, 창원)에 대해 '광역에 준하는 권한'을 부여하고 있으며, 자체 도시계획, 복지 사업, 교육 시설 관리 권한을 확대하고 있다. 다음으로, 자치경찰제가 전국적으로 시행되면서 국가경찰과 지방자치단체의 역할을 분리하고, 생활 안전, 교통, 학교폭력 등 지역 밀착형 경찰 업무는 자치경찰에게 책임을 부여하고 있다. 아울러 우리나라는 정부24, 민원24, 온나라시스템, 전자결재, AI 민원 상담 도입 등으로 행정 서비스의 디지털 전환을 급속히 확대하고 있다.

한편, 우리나라는 최근 들어 행정구역 통합, 중간정부 신설 논의, 단층제 실험 등 행정체제 개편에 대한 논의가 진행되고 있는데, 이는 인구 감소 문제와 밀접한 관련이 있다. 행정구역 통합은 소규모 기초단체 간 통합을 시도(지방소멸 대응 논의와 연계)하는 것을 말하며, 중간정부 신설 논의는 광역자치단체와 기초자치단체 사이의 정책기획 단위의 도입을 제안하는 것이다. 그리고 단층제 실험은 세종시 모델을 다른 중소 도시에 확산 적용을 검토하는 것을 의미한다. 이러한 행정체제 개편 논의들은 궁극적으로 지역의 인구 감소 문제와 중앙-지방 간 비대칭 구조에 대한 대응 차원에서 이루어지고 있다고 볼 수 있다. 이 장에서는 그중에서도 지역 인구 감소 문제에 기인한 지방소멸 문제에 대응한 행정체제 변화 방향에 초점을 두고 논의하고자 한다.

2. 인구 감소와 행정체제[1]

　도시 및 지방 행정의 환경 변화에 있어서 인구 규모 및 인구구조, 가구 구성은 매우 중요한 요인이라 할 수 있다. 그동안 다양한 분야에서 많은 논의가 이루어진 바와 같이 한국은 저출생, 급속한 고령화, 지방의 인구 감소 및 수도권 집중화, 1인 가구의 증대 등 인구 규모와 인구구조, 가구 구성 측면에서 많은 변화를 경험해 왔다. 그리고 이러한 변화는 지방자치를 구성하는 3대 요소인 주민, 구역, 자치권에도 영향을 미치고 있다. 특히, 한국의 인구 감소 문제는 세계적인 이슈가 될 만큼 심각한 수준이며, 이로 인한 지방소멸을 우려하고 있는 실정이다. 그렇기 때문에 인구 감소 대응을 위한 중앙 및 지방 정부의 노력이 매우 필요한 실정이다. 물론 최근까지 정부는 이와 같은 심각한 인구 감소 문제에 대응하기 위해 다양한 수단과 방법을 활용하기도 했으나 그 성과는 미흡한 수준이라고 볼 수 있다.

　이처럼 정부의 노력에도 불구하고 그 성과가 미흡한 원인에는 지역 경제 및 산업, 기술 및 정보화, 도시 기능, 주택·교통·환경 등 다양한 측면의 요인들이 존재하겠으나, 광역지방정부의 분절화, 2층제 형태의 광역시 제도에 기인한 대도시 지역의 광역행정 통일성 부족, 주민자치의 미흡 등 도시 및 지방 행정체제 측면의 문제점들도 매우 중요하다고 볼 수 있다. 따라서 이 장에서는 향후 인구 감소 대응을 위해 필요한 도시·지방 행정체제 측면에서 필요한 변화 방향에 초점을 두고자 한다.

1　이 절에서 제시하는 인구 감소 대응을 위한 도시·지방 행정체제 변화의 내용은 저자가 행정안전부로부터 연구용역을 수탁받아 2023년도에 수행한 「행정환경 변화에 따른 지방자치 미래과제 연구」(도수관 외, 2023)에 포함된 내용의 일부를 근간으로 한다.

오늘날 한국의 인구는 수도권 집중화와 비수도권 지역의 인구 유출이 심화하고 있기 때문에 지방차치의 기본 요소인 주민, 자치권, 계층/구역 등이 이러한 상황 변화를 반영하여 적합한 시스템을 재구축하는 방향으로 도시·지방 행정체제를 변화시킬 필요가 있다. 특히, 인구 규모와 인구구조, 가구 구성의 변화는 각 지방자치단체 주민의 규모와 구성에 변화를 초래하고, 이는 지방자치단체가 제공하는 공공서비스 내용의 양과 질에도 영향을 줄 수 있다. 그뿐만 아니라 지방자치단체의 경계를 넘나드는 인구의 이동은 공공서비스의 제공 방식에도 영향을 주어 지방자치단체의 구역에도 영향을 주게 된다. 이러한 지방자치단체의 주민과 구역의 변화는 결과적으로 지방자치단체의 계층 체계에도 영향을 줄 수 있고, 중앙정부와 지방자치단체 간 공공서비스 생산과 공급의 배분 체계에도 영향을 주어 궁극적으로 지방자치권의 내용과 범위에까지 영향을 미칠 수 있다. 따라서, 향후 인구 감소 대응을 위한 도시·지방 행정체제 측면에서 필요한 변화를 모색하기 위해서는 구체적으로 주민과 지역공동체, 자치권과 지방자치단체, 구역과 계층 측면에서 필요한 변화를 모색할 필요가 있다.

3. 주민과 지역공동체 측면에서의 변화 방향

인구 감소 대응을 위한 도시·지방 행정체제의 변화 방향을 주민과 지역공동체 측면에서 논의하기 위해서는, 생활인구 개념에 따른 '주민' 개념 재정의, 지방선거에서 주민의 대표성 확대, 주민자치회 제도화 및 읍면동 단위 거버넌스 체계 구축·운영, 읍면동 단위 지역공동체 활성화를 통한 주민 참여의 대표성 확대 등을 고려할 필요가 있다.

1) 생활인구 개념에 따른 '주민' 개념 재정의

인구 감소 대응을 위해서는 생활인구 개념에 따른 '주민' 개념 재정의가 필요하다. 인구 감소는 특정 지역 또는 지방 측면에서 볼 때, 단순히 절대적 인구수의 감소뿐만 아니라 수도권과 같은 타 지역으로의 인구이동에 기인한 인구 감소 문제도 상당히 심각하다. 따라서, 인구 감소 지역의 경우에는 현실적으로 생활인구 개념에 따른 '주민' 개념 재정의와 더불어 이중 주소 제도 도입 등 다양한 제도 변화를 통해 인구 감소에 대응해 나갈 필요가 있다.

생활인구 개념은 일본에서 제시된 '관계인구'와 유사한 개념인데(류영진, 2020), 관계인구는 정주나 체류를 전제로 하지 않는다는 점에서 생활인구보다 넓은 범위의 인구 개념이라고 할 수 있다(서충완·배정아, 2023: 224).[2] 생활인구는 2023년부터 시행하는 인구 감소 지역 지원 특별법에 명문화된 개념으로, 거주가 아닌 생활을 중심으로 정의된 인구 개념이다. 인구 감소 지역에서 생활인구가 그 지역 주민으로 실제 인정되어 재원을 산정하는 요소(일정 비율)와 정치적 영향력을 발휘하는 유권자로 인정될 수 있다면, 인구 감소에 따른 지역적 문제점들을 일정 부분 해결할 수 있다. 따라서 인구 감소 지역의 주민으로서 생활인구가 효과를 거두기 위해서는 생활인구의 지역적 범위 설정 및 생활인구의 유형과 대상 등을 규정하여 생활인구를 확대하는 데 필요한 제도적 지원 계획을 수립·시행할 필요가 있다.

---

2 '관계인구'는 지역과의 관계 희망(관계인구 지향) 수준 및 현재 지역과의 관계(이주 지향)를 기준으로 교류인구와 정주인구 사이에 존재한다고 볼 수 있다(이소영·김도형, 2021).

2) 지방선거에서 주민의 대표성 확대

인구 감소에 대응하려면 지방선거에서 주민의 대표성을 확대하여 인구 문제와 같이 실질적인 지역의 핵심 문제를 해결할 수 있는 지방자치단체 선출직 공무원들을 주민들이 선출할 수 있도록 해야 한다. 우리나라 전체에서 인구 감소에 기인한 다양한 문제점들이 지역 및 사회의 다양한 분야에서 발생하고 있지만, 실질적으로 그러한 정부 과제를 해결해야 할 정부의 노력과 성과는 여전히 미흡한 것이 현실이다. 따라서 지방선거에서 지역 주민의 대표성을 확대할 수 있는 다양한 제도적 방안들을 마련할 필요가 있다. 예를 들면, 지방자치단체의 지역적 특성에 따른 선거제도의 다양화, 지방자치단체 선출직 공무원의 선출 대상 및 선출 방식의 다양화, 당선 결정 방식의 다양화 및 선거구제 개선 등을 통한 무투표 당선의 문제점 해소, 소수 정당의 지방정치 제도권 진입 활성화 및 정당제도의 다양화 모색을 통한 지방 정당 정치의 활성화, 지방선거의 역할 확대를 통한 대표자 선출 및 주요 정책 결정 동시 추진 등을 고려해 볼 수 있다.

3) 주민자치회 제도화 및 읍면동 단위 거버넌스 체계 구축·운영

인구 감소에 적극적으로 대응하려면 지역사회의 다양한 구성원들이 중요한 의사결정에 자유롭게 의견을 제시할 수 있는 기회가 제도적으로 보장되어야 한다. 따라서 주민자치회 제도화를 통해 주민 참여 활성화 및 실효성을 제고할 필요가 있다. 이를 위해서 주민자치회 도입과 더불어 시범 사업의 성과와 한계 등에 대한 체계적인 평가를 실시하고, 지방자치법 전부 개정 당시 논의되었던 주민자치회 제도화의 문제점, 즉 정치적 중립, 주민자치위원회와의 관계 등에 대하여 체계적 검토를 실시하고 개선 방안을 마련할 필요가 있다. 또한, 읍면동 단위의 거버넌스 체계 구축·운영 및 외국인의 참여 기회를 확대할 필요가 있다. 읍면동 및 주민자치회(주민자치위원회), 관내 유관 단체(이·통장협의회, 지역사회보장협의회, 재향군인회, 부녀회 등) 등과의 적극적이고 활발한 거버넌스 체계를 제도화하고, 각 거버넌스 체계 속에 외국인의 공식적인 참여 기회를 실질적으로 확대할 필요가 있다. 한국의 인구 감소 현상과 더불어 국내 거주 외국인들이 증가하고 있다는 현실적인 측면을 고려해 볼 때, 외국인(비선거인 포함)의 공식적인 참여 기회 확대는 읍면동 단위의 거버넌스 차원뿐만 아니라 안전 및 건강 복지, 사회적 약자 지원 및 상생협력, 공동체 복원 등 사회통합 측면에서도 매우 중요하다.

4) 읍면동 단위 지역공동체 활성화를 통한 주민 참여의 대표성 확대

주민자치위원회(주민자치회)를 비롯한 각종 주민단체의 자원봉사 활동에 그치고 있는 지역공동체 활동을 일정 예산이 지원되는 구체적인 사업으로 추진할 필요가 있다. 이때 고령자, 여성, 아동, 청소년 등과 같은 사회적 약자를 위해 읍면동 단위의 지역공동체를 활성화할 필요가 있다. 구체적으로 지역사회 노인층의 삶의 질 제고를 위한 지역공동체 차원의 사회관계 향상 활동, 여성 및 고령자의 우울감 해소를 위한 지역공동체 차원의 사업 발굴, 지역공동체 내의 지역 내 최저주거기준 미달 가구 발굴 및 개선, 지역 내 노인 부양 가구 지원, 저소득계층 자녀의 교육 지원, 아동학대 가구 감시 및 예방 등에 대한 지역공동체 차원의 활동 등을 추진할 필요가 있으며, 이 과정에서 읍면동 단위의 거버넌스 시스템의 효율적인 작동 및 자치경찰위원회 등과의 협조체계 구축이 이루어져야 한다.

한편, 지역의 청년인구 유출이 심각한 사회 문제로 대두되고 있기 때문에 그들의 요구와 의견 수렴을 위해 지역공동체 활동에 청년층의 참여를 제도화할 수 있도록 장치의 변화가 필요하다. 즉, 주민자치위원회를 비롯한 지역 내 각종 주민단체 활동에 청년층의 참여를 의무화하는 등 지역공동체 활동에 청년층의 제도적 참여 장치를 적극적으로 마련할 필요가 있다. 또한, 청년들의 참여가 실질적이고 활발하게 이루어질 수 있도록 동 행정복지센터 등에 지역 내 청년의 필요와 요구를 수렴하고 반영할 수 있는 공식적 의사소통 통로 및 실행 구조를 구축하여 운영할 필요가 있다.

4. 자치권과 지방자치단체 측면에서의 변화 방향

인구 감소 대응을 위한 도시·지방 행정체제 변화 방향을 자치권과 지방자치단체 측면에서 논의하기 위해서는 인구 규모에 따른 광역자치단체와 기초자치단체 간의 자치권 배분 차별화, 개별 지방자치단체에 대한 차등 분권 및 행정·재정상 특례 부여 활성화로 맞춤형 분권 강화, 소규모 지방자치단체에 의회-책임행정관형 통합형 기관 구성 도입 검토 등을 고려할 필요가 있다.

1) 인구 규모에 따른 광역자치단체와 기초자치단체 간의 자치권 배분 차별화

한국의 인구 문제는 기본적으로 인구 감소 및 급속한 고령화의 진전과 같은 특징이 있지만, 특정 지역의 인구는 큰 폭으로 감소하는 반면에 수도권과 같은 지역은 오히려 증가하는 등 지역에 따라 인구 문제가 서로 다르게 나타나고 있다. 즉, 전체 인구수 측면에서는 한국의 인구는 점차 감소하고 있지만, 인구이동의 결과로 인구과대 지역과 인구과소 지역이 존재하게 되어,

인구 규모에 따른 광역자치단체와 기초자치단체 간의 자치권 배분을 차별화할 필요가 있다.

비수도권의 인구과소군 지역은 인구의 과소화와 고령화로 인해 복지 수요의 편중 현상이 심화하고 있음에도 불구하고, 교통 여건 등이 취약하여 행정 서비스의 효율적 공급이 현실적으로 이루어지지 못하고 있다. 이뿐만 아니라 지속적인 인구 감소에 비해 공공 재원을 투입하여 도로나 상하수도와 같은 공공 인프라와 시설의 설치 및 적정 수준 유지 등이 필요함에도 불구하고 그 비용 효율성은 상대적으로 저하되고 있으며, 재정 조달에서도 문제가 발생하고 있다. 따라서 이와 같은 인구과소군 지역에서는 정부의 행정 서비스 생산 및 공급 범위를 기초생활권에 부합하는 생활행정 서비스로 제한하고, 군의 기능을 도로 이관하여 도 차원에서 인구과소군 지역의 필요 행정 서비스를 공급할 수 있도록 해야 한다. 물론 이 과정에서 주민들의 최소한의 기본적인 삶의 질을 유지하기 위해 필요하다면 새로운 구역 설정을 통해 권역별 통합출장소를 설치하는 방안을 고려해 볼 수도 있다.

인구 100만 이상 및 50만 이상 대도시 지역과 같이 인구과대 지역의 경우에는 상대적으로 인구가 증가할 잠재력이 높기 때문에 오히려 도의 기능을 시로 대폭 이관하여 대도시 지역에서 스스로가 필요한 행정 서비스 제공 및 정책 결정이 가능하도록 할 필요가 있다. 또한 이와 같은 대도시 지역은 성장거점도시로서의 기능을 수행할 수 있도록 도 지역의 적극적인 지원이 필요하다.

2) 개별 지방자치단체에 대한 차등 분권 및 행정·재정상 특례 부여 활성화로 맞춤형 분권 강화

최근까지 분권은 광역자치단체와 기초자치단체의 계층에 따른 획일적 분권이 주로 이루어졌고, 차등적 분권이 이루어진 경우에도 인구 규모에 따라 100만 이상 또는 50만 이상과 같은 기준에 따라 포괄적 차등 분권이 집중적으로 이루어져 왔다. 그러나 인구 규모가 크다고 해서 행정 수요가 비례해서 증가하지 않은 행정 영역도 존재하기 때문에 각 지역의 특별한 행정 수요에 대한 행정·재정상의 특례를 맞춤형으로 보완해 줄 수 있는 개별적 차등 분권을 강화할 필요가 있다. 이러한 개별적 차등 분권은 중앙과 지방 간 또는 광역과 기초 간 사무이양이나 위임에 있어서도 인구 규모나 인구구성의 다양성을 고려하여 이루어질 필요가 있다.

한편, 비수도권 지역의 전반적인 인구 감소 추세를 고려해 볼 때, 비수도권 지역의 특례시 인구 기준을 수도권과 동일하게 100만으로 규정하기보다는 50만 이상으로 하향 조정하고, 인구 50만 이상 도시가 권역의 신성장거점으로 성장할 수 있도록 지원할 필요가 있다. 특히, 강원특별자치도, 전북특별자치도, 경기북부특별자치도 등 특별자치도나 특별자치시와 같은 특별한 지방자치단체의 법적 지위에 대한 광역자치단체의 요구가 증가하고 있고, 이러한 요구가 거의 모든 광역자치단체로 확산할 가능성이 높기 때문에 특별한 법적 지위로 인한 법령 체계의 혼란을 미연에 방지하려면 현행 기초자치단체에 대한 행정·재정상의 특례 부여를 광역자치단체로까지 확대할 필요가 있다.[3]

---

3   고경훈·선소원(2024)에 따르면, 강원 및 전북의 경우에는 자치권의 강화와 관련해서 구체적인 행정·재정상의 특례도 존재하지 않는 상황이다.

3) 소규모 지방자치단체에 의회-책임행정관형 통합형 기관 구성 도입 검토

인구 감소에 따른 과소군과 같은 소규모 지방자치단체의 경우에는 독자적으로 수행할 수 있는 지방 공공서비스가 상당히 제한적일 수밖에 없고, 광역자치단체에 해당하는 도가 직접 담당해야 할 지방 공공서비스가 늘어날 수밖에 없다. 특히, 비수도권 농촌지역의 인구는 지속적으로 감소하고 있으며, 인구 고령화가 급속하게 진행되면서 향후 과소군은 더욱더 증가할 것으로 예상되는 상황에서 기존의 기관대립형 지방정부 구조는 주민의 복리 증진에 최적의 형태라고 보기 어렵다. 오히려 이 경우에는 기관통합형 지방정부 구조가 지방 공공서비스 공급에 있어서 기관대립형 지방정부 구조보다 더 효율적일 수 있다.

인구과소군은 정치적 성격이 약해지고 행정적 성격이 강해질 가능성이 높다. 또한 행정 수요도 복잡하지 않고 단순해질 가능성이 높으며, 재정력 또한 매우 낮아질 가능성이 높다. 따라서 인구 감소에 따른 과소군과 같은 소규모 지방자치단체에는 의회-책임행정관형의 통합형 기관 구성을 도입할 필요성이 제기된다. 즉, 지방의회는 책임행정관을 최고 행정책임자로 선임하여 지방자치단체의 운영과 관련된 일체의 책임과 권한을 부여하는데, 이는 기업처럼 주주(주민)가 이사회(의회) 구성원을 선출하고, 이사회에서 최고경영자(책임행정관)를 선임하는 방식과 매우 흡사하다. 이렇게 되면, 지방의회는 정책 결정의 역할을 수행하고, 책임행정관은 정책 집행 및 성과 제고 역할을 수행하게 되어 인구과소군 지역의 공공서비스 공급의 효율성을 높일 수 있다.

5. 구역과 계층 측면에서의 변화 방향

인구 감소 대응을 위한 도시·지방 행정체제 변화 방향을 구역과 계층 측면에서 논의하기 위해서는 단층제와 2층제 계층 구조의 혼합, 생활권 시설 접근성 제약 지역 주민 편의 증진을 위한 인구과소 지역 행정구역 변경(통폐합), 비수도권 지역 성장거점 강화를 위한 대도시권 연합정부 육성·지원 등을 고려할 필요가 있다.

1) 단층제와 2층제 계층 구조의 혼합

한국의 지방행정 계층 구조는 전국적으로 기초자치단체인 시·군·자치구와 광역자치단체인 특별시·광역시·특별자치시·도·특별자치도의 2층제 자치 구조를 갖추고 있으며, 그 밖에 두 개 이상 지방자치단체의 연합체인 특별지방자치단체가 있다. 그러나 장기적으로 인구 소멸 지역의 인구 감소가 더욱 심화할 경우에는 해당 지역의 기초자치단체 계층을 폐지하고, 도가 직접 지방행정 서비스를 제공하는 것이 불가피하다고 볼 수 있다. 따라서 현행 2층제 계층 구조를 유지하되 장기적으로는 단층제와 2층제 계층 구조를 혼합한 지방행정 계층 구조로 나아갈 필요가 있다.

2) 생활권 시설 접근성 제약 지역 주민 편의 증진을 위한 인구과소 지역 행정구역 변경(통폐합)

최근 생활권 시설 접근성이 악화되거나 제약되고 있는 읍면동의 수가 급증하고 있다. 이러한 읍면동의 대부분이 인구 소멸 위기 지역 및 인구과소 지역과 일치하며, 이들 지역이 포함된 기초자치단체들도 공간상의 군집 현상이 나타날 것으로 판단되어 향후 주민 편의를 위한 행정구역의 변경 또는 지방자치제도 방식의 변경(자치권 축소, 행정군 등)이 필요하다. 특히, 교통·통신 분야에서는 생활권별 시설 접근성 제약 지역의 주민 편의를 위해서 행정구역 변경을 통해 이들 지역 주민들의 생활권 시설 접근성을 높여줄 필요가 있다. 대체로 대중교통/도보 접근 시간이 60분 이상일 경우 접근성이 제약되는 것으로 볼 수 있기 때문에 실제로 소도시 이하의 경우, 광역 생활 시설에의 접근성 제약 지역은 급격히 확대되고 있다고 볼 수 있다. 따라서 향후 인구과소 지역의 경우, 시설 접근성이 양호한 생활권 단위로 행정구역 변경(읍면동 통폐합, 기초자치단체 통폐합 등)이 필요하다고 볼 수 있다.

한편, 교통·통신 분야의 경우, 주야간 직주 불일치 등으로 인한 지방자치단체 간 갈등 조정을 위한 광역생활권 활성화의 필요성도 제시되고 있다. 즉, 교통접근성이 열악한 지역은 전반적으로 인구과소 및 소멸 위기 지역과 일치하는 경향이 나타나고 있어 이러한 지역들의 구역을 통폐합하여 시설 접근성의 효율성을 제고하는 방안을 모색할 필요가 있다. 따라서 행정시, 행정군 등의 적용과 같은 지방자치제도 방식의 변경을 통해 생활권 시설 접근성 제약 지역의 주민 편의를 증진할 수 있는 방안을 다각적으로 모색할 필요가 있다.

3) 비수도권 지역 성장거점 강화를 위한 대도시권 연합정부 육성·지원

수도권 인구집중을 완화하고, 지방의 인구 감소에 기인한 다양한 인구 문제를 해소하려면, 비수도권 지역 성장거점 강화가 필요하다. 이를 위해서는 대도시권 연합정부 육성 및 지원이 필요하다. 지방의 인구 감소 문제는 출생자 수 감소에 기인한 것 외에도 지방 인구의 수도권으로의 이주에 기인한 인구 유출 때문에 더 크게 발생하기도 한다. 따라서 수도권으로의 인구집중을 막기 위해서는 비수도권 지역에서 수도권으로의 인구이동의 고리를 단절하는 것이 필요하다. 이를 위해서는 비수도권 지역도 수도권 지역과 마찬가지로 다양한 측면에서 기회와 삶의 질을 확보할 수 있어야 한다. 즉, 비수도권 지역 주민들이 수도권 지역으로 이주해 가지 않더라도 자신들의 권역 내에서 자신이 원하는 다양한 기회에 접근 가능하고, 일정 기대 수준 이상의 삶의 질을 확보할 수 있어야 한다. 이를 위해서는 비수도권 지역을 수도권 지역에 버금가는 중심 도시로서의 중심성을 키우는 전략이 필요하며, 도시의 중심성에 따른 권역 내 지역 간 연계협력 체계를 구축하는 것이 매우 중요하다. 즉, 수도권 인구집중 완화를 위해서는 비수도권 지역 성장거점 강화를 위한 대도시권 연합정부 육성 및 지원이 필요하다.

지방 입장에서 볼 때, 권역 내 균형성장과 권역 간 균형성장을 동시에 추구하는 것은 단기적으로는 불가능하기 때문에 중장기적으로 추구해야 할 전략이라고 볼 수 있다. 단기적으로는 신성장거점 전략으로 권역 내 불균형 성장을 통해 권역 간 균형성장을 추구해야 하고, 이러한 전략을 위해서는 비수도권 지역에서 대도시권의 성장이 필요하다고 볼 수 있다. 또한, 대도시권의 성장을 위해서는 시·도 전체 단위의 초광역 연합보다는 중심 도시와 주변 지역이 연계한 대도시권 연합정부가 필요하다.

대도시권은 단일 대도시가 아니라 중심 도시 기능을 하는 대도시와 인접 도시로 이루어지는 권역으로, 비수도권 지역의 성장을 위해서는 단일 도시 중심의 지원이 아닌 대도시권 중심의 지원과 발전전략이 필수적이라 할 수 있다. 이러한 대도시권 연합정부는 기존의 광역시를 넘어서는 행정구역을 형성하게 되고, 특별지방자치단체의 구성을 통해 중앙정부의 특별지방행정기관의 구역 범위를 특별지방자치단체의 구역 범위와 수월하게 일치시킬 수 있기 때문에 중앙정부의 특별지방행정기관이 협약을 통해 대도시권 연합정부로 이관하는 것도 가능해질 수 있을 것이다.

4) 행정 서비스 공급 구역 다양화 및 효율성 강화를 위한 특별지방자치 단체 활성화

현재 비수도권 지역의 인구 감소 추세를 고려해 볼 때, 행정 서비스의 효율적인 공급을 위해서는 현재의 기초자치단체의 행정구역을 넘어서는 보다 광역적인 행정 서비스의 생산과 공급이 필요하다. 그러나 행정구역 그 자체의 광역화는 주민들의 직접 참여와 마을공동체 형성이라는 측면에서 많은 어려움을 야기할 수 있고, 행정 서비스별로 규모의 경제, 공간적 외부성에 정도의 차이가 존재한다. 그렇기 때문에 현재와 같이 고정적인 행정구역에 따라 모든 행정 서비스를 획일적·배타적으로 생산 및 공급하는 것은 바람직하지 않다. 따라서 유사한 행정 서비스를 그룹화하여 관련 기초자치단체가 연합하여 특별지방자치단체를 구성하는 것이 바람직하다. 이 경우 특별지방자치단체는 기본적으로 정치 중심 체제가 아니라 기능 중심 체제로써 특별지방자치단체를 구성해야 하며, 이를 통해 기능 수행의 효율화에 더 역점을 둘 수 있다. 따라서 기존의 의회-집행부 분리형보다는 의회-책임행정관제의 통합형 구성을 통해 전문행정인을 영입하는 것이 더 바람직하다고 볼 수 있다. 그뿐만 아니라 특별지방자치단체는 권역별로 하나로 획일화할 필요가 없으며, 오히려 광역 기능의 수행 범위에 따라 그 관할 구역을 달리하는 기능별 특별지방자치단체를 유연하게 설치할 필요가 있다.

한편, 행정 서비스 공급 구역 다양화 및 효율성 강화를 위한 특별지방자치단체 활성화는 건강 및 복지 등을 핵심 기능으로 하는 특별지방자치단체 설치 영역에서도 이루어질 필요가 있다. 도시와 농촌 간 건강 관련 서비스 격차 해소를 위해 전문적인 상담 및 치료 서비스가 필요한 분야를 중심으로 일정 규모 이상의 의료기관이 있는 지역 단위를 대상으로 단일 혹은 소수 기능의 건강·보건 서비스 특별지방자치단체 설치를 고려할 필요가 있다. 전문적인 서비스가 필요함에도 불구하고 소규모 농촌지역에 산개되어 있어 제대로 된 서비스 공급이 곤란한 복지 분야의 서비스 공급 및 관리를 책임질 단일 혹은 소수 기능 복지 서비스 특별지방자치단체는 인구 감소 지역 또는 인구 소멸 지역의 입장에서는 매우 절실하다고 볼 수 있다.

5) 차등적 자치 분권 도입 및 지방자치단체 설치의 자율성 부여

현행 우리나라 지방자치단체의 구역은 서로 중복되지 않는 독립적 구역 체계를 보유하고 있다. 그러나 미국의 특별구와 같이 특정 기능 수행만을 목적으로 하면서도 다수 읍면동의 관할 구역을 포괄하거나, 읍면동의 특정 구역만을 대상으로 하는 지방자치단체 도입을 검토할 필요가 있다. 예를 들면, 특정 구역의 주민들이 특정 기능 수행을 위해 별도의 재원을 자체적으로 조달하고, 다른 지역과 차별적인 서비스를 공급받고자 하는 경우, 특별지방자치단체로 인정하는 방안 등이 이에 해당한다. 다만, 이 경우 차등적 자치 분권이 공공서비스 공급의 격차를 과도하게 강화하는 방향이어서는 곤란하기 때문에 공공서비스 공급의 기본적인 수준은 전국적으로 유지한 상태에서 특정 지역의 특정 서비스에 대해 해당 지역의 자체 재원을 통한 공급만을 인정하는 등의 제도적 장치를 고려해야 한다. 이 과정에서 지역별로 요구가 상이한 사회적 가치 분야와 사회적 가치 실현 방식 등을 포괄할 수 있으며, 주로 사회적 가치 실현과 관련된 기능 수행을 설치 대상으로 제한하는 방안 등도 검토할 필요가 있다.

한편, 행정의 효율성 강화를 위한 경계 변경의 필요성도 꾸준히 증가하고 있다. 재정자립도, 재정자주도의 감소, 자치사무의 증가는 재정 불일치 현상을 초래하고 있다. 즉, 재정 수요는 증가하는 반면 재정수입은 감소하여 재정 불일치가 발생하고 있다. 특히 인구 감소와 고령인구 증가는 재정수입 감소 및 복지 수요 증가와 연결되어 재정 불일치 현상이 더욱 가속화할 수 있다. 이러한 상황에서 지방정부의 공공서비스 생산과 공급의 효율성 제고는 매우 절실하다. 따라서 공공서비스 생산과 공급의 효율성 향상을 위해서는 서비스 생산에 있어 규모의 경제가 필요하며, 이 경우 기존의 행정구역 개편 또는 행정 서비스 효율성을 위한 특별구가 대안이 될 수 있다.

참고문헌

고경훈·선소원. 2024. 「특별자치시도 공동협력과제 발굴 및 개정안 마련」. 강원: 한국지방행정연구원.
김순은·정순관·곽현근·주희진·임현·최우용·배정아·라휘문·황문규·하봉운·유태현·최근열·장인봉·김태영·김상미·이향수·김남철·홍준형. 2021. 『문재인 정부의 자치분권: 성과와 의의』. 서울: 조명문화사.
도수관·김재홍·조정래·홍준현·하동현·박상철·주윤창. 2023. 「행정환경 변화에 따른 지방자치 미래과제 연구」. 세종: 행정안전부.
류영진. 2020. 「일본의 '관계인구(關係人口)' 개념의 등장과 의미, 그리고 비판적 검토」. ≪지역사회학≫, 제21권 1호, 5~30쪽.
이소영·김도형. 2021. 「작지만 강한 연결: 관계인구를 활용한 인구유입방안」. 강원: 한국지방행정연구원.
홍준현. 2001. 「중앙사무의 지방이양에 있어서 차등이양제도의 도입방향」. ≪한국지방자치학회보≫, 제13권 3호, 5~24쪽.

14장

지방소멸에 대응한 지방재정 방향

장인수

1. 지방재정 주요 현황 및 현안 검토와 향후 개선 방향 모색

이 장에서는 지역 인구 감소와 맞물린 지방재정의 주요 현안과 쟁점에 대해서 살펴보고 향후 전망과 정책 대응 방향을 논의하고자 한다. 경험적으로 보고되어 있는 바와 같이, 지방재정은 관련 제도와 기제가 중앙정부의 엄격한 관리와 통제에 기반하고 있기 때문에 자율성이 높지 않고, 재정적 여건 역시 높지 않은 수준이 지속되고 있는 실정이다. 이러한 배경하에서 지역 인구 감소는 지방 세수의 감소를 유발하고, 총인구의 감소 역시 중앙정부의 이전재원의 규모를 감소시켜 결과적으로 지방재정 여건의 악화를 초래할 가능성이 높다.

지방재정은 주택, 교통, 환경, 도시행정(서비스), 도시계획 및 지역개발, 교육 등 여러 관련 지역정책 분야의 효과적 기능 구현을 위한 정책 기반으로서의 의미가 있으며, 지역 인구 감소는 이러한 정책 추진 기반을 보다 악화하는 요인으로 작용할 가능성이 높다. 더 나아가 관련 지역정책 분야에서의 다양한 도전 과제 역시 지역 인구 감소가 유발하는 지방재정 악화 전망과 밀접하게 연관되어 있다.

종합적으로, 이 장에서는 지역 인구 감소에 따른 지역 인구 위기에 대응하는 측면에서의 지방재정 개선 과제를 도출하고 향후 대응 방향을 살펴봄으로써 인구 감소 시대라는 패러다임의 대전환에 부합하는 지방재정의 의의 및 개선 방안에 주목하고자 한다. 이를 위해 보다 구체적인 정책과제를 제시하고자 한다. 특히, 지방재정의 주된 이슈인 지방교부세, 국고보조금에 대한 사안을 지역 인구 감소와 맞물려 살펴보고, 지역 인구 감소에 따른 지역 격차 심화에 대응하기 위한 행정구역 체계 개편 등의 이슈도 살펴본다.

2. 지방재정 체계 검토 및 주요 지표 현황

1) 우리나라의 지방재정 체계

지방재정의 개념은 **그림 14-1**의 중앙정부와 지방정부 간 관계도에 따른 구성을 통해서 보다 구체적으로 설명할 수 있다. 즉, 우리나라 재정의 주된 원천인 조세는 국세와 지방세로 구성되는데, 2024년 기준 국세는 약 367.3조 원이고, 지방세는 약 110.7조 원으로 나타났다.

지방재정 규모는 통상 지방정부의 총재정 규모로 나타낼 수 있다. 2024년 해당 규모인 305.9조 원은 다양한 재원으로 구성되어 있는데, 이는 지방자치단체가 과세권을 갖는 세금인 지방세를 포함하여, 지방채, 보전수입 등과, 중앙정부로부터의 이전재원인 교부세와 보조금 등으로 구분할 수 있다. 여기에서 우리는 지방재정이 지방정부가 스스로 재원을 충당하는 경우와

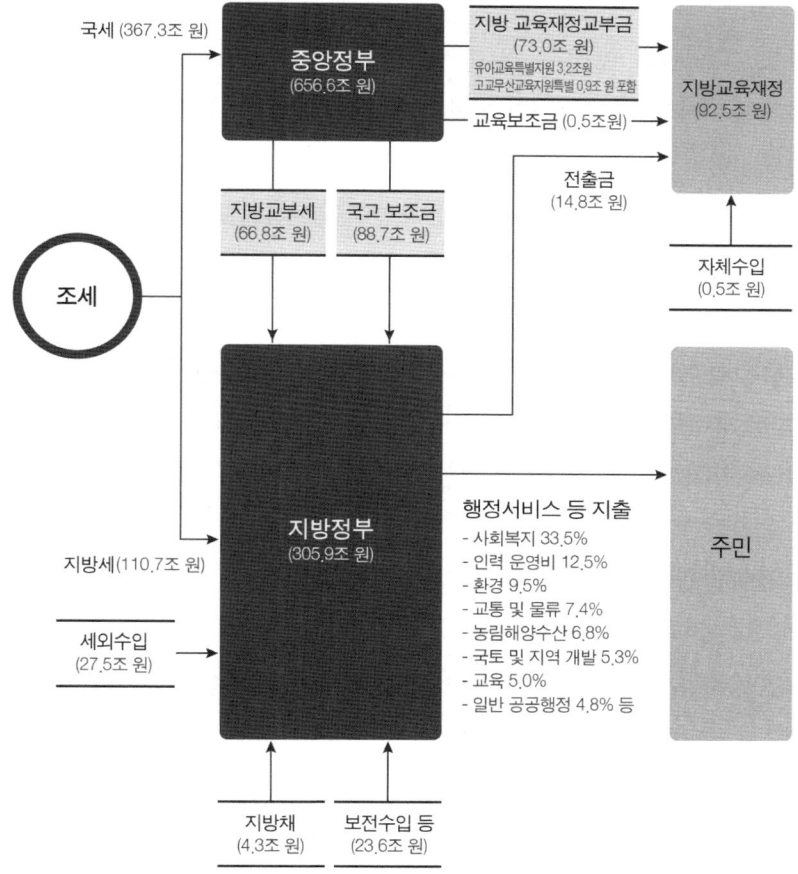

국세 (367.3조 원)

중앙정부
(656.6조 원)

지방 교육재정교부금
(73.0조 원)
유아교육특별지원 3.2조원
고교무상교육지원특별 0.9조 원 포함

지방교육재정
(92.5조 원)

교육보조금 (0.5조원)

지방교부세
(66.8조 원)

국고 보조금
(88.7조 원)

전출금
(14.8조 원)

자체수입
(0.5조 원)

조세

지방세(110.7조 원)

지방정부
(305.9조 원)

행정서비스 등 지출
- 사회복지 33.5%
- 인력 운영비 12.5%
- 환경 9.5%
- 교통 및 물류 7.4%
- 농림해양수산 6.8%
- 국토 및 지역 개발 5.3%
- 교육 5.0%
- 일반 공공행정 4.8% 등

주민

세외수입
(27.5조 원)

지방채
(4.3조 원)

보전수입 등
(23.6조 원)

[그림 14-1] 중앙정부-지방정부 간 관계도에 따른 지방재정 구성
자료: 국회예산정책처(2024: 7)

중앙정부의 지원으로 구분될 수 있음을 알 수 있다. 전자는 지방세, 지방채, 세외수입(보전수입) 등이고, 후자는 교부세와 보조금인 것이다. 2024년 기준 중앙정부로부터의 이전재원의 비중은 교부세와 보조금 총 155.5조 원으로 지방재정 총규모인 305.9조 원의 절반을 상회하며(약 50.8%), 지방정부가 자체적으로 충당하는 여러 재원의 비중보다 높다. 다음으로 큰 비중을 차지하는 것은 지방세로, 2023년 기준 지방재정 총규모의 36.2%인 110.7조 원으로 나타난다. 보전수입 등과 지방채는 각각 23.6조 원, 4.3조 원으로 상대적으로 중앙정부로부터의 이전재원과 지방세에 비해 규모가 작다. 여기에서 지방채는 각각의 지방자치단체가 발행하는 채권으로, 지방자치단체의 재정을 조달하기 위한 목적을 띠며, 보전수입은 이월금, 전입금, 예탁금, 예수금, 융자금원금수입 등 내부 거래에 의해 발생하는 재원을 의미한다(국회예산정책처, 2023; 2024).

다음으로, 지역정책 추진 여건과 직간접적으로 관련성이 있는 지표를 통시적으로 검토한다. 여기에서는 통합재정자립도와 통합재정자주도, 통합재정수지(재정건전성)에 대하여 살펴보기로 한다.

2) 통합재정자립도

먼저, 통합재정자립도는 '지방자치단체의 통합재정수입 중 경상수입, 자본수입, 융자회수의 합이 차지하는 비율(백분율)'을 의미한다. 참고로, 일반적인 재정자립도는 각 지방자치단체의 총예산 규모 중에서 지방세와 세외수입이 차지하는 비율을 의미한다. 통합재정자립도와 관련하여, 이때의 경상수입, 자본수입, 융자회수가 앞서 언급한 것과 같이 재정수입의 자체적인 재원 조달 방식임을 고려하면, 통합재정자립도는 '지방자치단체가 얼마나 재정수입을 자체적으로 충당하였는지 측정'하는 지표로 해석할 수 있다. 즉, 통합재정자립도가 높다면 지방재정 운영의 자율성이 높은 것으로 해석할 수 있다. 참고로, 특정 지자체의 재정자립도가 높다면 그 지자체는 재정 운영을 (의존재원이 아니라) 자체적·자립적으로 할 수 있는 능력 수준이 높다고 할 수 있는 것이다.

그림 14-2에서 볼 수 있는 바와 같이, 최근 7년(2017~2023)의 각 지자체

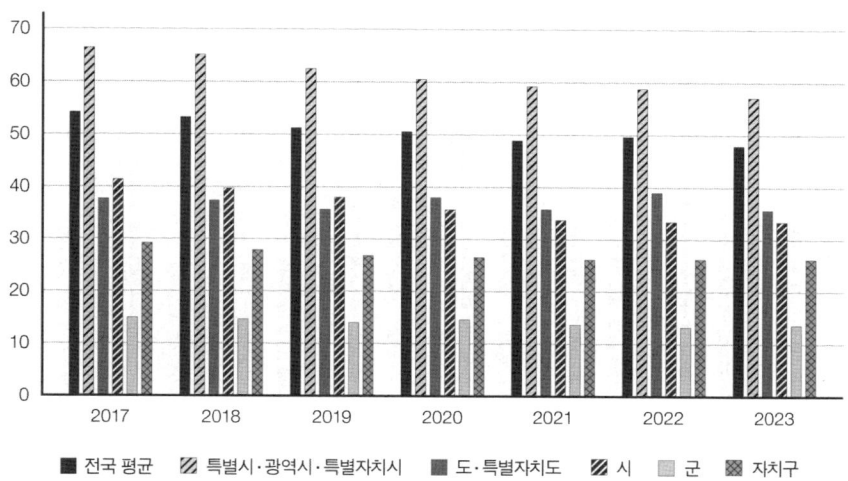

[그림 14-2] 각 지자체 행정구역별 통합재정자립도의 추세(2017~2023; 단위: %)
자료: 행정안전부(2023.6), 「지방자치단체 통합재정개요」; 국회예산정책처(2023), 2023 대한민국 지방재정에서 재인용

및 행정구역별 통합재정자립도는 등락을 반복하는 가운데 대체적으로 감소하는 경향이 나타나고 있는데, 이러한 감소 추세는 경상수입을 비롯한 수입항목의 감소에 적지 않게 기인하고 있다고 할 수 있다. 구체적으로, 세입 중가장 큰 비중을 차지하고 있는 지방세입이 지역 인구 규모와 밀접하게 연관되어 있음을 고려하면, 총인구가 감소하기 시작한 2020년 이후의 이러한 통합재정자립도의 감소는 인구 규모 감소에 보다 크게 기인할 개연성이 존재한다.

3) 통합재정자주도

다음으로 통합재정자주도는 '지방자치단체의 통합재정수입 중 경상수입, 자본수입, 융자회수와 이전수입(보조금 제외)이 차지하는 비율(백분율)'을 의

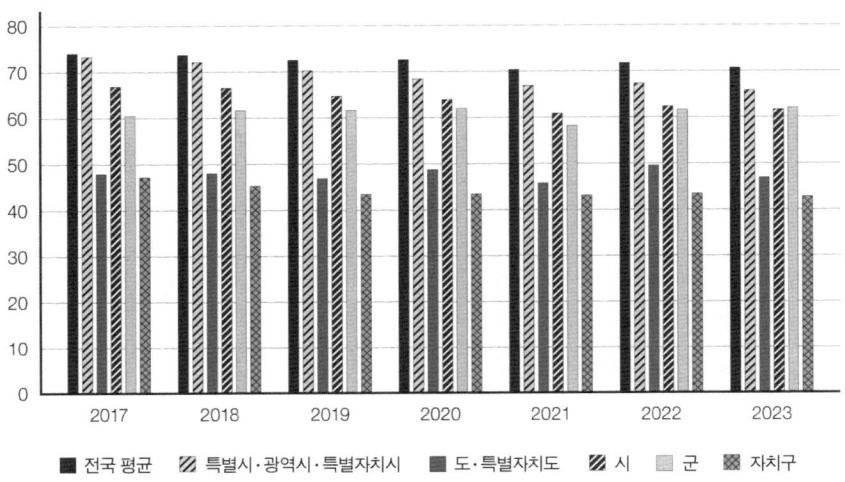

[그림 14-3] 각 지자체 행정구역별 통합재정자주도의 추세(2017~2023; 단위: %)
자료: 행정안전부(2023.6), 「지방자치단체 통합재정개요」; 국회예산정책처(2023), 2023 대한민국
　　　지방재정에서 재인용

미한다. 이는 앞서 살펴본 통합재정자립도보다 지방재정력을 반영하는 세
부 요인을 보다 더 많이 반영한다는 차이점이 있다. '자주'라는 용어에서 유
추할 수 있는 것과 같이, '경상수입을 비롯한 수입 항목에 더하여 지방교부
세와 조정교부금과 같은 이전수입 등을 포함한 실질적으로 자주적으로 활
용할 수 있는 재원의 비중이 어느 정도 되는지 측정'하는 지표로 요약할 수
있다. 재정자주도가 전체 지자체 예산 중 지방세와 세외수입 이외에 추가적
으로 자율적으로 활용할 수 있는 지방교부세와 조정교부금을 포함하여 재
원을 얼마나 자율적·자주적으로 활용 할 수 있는지에 대한 능력을 측정하는
것과 그 궤를 같이하는 개념이다. **그림 14-3**에서 보는 바와 같이, 통합재정
자주도의 최근 7년간의 추세 역시 등락을 반복하는 가운데 감소하는 경향이
나타나고 있는데, 이 역시도 지역 인구 감소에 적지 않게 기인하고 있을 가
능성이 높다고 할 수 있다.

4) 통합재정수지

통합재정수지는 지방정부의 통합재정(이하 '지방통합재정') 활동의 건전성 정도를 측정하는 지표로서, '통합재정수입과 통합재정지출의 차이'로 나타낼 수 있다. 이때 통합재정수입은 경상수입(지방세, 세외수입), 이전수입(지방 교부세, 보조금, 조정교부금), 자본수입(재산매각 수입), 융자 회수(융자·출자금 회수)로, 통합재정지출은 경상지출(인건비, 물건비, 이자지급, 기타경상이전지출), 자본 지출(고정자산 취득, 자본이전 등) 및 융자 지출(융자·출자금 지출)로 각각 구성된다. 즉, 통합재정수지는 당해 연도 지자체의 순수입에서 순지출을 차감한 수치로, 재정 운영과 관련된 수치를 직접적으로 측정하고 있다.

그림 14-4를 보면, 최근 7년 간 통합재정수지는 지속적인 부(-)의 값, 즉

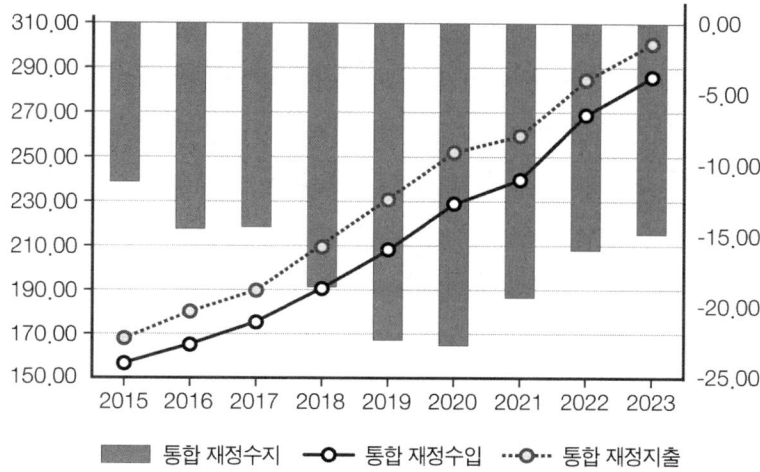

[그림 14-4] 통합재정수지 추세(2015~2023; 단위: 조 원)
자료: 국회예산정책처(2023)에서 재인용
주: 왼쪽 축(150~310)은 두개의 꺾은선 그래프에 해당하는 축이고, 오른쪽 축(-25.00~0.00)은 회색 막대 그래프에 해당하는 축이며, 두 세로축의 단위는 모두 조 원임. 왼쪽 축은 통합재정수입, 통합 재정지출의 규모를 나타냄. 오른쪽 축은 통합재정수입에서 통합재정지출을 뺀 통합재정수지가 부 (-)의 값임을 보여주고 있음

[표 14-1] 2023년도 분야별 통합재정지출 주요 현황(예산 규모 상위 10개 범주)(단위: 억 원)

구분	일반회계	특별회계	기금	합계
사회복지	815,934	140,253	1,671	957,857
인력 운영비	298,799	66,514	2	365,315
환경	136,729	147,144	2,130	286,003
교통 및 물류	155,864	71,661	1,021	228,546
농림·해양수산	198,335	3,240	4,703	206,278
교육	159,064	1,584	232	160,880
국토 및 지역 개발	121,520	32,956	3,590	158,066
일반 공공 행정	133,318	2,226	19,938	155,482
문화 및 관광	136,979	3,082	1,786	141,847
기본 경비 등	82,731	12,927	1,898	97,556

자료: 행정안전부(2023.6), 「지방자치단체 통합재정개요」; 국회예산정책처(2023). 2023 대한민국 지방재정에서 재인용

적자를 기록하는 것으로 나타나고 있다. 다만, 적자폭은 지속적으로 증가했다가 2020년을 기점으로 다시 감소하는 경향이 나타나고 있다.

통합재정수지의 적자는 단순하게는 통합재정수입에 비해 통합재정지출이 크기 때문인 것으로 해석할 수 있지만, 통합재정지출이 인구구조 변화와 맞물린 재정 수요와 관련이 있음을 고려할 때, 이러한 복지 수요에 따른 통합재정지출의 증가가 적지 않은 요인으로 작용하였음을 파악할 수 있다. 단적으로, 2023년 기준 통합재정지출 중 가장 많은 규모를 차지한 세부 항목은 사회복지 범주로, 이는 복지 수요와 밀접하게 연관되어 있음을 쉽게 파악할 수 있다. 특히, 인구 고령화에 따른 고령층의 복지 수요 증대 개연성과 더불어, 이러한 인구 고령화 심화 지역이 경험적으로 인구 규모가 상대적/절대적으로 작은 지역임을 고려하면, 이들 지역의 재정수지는 보다 악화할 가능성이 높다.

3. 주요 지방재정 제도 검토

지방교부세와 국고보조금

　지방자치제도의 핵심은 지방자치단체가 지역 주민을 위한 행정 서비스와 정책을 자율적으로 추진할 수 있도록 재정적 자립을 이루는 것이다(김창호, 2017 수정 인용). 그러나 많은 지방자치단체는 자체적으로 확보할 수 있는 세수가 부족하여 필수적인 공공서비스조차 제대로 제공하기 어려운 상황이다. 특히, 인구가 적고 경제기반이 취약한 지방에서는 지방세 수입이 한정적이기 때문에 지방정부의 재정자립도가 낮을 수밖에 없다. 이러한 재정 격차를 완화하고 모든 국민에게 균등한 공공서비스를 제공하기 위해서는 중앙정부가 지방교부세와 국고보조금을 통해 지방자치단체에 재원을 이전하는 것이 필수적이다(국회예산정책처, 2023).

　지방교부세는 지방자치단체 간 재정 격차를 줄이기 위한 중앙정부의 재정 이전 제도로 요약할 수 있다. 지방교부세는 각 지방자치단체의 인구, 면적, 재정력 지수 등을 고려하여 배분되며, 지방자치단체가 자율적으로 사용할 수 있는 일반재원으로 기능한다. 지방교부세는 지역 주민의 복지, 안전, 교육, 문화 등 다양한 분야의 행정 서비스를 제공하는 데 사용되기 때문에 지방자치단체의 재정 안정성과 자율성을 높이는 데 중요한 역할을 한다. 특히, 재정력이 부족한 자치단체에게는 지방교부세가 필수적인 재원으로 작용하여 지역 주민들이 최소한의 공공서비스를 누릴 수 있도록 보장한다. 다만, 현행 지방교부세 제도는 지방자치단체 간 재정 격차를 완화하는 데 기여하고 있으나, 몇 가지 문제점도 존재한다. 첫째, 획일적인 배분 기준에 따른 문제점이 노정되고 있는바, 구체적으로, 지방교부세는 인구, 면적 등을 기준으로 배분되기 때문에 인구 감소가 심각한 지역에 대한 맞춤형 지원이 부족하다. 인구가 줄어드는 지역일수록 재정 수요가 늘어나고 복지예산이 증가하지만, 현행 배분 방식은 이를 충분히 반영하지 못하고 있기 때문이다.

둘째, 자율성 부족 문제도 제기된다. 보통교부세는 지방자치단체가 자율적으로 사용할 수 있는 재원이지만, 특별교부세나 국고보조금은 중앙정부의 지침에 따라 사용해야 하므로 지방자치단체의 정책 자율성을 제한한다. 지방자치단체가 지역 특성에 맞는 정책을 자율적으로 추진할 수 있도록 재정지원 체계의 유연성이 필요하다. 셋째, 지역 격차 심화 문제와도 밀접하게 연관되어 있다는 점에서도 한계점이 노정되고 있다. 수도권과 비수도권 간 경제적 격차가 심화되는 상황에서 지방교부세가 지역 간 균형발전을 충분히 도모하지 못하고 있는 실정이다. 특히 인구가 감소하는 농어촌 지역이나 낙후된 지방 소도시는 지방교부세를 통해 최소한의 행정 서비스만 유지하고 있을 뿐, 장기적인 지역 발전을 위한 재정적 여력은 부족한 실정이다. 이를 위해서는 지방교부세 배분 시, 인구 감소 지역에 가중치를 부여하거나, 성과 기반 재정지원 체계를 도입할 필요가 있다. 또한, 특별교부세와 같은 목적 재원에 대해 사용 용도를 완화하여 지방자치단체가 지역 상황에 맞게 재정을 활용할 수 있도록 자율성을 보장해야 한다. 이에 대해서는 보다 자세하게 후술하기로 한다.

또한, 국고보조금은 특정 사업을 추진하거나 중앙정부가 중요하다고 판단하는 정책을 실행하는 데 필요한 재정을 지원하는 제도이다. 국고보조금은 지방자치단체가 단독으로 추진하기 어려운 대규모 사업이나 복지, 교육, 환경 개선 등 국가적 차원의 과제를 수행하는 데 중요한 재원이다. 이를 통해 중앙정부는 국가정책의 일관성을 유지하면서도 지방자치단체가 지역 맞춤형 정책을 추진할 수 있도록 지원한다. 따라서 국고보조금은 지역 주민의 삶의 질을 높이고 국가 균형발전을 도모하는 데 중요한 수단이 된다. 지방교부세와 국고보조금은 지방자치단체가 안정적인 재정 기반을 확보하고 지역 발전을 이루는 데 필수적인 재원이라고 할 수 있다. 다만, 지역 인구 감소와 맞물린 국고보조금는 다음과 같은 문제점을 노정하고 있다. 즉, 지역 인구 감소는 지방자치단체의 재정 기반을 약화시키고, 필수 공공서비스 제공에 차질을 초래하고 있다. 지역 경제가 위축되면서 세수 기반이 줄어들고, 지방자치단체가 자체적으로 재원을 확보하기 어려워지는 상황에서, 중앙정부의 국고보조금 의존도는 점점 더 증가하고 있다. 그러나 현행 국고보조금 제도는 인구 감소 문제를 효과적으로 해결하기에는 한계가 있다. 중앙정부는 보조금 사용 용도를 구체적으로 제한하고, 사업 계획과 집행 방식을 세부적으로 관리·감독하기 때문에, 지방자치단체는 지역 실정에 맞는 정책을 추진하기 어렵다. 이러한 용도 제한은 인구 감소 문제를 해결하는 데 있어 큰 걸림돌이 될 가능성이 높다. 국고보조금은 중앙정부가 지정한 사업에만 사용해야 하므로, 지방자치단체가 자율적으로 인구 유입 정책이나 지역 맞춤형 경제 활성화 사업을 추진할 수 있는 여지가 부족하기 때문이다.

4. 지역 인구 감소에 따른 지방재정 관련 주요 현안 진단

1) 지방세입 감소 및 격차 심화

지방재정에서 중앙정부로부터의 의존재원 다음으로 큰 비중을 차지하는 요인인 지방세입은 그간 총인구가 지속적으로 증가하는 기간에는 대체적으로 증가한 것으로 나타났다. 과거 약 10여 년간 지방세에서도, 특히 2014년의 부가가치세의 지방소비세 전환율은 기존 5%에서 11%로 크게 인상되었고, 이후에도 순차적으로 23.7%까지 인상되는 등의 요인과 함께 부동산 경기 활성화에 따른 취득세 증가로 지속적으로 증가했으며, 2023년 약 115조 원으로 전체 총조세의 약 22.4%인 것으로 나타났다(국회예산정책처, 2023).

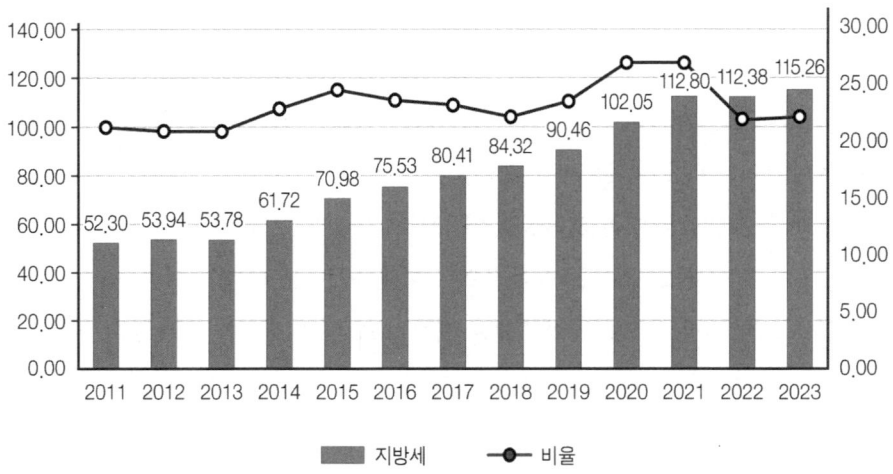

[그림 14-5] 지방세 규모와 비율(총조세 중; 2011~2023)
자료: 행정안전부(2023.6), 「지방자치단체 통합재정개요」; 국회예산정책처(2023). 2023 대한민국
　　　지방재정에서 재인용

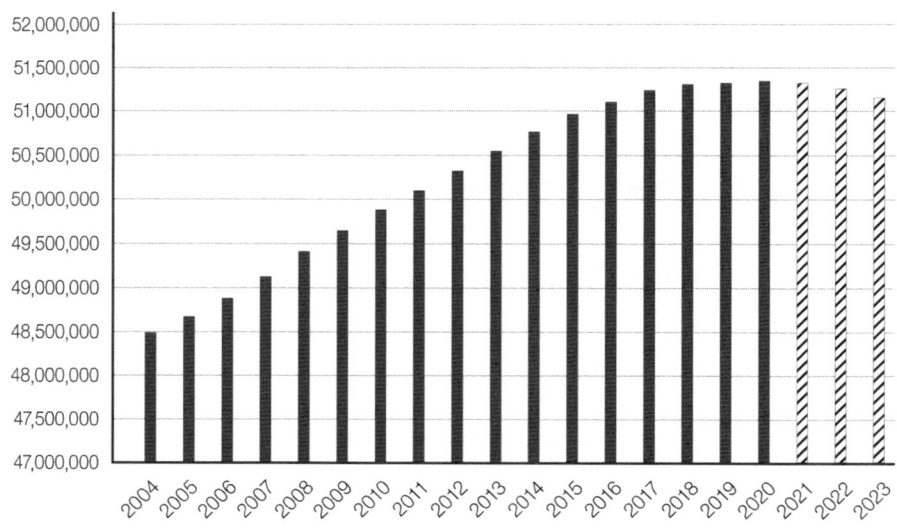

[그림 14-6] 총인구 추세(2004~2023)
자료: 통계청 인구동향조사. 시군구/성/연령(5세)별 주민등록연앙인구

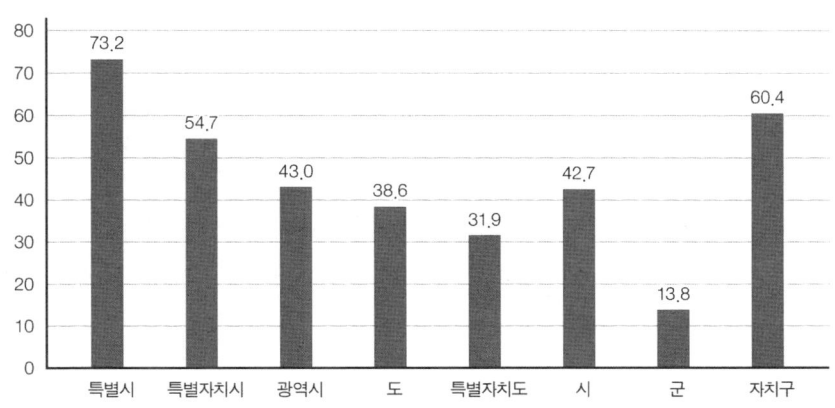

[그림 14-7] 자치단체별·권역별 지방세 세입예산 비중(2023; 단위: %)
자료: 행정안전부(2023.6), 「지방자치단체 통합재정개요」; 국회예산정책처(2023). 2023 대한민국 지방재정에서 재인용

　지역 인구 감소와 맞물린 지방세 변화와 관련된 현안은 다음과 같이 보다 구체적으로 생각해 볼 수 있다. 첫째, 지방세 비중이 상대적으로 높지 않은 지역의 경우 권역 간 세수 불균형에 따라 더욱 낮아질 개연성이 높고, 이에 따른 중앙정부로부터의 재원 의존도가 보다 증가할 것으로 예상된다는 점이다. 이는 2020년 시작된 총인구의 감소와 더불어 지방교부세 재원인 국세의 감소 개연성과 맞물려 보다 지방재정의 악순환 요인으로 작용할 가능성이 더욱 커진다.

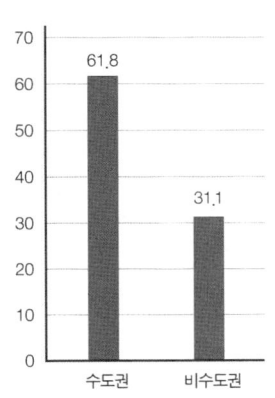

[그림 14-8] 자치단체별, 권역별 지방세 세입예산 비중(2023; 단위: %)
자료: 행정안전부(2023.6), 「지방자치단체 통합재정개요」; 국회예산정책처(2023). 2023 대한민국 지방재정에서 재인용

　이 지점에서 앞서 살펴본 통합재정자립도와 통합재정자주도가 모두 지역 인구 감소와 맞물려 감소할 것으로 전망할 수 있다. 이는 각 지표가 각각 반영하는 지방

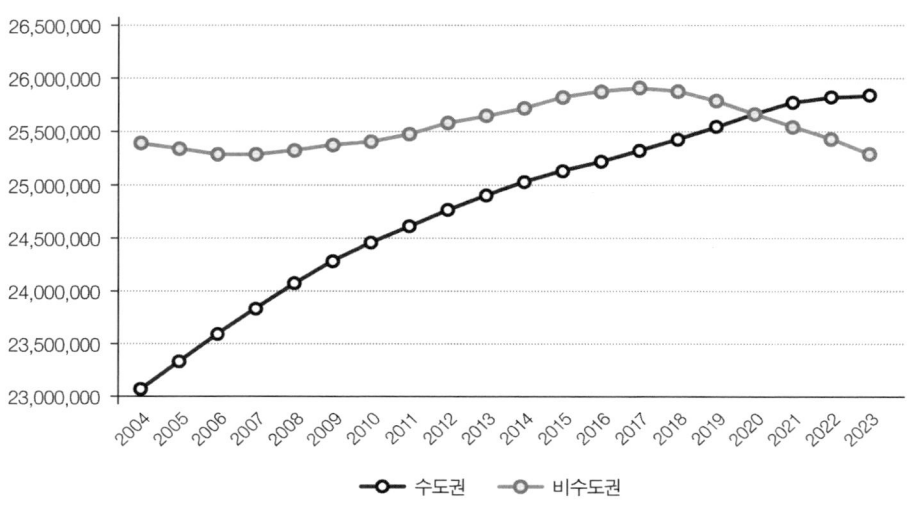

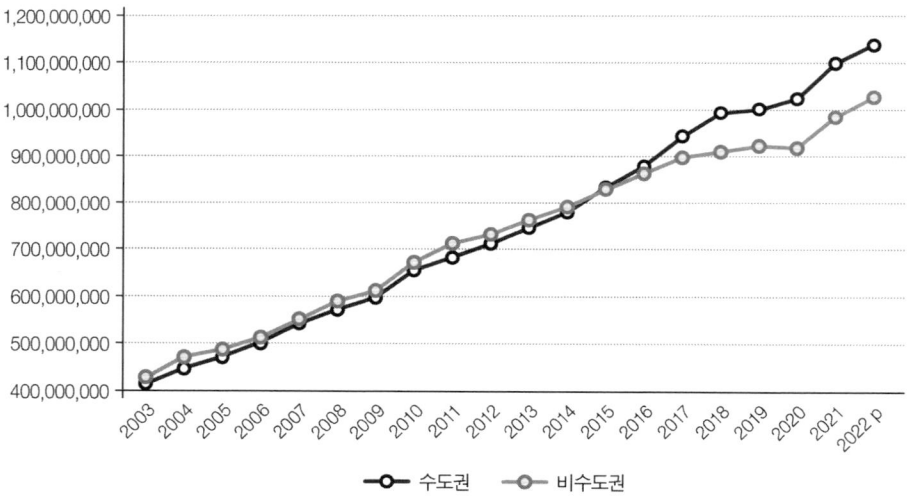

[그림 14-9] 수도권과 비수도권 간 인구 규모(위, 2004~2023)와 GRDP 추세(아래, 2003~2022)
자료: 통계청 인구동향조사. 시군구/성/연령(5세)별 주민등록연앙인구; 통계청 지역소득. 시도별 경제활동별
지역내총생산
주: 아래 그림의 p는 잠정치를 의미함

세입과 국세의 감소 개연성과 밀접하게 연관되어 있다.

한편, 권역 간 세수 불균형의 주된 요인 중 하나는 지방세 과세 항목 중 가장 큰 비중을 차지하고 있는 취득세의 과세 대상이 수도권에 보다 집중되어 있는 경향을 지적할 수 있다. 단적으로, 국회예산정책처(2023)에 따르면, 2023년 지자체 일반회계 세입예산액(당초 예산) 중 지방세의 비중은 42.7% 수준이며, 자치단체별로는 특별시 73.2%, 특별자치시 54.7%, 광역시 43.0%, 도 38.6%, 특별자치도 31.9%이고, 시 42.7%, 군 13.8%, 자치구는 60.4%인 것으로 나타나는데, 주목할 만한 특징은 수도권과 비수도권이 각각 61.8%, 31.1%라는 점이다.

이러한 권역 간 세수 불균형 양상에 따른 지방세 비중의 차이는 앞서 언급한 바와 같이 국세 감소 개연성에 따른 재정 악화 가능성을 보다 심화할 수 있다는 점에서 사회적 당면 과제로 관심을 가져야 할 필요성이 다분하다. 수도권과 비수도권 간 인구 규모와 지역내총생산 특성과 관련하여 인구 규모는 2020년, 지역내총생산은 2015년부터 각각 수도권이 비수도권을 추월했고, 이후 그 격차는 보다 심화되고 있는바, 전반적인 지방세입 비율은 감소하고 있다. 이에 더하여 특히 국세 감소가 우려되는 현실 속에서 비수도권의 지방세입은 보다 감소하고 이에 따른 중앙정부에의 재원 의존도 증가를 얼마나 국세와 다른 재원으로 충당할 수 있을지에 대한 고민이 시급한 시점이라고 할 수 있다.

2) 보조금 증가에 따른 자체 사업 추진 여건 악화

둘째, 보조금 증가와 관련해서도 현안이 존재한다. 국회예산정책처(2023)에서 지적하고 있는 바와 같이, 국고보조금은 2015년 이후 3~5%포인트 수준의 성장세를 보이다가 2019년과 2020년에 급격하게 증가했는데, 여러 요인 중 하나로 저출산·고령화 사회에 대응하는 사회복지비 지출 확대를 들 수 있다. 지방재정 규모가 지속적으로 증가할 수밖에 없는 상황에서 지방세입의 감소로 인한 교부세와 보조금 증가와 관련하여, 중앙정부의 보조사업 증가로 인한 보조금 증가는 지방재정 여건을 개선할 수 있는 요인으로 작용한다고 해석할 수도 있지만, 반대로 보조금 증가가 지자체의 특수성을 고려하는 자체 사업 추진의 걸림돌로 작용할 개연성도 존재하기 때문이다. 이는 중앙정부의 보조사업이 매칭 형태로 진행되는 데서 기인하는데, 이러한 보조금 증가는 결과적으로 매칭사업으로 추진해야 하는 보조사업 증가와 맞물려 있다. 더욱이 매칭사업으로 추진하는 보조사업은 대부분 사회복지 분야에서의 복지 수요와 관련된 사업으로 예산 규모가 상대적으로 작지 않다는 점과 더불어 지방정부의 경직성 지출이자 의무 지출이라는 점을 고려할 때, 자체 사업 규모보다는 매칭사업의 규모가 훨씬 더 크고 또한 그 증가 속도도 더욱 차이가 날 가능성이 높다.

3) 복지 수요 증대에 따른 사회복지지출 예산 비중 증가

셋째, 세출예산과 관련된 사항이다. 앞서 살펴본 기능별 세출예산 중 가장 큰 비중을 차지하는 사회복지 범주는 다른 범주에 비해 예산 규모가 크고 그 증가 폭도 상당히 크다. 문제는 이러한 사회복지 세출예산이 지역 인구 감소와 맞물린 인구구조 변화와 밀접하게 맞물려 있다는 점에 있다. 구체적으로, 지역 인구 감소의 인구학적 매커니즘은 인구가 감소하는 지역에서는 지속적인 청년층 유출에 따라 결과적으로 인구 고령화로 인해 사망자 수가 증가하고, 출생아 수가 감소하여 자연적 감소가 이어질 수 있다는 논리로 정리할 수 있다. 즉, 지역 인구 감소는 인구의 사회적 감소가 자연적 감소를 견인하고, 이러한 과정에서 인구 고령화와 같은 인구구조 변화 요인이 인구 변동의 주된 요인으로 작용한다는 것이다(장인수 외, 2021). 이러한 매커니즘을 정리하면, 경험적으로 인구가 감소하는 지역은 인구 규모가 감소하는 동시에, 인구 고령화 수준이 상대적으로 높기 때문에 지역의 세수가 부족하여 지방세입 비중이 작고, 중앙정부로부터의 재원 의존도가 높은 동시에 복지 수요에 따른 사회복지 세출예산 비중이 지속적으로 증가할 가능성이 높다 (장인수, 2020). 이 지점에서 앞서 살펴본 통합재정수지는 향후 인구변화 전망에 따라 지속적으로 악화할 개연성이 존재한다.

4) 소결

종합적으로 지금까지 논의한 관련 현안은 서로 다른 배타적 범주에서의 논의라기보다는 서로 연관되어 있는 사항으로 정리할 수 있다. 즉, 권역 간 세수 불균형에 따른 지방세입의 격차 심화, 인구 (초)고령화 격차에 따라 인구 감소 지역의 지방재정 여건 악화 개연성 심화, 지방재정 여건 개선과 자체 사업 추진 가능성 저해를 동시에 품고 있는 보조금 증가의 양면성이 바로 그것이다. 문제는 이러한 특성이 지역 인구 감소에 따라 현재 경험하고 있는 수준보다 더욱 큰 사회적 양극화로 이어질 가능성이 높다는 점과 더불어, 더 나아가 총인구가 감소하는 시점에서 전 국가적 경제 성장을 도모하여 안정적 세수를 확보할 수 있는 다른 대안 마련이 시급하다는 점에 있다.

5. 지방재정 개선 방향

1) 감세정책에 대한 비판적 검토 필요

감세정책은 문자 그대로 국민의 조세 부담을 경감하기 위한 목적에 크게 기인하지만, 지금까지 이 장에서 언급한 바와 같이 총인구 및 지역 인구 감소와 같은 인구변화 양상과 맞물린 지방재정 악화를 고려할 때 보다 신중하게 접근해야 할 필요가 있다. 단기적인 세수 감소에 따른 통합재정수지 악화 가능성에도 불구하고, 중장기적인 경제성장 촉진에 기여한다는 논의도 함께 존재하고 있지만, 현재의 상황은 총인구 감소를 비롯한 지역 인구 감소와 사회적 양극화 문제가 지속적으로 심화하는 상황이다. 지방재정 악화가 권역 간 세수 불균형에 따른 지방세입 감소 및 격차 심화로 이어지는 동시에 복지 수요 증대에 부합하기 위한 중앙정부 재원 의존도 증가를 유발하는데, 결과적으로 국세 재원도 안정적으로 확보되어야 하는 상황을 고려하면, 현재의 감세정책은 무분별한 추진보다는 향후 인구변화를 고려한 안정적 세원 확보 측면에서 보다 신중하게 추진해야 할 필요가 다분하다.

2) 지역 인구 위기, 복지 수요 증대에 따른 국고보조율 조정

앞서 언급한 것과 바와 같이 특히 사회복지 분야 국고보조 사업은 최근 더욱 급격하게 증가하고 있는데, 이러한 국고보조 사업의 추진 형태는 중앙정부와 지자체가 매칭 형태로 예산을 운영하는 방식으로 이루어져 있기 때문에 지자체의 재정 부담이 가중된다는 데 문제점이 있다. 지자체의 재정 부담이 가중되는 데에는 이러한 복지 분야의 국고보조 사업의 예산 규모가 작지 않다는 데 있다. 단적으로, 어르신들에게 지급되는 현금성 지원인 기초연금, 자녀 양육 및 돌봄을 위한 현금성 지원인 영유아 보육료, 가정양육 수당, 어린이집 확충 등의 사업은 특정 대상 전체를 지원하는 형식에 가깝기 때문에 예산 규모가 상대적으로 큰 특징을 보인다. 여기에 덧붙여, 경험적으로 지역 인구가 감소하는 지역은 인구 규모가 상대적으로 크지 않은 동시에, 인구 (초)고령화 수준이 높아서 지방세입 규모가 상대적으로 크지 않은 반면(낮은 재정자립도 특성), 복지 수요가 높고, 향후 더욱 이러한 경향이 심화할 것으로 전망되기 때문에 지자체의 재정 부담이 더욱 가중될 개연성이 높다. 이러한 측면에서 인구구조 특성(연령대별 인구 비율, 인구의 자연적/사회적 증감 특성 등)을 반영하여 지역 간 차등적인 국고보조율을 적용할 필요가 있다(이중섭 외, 2023 수정 인용).

3) 지방교부세 개편 방안

지역 인구 감소는 지방자치단체의 세수 기반을 약화하고, 재정 악화를 초래하여 필수 행정 서비스 제공에 어려움을 겪게 한다. 이러한 상황에서 국고보조금과 지방교부세는 지방자치단체가 안정적으로 재정을 확보하고, 지역 주민에게 균등한 공공서비스를 제공할 수 있도록 돕는 중요한 재정지원 수단이다. 그러나 현재의 국고보조금과 지방교부세는 인구 감소와 지역 소멸 위기에 효과적으로 대응하지 못하고 있으며, 획일적인 배분 기준과 비효율적인 사용 방식이 문제로 지적되고 있다. 따라서 인구 감소 지역을 중심으로 국고보조금과 지방교부세 배분 기준을 개편하고, 지역 특성에 맞는 맞춤형 지원을 강화해야 할 필요가 있다.

특히, 지방교부세 산정 시 인구 규모 기준은 가장 중요한 요소 중 하나로 이해되고 있다. 그러나 인구가 감소하는 지역일수록 교부세 배분액이 감소하는 상황이 발생하고 있다. 이는 인구 감소 지역의 복지 수요 증가와 이를 충당하기 위한 재정 여건 악화 등의 상황을 고려할 때 당면 문제로서 이해될 소지가 높다. 이를 위해서는 인구 감소 지역에 대해 가중치를 확대 적용할 필요가 있다. 예컨대, 인구 기준 가중치를 상향 적용하거나 인구 고령화 비율이 높은 지역이나 청년인구 유출이 심각한 지역에 대해서도 별도의 가중치를 부여하여 교부세가 보다 형평성 있게 배분되도록 하는 방법을 고려해 볼 수 있다. 또한, 지방자치단체가 인구 감소 문제를 해결하기 위해 적극적인 인구 유입 정책을 추진할 수 있도록 성과 기반의 재정 인센티브 제도를 도입해야 한다. 예를 들어, 귀농·귀촌 인구 유입, 청년인구 증가, 출산율 개선 등의 성과 지표를 설정하고, 일정 기간 동안 이러한 지표에서 긍정적인 변화가 나타난 지방자치단체에 추가 교부세를 지급하는 방식이다. 무엇보다도, 인구 감소 문제는 지역마다 그 원인과 상황이 다르기 때문에 획일적인 교부세 배분 방식으로는 효과적인 대응이 어렵다. 따라서 지역 특성에 맞는 맞춤형 교부세 항목을 신설하는 방법 역시 생각해 볼 수 있다. 농어촌 지역에서는 인구 고령화에 선제적이고 적극적으로 대응하기 위한 측면에서 복지 서비스 강화에 중점을 두고, 산업구조가 전환 중인 지역에서는 청년 일자리 창출을 위한 지원에 집중할 수 있도록 교부세 항목을 세분화해야 할 필요성이 높다.

4) 지방재정 제도 개선과 행정구역 통합

지역 인구 감소가 심화하면서 소규모 지방자치단체의 재정 악화가 더욱 심화하고 있다. 인구가 감소한 지역은 자체 세수 확보가 어려워 중앙정부의 교부금과 보조금에 크게 의존하게 되며, 이는 자치단체의 재정 자립을 저해하고 지역 간 재정 격차를 심화시킨다. 이러한 문제를 해결하기 위해 행정구역 통합이 필요하다는 주장이 제기되고 있다. 여러 소규모 자치단체를 통합하면 행정 효율성이 높아지고, 재정 운용의 규모의 경제를 실현할 수 있다. 통합된 지역은 지방교부세와 국고보조금 증가 등으로 인해 인구 감소로 인한 재정 부담을 완화할 수 있다. 이 과정에서 지방교부세와 국고보조금 체계가 개선되어야 통합의 실질적인 효과를 극대화할 수 있다.

행정구역 통합을 촉진하기 위해서는 국고보조금과 지방교부세의 배분 방식을 개선할 필요가 있다. 기존에는 각 자치단체 단위로 교부금과 보조금이 배정되었으나, 통합 이후에는 통합 자치단체의 규모와 필요에 맞게 지원 체계를 재설계해야 한다. 특히 통합 초기에는 재정 운용에서 발생하는 혼란을 줄이기 위해 통합 자치단체에 대한 특별 교부세나 통합 인센티브 보조금 제도를 운용하는 방안을 생각해 볼 필요가 있다. 이러한 재정지원은 자치단체 통합을 적극 유도하고, 통합 이후 행정 서비스의 질을 유지·개선하는 데 기여할 수 있다. 또한 국고보조금과 지방교부세를 성과 기반으로 개편하여 통합 자치단체가 인구 유입 정책, 지역 경제 활성화 사업 등 장기적 발전을 도모할 수 있도록 지원해야 한다.

행정구역 통합을 통해 지방자치단체의 규모가 커지고, 재정 운용이 효율화되면 지역 주민에게 더 나은 행정 서비스를 제공할 수 있다. 그러나 통합이 단순히 행정구역의 통합으로 이어지는 것이 아니라, 이를 뒷받침할 수 있는 국고보조금과 지방교부세 개선이 필수적이다. 즉, 통합 지방자치단체가 균형발전을 실현할 수 있도록 재정지원 체계를 지속적으로 평가하고 조정하여 지역 격차를 줄이고, 장기적으로 국가 전체의 경쟁력을 강화하는 방향으로 나아가야 한다.

특히, 행정구역 통합과 재정지원 체계의 개편은 지역 인구 감소와 맞물린 지역 간 재정 격차를 완화하고, 인구 감소 지역의 재정적 안정성을 높이는 데 기여할 수 있다. 행정구역 통합을 통해 지방자치단체의 행정조직이 효율화되고, 재정 운용에서 규모의 경제를 실현할 수 있어 중복된 행정 비용을 절감하고, 확보된 재원을 지역 주민을 위한 서비스에 재투자할 수 있다. 또한, 국고보조금과 지방교부세의 개편을 통해 통합 자치단체가 지역 특성에 맞는 장기적 발전 전략을 수립하고 실행할 수 있는 재정적 기반을 마련할 수 있다.

행정구역 통합과 재정지원 체계의 개선은 단기적인 재정지원을 넘어 장기적인 지역 균형발전을 도모하는 방향으로 이루어져야 한다. 통합 자치단체가 지속적으로 인구 유입과 지역 경제 활성화를 위해 노력할 수 있도록 중앙정부는 성과 기반의 재정 인센티브를 강화하고, 통합 자치단체의 자율성과 책임성을 동시에 확대해야 한다. 이러한 일련의 개혁이 이루어진다면 인구 감소로 인한 지역 소멸 위기를 완화하고, 국가 전체의 지속 가능한 발전을 위한 토대가 마련될 것이다. 중앙정부와 지방자치단체 간의 협력을 바탕으로 국고보조금과 지방교부세, 그리고 행정구역 통합을 함께 추진한다면 지역의 자생력을 강화하고, 지역 간 불균형을 해소하여 국가경쟁력을 높이는 데 기여할 수 있다.

참고문헌

국회예산정책처. 2023. 「2023 대한민국 지방재정」.
_____. 2024. 「2024 대한민국 지방재정」.
김창호. 2017. 「지방재정자립을 위한 강력한 재정분권 추진」. ≪KDI 나라경제≫, 2017년 9월호.
이중섭·장세길. 「전라북도 복지재정 쟁점과 대안」. ≪전북연구원 이슈브리핑≫, 제288호.
장인수. 2020. 「인구 변화에 대응한 지방자치단체 재정 여건 제고 방안」. ≪한국보건사회연구원 보건복지포럼≫, 제280호, 63~72쪽.
장인수·우해봉·박종서·정찬우. 2021. 「2021년 인구변동 모니터링과 정책과제: 지역 인구 감소를 중심으로」. 세종: 한국보건사회연구원.
통계청 인구동향조사. 「시군구/성/연령(5세)별 주민등록연앙인구」.
통계청 지역소득. 「시도별 경제활동별 지역내총생산」.

에필로그

15장

인구 감소 시대 지역·도시 정책의 대전환 방향

박인권 · 우명제

1. 인구 감소와 지방소멸, 정책 전환이 필요한 시기

저출산과 고령화, 인구 감소는 우리 사회에 지방소멸이라는 시대적 도전과 과제를 던져주고 있다. 이러한 변화는 단순히 인구통계의 문제가 아니라, 우리 사회 전반에 걸쳐 심각한 영향을 미치고 있다. 우리나라 비수도권 지역이 인구 감소를 겪은 것은 비단 어제오늘의 일이 아니지만, 지금의 상황은 대한민국 전체 인구의 감소라는 대전환의 상황에서 벌어지는 일이어서 이전보다 훨씬 더 심각한 변화를 불러올 것으로 예상된다.

서울과 주변 지역을 거대한 중심으로 하는 강력한 일극 체제를 강화해 온 우리의 국토 공간구조는 인구 감소와 맞물려 지방소멸을 더욱 가속화하고 있다. 지난 50~60년 동안 우리 국토 공간구조는 일극 중심의 '행성적 도시화(planetary urbanization)'의 과정을 따랐다고 할 수 있다. 도시화가 진행됨에 따라 90%에 가까운 사람들이 도시에 몰려 살게 되었고, 특히 주요 거점 대도시를 중심으로 집중이 심화되었다. 시간이 지남에 따라 산업구조의 재편과 집적경제, 일자리의 집중 등에 따라 대도시 중에서도 서울을 정점으로 하는 수도권 지역으로의 집중이 강화되었다.

1960년부터 2020년 사이 우리나라 전체 인구가 두 배로 증가하는 사이, 서울의 인구는 240만 명에서 4배나 성장했고, 520만 명에 지나지 않던 수도권 인구는 2600만 명으로 5배 가까이 성장했다(통계청, 1960; 2020). 그 사이 농촌인구는 1500여 만 명에서 거의 3분의 1 수준인 500만 명 미만으로 감소했다(통계청, 1960; 2020). 우리 국토를 인간의 몸에 비유하자면, 말단의 모세혈관의 피가 거의 고갈된 반면, 머리에 50%의 피가 다 쏠려 있고 큰 장기들에만 간신히 혈액이 공급되고 있는 형국이다. 그나마 과거에는 우리나라 전체 인구가 증가하는 상황에서 수도권으로 집중이 심화했다면, 지금부터는 전체 인구가 감소하는 상황이기 때문에 지방소멸의 속도는 더욱 빨라질 것으로 예상된다(이상호·이나경, 2023).

이런 상황에서 우리 지역·도시 정책은 완전히 새로운 접근 방식을 요구하고 있다. 전통적으로 지역·도시 정책이 마주한 현실에서는 모든 것이 성장하고 있거나 그것을 지향했다. 인구가 성장했고, 소득이 성장했으며, 산업이 성장했다. 따라서, 증가하는 도시 용지 수요와 교통 수요를 정확히 예측하고, 이에 대응하기 위한 공급 대안을 제시하는 것이 지역·도시 정책의 기본 접근 방법이었다. 제한된 지역의 토지에서 공급부족이나 혼잡이 발생하지 않도록 하는 것이 중요한 과제였다. 이때는 개발해야 할 곳과 보존해야 할 곳을 구분하고, 개발의 타이밍을 결정하고, 순환을 촉진하는 방안을 마련하는 것이 공공이 해야 할 일이었다. 그러나 성장이 멈추는 순간 이런 방식의 접근은 작동하지 않는다. 지역의 인구가 감소하고, 빈집과 빈 건물이 늘어나면 지역에는 도시적 토지와 인프라의 공급과잉 상태가 나타날 수 있다. 자본주의 시장경제가 공급과잉의 심화에 따른 공황을 경험하듯, 우리의 지역 역시 수요 감소에 따른 도시 공황이 나타나지 않으리라는 보장이 없다.

이제 지역·도시 정책은 수요 감소로 인한 잉여 서비스와 인프라의 관리라는 새로운 문제에 직면했다. 과거에는 농지와 산지, 열린 공간 등 비도시적 용지를 어떻게 도시로 개발할 것인지를 고민했다면, 이제는 남아도는 도시 용지를 어떻게 다시 비도시적 용도로 전환할 것인지를 고민해야 한다. 이것은 도시화 과정보다 훨씬 더 고통스러운 작업이 될 수 있다. 서비스와 인프라가 없는 지역에 이런 도시적 서비스를 제공하는 것은 사람들에게 희망을 주는 일이므로 환영받기 마련이다. 하지만 그 반대 과정은 도시적 서비스의 축소와 박탈을 의미하기 때문에 주민들의 반발을 피하기 어렵다. 이런 도전적 상황에 어떻게 대처할지에 대해 지금부터 진지하게 모색해야 한다.

이런 점에서 우리는 지역·도시 정책 패러다임의 대전환을 준비해야 한다. 인구 감소와 지방소멸 시대에 대응하기 위해서는 기존의 패러다임을 넘어서 새로운 접근 방식을 도입해야 한다. 유휴자원의 재활용, 서비스 공급의 최적화, 지역 간 협력을 통한 효율화 등을 통해 지속 가능한 지역사회를 구축해야 한다. 그러면서도 지역 주민들의 삶의 질 저하를 막아야 한다. 다음에서는 지역·도시 정책의 대전환을 강제하는 지방소멸의 핵심 실태를 요약하고, 그 속에서 지역·도시 정책이 대응해야 하는 과제를 살펴본 후, 대전환을 위한 지역·도시 정책의 방향을 제시할 것이다.

2. 대전환을 요구하는 지방소멸의 현실

1) 인구 감소와 초고령화, 지방의 지속가능성 위협

우리나라의 급격한 도시화와 산업화는 수도권과 대도시로의 인구집중을 초래했고, 이에 따라 중소 도시와 농어촌 지역의 인구 유출이 가속화하였다. 2020년을 기점으로 국가 전체 인구가 감소세로 전환되면서 지방소멸이 현실화하고 있으며, 특히 지방 중소 도시와 농어촌 지역의 소멸 위기는 그 어느 때보다 심각한 상황이다.

우선, 인구 20만 명 미만의 대부분 중소 시·군과 농어촌 지역에서 상주인구 감소가 두드러지게 나타나고 있다. 지속된 수도권 쏠림현상으로 비수도권 지역은 지속해서 인구가 감소했고, 이에 따라 산업·경제 기반 또한 취약한 구조가 되었다. 행정안전부 「주민등록인구현황」에 따르면, 최근 10년간 (2014~2023) 지방 광역시 인구는 평균 5.43% 감소했는데, 이는 주변 지역으로의 인구이동에 따른 광역화 현상으로 볼 수 있다. 또한 광역시를 제외한 인구 50만 명 이상의 지방 대도시에서는 2.86%의 인구가 증가했다. 반면, 지방 중소 시·군에서는 3.03%의 감소가 나타났다. 특히, 인구 규모가 작은 10만 명 미만의 시·군에서는 최근 10년간 약 8.33%, 20년간 약 14.11%의 인구가 감소하면서 지역 경제가 침체되고, 이는 다시 인구 감소를 가속하는 악순환이 발생하고 있다. 특히, 농어촌 지역은 젊은 계층의 유출과 함께 고령화 비율이 급격히 상승하고 있어, 일찍이 역삼각형의 인구구조가 굳어지고 있다.

고령화는 상주인구 감소와 맞물려 지방소멸을 촉진하는 요인으로 작용하고 있다. 통계청의 「장래인구추계」 자료를 보면, 2003년 8.23%였던 우리나라의 고령화율은 2023년 18.25%로, 초고령 사회에 근접하였다. 특히, 지방에서는 생산가능인구가 빠르게 감소하고 있어, 경제활력과 생산 기반을 유지하기 어려운 상황이며, 지방 중소 시·군의 고령화율은 평균 43.55%, 인구 10만 명 미만 시·군에서는 49.41%로 나타나고 있어, 상주인구 감소 자체를 넘어, 지역사회의 기반이 붕괴할 수 있는 상황에까지 이르렀다.

고령화로 인해 의료 및 복지 서비스의 수요는 상승하는 반면, 이를 지원할 수 있는 재정과 인적 자원은 부족한 상황이다. 이러한 문제는 지방의 소멸 가능성을 더욱 높이는 요인으로 작용하고 있다. 따라서, 상주인구의 감소와 고령화는 국토 불균형 문제를 넘어 지방의 존재 자체를 위협하는 요소로, 이에 효과적으로 대응하기 위한 지역·도시 정책의 대전환이 필요한 상황이다.

2) 지방의 생존 전략, 거점도시 중심의 재편 가속화

지방소멸, 국토 불균형 이슈에 대응하여 최근 비수도권 지역의 중요한 공간구조 전략 중 하나는 거점 중심의 국토 공간구조 재편이다. 이는 수도권 쏠림에 대응하여 지방의 광역시나 대도시의 거점과 중소 도시의 거점을 연계하는 콤팩트-네트워크 공간구조를 말한다. 우리나라의 절대 인구수가 감소하며 수도권 쏠림현상이 가속화하는 상황에서 지방 거점 형성은 국토 균형발전 차원에서 중요한 의미를 지닌다.

지방 광역시 인구가 감소하고는 있으나 여전히 인구와 산업이 집중된 규모의 경제를 형성하고 있다. 예를 들어, 2023년 기준 부산이 329만 명, 대구가 237만 명, 대전과 광주가 각각 140만 명 정도의 상주인구를 보유하고 있으며, 이러한 거점 지역들은 지방 내 핵심 역할을 하는 1차 거점의 잠재력을 갖고 있다.

50만 명 이상의 중대형 대도시에서도 인구가 집중되는 현상이 관찰되고 있다. 예를 들어 창원, 청주, 전주와 같은 도시들은 대규모 산업단지와 같은 일자리를 기반으로 일정 규모의 인구를 유지하고 있으며, 주변 중소 도시나 농촌으로부터 인구를 유입시킬 수 있는 2차 거점의 역할을 할 것이다.

이러한 거점 중심의 인구 밀집은 비수도권 지역 내에서 국토 공간구조를 재편하는 중요한 현상이다. 일부 대도시로 인구가 유입되면서 주변 중소 도시와 농어촌 지역의 쇠퇴가 가속화하고 있지만, 거점 지역은 여전히 정치·경제·사회의 중심지로서, 비수도권에서 수도권으로의 인구 유출을 억제할 수 있는 방패 기능을 할 수 있다.

3) 쇠퇴하는 원도심, 외곽으로 이동하는 도시 기능

인구 감소, 고령화 등의 메가트렌드와 최근의 도시개발 패턴은 도시 내에 기존 원도심의 쇠퇴와 새로운 교외 지역의 신거점 출현을 가져오고 있다. 원도심은 과거 행정, 문화, 상업의 중심지로 기능해 왔으나, 최근에는 인구와 일자리 유출로 쇠퇴하고 있다. 반면, 도시 외곽이나 교외 지역에서는 대형 상업 시설, 신시가지 개발 등으로 인해 새로운 중심지들이 등장하고 있다.

젊은 층이 즐겨 찾던 상업과 문화의 중심지였던 원도심은 도시 기능이 외곽으로 이전되면서 빈 상가와 빈집이 증가하며 물리적·사회적·경제적 쇠퇴가 가속화하고 있다. 이러한 문제는 지방 중소 도시에서 더욱 두드러지며, 도시 외곽에 새롭게 조성된 신도시와 산업 시설들이 원도심의 기능을 대체하면서, 원도심은 활력을 잃어가고 있다. 이러한 원도심 쇠퇴와 맞물려 교외 지역의 중심지 출현은 도시의 성장축을 옮기고 있다. 교외의 신거점은 주로 신청사, 쇼핑몰, 아파트 단지, 산업단지 등의 신시가지로 형성되며, 도시의 새로운 상업·문화·일자리·생활 중심지로 자리 잡고 있다. 지방 도시의 인구가 정체되거나 감소하고 있는 상황에서 도시의 외연적인 확산은 원도심의 쇠퇴 문제뿐만 아니라 증가한 도시화 면적을 유지·관리해야 하는 지방 정부의 재정 부담으로 이어질 가능성이 매우 높다.

단기적으로는 원도심의 재생을 위해 빈집과 빈 상가의 철거나 용도 변화가 요구된다. 장기적으로는 압축적 도시 공간구조를 형성하기 위한 도시 성

장관리 정책을 추진하고, 신거점과 원도심 간의 균형발전을 위한 연계 교통
망 및 인프라 구축을 통해 두 지역이 상호 보완적으로 발전할 수 있는 정책
적 대응이 필요하다.

4) 이동성이 늘어나는 시대, '생활인구'와 '관계인구' 개념 등장

전통적으로 지역·도시 정책은 상주인구를 예측하여 이에 맞는 주택, 인프
라, 도시 공간을 조성하는 데 초점을 맞추어 왔다. 즉, 상주인구는 도시민의
삶과 경제를 뒷받침하는 도시의 기본 구성 요소로, 이들의 수요를 충족시키
는 도시 기반 시설과 서비스를 제공하는 것이 지역·도시 정책의 주요 목적
중 하나다. 그러나 최근 모빌리티 증가와 함께 지역 간 인구이동이 활발해
지면서, 상주인구만으로는 도시의 용량을 결정하는 데 한계가 지적되었다.
이에 따라, '생활인구'나 '관계인구'와 같은 새로운 개념이 등장하면서 지역·
도시 정책에도 이러한 변화된 인구 개념을 반영해야 한다는 요구가 커지고
있다.

'생활인구'란 거주 여부와 상관없이 어떤 지역을 일시적으로 방문하여 생
활하거나 경제활동을 하는 인구까지도 포괄하는 인구 개념이다. '인구감소
지역 지원 특별법'에 따르면, 이 개념은 상주인구뿐만 아니라 "통근, 통학,
관광 등의 목적으로 방문하여 체류하는 사람"으로서 한 지역에 월 1회, 하루
3시간 이상 머무는 사람과, 국내 거소 신고를 한 재외동포까지 포함한다. 이
중 체류 인구와 외국인 인구는 상주인구에 비해 상대적으로 짧은 시간 동안
머물지만, 도시의 소비와 경제활동에 중요한 역할을 하므로, 상주인구의 수
뿐만 아니라 생활인구의 수요에 맞는 시설과 인프라를 고려할 필요가 있다.
예를 들어, 강원도 평창군은 상주인구는 적지만, 겨울철 스키 시즌이나 여
름철 휴가 기간에는 대규모 생활인구가 유입되면서 지역의 상업과 관광산

업에 큰 영향을 미친다. 이러한 생활인구를 위한 숙박·교통·문화 시설이 충분히 갖추어져 있지 않다면 지역 경제에 긍정적인 효과를 극대화할 수 없다.

일본의 국토교통성(2022)은 관계인구를 '방문형 인구'와 '비방문형 인구'로 유형화한다. 방문형 인구는 해당 지역에서 종사하거나 재택근무를 통해 업무를 수행하는 인구, 또는 이벤트나 취미 활동 등에 참가하는 인구이고, 비방문형 인구는 온라인 활동이나 정보 제공에 종사하는 인구까지 폭넓게 포함하고 있다.

생활인구와 관계인구 중 체류 인구는 장기적으로 해당 지역에 경제적 기여를 하거나 그 지역으로 이주할 가능성이 높으므로, 이를 고려한 지역·도시 정책이 중요하다. 따라서, 특정 지역의 상주인구만을 고려하는 것이 아니라, 이동성을 기반으로 한 생활인구와 관계인구의 수요까지 반영한 정책이 필요하며, 이를 위해서는 숙박 시설, 대중교통, 워케이션[1]인프라 등의 개선이 필요하다.

5) 축소와 재활용이 필요한 노후화되는 도시 인프라

과거에 추정한 미래 인구에 맞추어 건설된 도로, 상하수도, 전력망, 공공 시설 등이 인구 감소와 함께 사용자가 줄어들면서 유휴화되고 있다. 예를 들어, 지방 중소 도시의 학교, 병원, 문화 시설 등은 학령인구 감소와 고령화로 인해 이용률이 급격히 낮아지면서, 일부 시설과 학교는 운영이 어려워져 폐쇄되기도 한다. 이러한 유휴 인프라는 경제적 비효율을 초래하고, 유지비용을 부담할 수 있는 인구와 재정이 부족한 상황에 더욱 노후화될 가능성이 높다. 게다가 인구 감소가 심한 지방 도시에 건설된 주요 인프라는 대부분

---

1 work(일)과 vacation(휴가)의 합성어로 휴가지에서 일과 휴식을 함께 함을 의미하는 신조어

1970~1980년대에 구축되었으며, 최근 들어 안전성에 대한 우려가 증가하고 있는 상태다.

또한, 인구가 감소하는 지역에서는 인프라를 유지하기 위한 1인당 인프라 비용이 증가하면서, 지방자치단체의 재정 부담이 더욱 가중되고 있다(마강래, 2017). 이는 지역에 필요한 공공서비스의 질이 낮아지는 결과를 초래하며, 인구 유출을 더욱 가속하는 요인으로 작용하게 된다. 즉, 인구 감소와 재정 악화는 지방 도시의 시설과 인프라 노후화를 가속화하고 있으며, 이는 주민들의 삶의 질과 지역의 안전성 저하로 이어지고 있어 효율적인 관리 방안을 모색해야 할 필요가 있다.

3. 현실이 던져주는 과제

이상의 인구 감소와 지방소멸 현실은 지역·도시 정책에 새로운 도전과 과제를 제시한다. 기존의 성장 중심 패러다임에서 벗어나, 축소와 효율화를 고려한 새로운 접근이 필요한 시점이다. 이러한 변화는 용도별 공간 수요의 변화, 지역 간 불균형 심화, 기존 인프라의 유휴화와 재활용, 그리고 삶의 질 유지라는 복합적인 과제를 지역정책에 안겨주고 있다. 다음에서는 이러한 과제들을 세부적으로 살펴보고, 각각의 대응 방안을 모색해 보고자 한다.

1) 용도별 공간 수요 변화 대응

지역·도시 정책에서 공간 수요를 결정하는 가장 기본적인 요소는 인구다. 지역·도시 정책을 통해 공급하려는 토지는 사람들이 필요로 하는 공간을 의미하기 때문이다. 따라서 극단적으로 인구가 소멸한 지역이라면 지역·도시 정책을 통해 공급하는 공간의 규모는 최소화될 것이다. 극단적 경우가 아니더라도 인구 감소 지역에서는 공간 수요가 줄어들 가능성이 크다.

그러나, 인구 감소가 곧바로 공간 수요의 감소로 이어지는 것은 아니다. 다른 재화와 마찬가지로 공간 수요 역시 소득 수준, 가구원 수, 생산 현장의 자본재 규모, 생활양식 등 다양한 요소의 영향을 받는다. 특히, 공간 수요는 토지의 용도에 따라 다른 요소들의 영향을 받기 때문에 인구 감소와 동일한 비율로 변화하지 않는다. 또한 인구의 개념이 상주인구뿐만 아니라 생활인구와 관계인구 등으로 다양해지고 있어, 공간 수요도 이렇게 다양한 인구의 수요를 모두 고려해야 한다. 상주인구의 공간 수요 감소를 생활인구와 관계인구의 공간 수요 증가가 상쇄할 수도 있다. 따라서, 공간 수요의 감소를 단정하기는 어렵다. 상주인구가 감소하는 지역에서도 생활인구와 관계인구가 증가한다면 이들이 요구하는 용도의 공간 수요는 오히려 늘어날 수 있다. 그러므로 인구 감소 지역에서도 용도별로 공간 수요의 변화를 정확히 예측하고 대응해야 한다.

큰 틀에서 보면, 상주인구의 필요에 따라 수요가 결정되는 토지 용도의 수요는 장기적으로 영향을 받을 것이다. 대표적인 용도는 주택용지와 도소매 상업용지다. 주택용지의 경우, 인구수보다 가구 수의 영향을 크게 받아 당분간 수요가 유지되거나 증가할 수 있다. 지역에 따라 인구가 줄더라도 가구원 수가 줄어 가구 수는 일시적으로 유지되거나 증가할 수 있기 때문이다. 더욱이 소득 증가에 따라 1인당 주거 면적이 늘어나는 경향이 있어 인구 감소가 곧바로 주택용지 수요 감소로 이어진다고 보기는 어렵다. 우리나라 전체로 보면 가구 수 증가가 이어지는 2040년까지는 대체로 주택용지의 수요가 꾸준히 늘어나다가 그 이후부터 줄어들 것으로 보인다(박현준·진창하, 2023). 다만 지역별 편차가 있어 인구와 가구 수 감소가 심한 지역에서는 주택용지의 수요가 줄어들 수 있음을 인정해야 한다.

도소매와 상업용지 역시 인구수와 소득 수준, 소비 행태 등 다양한 요소에 의해 수요가 결정된다. 상주인구가 감소하면 이 용도의 토지 수요도 줄어드는 경향이 있지만, 소득과 소비가 증가하면 그 효과가 상쇄될 수 있다. 그런데 최근 정보통신 기술의 발전과 전자상거래의 활성화, 물류 혁신 등으로 인해 사람들의 소비가 오프라인 매장이 아닌 온라인 거래를 통해 이루어지는 경향이 강해졌다. 쉽게 말해 요즘은 마트나 시장에 가서 장을 보기보다 집에서 온라인으로 쇼핑하는 사람이 대부분이다(통계청, 2024a). 이는 도소매와 상업용지 수요의 감소 요인이 된다. 최근 신도시와 공동주택 단지에서 상가 분양이 잘 이루어지지 않아 미분양되거나 공실이 많은 상가가 늘어나고 있는 것도 이러한 맥락과 맞닿아 있다(한국부동산원, 2024). 따라서 인구 감소 지역은 향후 상업용지의 수요가 전반적으로 줄어들 가능성이 크다.

또한, 인구 고령화에 따른 공간 수요의 변화에도 대응해야 한다. 학령기 인구의 감소로 초등학교, 중학교, 고등학교 용지에 대한 수요가 순차적으로 줄어들 수 있다. 특히 인구 감소 지역에서는 이미 이러한 변화가 많이 진행되었지만, 이러한 경향은 더 많은 지역으로 확산할 것이다. 반면에 증가하는 고령인구가 필요로 하는 시설과 공간에 대한 수요는 늘어날 수 있다. 따라서 노인 복지 시설, 양로 시설, 경로당, 노인 여가 시설에 대한 공급이 적절히 이루어질 수 있도록 해야 한다. 수요가 사라진 아동·청소년을 위한 공간의 일부를 노인을 위한 시설로 전환하는 것도 고려해 볼 만하다.

2) 지역별 공간 및 서비스 수급의 불균형

인구 감소는 지역별 공간 및 서비스 수급의 불균형을 심화시킬 수 있다. 전반적인 인구 감소 속에서 특정 거점 지역으로의 인구집중은 변두리 지역의 인구 감소를 가속화한다. 이에 따라 거점 지역에서는 공간 및 서비스 수요가 지속해서 증가하는 반면, 변두리 지역에서는 수요가 유지되거나 감소할 수 있다. 결과적으로 거점 지역은 공급부족을, 변두리 지역은 유휴화 문제를 겪을 수 있다.

주택용지를 예로 들어보자. 우리나라 전체 주택용지 수요는 인구 감소에도 불구하고 2040년까지 꾸준히 증가할 전망이다. 그러나 지역별로 차이가 있다. 부산, 대구, 울산, 전북 등에서는 2030년 이후부터 주택용지 수요 감소가 예측된다(박현준·진창하, 2023). 서울은 당분간 주택 공급이 꾸준히 필요하지만, 부산, 대구, 울산 등 영남권 대도시들은 2030년 이후 주택용지 공급과잉 상태에 직면할 수 있다.

미시적 관점에서 이러한 지역별 수급 불균형은 이미 현실화되었다. 경제활동이 활발한 중심 지역에는 여전히 주택 공급이 필요한 반면, 외곽 및 농촌 지역에는 빈집이 증가하고 있다. 특히 장기 방치된 빈집이 변두리 지역과 신시가지 개발로 쇠퇴한 원도심에 집중적으로 발생하고 있다. 차로 30분만 이동하면 주택, 인프라, 서비스가 과잉 공급되는 반면, 중심 지역에서는 여전히 공급부족으로 인한 높은 주택 가격과 인프라 부족, 혼잡 등이 나타나는 등 양극화 현상이 더욱 심화할 것이다.

요컨대, 지역별 수급 불균형은 국토 전체에서 나타나겠지만, 미시적 차원의 불균형은 더욱 심화할 것이다. 지방 소도시와 농촌지역은 빈집, 유휴 인프라, 유휴 서비스 문제에 직면하는 반면, 서울과 대도시 중심지는 여전히 공간 및 서비스 공급 부족을 겪을 것이다. 인구 감소 지역 내에서도 중심 소도읍은 공간, 인프라, 서비스 공급이 필요한 반면, 그 외 지역은 모든 것이 과잉 공급되는 상황이 발생할 수 있다.

3) 도시 서비스와 인프라의 유휴화 문제

인구 감소의 영향은 비수도권의 농촌과 중소 도시에서 가장 두드러진다. 이들 지역은 이미 상주인구 감소로 인한 빈집과 유휴 인프라, 서비스 문제에 직면해 있다(차미숙, 2024). 인구 감소가 심화하면 이러한 소멸 위기 지역에서는 기존 도시 서비스와 인프라의 유휴화가 더욱 심각해지고, 서비스와 인프라의 축소 및 질적 저하가 가속화할 것이다.

빈집은 지방 소도시와 농촌지역에 심각한 외부 효과 문제를 야기한다. 관리되지 않은 빈집은 주변 경관을 해치고 지역의 전반적인 이미지를 저하시킨다. 또한 붕괴 위험이 있으며, 화재나 범죄의 온상이 될 수 있다. 이러한 부정적 외부 효과로 인해 빈집이 많은 지역 주민의 삶의 질이 떨어지고, 부동산 가치가 하락하여 주변 주민들의 자산 가치에도 악영향을 미친다. 이는 다시 지역 주민의 유출로 인한 추가적인 빈집 발생으로 이어져 쇠퇴의 악순환을 초래한다. 거시적으로 빈집 증가는 지역 이미지 실추와 상권 위축, 세수 감소 등으로 이어져 지역 경제에 타격을 주고, 궁극적으로 이웃 간 교류 감소와 공동체 의식 약화를 초래하여 커뮤니티의 붕괴까지 야기할 수 있다.

지방의 인구 감소 지역에서 나타나는 인프라와 서비스의 유휴화 역시 빈집과 마찬가지로 다양한 사회 문제를 야기한다. 유지·보수 비용은 지속적으로 발생하는 반면, 이용자 수 감소로 인한 수익 축소와 인구 감소에 따른 세수 부족으로 지방정부의 재정적 부담이 가중된다. 결국 지방정부는 예산 부족으로 시설 관리와 서비스 품질 유지에 어려움을 겪게 되고, 방치된 시설은 안전사고의 위험을 높이며 범죄의 온상이 될 수 있다. 이는 시민들의 삶의 질을 떨어뜨리고 도시 이미지를 악화시킨다. 이른바 '생활사막(life deserts)'이 인구 감소 지역을 중심으로 증가할 수 있다(임은선, 2018). 유휴 인프라 시설의 증가는 지역의 활력을 저하시키고, 추가적인 인구 유출을 초래할 수 있다.

4) 소지역 간·계층 간 삶의 질 격차 심화

인구 감소에 따라 지역 내 소지역 간 격차와 계층 간 삶의 질 격차가 심화할 가능성이 높다. 이는 인구 감소의 효과가 지역과 계층에 따라 차별적으로 나타나기 때문이다. 상대적으로 여건이 나은 지역의 주민이나 계층보다 그렇지 못한 곳의 주민이나 사회적 약자가 더 큰 타격을 입게 되어, 결과적으로 격차가 더욱 벌어지게 된다.

우선, 지역 내 소지역 간 격차 심화를 살펴보자. 인구 감소가 진행되면서 일부 거점 지역으로 인구와 자원이 집중되는 현상이 발생한다. 전체적으로 인구가 감소하는 가운데에도 지역 내 거점은 각종 기회와 자원이 상대적으로 많아 삶의 질이 더 나으므로, 인구가 이 지역으로 집중하는 경향이 있다. 이로 인해 거점 지역은 상대적으로 더 나은 인프라와 서비스를 유지하거나 발전시킬 수 있지만, 주변 지역은 점차 쇠퇴하게 된다. 예를 들어, 중심 도시나 주요 상업지구는 여전히 활력을 유지하는 반면, 외곽 지역이나 농촌지역은 급격한 인구 감소와 함께 기본적인 생활 서비스마저 유지하기 어려워지는 상황이 발생할 수 있다. 결과적으로 거점 지역과 주변 지역 간의 격차가 더욱 벌어질 수 있다.

다음으로, 계층 간 삶의 질 격차 심화 문제가 있다. 인구 감소와 경제 침체는 공공서비스의 축소로 이어지는데, 이는 특히 시장에서 대체 서비스를 구매할 능력이 부족한 사회적 약자 계층에게 큰 영향을 미친다. 저소득층, 노인, 장애인 등 사회적 약자 계층은 지방정부가 제공하는 공공서비스와 인프라에 대한 의존도가 높다. 그러나, 인구 감소와 세수 감소로 인해 공공서비스가 줄어들거나 질이 낮아지면 이들의 삶의 질은 급격히 나빠질 수밖에 없다. 또한, 이들은 경제적 여건이나 이동성의 제약으로 인해 여건이 좋은 지역으로 이주하기 어렵고, 결과적으로 열악한 환경에 남게 될 가능성이 높아

지역 쇠퇴로 인한 부정적 영향에 더 많이 노출된다. 이로 인해 계층 간 삶의 질 격차가 더욱 확대된다.

이러한 격차 심화는 여러 가지 부정적인 결과를 초래할 수 있다. 지역 간 격차는 사회통합을 저해하고 지역 간 갈등을 야기할 수 있으며, 취약계층의 삶의 질 저하는 사회 전체의 안정성과 지속가능성을 위협할 수 있다. 이러한 문제에 대응하려면 종합적이고 장기적인 접근이 필요하다.

5) 생활인구 및 관계인구의 새로운 수요 대응

지역에 따라 상주인구는 감소해도 생활인구와 관계인구는 유지되거나 증가하는 경우가 있다. 모빌리티 기술의 발전과 여가 활동 수요 증가로 인해 사람들의 이동이 늘면서 일부 지역의 생활인구가 오히려 증가하고 있다. 특히 주말에는 일시적으로 체류하는 생활인구가 급증하는 경향이 있다. 통계청과 행정안전부 발표에 따르면, 2024년 1분기 기준으로 89개 인구 감소 지역의 비상주 생활인구는 약 2000만 명으로, 상주인구(약 490만 명)의 4배에 달한다(통계청, 2024b). 강원도의 경우 그 비율이 5배로 가장 높다. 인구 감소 지역이라도 일시적 체류 인구로 인한 공간 수요는 유지되거나 증가할 수 있으므로, 이들 생활인구의 공간 수요를 파악하고 적절한 공급 계획을 수립해야 한다.

생활인구와 관계인구는 상주인구와 달리 주택보다 단기 숙박 시설을 주로 이용한다. 따라서 호텔, 게스트하우스, 에어비앤비와 같은 단기 숙박 시설의 수요가 증가할 수 있다. 특히, 주말이나 휴가 기간에 집중적으로 방문하는 이들을 위한 다양한 형태의 숙박 시설이 필요하다.

유연한 업무 공간 수요도 증가할 수 있다. 지역에 일정 기간 거주하면서 원격으로 일을 하는 데 이용하는 공간이 필요해질 수 있는 것이다. 원격근무의 확산으로 공유 오피스나 단기 임대 사무실에 대한 수요가 늘어날 수 있다. 또한 지방 휴양 도시를 방문하여 일과 휴식을 동시에 추구하는 비즈니스 여행객이나 온라인을 통해 업무를 처리하므로 장소에 구애를 받지 않는 디지털 유목민(digital nomad)을 위한 업무 공간이 필요할 것이다.

문화 및 여가 시설, 지역 특산품 및 관련 서비스 수요도 증가할 수 있다(문화체육관광부, 2023). 주말이나 휴가 기간에 방문하는 관계인구를 위한 문화 시설, 공연장, 전시장 등의 수요가 늘어날 수 있다. 지역의 특색을 살린 체험 프로그램이나 축제에 대한 관심도 높아질 수 있다. 관계인구의 증가로 지역 특산품이나 로컬푸드에 대한 관심이 커질 수 있으며, 전통공예 체험이나 로컬 가이드 투어 등 지역 특색을 살린 서비스 산업의 발전 가능성도 있다.

단기 체류 인구의 증가는 지역 간 이동성 증가에 기인하지만, 이들을 수용하기 위한 지역 내 교통체계 개선도 필요하다. 주말이나 특정 시기에 집중되는 유동 인구로 인해 대중교통 시스템 개선이 필요할 수 있으며, 공유 자동차나 전기 자전거, 전기 퀵보드, 스쿠터 등 공유형 단기 이동 수단에 대한 수요도 증가할 수 있다. 이러한 새로운 수요에 대응하려면 유연하고 다목적인 공간계획, 첨단기술을 활용한 서비스 제공, 그리고 지역 특색을 살린 콘텐츠 개발이 필요하다. 또한, 상주인구와 생활인구, 관계인구의 수요를 균형 있게 충족시킬 수 있는 통합적인 지역·도시 정책 접근이 요구된다.

4. 대전환을 위한 축소 지향 지역·도시 정책의 방향

인구 감소와 지방소멸 시대에 대응하기 위한 지역·도시 정책의 대전환이 필요하다. 이는 단순히 도시의 규모를 축소하는 것이 아니라, 변화하는 현실에 맞추어 도시의 기능과 구조를 재편하는 것을 의미한다. 이를 위해 다음과 같은 주요 방향을 고려해야 한다.

1) 유휴화된 인프라와 서비스의 축소 또는 폐쇄

인구 감소 시대에는 유휴화된 인프라와 서비스의 축소가 불가피한 지역·도시 정책의 중요한 전략적 방향이다. 이러한 접근은 도시의 효율성을 높이고 유지비용을 절감하는 동시에, 남은 자원을 더욱 효과적으로 활용할 수 있게 한다. 이를 위해 다음 사항을 고려해야 한다.

첫째, 유휴 인프라의 식별과 평가가 중요하다. 인구 감소에 따라 도로, 학교, 도서관, 운동 시설, 교육, 쓰레기 수거 등 도시 전체 인프라와 서비스의 사용률을 조사해야 한다. 인구 감소 추세와 연계하여 미래 수요를 예측하고, 유휴화 가능성이 높은 인프라를 확인해야 한다. 이러한 조사를 바탕으로 축소하거나 폐쇄해야 할 인프라와 서비스의 우선순위를 설정해야 한다. 다만, 일부 인프라는 주민 삶의 질 유지를 위해 사용률이 낮아도 유지해야 하므로, 사용률뿐만 아니라 주민 삶의 질, 대체 가능성 등 다른 가치도 고려해야 한다.

둘째, 폐쇄해야 할 시설이나 서비스의 우선순위가 결정되면 단계적 축소 계획을 마련해야 한다. 즉각적인 폐쇄는 주민들의 삶의 질을 떨어뜨리고 인구 유출을 가속화할 수 있으므로, 단계적이고 점진적인 축소를 시행해야 한다. 정부와 지자체는 시간을 갖고 지역 주민들과 협의하여 합의를 도출해야 하며, 축소 과정에서의 일시적 불편을 최소화하는 방안을 마련해야 한다.

셋째, 인프라와 서비스의 축소와 폐쇄는 지역 주민들에게 고통스러운 과정이므로 지역사회와 충분히 소통하고 주민들의 참여를 유도하는 것이 중요하다. 인프라 축소 계획에 대한 주민 설명회를 개최하고, 주민 참여형 워크숍을 통해 서비스 축소에 대한 대응 아이디어를 수렴해야 한다. 이 과정에서 인프라 축소로 인해 절감된 유지·보수 비용을 활용하여 주민들에게 다른 서비스를 제공할 방안도 제시해야 한다.

2) 불필요한 시설 및 공간의 용도 전환

줄어든 수요에 대응하는 또 하나의 창의적 전략은 불필요해진 시설과 공간을 새로운 용도로 전환하는 것이다. 이는 도시의 자원을 효율적으로 활용하고, 변화하는 인구구조와 수요에 맞추어 도시 기능을 재편하는 과정이다. 다음은 이러한 용도 전환의 주요 방향과 고려 사항이다.

첫째, 인구구조 변화에 따른 용도 전환이 필요하다. 저출산·고령화로 인해 수요가 줄어드는 아동·청소년 관련 시설을 고령자 관련 시설로 전환할 수 있다. 예를 들어, 도시와 농촌 지역에서 나타나는 폐교를 노인복지센터나 실버타운으로 리모델링하거나, 유치원을 고령자 돌봄 센터로 전환할 수 있다. 또한, 젊은 층 중심 시설을 여러 세대가 이용할 수 있는 공간으로 전환하는 것도 고려해야 한다. 청소년 문화의 집을 세대 통합형 커뮤니티 센터로 개조하는 것이 그 예이다.

둘째, 상주인구 감소에 대응한 용도 전환도 필요하다. 상주인구 관련 시설을 생활인구 및 관계인구를 위한 시설로 전환하는 것이다. 빈집을 게스트하우스나 단기 임대주택으로 활용하거나, 사용률이 낮은 공공시설을 관광객을 위한 체험 센터로 전환할 수 있다. 빈 상가나 폐공장을 문화예술 공간이나 창업 인큐베이터로 바꾸는 것도 창의적인 방안이다. 또한, 사용되지 않는 주차장을 도시농업 공간이나 태양광 발전소로 활용하는 것도 고려할 만하다.

셋째, 시설이나 공간의 용도를 단일 목적에서 다목적 복합 용도로 전환하여 활용도를 높이는 것이 효과적이다. 단일 용도 시설의 이용 빈도가 낮을 때, 다른 목적의 용도를 결합하면 시설의 이용도와 효율성이 높아진다. 예를 들어, 이용도가 낮은 도서관을 폐쇄하는 대신 카페, 공유 오피스, 주민센터 등과 결합하여 복합문화공간으로 재구성할 수 있다. 보건소는 복지관, 운동 시설 등과 결합한 종합 건강관리 시설, 즉 건강-복지 통합 센터 형태로 운영할 수 있다.

마지막으로, 불필요한 시설과 공간의 전환을 통해 도시 쇠퇴의 위기를 도시의 미래 가치를 창출하는 기회로 삼을 수 있다. 불필요한 건조 공간을 친환경적 공간으로 전환하여 도시의 지속가능성을 높이고, 불필요한 도로나 주차장을 녹지공간이나 보행자 전용 구역으로 바꾸어 부족한 녹지와 보행 환경을 개선할 수 있다. 또한, 역사적·문화적 가치가 있는 건축물 주변을 정비하여 도시의 정체성을 회복할 기회로 삼을 수 있다.

3) 축소된 서비스를 대체할 대안 서비스 제공

인구 감소 시대에 도시 서비스의 축소에 따른 주민들의 불편을 최소화하고 삶의 질을 유지하기 위해서는 효과적인 대안 서비스를 제공해야 한다. 이는 도시의 지속가능성을 유지하고 추가적인 인구 유출을 방지하는 데 중요한 역할을 한다. 축소된 서비스를 대체할 수 있는 대안으로 다음 방안을 고려할 수 있다.

첫째, 모빌리티 서비스 강화를 통해 축소된 서비스에 대한 접근성을 높일 수 있다. 시설이나 서비스가 축소되거나 통폐합될 경우, 주민들의 서비스 접근성은 불가피하게 떨어진다. 이를 보완하기 위해 주민들의 이동성을 향상시키는 방안이 필요하다. 수요응답형 교통 서비스(demand-responsive transport: DRT)는 고정 노선 버스를 대체하여 주민 수요에 따라 유연하게 운영하는 교통 서비스로, 인구 감소 지역의 대중교통 공백을 메울 수 있다. 공유 자동차, 공유 자전거 등 다양한 공유 모빌리티 옵션과 전기 스쿠터나 노인 전동차 같은 개인 모빌리티 수단의 보급도 고려해야 한다. 장기적으로는 인구 밀도가 낮은 지역에 자율주행 셔틀 도입도 검토할 수 있다.

둘째, 디지털 기술을 활용한 스마트 서비스로 물리적 시설의 축소를 보완할 수 있다. 원격의료 서비스는 의료 시설이 축소된 지역에서 원격진료 및 건강 모니터링 시스템을 통해 의료 서비스의 공백을 메울 수 있다. 온라인 교육 플랫폼은 축소된 교육 서비스를 대체하여 온라인 강의와 원격 교육 프로그램을 제공할 수 있다. 또한, 디지털 행정 서비스는 물리적으로 관공서를 방문할 필요성을 줄여준다.

셋째, 커뮤니티 기반의 주민 자율 서비스를 활성화해야 한다. 공공 서비스의 축소를 주민들의 자발적 참여와 협력으로 보완할 수 있기 때문이다. 예를 들어, 지역 내 아동과 노인을 위한 주민 주도 돌봄 서비스, 지역 내 자원 공유를 위한 온라인 플랫폼, 그리고 축소된 공공서비스를 대체할 수 있는 마을기업과 사회적기업의 설립 및 운영을 지원할 수 있다.

이러한 대안 서비스를 통해 인구 감소 시대에도 도시의 기능을 유지하고 주민들의 삶의 질을 보장할 수 있다. 중요한 것은 각 지역의 특성과 주민들의 요구를 정확히 파악하여 맞춤형 대안을 개발하는 것이다. 또한, 이러한 대안 서비스의 효과성을 지속적으로 모니터링하고 개선해 나가는 노력이 필요하다.

4) 서비스 취약 지역 및 취약계층 타깃팅 전략

인구 감소와 지방소멸의 위기는 소지역 간 격차와 계층 간 격차를 심화시킬 수 있다. 따라서 서비스 수혜 측면에서 취약한 지역과 계층에 초점을 맞춘 전략이 필요하다. 이 전략은 한정된 자원을 효율적으로 활용하면서도 사회적 형평성을 유지하는 데 핵심적인 역할을 할 수 있다. 이를 위해 다음 사항을 고려해야 한다.

첫째, 서비스 취약 지역을 식별하고 서비스 공급의 우선순위를 설정해야 한다. GIS 기반 공간 분석과 빅데이터 분석 등을 통해 서비스 접근성이 낮은 지역을 파악하고, 인구구조, 경제 여건, 기존 인프라 현황 등을 고려하여 종합적으로 취약성을 평가해야 한다. 이 과정에서 지역 주민들의 의견을 수렴하여 실질적인 서비스 수요를 파악해야 한다. 서비스 취약 지역을 파악한 후에는 인접 지역의 서비스 이용 편의성을 높이기 위한 방안을 고려해야 한다. 취약 지역 내 주요 거점을 선정하여 다양한 서비스를 통합 제공하는 복합 시설을 설치하는 것도 하나의 대안이 될 수 있다. 의료, 복지, 문화, 교육 등 다양한 서비스를 원스톱으로 이용할 수 있는 시스템을 구축하고, 거점 시설과 주변 지역을 연결하는 효율적인 대중교통 체계를 마련해야 한다. 또한 원격의료, 온라인 교육, 모바일 앱 서비스 등 모바일 및 디지털 기술을 활용한 서비스 공급도 고려할 수 있다.

둘째, 취약계층 맞춤형 서비스를 설계해야 한다. 고령자, 장애인, 저소득층 등 취약계층별 특성에 맞는 서비스를 개발해야 한다. 예를 들어, 고령자 맞춤형 건강관리 프로그램을 제공하거나, 농촌지역의 외국인 노동자를 위한 다문화 지원 센터를 설립할 수 있다. 장애인과 저소득층을 위한 주거지원 대책도 마련해야 한다. 특히 이동성이 제한된 취약계층을 위해 찾아가는 모바일 서비스를 확대해야 한다. 또한 디지털 네트워크에서 고립되거나 디지털 기술 역량이 부족한 취약계층을 위해 정보화 교육과 기기를 지원해야 한다. 공공 주도로 고속 인터넷과 Wi-Fi 인프라를 개선하여 디지털 기기가 없는 사람도 정보에 접근할 수 있도록 해야 한다. 서울시 성동구 등 일부 지자체에서 시행하고 있는 것처럼 인공지능 스피커 등 정보통신 기술을 활용하여 취약계층의 안전을 모니터링하는 것도 효과적인 방안이다.

이러한 타깃팅 전략을 통해 인구 감소 시대에도 모든 주민이 적절한 서비스를 받을 수 있도록 하며, 지역 간·계층 간 격차를 줄일 수 있다. 이는 단순히 서비스의 효율성을 높이는 것을 넘어, 사회적 통합과 지역의 지속가능성을 제고하는 데 중요한 역할을 할 것이다.

5) 핵심 서비스의 거점화 추진

지속적인 인구 감소 상황에서 필수 공공서비스와 도시 인프라를 효율적으로 공급하기 위해서는, 거점 지역에 서비스를 집중시키는 광역 서비스의 거점화 전략이 필요하다. 이와 관련하여 일본의 '입지적정화계획'을 살펴볼 수 있는데, 이 계획은 일본에서 인구 감소 지역 관리와 필수 도시 서비스를 효율적으로 제공하기 위해 제안된 공간정책으로, 도시 기능을 압축적으로 배치하고 필수 공공서비스와 인프라를 거점 지역에 모으는 것을 목표로 한다. 이는 주거 시설, 공공 시설, 상업 기능 등을 압축된 거점 지역에 집중시키고, 그 외 주변 지역에서는 인프라와 서비스를 궁극적으로 축소하는 도시 공간구조 재편이 핵심이다(김진범, 2024). 이를 통해 도시 유지·관리 비용 절감을 도모하고, 거점 지역에 도시 기능과 인프라를 강화하여 인구 감소 지역에서도 주민들이 필수적인 도시 서비스를 누릴 수 있도록 하는 것이 목적이다.

우리나라 지방의 소규모 도시나 농어촌 지역에서도 인구가 감소하면서 개별적으로 모든 서비스를 유지하는 것이 점차 어려워지고 있다. 이러한 문제를 해결하기 위해, 지역 내 거점 도시를 중심으로 의료, 교육, 문화, 교통 등의 생활 SOC와 서비스를 집중 배치하는 방안이 필요하다.

의료 및 복지 서비스의 거점화가 대표적인 사례가 될 수 있다. 인구가 줄어들면서 작은 지역마다 의료 시설을 유지하는 것이 비효율적이기 때문에,

대도시나 중소 도시를 중심으로 종합병원과 전문 의료 시설을 집중 배치하고 주변 지역에도 의료 서비스 접근성을 확보할 필요가 있다. 이를 통해 대형 의료 시설이 입지할 수 있는 규모의 경제를 충족시키며, 주변 지역에는 수요응답형 서비스와 원격의료 등과 같은 스마트 기술을 접목하여 의료 서비스를 제공할 수 있다.

교육과 관련해서는, 학령인구 감소에 따라 소규모 학교를 통폐합하고, 거점 지역에 통합된 교육 시설을 제공하여 교육의 질을 높이는 전략을 취할 수 있다. 단순히 학교 수를 줄이는 것이 아니라, 학교와 주거지역 간 통학 버스 시스템을 강화하여 학생들이 거점 학교에 쉽게 통학할 수 있도록 보완하는 방식이 필요하다.

이처럼 광역 서비스의 거점화가 실현되기 위해서는 거점과 거점, 거점과 주변 지역이 빠르게 연결될 수 있는 교통 서비스의 거점화도 필수적이다. 인구 감소 지역에서는 광역 교통망을 통해 주요 거점 도시와 주변 지역을 효율적으로 연결하여 광역 서비스 접근성을 향상시킬 필요가 있다. 주요 광역 서비스가 입지하는 거점 지역과 주변 지역이 빠른 교통 네트워크로 연결되면 물리적 거리는 먼 지역들도 한 장소에 모여 있는 것과 유사한 효과가 발생하기 때문이다.

6) 서비스 공급을 위한 지자체 간 광역 협력체계 구축

인구 감소와 고령화로 인해 지방자치단체가 개별적으로 모든 도시 서비스를 제공하는 데에는 한계가 있으며, 인접 지자체 간 협력이 필수적이다. 지자체 간 광역 협력체계가 구축되면, 서비스 중복 투자에 따른 재정과 자원의 낭비를 최소화하고, 경제적·사회적 효과를 극대화할 수 있다. 지자체 간 인프라와 서비스를 공유함으로써 재정 부담을 줄일 수 있고, 주민들은 더 나은 품질의 필수적인 서비스를 제공받을 수 있게 된다. 또한, 협력체계를 통해 지자체 간 연대와 협력이 강화되어 일자리 창출, 혁신 공간 조성 등 지방소멸에 보다 효과적으로 대응할 수 있다.

우리나라는 최근 도입된 특별지방자치단체 제도를 통해 이러한 협력의 제도적 틀을 갖추고, 다양한 광역 차원에서 공공서비스를 효과적으로 제공하는 기반을 마련하였다. 2021년부터 본격적으로 도입된 특별지방자치단체는 두 개 이상의 지방자치단체가 상호 협력하여 공공서비스를 공동으로 제공하거나, 공동의 문제를 해결하기 위한 거버넌스다. 기존 지방자치단체들이 개별적으로 추진하기 어려운 광역적인 문제를 해결하고 자원과 역량을 공동으로 관리·운영하기 위해 협력하는 법적 기구로, 특히 인구 감소와 재정 악화로 인해 개별 지자체가 단독으로 공공서비스를 제공하기 어려운 상황에서 중요한 역할을 할 수 있다.

그러나 여러 지자체가 협력할 수 있는 실효성 있는 거버넌스 구축은 정치·사회·경제·문화적 갈등으로 인해 성공한 사례가 흔하지 않다. 그럼에도 불구하고, 특별지방자치단체는 지금까지 우리나라에서 시도된 광역적 협력체계 모델 중 가장 진일보적인 형태로서 개발이익 공유 시스템 등 지자체 간 상생(Win-Win)할 수 있는 제도 보완을 통해 인구 감소 시대에 국가균형발전과 지속 가능한 지역·도시 정책 실행을 위한 협력 체계 모델로 발전해 나갈 필요가 있다.

5. 지역·도시 정책의 대전환을 위하여

지방소멸과 인구 감소에 대응하기 위한 지역·도시 정책의 패러다임 전환은 더 이상 선택이 아닌 필수가 되었다. 전통적인 성장 중심의 정책에서 벗어나, 축소와 재구조화를 통한 지속 가능한 발전 모델로의 전환이 시급하다. 이는 단순히 물리적 환경 대안의 변화만을 의미하는 것이 아니라, 계획의 기본 전제와 과제, 목표 설정, 대안, 집행 과정 등 지역·도시 정책 전반에 걸친 대변화를 요구한다.

이 책은 인구 감소 시대에 대응하기 위한 지역·도시 정책의 새로운 방향을 논의하는 시론이다. 먼저, 대전환을 요구하는 지방소멸의 현실을 직시하여, 상주인구의 감소와 고령화, 거점 지역 중심의 공간구조 재편, 원도심의 쇠퇴와 신거점의 출현, 모빌리티 증가에 따른 생활인구와 관계인구의 등장, 각종 시설과 인프라의 노후화 등의 도전을 살펴보았다. 이러한 현실이 지역·도시 정책에 던지는 과제로는 용도별 공간 수요 변화, 지역별 공간 및 서비스 수급의 불균형, 도시 서비스와 인프라의 유휴화 문제, 소지역 간·계층 간 삶의 질 격차 심화, 생활인구 및 관계인구 수요 대응 등이 있다. 이러한 현실 인식을 바탕으로 우리는 다음과 같은 지역·도시 정책의 대전환 원칙을 제시한다.

무엇보다 지방소멸 시대의 지역·도시 정책은 유연하고 적응적이어야 한다. 인구구조 변화와 공간 수요의 다양성을 고려한 유연한 지역·도시 정책 수립이 필요하다. 상주인구의 감소와 저출산·고령화에 따른 인구구조 변화, 생활인구와 관계인구의 증가 가능성을 고려해야 하며, 이에 따른 공간 수요의 변화를 정확히 예측하고 대응해야 한다. 특히, 수요응답형 서비스와 시간대별·계절별 서비스의 도입, 다목적 복합 용도의 확대, 창의적 용도 전환 등을 통해 유연하고 적응적으로 대응해야 한다.

다음으로 공간 전략 측면에서는 거점 중심의 압축 및 연계 발전을 추구해야 한다. 거점 지역을 중심으로 한 효율적인 공간구조 재편과 주변 지역과의 연계성 강화가 중요하다. 의료, 복지, 교육 등 필수적인 생활 SOC뿐만 아니라 키즈 카페, 체험 시설 등 여가·문화 서비스도 거점화하여 효율성을 높여야 한다. 적정 규모를 확보하기 위해 지자체 간 광역 협력체계를 구축하여 광역 서비스 거점화도 이루어야 한다. 이 과정에서 주변 지역이 소외되지 않도록 교통 인프라를 개선하여 주변 지역과 거점 지역 간의 접근성을 높여야 한다. 특히, 축소된 서비스 공급에도 불구하고 주변 지역 주민들의 서비스 접근성이 저하되지 않도록 모빌리티 강화와 스마트 기술을 활용한 스마트 지역(smart region) 개념을 적극 도입해야 한다.

마지막으로, 삶의 질 중심 접근이 중심이 되어야 한다. 어디에 살든 누구나 양질의 삶을 누릴 수 있어야 한다. 이는 지역·도시 정책의 궁극적인 목표이며, 인구를 유입하고 지역을 지속적으로 발전시키는 원동력이기도 하다. 따라서 인구 감소 속에서도 주민들의 삶의 질을 유지하고 향상하는 데 초점을 맞추어야 한다. 이를 위해 고령 인구를 위한 맞춤형 건강관리 및 복지 서비스 제공, 청년층 유입을 위한 일자리 창출 및 주거 지원 프로그램 마련 등 다양한 연령층의 수요를 고려한 정책이 필요하다. 특히, 인구 감소와 고령화로 인해 더욱 취약해질 수 있는 사회적 약자 계층을 위해 특별한 관심과 지원이 요구된다. 접근성이 높고 안전한 공공공간의 조성, 맞춤형 서비스의 효율적 전달, 그리고 세대 간 교류를 촉진하는 커뮤니티 공간 및 프로그램 개발 등 다각적인 접근이 필요하다.

이러한 방향 전환을 통해, 지역·도시 정책은 인구 감소와 지방소멸이라는 위기를 새로운 기회로 전환할 수 있다. 지역의 고유한 특성과 자원을 활용한 차별화된 발전 전략, 생활인구와 관계인구를 고려한 새로운 공간 수요 대응, 광역적 거점화 및 주변 지역과의 연계 전략, 그리고 삶의 질 향상에 초점을 맞춘 정책 수립 등을 통해 지속 가능하고 활력 있는 지역사회를 만들어갈 수 있을 것이다. 지역·도시 정책의 대전환은 단순히 현상에 대한 대응이 아닌, 미래세대를 위한 새로운 비전을 제시하는 과정이다. 이는 지역·도시 전문가, 정책입안자, 지역 주민 모두의 협력과 참여를 통해 이루어져야 하며, 이를 통해 우리는 인구 감소 시대에도 번영하고 살기 좋은 도시와 지역을 만들어 갈 수 있을 것이다.

참고문헌

국토교통성(国土交通省). 2022. 「地方の機能確保に向けた関係人口との連携参考資料」.
김진범. 2024. 「인구감소에 대응한 일본의 입지적정화계획 운용실태와 시사점」. ≪국토정책 Brief≫, 제964호, 세종: 국토연구원.
마강래. 2017. 『지방도시 살생부: 압축도시만이 살길이다』. 원주: 개마고원
문화체육관광부. 2023. 「다양하게, 활발하게, 함께 누린 2023 문화·여가활동: 2023년 국민문화 예술활동조사, 국민여가활동조사, 근로자휴가조사 결과 발표」(2023.12.26. 보도자료).
박현준·진창하. 2023. 「지역별 장기주택 수요 전망에 관한 연구: 인구 및 가구기반 MW모형을 중심으로」. ≪주택연구≫, 제31권 2호, 5~41쪽.
이상호·이나경. 2023. 「지방소멸위험 지역의 최근 현황과 특징」. ≪지역산업과 고용≫, 제7호, 한국고용정보원.
임은선. 2024. 「빅데이터 시대의 국토정책 추진방향과 과제」. ≪국토정책 Brief≫, 제670호, 세종: 국토연구원.
차미숙. 2024. 「[기획1] 지방소멸, 왜 문제인가? 어떻게 대응해야 하나?」. ≪월간복지동향≫, 제304호, 서울: 참여연대.
통계청. 1960; 2020. 「인구총조사」(KOSIS 통한 구득)
_____. 2003; 2013; 2023. 「인구동향조사」(KOSIS 통한 구득)
_____. 2003; 2013; 2023. 「장래인구추계」(KOSIS 통한 구득)
_____. 2024a. 「2023년 12월 및 연간 온라인쇼핑동향」2024.2.1 보도자료).
_____. 2024b. 「전체 인구감소지역 『생활인구』 산정 결과 공표: 민관 데이터 가명결합 기반」 (2024.7.24 보도자료).
한국부동산원. 2024. 2024년 2분기 상업용부동산 임대동향조사, 대구: 한국부동산원.
행정안전부. 2004; 2013; 2014; 2023. 「주민등록인구현황」(KOSIS 통한 구득).

찾아보기

(ㄱ)

감시의 눈   277

강소 도시   281

개발수요   281

거버넌스   292

거점도시   330

거점화   347~348

경계 변경   301

경제성   275

계속거주   194

계층   289

고령화   119, 329

공간 효율성   169

공간계획(spatial planning)   132

공간적 설계   277

공간정책   51~52

공공서비스   174, 177

공급과잉   327

공실률   270

공업폐수   275

공지   265

관계인구   332~333, 335, 340

관리 공백   274

광역 협력체계   348~349

광역행정   288

괜찮은 일자리   165

교육격차   166

구역   289

국가균형발전   16

국가균형발전정책   96

국가균형발전특별법(2003)   97

국고보조 사업   320

국고보조금   312

국토 공간구조   326, 330

국토종합개발계획   90

권한 구조   285

그린 인프라   272

글레이저, 에드워드   171

기관대립형   296

기관통합형   296

기능 중심 체제   300

기업도시   99

기피 시설   276

기후변화   245

(ㄴ)

낙수효과 91

낙인 280

네거티브섬 게임 12

노동력 부족 162

노후 관로 275

노후주택 201

노후화 333~334

녹색성장 272

(ㄷ)

다목적 복합 용도 343

단층제 287

대도시 입지 169

대도시권 전략 172

데드크로스 11~160

데사우(독일) 277

도시 공공서비스 175

도시 규모 적정화 51~52

도시 쇠퇴 17

도시 천공 273

「도시·군기본계획 수립 지침」 51

도시의 기능 182

도시지역 116

독립적 구역 체계 301

디지털 기술 161

디지털 유목민 341

디지털 전환 155

디트로이트(미국) 268, 278

(ㄹ)

라이프치히(Leipzig, 독일) 270, 274

러스트벨트(미국) 275

레네-포이크트 공원 270

로컬푸드 267, 341

루르(Rurh; 독일) 266

루틴직무 143

(ㅁ)

마쓰다 히로야 13

메가시티 52, 84

모빌리티 344

(ㅂ)

바다숲 264

반달리즘 278

보급 한계선 276

불투수 270

비도시 지역 116

빅데이터 169

빈익빈 부익부 현상 12

빈집 201, 331, 337~338, 343

(ㅅ)

사각지대 277

사망자 수 73~74, 78, 85

사무이양 295

사회적 약자 339

산업녹지 280

산업폐기물   276

삶의 질   338~340, 342, 344~345

상업용지   335

상주인구   332~333, 335, 340

생산성 향상   170

생태계 서비스   267

생태적 모형   179

생태하천   265

생활공간 공동화   122

생활인구   52, 289~290, 332~333, 335, 340

선택형 직불 제도   281

성장거점   298

세계 금융위기(2008)   16

쇠퇴도시   30

수요 감소   328, 335

수요응답형 교통   344

수요응답형 서비스   348

수직농장   170

순인구이동   61, 64, 70

스마트 기술   258

스마트 축소   131, 278

스마트공장   162

스마트농장   162~163

시가화 지역 면적   123

식생 수로   270

식수원   275

신성장거점 전략   299

신행정수도   16

(ㅇ)

연합정부   298

영스타운(미국)   280

외부 효과   338

용도 전환   343

원격근무   166, 341

원도심   331~332, 337

유휴 국공유 재산   272

유휴 인프라   338, 342

유휴지   265

유휴화   338, 342

의료 서비스 접근성   163

의회-집행부 분리형   300

의회-책임행정관제   300

의회-책임행정관형   293, 296

인공지능   169

인구 감소   10~12, 51~53, 55, 58, 61, 64, 73, 82, 84~85, 114, 160, 250, 326

인구 관성(demographic inertia)   130

인구 규모   253

인구 분산   167

인구 추이   52~53

인구과소   274

인구구조   288, 329, 343

인구대체출산율   114

인구동향   73

인구성장률   78

인구의 데드크로스   73, 77, 85

인구이동   52~53, 61, 64

인구집중 171
인구추계 78
인명 피해 245
입지적정화 347

(ㅈ)

자기강화적 작용 14
자연적 천이 266
자연지반 270
자치경찰위원회 292
자치경찰제 287
자치권 284, 286
자치권 배분 293~294
자치단체 간 공식적 및 비공식적 협력
　　체계(intermunicipal cooperation
　　framework) 130
자치사무 286
자치사법권 286
자치입법권 286
자치재정권 286
자치행정권 286
작은 도시 172
잔존 가치 281
장래인구 78
재난 대응 능력 252
재난 피해 245
재난관리 시스템 260
재배치 281
재산 피해 245
재산림화 265

재야생화 265
재자연화 263, 265, 278~279
재정 부담 331, 334, 348
재정 불일치 301
저류지 270
저영향 개발 265
저이용 265
저출산·고령화 82
저출생 199
적정 규모(Right-sizing) 45
전략적인 다층적 거버넌스(multi-level
　　governance) 체계 134
전문 인력 168
접근성 346, 348
정보통신 기술 170
정주 만족도 269
정주환경 267
주거 환경 210
주거비 과부담 197
주거지 생애주기이론 33
주민 289~290
주민의 대표성 291
주민자치위원회 291
주민자치회 289, 291
주택용지 335, 337
중도적 이용 270
지방교부세 311
지방분산 16
지방상수도 275
지방선거 291

지방소멸 13, 23, 29, 51, 53, 55, 61, 78, 82, 84, 86, 287, 326~327
지방소멸대응기금 13
지방소멸지수 13, 82
지방시대위원회 105
지방자치단체 284
지방자치제 92
지방재정 125
지속가능성 267
지속거주 280
지속적 도시쇠퇴론 36
지역 불균형 119
지역공동체 292
지역공동체 289
지역균형발전 15
지역산업 정책 138
지역소멸 160
지역행복생활권 103
지역혁신 139
지역혁신체계 95
지정폐기물 276

(ㅊ)

차등 분권 293
차등적 자치 분권 301
천공 현상 280
청년인구 292
초고령화 328
초광역권 106, 108
초저출산 86

최유효이용 263
최저주거기준 197
최종처분 시설 276
축소도시 31, 263
축소하는 세계 12
출생아 수 73~74, 78, 85
취약계층 345~346
취약 지역 346
침수 270

(ㅋ)

커뮤니티 정원 265
코로나19 팬데믹 162
콤팩트-네트워크 51~52, 330
클리블랜드(미국) 267

(ㅌ)

타깃팅 345
탄소 순감소 272
탄소 숲 264
탄소중립 153, 264, 272
탄소흡수원 279
토지 수요 336
토플러, 앨빈 170
통합재정수지 309
통합재정자립도 306
통합재정자주도 307
통합출장소 294
특례시 287
특별지방자치단체 299, 349

(ㅍ)

패러다임 11, 19, 328

편익 269

프리드먼, 토머스 170

플린트(미국) 275, 277

플린트강 275

필라델피아(미국) 266

(ㅎ)

하위계층 모형 180

합계출산율 73~74, 115

행성적 도시화(planetary
  urbanization) 326

행정·재정상의 특례 295

행정구역 통합 287

행정부담 128

행정중심복합도시 16, 99

행정체제 284

혁신도시 16, 99

협동로봇 169

홍수터 270

환경권 276

환경기초 시설 274

환경정의 264, 280

기타(알타벳, 숫자)

OECD 114

Tiebout, Charles M. 176

1인 가구 195

3D 프린팅 169

5+2 광역경제권 102

기획

한국지역학회

한국지역학회는 1983년 지역의 균형적 발전과 국제 교류를 목적으로 창립된 지역과학(Regional Science) 전문가 단체로, 1984년 사단법인 등록 이후 국제지역과학협회(Regional Science Association International)의 한국지회로 활동하고 있다. 도시계획학·경제학·행정학·지리학 등 다양한 분야의 전문가들이 참여하여 도시와 지역을 대상으로 한 학제적 연구, 학술대회, 정책 개발 등을 선도하고 있으며, 1985년부터 학술지 ≪지역연구≫를 연 4회 발간하고 있다. 2024년에는 국제지역과학협회 태평양지구학술대회(PRSCO)를 성공적으로 개최하며, 국제학술 교류를 통해 지속 가능한 도시개발과 지역정책 연구를 확장하고 있다.

지은이

박인권 | 서울대학교 도시계획학과 교수

미국 The Ohio State University 도시 및 지역계획학과에서 박사학위를 받고, 미국 Rutgers University와 서울시립대학교를 거쳐 2019년부터 서울대학교에 재직 중이다. 한국지역학회장과 국제지역과학협회 태평양지구(PRSCO) 회장을 역임했다. 주요 연구 분야는 지역격차와 지역균형발전, 지역경제 개발, 도시 불평등, 포용적 도시계획 및 정책 등이다. 저서로『도시계획 개념 사전』(공저, 2023),『도시행정의 이론과 실제』(공저, 2022),『지역·도시정책의 이해』(공저, 2018) 등이 있으며, 역서로『공동공간: 커먼즈로서의 도시』(2024),『정의로운 도시』(2023) 등이 있다.

박윤미 | 서울대학교 건설환경도시공학부 교수

Texas A&M University에서 도시 및 지역계획학 박사학위를 받고, Auburn University와 이화여자대학교를 거쳐 2023년부터 서울대학교에 재직 중이다. 도시계획 및 설계 실무 경험을 바탕으로 미국 도시계획가 자격(AICP)을 취득하였다. 주요 연구 분야는 도시쇠퇴, 도시재생, 스마트도시계획 등이며, 이론과 실무를 아우르는 통합적 접근을 통해 지속 가능한 도시 관리 방안을 모색하고 있다. 주요 저서로 *Vacant Land Regeneration: Novel Strategies for Maximizing Local Impact*(공저, 2025), *Partners in Planning: University-Community Partnerships in Planning Education*(공저, 2023)등이 있고, 역서로『정의롭고 자립 가능한 커뮤니티를 향한 혁신: 코-시티』(2024) 등이 있다.

이삼수 | LH 토지주택연구원 국토공간연구실 팀장

일본 요코하마국립대학 대학원에서 박사학위를 취득하고 현재 LH 토지주택연구원에서 재직 중이며 쇠퇴지역재생역량강화연구단 단장을 역임하였다. 주요 연구 분야로는 도시계획 및 개발, 도시재생, 토지이용규제 및 지역매니지먼트 등이다. 주요 저서로『코로나19 3년간의 기록(2020~2022): 감염병 공존시대의 새로운 도시공간 전략』(공저, 2025), 『도시주택정책의 이해』(공저, 2022), 『도시계획의 이론과 실제』(공저, 2021), 『축소도시』(공저, 2020), 『도시재생과 젠트리피케이션』(공저, 2018), *area management*(공저, 2004) 등이 있으며, 역서로는 『지역 매니지먼트 효과와 재원』(공역, 2023), 『도시의 가치를 높이는 지역 매니지먼트』(공역, 2021) 등이 있다.

허동숙 | 공주교육대학교 사회과교육과 교수

서울대학교에서 지리학 박사학위를 취득하였으며, 국토연구원 국가균형발전지원센터 부연구위원을 거쳐 2022년 공주교육대학교에 재직 중이다. 주요 연구 분야는 지역균형발전, 산업클러스터, 지역혁신 및 지역 회복력 등이다. 주요 역서로『큰 꿈을 키우는 작은 도시들: 창조적 장소 만들기와 브랜딩 전략』(공역, 2021) 등이 있다.

권규상 | 충북대학교 도시공학과 교수

서울대학교에서 지리학 박사학위를 취득하였으며, 국토연구원 도시연구본부 부연구위원 및 연구기획평가팀장을 거쳐 2022년부터 충북대학교 도시공학과에 재직 중이다. 주요 연구 분야는 도시체계 및 도시 공간구조, 도시축소와 쇠퇴, 도시분석방법론 등이다. 주요 저서로『네트워크로 본 아시아: 사회과학적 관점에서』(공저, 2018), 『도시재생 비틀어 보기』(공저, 2020) 등이 있다.

조재범 | OECD 경제학자 및 정책분석관

미국 Cornell University에서 도시 및 지역계획학 박사학위를 받고, 2020년부터 경제협력개발기구(OECD)에서 재직 중이다. 주요 연구 분야는 토지 및 공간계획, 주택정책, 공공서비스 접근성 및 인구감소 대응 등이 있으며, 현재 OECD의 'Helping Regions Adapt to Demographic Change' 워크스트림을 총괄하고 있다. 주요 연구 저서로 *Shrinking smartly in Estonia* (2022), *Shrinking smartly and sustainably*(2025), *Preparing for demographic change in the Azores, Portugal*(2025), *Regional industrial transitions to climate neutrality*(2023), *Confronting the cost-of-living and housing crisis in cities*(2023) 등이 있다.

조성철 | 국토연구원 산업입지연구센터장

연세대학교 도시공학과에서 박사학위를 받고 국토연구원 산업입지연구센터장으로 재직 중이다. 주요 연구 분야는 산업입지 및 지역산업 정책, 특구제도와 혁신지구 등이다. 주요 저서는 『지역 혁신공간의 활성화를 위한 공간전략 수립 연구』(2023) 등이 있다.

박정일 | 계명대학교 도시계획학과 교수

미국 Georgia Institute of Technology에서 도시및지역계획학 박사학위를 받고 계명대학교 도시계획학과에 재직 중이다. 주요 연구 분야는 지역균형발전, 지속 가능한 도시경제발전계획, 도시 산업공간 등이다. 최근 연구는 디지털 기술의 발전이 도시의 재산업화(urban rein-dustrialization) 혹은 산업의 재도시화(industry reurbanization)에 미치는 영향과 미래 도시 산업공간을 계획하는 데 초점을 두고 있다.

김동현 | 부산대학교 도시공학과 교수

연세대학교 도시공학과에서 박사학위를 받고, 한국환경연구원을 거쳐 현재 부산대학교 도시공학과에 재직 중이다. 주요 연구 분야는 지역개발, 지역균형발전, 지역 격차, 도시 회복력 등이다. 주요 저서로 『도시계획 개념사전』(공저, 2023), 『지역도시정책의 이해』(공저, 2018), 『기후회복력과 미래의 도시』(2017), 『사회적 기업과 지속가능한 지역발전』(공저, 2013) 등이 있다.

전희정 | 성균관대학교 행정학과 교수

2010년 미국 The Ohio State University에서 도시 및 지역계획학 박사를 취득하였다. 미국 University of West Georgia와 Eastern Michigan University에서 조교수로 재직하였고 현재 성균관대학교 행정학과에서 교수로 재직 중이다. 한국지역학회 학술위원장, 국제위원장, 부편집위원장을 역임하였고, 국제저널인 *Regional Science Policy and Practice(RSPP) Journal* 부편집위원장을 맡고 있다. 또한, Regional Science Association International(RSAI) 산하 Scientific Committe와 Diversity and Inclusion Committee 위원으로 활동하고 있으며, Pacific Regional Science Conference Organization(PRSCO)에서는 Diversity, Equity, and Inclusion 위원장을 맡고 있다. 주요 연구 분야는 주택 및 커뮤니티 개발, 지속 가능한 개발, 이주민 등이며, 주요 저서로 『한국의 주거복지 정책』(공저, 2012), 『도시행정의 이론과 실제』(공저, 2022)가 있다.

이수기 | 한양대학교 도시공학과 교수

미국 Georgia Institute of Technology에서 도시 및 지역계획학 박사학위를 받고, 미국 Cleveland State University 부교수를 거쳐 2012년부터 한양대학교 도시공학과에 재직 중이다. 한국지역학회 회장과 한국도시설계학회 학술부회장을 역임하였다. 주요 연구 분야는 도시공간구조와 통근통행, 도시 빅데이터와 머신러닝을 활용한 도시환경 분석, 스마트 시티와 Urban AI, 토지이용-교통-환경-공중보건 융복합 연구 등이다. 저서로 『토지이용계획론(제4개정판)』(공저, 2015), 『지역 및 도시경제학』(공저, 2015), 『지역·도시정책의 이해』(공저, 2018), *The Routledge Companion to the Suburbs*(공저, 2019), *Transforming the Nation: Urban and Regional Planning in South Korea*(공저, 2019) 등이 있다.

윤동근 | 연세대학교 도시공학과 교수

미국 Cornell University 도시 및 지역계획학과에서 박사학위를 받고, 미국 North Dakota State University와 울산과학기술원(UNIST)를 거쳐 현재 연세대학교 도시공학과에 재직 중이다. 주요 연구 분야는 도시환경, 재난관리 및 계획, 기후변화적응계획, 재난 취약성 분석, 도시회복력 분석 등이다. 주요 저서와 편저로 『QGIS를 활용한 공간분석입문』(공저, 2023), 『복합재난시대-위험사회에서 안전사회로의 전환』(공저, 2022), *Transforming the Nation: Urban and Regional Planning in South Korea*(편저, 2019), 『지역·도시정책의 이해』(공저, 2018), 『도시계획과 방재』(공저, 2017), 『재난관리론』(공저, 2015) 등이 있다.

박유진 | 중앙대학교 도시계획부동산학과 교수

미국 The Ohio State University에서 도시 및 지역계획학 박사학위를 받았다. 미국 Clemson University의 도시계획부동산학과 조교수를 거쳐 현재 중앙대학교 도시계획부동산학과에 재직 중이다. 주요 연구 분야는 도시환경계획, 지속 가능한 도시 공간구조, 기후적응과 열쾌적성, 그린인프라 등이다. 한국지역학회 부학술위원장, 대한국토도시계획학회 환경 분과 편집위원 및 감사로 활동하고 있다.

도수관 | 울산대학교 공공인재학부 교수

미국 George Mason University에서 2010년 1월에 정책학 박사학위를 취득하고, 대구가톨릭대학교 부교수를 거쳐 2020년부터 울산대학교 공공인재학부에 재직 중이다. 주요 연구 분야는 사회자본, 지역/사회혁신, R&D 정책, 기업가정신 등이다. 최근에는 지방의 인구정책과 고용정책 그리고 지역문화예술정책 등을 중심으로 한 지역혁신과 지속 가능한 지역발전 방안을 모색하는 연구를 수행하고 있다. 주요 저서로는 『지방재정과 사회적 자본』(공저, 2024), 『연구조사방법론』(공저, 2019), 『사회자본과 경제발전 그리고 정부의 질』(2015), 『행정학개론』(공저, 2014) 등이 있다.

홍준현 | 중앙대학교 공공인재학부 교수

미국 University of Pittsburgh에서 행정학 박사학위를 받고, 한국행정연구원 수석연구원과 세종대학교 교수를 거쳐 2002년부터 중앙대학교 공공인재학부에 재직 중이며, 한국정책분석평가학회장을 역임하였다. 주요 연구 분야는 지방행정체제, 지방자치, 지역경제산업분석, 고등교육 국제화 등이다. 저서로는 『2025 인구보고서: 대한민국 인구 대전환이 온다』(공저, 2025), 『문재인 정부의 자치분권: 성과와 의의』(공저, 2021), *Landscape of Transnational Education in Korea: Challenges and Opportunities*(2021), 『다산의 행정개혁: 현대적 해석과 평가』(공편, 2010), 『한국의 지방분권』(공저, 2003), 『21세기 한국 지방자치의 비전을 말한다』(공저, 2002) 등이 있다.

장인수 | 한국보건사회연구원 인구정책연구실 연구위원

서울대학교 농경제사회학부 지역정보전공에서 2019년 2월 경제학 박사학위를 취득하였으며, 2019년 7월부터 한국보건사회연구원 인구정책연구실 연구위원으로 재직 중이다. 주요 저서로 『2026 대한민국 대전망』(공저, 2025)이 있다. 주요 연구 분야는 지역 인구 분석, 지역 불균형, 지방재정이며 이와 관련된 학술논문과 연구보고서를 지속적으로 발표하고 있다.

우명제 ┃ 서울시립대학교 도시공학과 교수

미국 The Ohio State University 도시 및 지역계획학과에서 박사학위를 받고, 미국 Georgia Institute of Technology를 거쳐 2012년부터 서울시립대학교에 재직 중이다. 주요 연구 분야는 도시 성장과 쇠퇴, 지역균형발전, 대도시권계획 및 메가리전계획, 도시 공간구조 등이다. 주요 저서로『도시계획 개념 사전』(공저, 2023),『기술혁명과 국토도시 공간의 혁신』(공저, 2023),『국토지역계획론』(공저, 2022),『한반도 메가리전 구상 Ⅱ』(공저, 2022),『국토와 도시』(공저, 2019),『도시계획론』(공저, 2016), *Megaregions: Planning for Global Competitiveness* (공저, 2009) 등이 있다.

감수

마강래 ┃ 중앙대학교 도시계획부동산학과 교수

영국 University College London 도시계획학과에서 박사학위를 취득하고, 2007년부터 중앙대학교에 재직 중이다. 한국지역학회 회장, 대통령직속 지방시대위원회 위원, 국토교통부 수도권정비위원회 위원 등을 역임하였다. 주요 연구 관심사는 국토의 균형발전으로, 도시재생, 지역 간 격차, 인구이동 등과 관련한 다양한 주제를 연구해 왔다. 주요 저서로는『부동산, 누구에게나 공평한 불행』(2021),『베이비부머가 떠나야 모두가 산다』(2020),『지방분권이 지방을 망친다』(2018),『지방도시 살생부』(2017),『지위경쟁 사회』(2016) 등이 있다.

한울아카데미 2620

인구 감소 시대 지역·도시 정책

ⓒ 한국지역학회, 2025

기획 ┃ 한국지역학회
지은이 ┃ 박인권·박윤미·이삼수·허동숙·권규상·조재범·조성철·박정일·김동현·
　　　　 전희정·이수기·윤동근·박유진·도수관·홍준현·장인수·우명제
감수 ┃ 마강래
펴낸이 ┃ 김종수
펴낸곳 ┃ 한울엠플러스(주)
편집책임 ┃ 조수임
편집 ┃ 정은선

초판 1쇄 인쇄 ┃ 2025년 11월 10일
초판 1쇄 발행 ┃ 2025년 11월 30일

주소 ┃ 10881 경기도 파주시 광인사길 153 한울시소빌딩 2층
전화 ┃ 031-955-0655
팩스 ┃ 031-955-0656
홈페이지 ┃ www.hanulmplus.kr
등록번호 ┃ 제406-2015-000143호

Printed in Korea.
ISBN 978-89-460-7620-4 93330(양장)
　　　 978-89-460-8412-4 93330(무선)

※ 책값은 겉표지에 표시되어 있습니다.